U0927223

国家社会科学基金项目（教育学）“大学推动人类命运共同体建设的理论依据和实践研究”（BIA200176）

大学

文化、治理与社会

汪明义 著

Universities

Culture, Governance and Society

中国社会科学出版社

图书在版编目（CIP）数据

大学：文化、治理与社会 / 汪明义著．—北京：中国社会科学出版社，2023. 3

ISBN 978 – 7 – 5227 – 1528 – 5

Ⅰ. ①大…　Ⅱ. ①汪…　Ⅲ. ①高等教育—研究—中国　Ⅳ. ①G649. 2

中国国家版本馆 CIP 数据核字(2023)第 040843 号

出 版 人　赵剑英
责任编辑　周晓慧
责任校对　刘　念
责任印制　戴　宽

出　　版　中国社会科学出版社
社　　址　北京鼓楼西大街甲 158 号
邮　　编　100720
网　　址　http://www.csspw.cn
发 行 部　010 – 84083685
门 市 部　010 – 84029450
经　　销　新华书店及其他书店

印刷装订　北京君升印刷有限公司
版　　次　2023 年 3 月第 1 版
印　　次　2023 年 3 月第 1 次印刷

开　　本　710 × 1000　1/16
印　　张　28. 5
插　　页　2
字　　数　475 千字
定　　价　158. 00 元

前　言

本书由前言、绪论和主体部分构成。

在绪论中，作者以较长的篇幅从教育的宏观视野出发阐释了当今中国大学引领未来世界高等教育的四种逻辑，即作为“根”的历史逻辑——大学从何处出发，作为“梦”的“理想逻辑”——大学向何处远行，作为“魂”的价值逻辑——大学的愿景和使命，作为“路”的实践逻辑——大学远行的轨道。

主体部分由四编构成，第一编是大学与文化。在本编中，作者集中梳理了自己在大学文化方面的研究成果。大学文化的本质和关于大学文化本质属性的认知源于对中国古典书院和西方现代大学两块肥沃土壤的挖掘，即对历史逻辑的感悟，这也成为当代中国大学引领未来世界高等教育的源头活水，此即“根”。

第二编是大学与治理。在本编中，作者集中梳理了自己在大学宏观治理以及大学内部治理方面的系列成果。这些理论成果展示了理想的中国大学的应然状态，即对理想逻辑的认知，也构成了当今中国大学如何实现善治从而在引领未来世界高等教育发展的远大理想，此即“梦”。

第三编是大学与社会。在本编中，作者梳理了自己在大学支撑国家强盛、服务乡村振兴战略以及助推人类命运共同体构建方面的研究成果，集中表达了致力于探索实现大学支撑国家强盛和人类进步事业的愿望和努力，也体现了中国大学“系天下苍生、谋世界大同”的价值追求，此即“魂”。

第四编是大学的实践。在本编中，作者展示了自己在办学治校的实践中如何应用大学文化和治理的理论成果指导办学实践的生动场景，即对实践逻辑的遵循；展示了中国地方大学对前行轨道的艰辛探索，此即“路”。

此外，作者也系统梳理了自己先后主政三所高校管理实践的典型案例，充分展示了自己在大学治理实践中的创新与创造，这对本编的部分实践有画龙点睛之效。

绪论是一个概貌，第一编是理论基础，第二编和第三编是第一编的展开、扩展和深化，属于综合研究，第四编是前述各编理论成果的具体应用。四编内容从理论到实践，层层递进，充分展示了中国大学发展的“根、魂、梦、路”四大逻辑，形成了高等教育持续发展的有机生命体。同时，四编内容也超越了特殊的中国语境，构成了普遍意义上大学实践—知识—实践之循环不息演进的文化知识生产逻辑，为世界高等教育理论和实践提供了中国智慧和中国方案。

第一编从大学与文化的关系出发，研究了大学文化的内涵与本质，指出“崇尚学术、发扬民主、追求卓越”是大学文化的本质和内涵；论证了大学的文化本质，指出大学的本质是对“大学是什么”的回答，它既是大学实践的结果，是在历史中生成的，又是逻辑构建的结晶，是在理论中创造的。遵循大学之历史与逻辑相统一的演进过程，大学的本质呈现出家族相似性，是一个多元和合体。随着当代社会实践中人之文化本质的凸显，大学的文化本质也得以澄明。作为文化的存在，文化批判是大学文化传承创新的前提，民族文明再造是大学文化传承创新的目标，人类文明互通是大学文化传承创新的成果。同时，本书提出文化视角的中国特色社会主义大学的新观念，丰富了大学本质的多元面相。面对如火如荼的大学转型实践，揭示了大学转型的本质特征：大学的转型是一种文化的转型，是一种新的大学信念和大学身份的确立。众创时代中国大学的文化转型较集中地反映在大学的创业文化、质量文化、学术文化和引领文化等方面。大学创业文化处在大学发展的时代前沿，贯穿大学教育全过程，从高教供给侧角度成为整个社会创业文化的关键环节；大学学术文化围绕创业文化既展示了发现的、整合的、应用的和教学的四类学术的丰富性，又自觉服务于大学创业教育的目标；根据新的创业文化和学术文化理念，大学教育质量提升的主要途径便是经由有形和无形的文化知识的创造，培养具有创业素养的学生；经过大学自觉的文化创造，大学的创业文化、学术文化和质量文化上升并飞跃到更高层次的引领文化。在引领社会文化发展中，大学实现了自己的文化使命，完成了最终的转型。

第二编首先应用大学文化的理论对大学治理中引发普遍关注的问题进行了研究。这些问题包括宏观治理的基本观念，如高等教育治理体系和治理能力现代化的内涵，素质教育应具有中国智慧，大学应由教育家来办的内涵等。这些研究构成了本编的第一章。其次，根据大学的文化本质特性对大学内部治理中的核心问题进行了研究。这些问题包括大学内部治理的价值取向，如什么样的大学才是一所好的大学，要办一所观念意义上的好大学应该确立以谁为中心又以谁为主体。其中还包括如何正确处理高校内部的各类关系，特别是学术权力和行政权力的关系、高校的党委书记和校长的关系、大学教师和大学生各自的使命职责等。在对这些问题予以论述的基础上，对如何推进大学内部治理体系和治理能力现代化进行系统的理论建构。本编的核心观点是：在全面推进国家治理体系和治理能力现代化的进程中，大学治理必须体系化和现代化。大学内部治理体系和治理能力现代化应以人类命运共同体理念为基础，以中国特色社会主义大学之道为指南，以真理为标准，以善美为目标，以律法为规范，以善治为方法，始终不渝地坚守中国特色社会主义的大学之道，为中华民族伟大复兴和国家的强大培养有教养的文明人、高素养的社会公民和高创造力的劳动精英，建构党政管理、教学科研、后勤保障三位一体的橄榄形治理结构，确立章法体系，构建优良秩序，明晰职位和岗位权责。在此基础上，明确院系的办学实体地位，充分发挥院系的主体能动性和自治动力功能，全面释放校院两级领导干部的表率作用，发挥教师治教、治学、治研的主体力量。

第三编对大学的文化本质及其实践进行了有效拓展，体现出中国大学的价值逻辑，即必然要将“系天下苍生、谋世界大同”作为其高远追求。这种追求从国家和人类两个维度得到全面敞开。通过服务于民富国强，实现大学的国家之魂；通过知识和教育这个人类共同的价值追求，实现大学的人类之关怀。本编的三章包括“大学与民族复兴”“大学是提高国家文化软实力的重要阵地”以及“服务军民融合发展是大学的重要使命”。本编首先论述了大学发展与国家强盛间的关系。国家的强盛既依赖于硬实力的强大，也依赖其软实力的提升。硬实力主要指科技进步、经济繁荣和军事强大，而军事的强大当然依赖于前两者即科技和经济。软实力主要指文化的复兴及其在世界范围内的影响力。大学被誉为科技革命的动力站、经济增长的助推器、社会繁荣的动力源、文化软实力的主阵地。民族复兴与大学发展的正相关性已被历史多次证明。哪儿有世界上最好的大学，哪里随后就必然会是世界的科技中心、文化中心、思想中心。接着，作者系统地论述了地方大学服务于乡村振兴战略的历史逻辑、价值逻辑、理论逻辑。在历史逻辑一节中，作者既系统地梳理了威斯康星理念的产生及影响力，也较为完整地梳理了世界平民教育家晏阳初先生的乡村建设实践，特别是创办中国乡村建设学院的实践与理论成果，还展示了当今大学服务乡村建设的历程。在价值逻辑一节中，作者从经济、社会、文化和教育四个向度系统地论述了中国大学将“心系民族复兴、走向共同富裕”作为职责使命的价值追求。在理论逻辑一节中，作者既系统地梳理了马克思主义政党领导人特别是我党历任领导人对乡村建设与发展的论述，又从大学职能属性的视角论述了大学服务乡村振兴战略的使命和担当。

在论述大学助推人类命运共同体构建的部分，作者首先从词源学的角度认识到大学与人类社会发展的关系，提出应从人类命运共同体视野出发建设世界一流大学。大学是人类进步的象征，她诞生于人类中世纪文明，发展了人类近现代文明，必然与人类未来文明共命运，这是大学成为建构人类命运共同体中流砥柱的前提条件。在近千年的大学发展进程中，大学为人类如何能够走向平等合作、建构共同价值、创造共同利益、实现共同安全提供真知、真理、方法。同时，大学向学生传播探索、创造未来的知识，并使之转化为人的智慧和力量，从而承担起构筑大学推动人类命运共同体建设的时代使命。新时代的大学需要从全人类出发，立足全球视野，探求新知，培养具有全球责任意识及能力的国际化人才，服务国际社会，积极推进国际上的文化交流与传播，承担起人类命运共同体建设的伟大历史使命。其次，本编指出，共享的文化观念是人类命运共同体建设的核心，因为只有文化观念才能塑造人相对统一的意识及其行动的价值世界，共享文化成就、共同存在，大学是从事人类共享文化建设的学术组织。基于文化学传播的视角，大学助推人类命运共同体建设经历了三个发展阶段：在中世纪，大学的知识教育具有人类学象征，塑造了人类普遍存在所依存的人文理性和科学精神；在近现代，大学不断拓展人文理性的边界，致力于普遍民主科学的文化价值观塑造；在新时代，大学经由铸造人类赖以存在的文化意识宇宙，致力于共存共享的文化建设，为打造人类永久的和平与繁荣发展服务。

第四编收集、整理了作者在三所高校担任主要负责人时的实践研究论文。首先，本编梳理了作者将上述理论研究成果应用于新建本科院校办学治校中所形成并产生较好影响力的成果，包括新建本科院校如何走内涵发展之路、如何创新教育理念和人才培养模式、如何创新自己的大学文化、如何凝练发展的内生动力以及如何将这些理性认识落实到办学治校体系、人才培养体系和服务地方体系的实践中等诸多内容。其次，本编梳理了作者将理论研究成果应用于高水平应用型大学创建的实践所形成的转型发展的经验和模式，包括地方老牌本科院校的时代使命、应用型大学的本质、转型发展的现实逻辑以及高水平应用型大学应坚守的大学之道。后大众化时代的中国高等教育客观上要求探索和建立中国特色的社会主义大学治理模式，实现大学的善治。围绕构建中国特色社会主义大学治理模式，基于多年的实践探索，本书提供了有益的借鉴性治理模式。该治理模式包含三个有机组成部分：一是模式所遵循的思想观念基础，即中国特色社会主义的大学之道及其文化思想观念系统；二是模式所包含的三个具体操作维度，即旨在削弱大学过度行政化的大部制度、解放教师学术活力的专业核心课程制度和激发学生学术潜力的“十个一”教育养成制度；三是模式所彰显的中国大学未来发展的理想视域，即通过科学治理，大学行政化和学术化的矛盾终将获得和解，中国大学将会着眼于开放与共享的价值理念，致力于本土化和国际化之一体两翼之发展，成为所属地区人们的精神家园，成为国际化大学社区中的重要成员。最后，本编梳理了作者将理论研究成果应用于高水平示范性师范大学创建的办学治校中所形成的更具理论深度和更具示范意义的治理成果。包括高水平示范性师范大学的“24356”办学思想体系，这一办学思想体系是对在宜宾学院提出的“一个目标、两大宗旨、三个标准、四大要素”办学治校体系以及在四川理工学院提出的“胸怀一个愿景、牢记两大使命、坚守三大纲领、创新四个要素和实施五大战略”的文化思想观念体系的完善和升华。这一办学思想体系可以简述为“胸怀两个愿景、牢记四大使命、坚守三大理念、实施五大战略、推进六大方略”。在四川师范大学凝练形成的“五维一体”的人才培养体系也是在宜宾学院提出的人才培养体系和在四川理工学院提出的人才培养体系基础上的创新与发展，尤其是支撑整个人才培养体系的三个基本制度即“十个一”养成教育制度、“课程实施大纲”制度和“专业核心课程”制度在四川师范大学得到了理论建构和制度化的实践。仅就人才培养体系而言，结合师范大学的实际，提出新时代师范大学的人才培养应当从培养目标、教育理念、教学制度、培养模式、评价机制等方面系统地识读大学教育的真谛。在培养目标方面除了具备“三心四能五结合”的共性外，对师范专业的教育还要不断“锤炼学科素养、打造专业本领；陶冶教育素养、激扬教育情怀；润化社会素养、增强使命担当；培固国际素养、开辟全球视野”，肩负起时代赋予师范教育的伟大使命。同时应《教育研究》之邀，与几所师范大学的党委书记和校长一道，对高水平示范性师范大学如何建设的问题进行深入思考，从师范大学的教育取向、师范大学的高水平追求、师范大学的示范性要求、师范大学的发展方向等视角提出了高水平示范性师范大学的主要特征。同时也系统阐释了四川师范大学服务乡村振兴战略的生动实践和推动构建人类命运共同体的伟大实践，这既展示了四川师范大学的顶天抱负和人类视野，又践行了大学的立地情怀和国家担当。

此外，本编还收集了作者早期治理民办高校和艺术院校方面的研究论文。在民办高校治理方面，作者指出：高素质管理干部队伍建设是其基础、教育教学质量是其生命线、营造良好的学术氛围和成才环境是促使民办院校持续健康发展的重要手段。直至今日，这些观点依然具有现实的针对性。根据大学的组织特征来治理大学，不仅是公办高校实现善治的基础，而且应是民办高等院校实现快速发展的关键之举。另外，当年关于高等艺术院校的专业设置、学科设置及学位建设的建议，对后来艺术学独立于文学门类，成为第十三个学科门类起到了积极的推动作用。为了展示办学治校的业绩，本编收集了作者在办学治校中六个较为典型的创新实践案例。一是 2010 年 3 月 29 日在宜宾学院举行省市共建的签字仪式，这是省属本科高校在地市州办学的一个创新举措，这也可以看成是后来宜宾市与众多省内院校合作共建大学城的前期探索；二是 2013 年 2 月 18 日《光明日报》以“宜宾学院以创新理念统领学校科学发展”为题的全面报道，展示了当时形成的办学治校体系在业内的认可度；三是作者 2016 年 5 月 18 日在国家教育行政学院“千名中西部大学校长海外研修计划”培训班上全面阐释“中国特色社会主义大学之道”的报道，这是一次将理论问题、现实困惑和有效实践深度融合的展示；四是四川省教育工委教育厅“对标竞进、争创一流”活动专刊第 46 期，全面报道了四川师范大学学科建设、专业建设以及学生学科竞赛所取得的显著成效；五是四川师范大学服务乡村振兴战略的实践创新，重点是传承创新晏阳初先生创立的中国乡村建设学院的思想，创办实体性的四川乡村振兴学院和非实体的若干分院；六是四川师范大学助推人类命运共同体构建的实践创造，尤其是创立人类命运共同体构建进程指标体系和成功组织申报基于人类命运共同体理念的大学文化素质教育课程体系。

作为大学校长，在毕业典礼和开学典礼上发表演讲是其重要的职责。在开学典礼上，要向新生阐释读大学的意义以及指导他们怎样度过大学时光。在毕业典礼上，要对毕业生的大学生活进行总结并对他们的未来发展提出期许。这两类演讲都是展示一位大学校长对大学教育的抱负和大学教育理想的基本认知的绝好机会。本书附录遴选了作者在三所不同类型院校毕业典礼和开学典礼上的部分演讲稿。

目　　录

第一编　大学与文化

第二编　大学与治理

第三编　大学与社会

第四编　大学的实践

绪 论

中国大学发展的四重逻辑：根、魂、梦、路

中国特色社会主义大学（以下简称“中国大学”）伴随着我党百年华诞而踏上服务中华民族伟大复兴的新征程。习近平总书记关于“当今世界正在经历百年未有之大变局”① 的科学判断，深刻地揭示了中国大学在新征程上必然以更宽广的世界视野和更博大的人类胸襟肩负起引领世界高等教育当代发展的远行重任。

“大学是以理想、价值观和传统为基础的社会组织。尽管大学活动的舞台是在当下，但当它们准备创造未来时，力量的源泉却来自过去。”②“目前，全球治理体系的加速变革构成了高等教育深刻变革的社会背景，信息技术向纵深发展构成了高等教育全面变革的技术背景。中国大学要迈入世界高等教育的中央，必须找准并坚守自身的发展道路。”③ 为使前行的步伐更稳健，必须明确中国大学的渊源即“根”。“根”，是生命的本原，标识远行从何处出发，揭示中国大学发展的历史逻辑，这一逻辑要求我们必须从中国古代高等教育特别是书院传统和诞生于欧洲的西方大学这两大肥沃土壤中吸取营养。为使前行的力量更强大，必须明确中国大学精神即“魂”。“魂”，是愿景和使命，彰显为何要远行，揭示中国大学发展的价值逻辑，这一逻辑要求我们应以“系天下苍生、谋世界大同”为职责和使命。为使前行的信念更坚定，必须明确中国大学的抱负即“梦”。“梦”，

---

① 习近平：《携手共命运同心促发展——在2018年中非合作论坛北京峰会开幕式上的主旨讲话》（2018年9月3日），人民出版社2018年版，第4页。

② 熊丙奇、熊庆年：《大学校长的职业支点在哪里》，《中国教育报》2015年4月1日第2版。

③ 汪明义：《大学高质量发展的历史、理论和实践逻辑》，《中国高等教育》2022年第23期。

是目标和任务，指明应该向何处远行，揭示中国大学发展的理想逻辑，这一逻辑要求我们必须以独特的办学治校模式服务中华民族伟大复兴，方能赢得世界性尊重并获得世界性追随。为使前行的方向更明晰，必须明确中国大学实现梦想的途径即“路”。“路”，是远行的轨道，指明应该怎样走才可到达那儿，揭示中国大学发展的实践逻辑，这一逻辑要求我们扎根中国土地、遵循大学的自身规律、借鉴世界上先进办学治校经验，建设具有世界水平的大学群体，为人类当代大学发展提供中国模式，贡献中国智慧。

一　根：中国大学发展的历史逻辑

——源书院传统、融东渐西学

中国现代大学教育制度并非直接发源于我国古代的高等教育，而是从西方移植而来的，但作为高层次教育集中体现形式的中国大学，是在两块土壤上成长起来的，那就是中国传统书院精神的传承和西方大学的引入。把握中国大学之根，必须从这两个方面洞悉其历史逻辑。

（一）中国大学发展的第一块土壤：中国传统书院

书院是中国历史上独特的高等教育机构，是中华文明自身发展所形成的融学术研究和高水平人才培养于一体的社会组织形式。虽然现代意义上的中国大学的办学形式和体制是“舶来品”，但其精神与中国传统书院有内在关联。正如有学者所言：“（早期中国人）经常从传统书院的理想出发了解、肯定近代大学，直面当时中国教育的现实问题，却不是完全否定传统的教育理想。”①

中国古代书院从盛唐到清代历经1200多年的发展，并成为现代大学发展的深厚土壤，这源于两个方面的培育。一是官府的培育。对这些聚集于官学书院学士的主要职责，《唐六典》有明确记载：“刊辑古今之经籍，以辨明邦国之大典，而备顾问应对，凡天下图书之遗逸，贤才之隐滞，则

① 范广欣：《中国人的大学印象和中国大学理念的起源（1866—1895）》，《南开学报》（哲学社会科学版）2019年第4期。

承旨而征求焉。”[①]“以发展学术文化事业为主，而无具体的政务，这就是官府书院与一般政府职能部门的区别所在。”[②] 二是社会的培育。“民间书院源自读书人的个人书斋……与个人书斋不同的是，民间书院向社会开放，成为公众活动的场所，儒生、道士、和尚等皆可出入其间。由私密而公众，这是书斋与书院的分野。从私家专有走向服务公众，是书院从书斋中脱颖而出并走上独立发展的关键一步……这也是早期书院以读书为主要功能的原因所在。”[③] 书院经历千年积淀，为中国大学的世界化发展提供了根深叶茂的思想文化土壤和精神源泉。

其一是坚守“求是”的治学精神。“求是”就是秉持自由之志探求存在世界的真相（求真理），发现（追寻）事物的本质特征和固有规律。这种秉持自由探求学术思想的“求是”努力向内凝，生成内持“穷究学理”的态度“探究高深学问”的使命；这种秉持自由探求学术思想的“求是”努力外化为一以贯之的行为，就是不断发现宇宙人生真理，探究思想方法，创造知识。这些精神内聚性地转化为中国大学的灵魂，比如岳麓书院之“实事求是”院则，原封不动地成为中共中央党校的校训，以此昭明“实事求是”不仅是中国共产党人求知治学的最高准则，也是其执政治国的最高准则。

其二是坚守学术大师治校的基本制度。传统书院实行山长负责制，山长要具有很高的学术造诣，同时还是主要的讲学者，因而书院的主要管理者必须是融通古今的学术大师。例如，朱熹、张栻、王阳明等均做过书院的负责人。同时，被邀请讲学的也是当时著名学者，如北宋的周敦颐、程颐、程颢，南宋的朱熹、吕祖谦、陆九渊等均将书院作为其探求真知和传播思想的重要场所。正是以这种学术大师治校的经验传统为参照，习近平总书记对当今大学怎么培育“大先生”提出了殷切的希望。

其三是坚守德育为先的人才培养目标。古代书院发展了孔子“志于道，据于德，依于仁，游于艺”[④] 和儒家“大学之道，在明明德，在亲民，

---

① 张九龄等撰：《唐六典》卷9，《景印文渊阁四库全书》第595册，台湾商务印书馆1986年版，第99页。

② 邓洪波：《千年弦歌：书院简史》，海天出版社2021年版，第5页。

③ 邓洪波：《千年弦歌：书院简史》，第3页。

④ 朱熹：《四书章句集注》，中华书局1983年版，第107页。

在止于至善”[①] 传统，明确教育“以陶冶心性、提升德性”为宗旨。比如，朱熹为白鹿洞书院手订的《白鹿洞书院学规》，将这一宗旨发展为“义理之学、修养之道”，并从“五教之目”“为学之序”“修身之要”和“处世之要”“接物之要”五个方面做了具体规定，在强调培养学生“为学”与“为人”并重的同时，突出“为人”以先[②]；张栻在《郴州学记》中指出：“然而学以何为要乎？孟子论三代之学，一言以蔽之曰‘皆所以明人伦’也。”[③] 王阳明在《教条示龙场诸生》中提出“明德修身”四条目：“一曰立志，二曰勤学，三曰改过，四曰责善。”[④] 书院发展所形成的这种“德育为先”的深厚传统，成为当今中国大学“立德树人”教育的思想源泉。

其四是坚守“教学与研究”和“独立与自由”相结合的教学原则。书院虽然以传授本学派学术思想知识为要，但因鼓励学生自由思辨而注重与外界展开学术交流，并特别提倡不同见解的讨论、交锋和诘难。这种开放的学术姿态和广纳的思想视野，自然形成兼容并包的治学理念、主张与原则。例如，朱熹和张栻于乾道三年（1167）在岳麓书院的会讲中，因师承所形成的不同学术观点而就许多具体问题展开争辩，形成“二先生论《中庸》之义，三日夜而不能合”[⑤] 和“学徒千余，舆马之众至饮池水立竭，一时有潇湘洙泗之目焉”[⑥] 的学术大论辩盛况，这种“崇尚学术、发扬民主、追求卓越”的求真精神，可看成是“学术 3A 原则”[⑦] 的中国早期探索。它比创立于 1810 年柏林洪堡大学所坚守的“教学与研究统一”和“独立与自由统一”的现代大学原则早了 600 多年。书院这种“教学与研究”和“独立与自由”相统一的教学原则，同样成为当今中国大学在基础科学领域培养创新拔尖人才的有益借鉴。

---

① 朱熹：《四书章句集注》，第 3 页。

② 朱熹：《白鹿洞书院揭示》，邓洪波编著：《中国书院学规》，湖南大学出版社 2000 年版，第 114—115 页。

③ 张栻：《张栻集》（下），邓洪波点校，岳麓书社 2017 年版，第 563 页。

④ 王守仁：《阳明先生集要三编（黔南今本）》，施邦曜辑评，刘宗碧点校，西南交通大学出版社 2019 年版，第 353 页。

⑤ 王懋竑：《朱熹年谱》，中华书局 1998 年版，第 32 页。

⑥ 赵宁：《新修岳麓书院志》，湖南大学出版社 2018 年版，第 270 页。

⑦ 学术 3A 原则是学术美国高等教育的基本原则，包括学术自由（Academic Freedom）、学术自治（Academic Autonomy）和学术中立（Academic Neutrality）。

19 世纪末 20 世纪初清政府对书院进行了改制。这是一次对中国传统教育从内容到形式的全面改革。经过这次改革，中国传统教育基本上被近代资本主义教育所代替，传统教育机构的主体——书院被废，学堂兴起，中国高等教育从此进入一个新阶段。[①] 但中国书院及其所体现出的精神品质为我国高等教育及大学发展提供了意蕴悠长、连绵不绝的文化回响。

（二）中国大学发展的第二块土壤：西方大学的引入

西方大学在事实上构成中国大学必需的土壤。从客观上讲，中国大学要获得更稳健、更健康的发展，不仅应很好地翻耕书院这一肥沃土壤，更应该从西方大学发展的历史中吸取有益资源，但其前提是客观了解西方大学的诞生和发展历史。

现代意义上的大学产生于欧洲，同样有诸如埃及的寺庙学府、古希腊的“阿卡德米”［Akademia，亦曰学园，（Academy）］等各种形式的高等教育的千年培土。直到博洛尼亚大学的诞生，才标志着人类大学的真正开端。尔后，大学的中心从意大利转向英国，再从英国转向法国。在法国革命的影响下，落后的德国基于民族意识和国家意识的觉醒而首开大学的现代改革[②]，从 1694 年创办哈勒大学开始，到 1810 年柏林洪堡大学诞生，德国经历百年的努力，建立起现代大学的完善组织形态、制度保障，确立起拥有制度保障的大学精神，即独立、自治和学术自由。这一精神具体落实为大学建设、治理、发展的三大原则，即独立性、自由与合作三者相统一的原则；教、学与研究相统一的原则；科学统一的原则。这三大原则的思想核心是“教学自由”和“教学与科研相结合”。

意大利创造了大学，英国和法国为大学的现代发展奠基培土，德国塑造了现代大学，美国则发展了现代大学。作为从英属殖民地独立出来的美国，原本信守清教戒律而呈保守倾向，但数以万计到德国留学归来的美国人却推动了美国大学的改革，并将德国大学教育的理想、理念、原则和精神予以发展和弘扬。所以，美国对德国建立起来的现代大学的发展，不是数量上的，也不是物质投入上的，而是大学的组织、结构、制度、认识、

---

① 刘少雪：《书院改制与中国高等教育近代化》，上海交通大学出版社 2004 年版，第 1 页。

② ［德］维纳·洛赫：《德国史》，北京大学历史系世界近代现代史教研室译，生活·读书·新知三联书店 1959 年版，第 113 页。

视野、精神等层面的。美国大学的发展，赋予大学以社会责任和国家使命。曾留学柏林大学的康奈尔大学第一任校长怀特回忆说：他在柏林大学的学生生活进一步加强其要为美国大学做点什么事情的愿望。他认为自己不仅能够实现大学的理想，而且能够扩展和完善大学理想。怀特之言，乃是19世纪到德国留学回国的美国学者的基本理想，他们秉持教学自由推动学术研究和以“学术研究照亮世界”① 的基本理念，以德国大学服务德意志之未来的长远国家精神作为改造美国大学的根本动力，塑造了美国大学的国家精神和人类理想。美国大学秉持如上精神而发展了欧洲传统的现代大学，对世界大学建设产生了根本性的影响，也成为中国大学发展不可忽视的丰富资源。

梳理西方大学的诞生与发展有利于我们了解西方大学的精神实质。当然，西方大学对中国大学的影响并不是齐头并进的，往往是伴随着近代列强对中国侵略“能力”此消彼长而变化的，而且随着教会对中国教育渗透和教育权的攫取而发生着变化。但是，我们不可否认，近代西方列强和教会在对中国进行输出和攫取大学教育主权的同时，也带来了西方的大学精神，这些精神为我国近代大学的发展，以及中国特色大学的建设发挥了重要的奠基性作用。概括而言，这些精神包括科学精神、自由独立精神，自治民主精神和服务社会精神。

科学精神在欧洲中世纪大学向近现代大学转型过程中得以确立，这种精神直接体现为对自然科学的高度重视和对大学之研究职能的重视；自由独立精神在大学内部与外部均有所体现，其内部主要表现在对学习者学习权利的尊重上，外部主要表现在大学不受政治和社会的干预上，在学术和管理上强调保持自由独立；自治民主精神主要体现在按照教育规律由大学内部相关主体办学治校方面，这一精神可谓是西方大学精神的核心；服务社会的精神产生得相对较晚，也算是对自由独立精神和自治民主精神的超越，虽然没有证据表明这一精神对我国近代大学有直接影响，但其与我国近代大学在举办初期就具有的救国抱负有着内在的逻辑关联，也是我国现代大学发展所必须具备的精神。

---

① ［瑞士］瓦尔特·吕埃格：《欧洲大学史》第4卷《1945年以来的大学》，贺国庆等译，河北大学出版社2019年版，第6页。

二　魂：中国大学发展的价值逻辑
——系天下苍生、谋世界大同

从欧洲大学的产生历史中我们能发现，“大学一直是智力的机构，它的使命是研修和传递所有得到精心研究的知识领域的知识瑰宝”①，并且“大学所发展和传递的科学和学术的知识以及传递知识的方法，产生于普遍的欧洲知识传统，并且是这个传统的组成部分。与此同时，大学形成了一种学术精英群体，其精神气质基于欧洲的共同价值观，并且超越了所有国界”②。大学立足于国家，既有服务国家现实的责任，更有服务国家未来的使命，同时必须彰显大学自身的本性，即大学本身就是世界性、人类性和国际性的。尤其是经历二战、冷战而进入全球化时代，“大学不再局限于由层层凌驾于全欧洲的权力统治之下的一元化欧洲框架之内发挥作用，而是在一个无论是在宗教和政治上都分裂的欧洲，开始扮演着连接全欧智力精英的桥头堡角色”③。大学的世界性、人类性和国际性亦可表述为“系天下苍生、谋世界大同”。这是“大学超越了所有国界”的真谛所在：大学，就是“系天下苍生、谋世界大同”的地方；服务于大学的知识分子，必须肩负起“系天下苍生、谋世界大同”的责任和使命。

（一）系天下苍生：传统大学社会价值取向的现实延续

系天下苍生这一责任是时代的赋予，因为现代社会“无限度地扩张”和“有组织的不负责任”④，使全球化陷入新的丛林，国家政治、市场经济、科学研究、技术开发在这种全球化丛林中变得更加复杂。这种复杂性本身使国际政治、市场经济、科学研究、技术开发在“推动人类命运共同体建设”方面所起的作用显得更为有限，它吁求大学发挥更大的文明动力

---

① 向小丹：《从移植到扎根：中国现代大学制度的历史演进》，《科教导刊》2018 年第 24 期。

② ［瑞士］瓦尔特·吕埃格：《大学是欧洲的机构》，［比利时］希尔德·德·里德—西蒙斯：《欧洲大学史》第 1 卷《中世纪大学》，程玉红等译，河北大学出版社 2008 年版，第 9 页。

③ ［瑞士］瓦尔特·吕埃格：《欧洲大学史》第 4 卷《1945 年以来的大学》，贺国庆等译，河北大学出版社 2019 年版，第 8 页。

④ ［德］乌尔里希·贝克：《世界风险社会》，吴英姿、孙淑敏译，南京大学出版社 2004 年版，第 191 页。

功能、予以更有深度更为广阔的社会参与。正是在这种大背景下，推进人类命运共同体建设，对大学的当代建设和发展提出了“通古今之变化，发思想之先声”的要求。

历史赋予中国大学发展必须有“系天下苍生”的视野、胸襟和情怀。首先，大学既是一个古老的社会组织，也是常青的社会组织。大学的“古老”，并不在于她年代久远，而在于她是整个人类“唯一在历史过程中始终保持其基本模式和社会功能与作用不变的机构”，而且人类发展越是向前，“大学的这些方面一直在得到加强和扩展”①。大学的常青，源于她在任何巨变的时代，都始终不渝地引导一代代年轻人“学习如何去学”，大学的根本工作就是用前人或自己研究得来的成果展开教学，以此唤醒人们真诚地追求知识的理念和对知识本身崇敬的意识，而且这种对知识的崇敬意识和真诚追求理念层层累进地积淀成为人类的一个指导原则。其次，大学延续千年而生机如初，既“由于相信人类理性可以认识世界秩序，才能够进行学术研究，而学术研究就是为了洞悉上帝创造物中所蕴含的理性秩序”②，更源于“为了更好而改革”（reformatio in melius），必须在返本开新的传承中坚守品格，这就是本其“一以贯之”的批判和创造实现“苟日新、日日新”的变革。基于这两个方面的自身要求，大学一方面被定义为“象牙塔”，在探求真知中发展学术，培养创造性人才；另一方面又成为人类文明、社会进步、国家发展的“动力站”，在推动古今文化大融合中引领社会正义、国家前进和人类文明，这是大学被誉为“人类智慧的花朵”和“人类精神的家园”的本义所在。如袁贵仁所言：

> 在近代中国的强国梦中，教育革新、大学的兴起无疑是重要篇章。早期设立的京师同文馆、上海广方言馆、福建船政学堂、湖北武备学堂、唐山路矿学堂、四川中西学堂、湖南时务学堂等新式学堂，以及1895年创立的北洋大学堂、1896年创立的南洋公学、1898年创立的京师大学堂，都是教育兴国、强国的最初尝试，成为孕育新知

---

① ［瑞士］瓦尔特·吕埃格：《大学是欧洲的机构》，［比利时］希尔德·德·里德—西蒙斯：《欧洲大学史》第1卷《中世纪大学》，程玉红等译，河北大学出版社2008年版，第8页。

② ［瑞士］瓦尔特·吕埃格：《欧洲大学史》第4卷《1945年以来的大学》，贺国庆等译，河北大学出版社2019年版，第5页。

识、新观念、新方法、新的组织形式和制度结构的创造基地。[①]

可见，现代意义上的中国大学自产生之日起就体现了“系天下苍生”的特点，这一特点随着中国社会革命、建设与改革的推进，而在不同时期有不同的体现，但是其主旨和精神内核是始终如一的，是具有时空穿透力的。

在新时代，中国大学“系天下苍生”之魂的具体体现须从两个层次上展开，首先表现为从教育目的上以超前思维服务于各种规格的社会建设者的培养，并紧密结合社会经济发展的需要找准办学定位、优化专业设置、促进教学改革；其次表现在服务于文明互鉴，通过促进学术交流、共享科技文明、强化沟通了解来增进各国人民友谊、推动人类社会进步、维护世界和平。这两个层次是彼此关联的，没有优秀的社会建设者的培养，就很难提升文明互鉴过程中的文化自信心和文化凝聚力，而没有文明互鉴的意识与眼界，又很难真正以开阔的胸怀培养优秀的建设者。只有两者相辅相成才能真正促进现代大学“系天下苍生”之魂落地。

（二）谋世界大同：“天下大同”崇高追求的现实传承

对于中国大学而言，“谋世界大同”之魂，不仅是世界大学发展基本规律所致，也是中国“天下大同”崇高追求的现实延续。

中国儒学经典之一的《礼记·大学》有云：“大学之道，在明明德，在亲民，在止于至善……物格而后知至，知至而后意诚，意诚而后心正，心正而后身修，身修而后家齐，家齐而后国治，国治而后天下平。”[②] 可见，“治理好国家而后天下太平”是中国传统知识分子和社会精英的共同追求。虽然此“大学”并非现代意义上的“大学”，但无论从“博学”之态的定位，还是与“小学”相对的“大人之学”的定位，都贴近当今大学的层次定位，其精神追求自然带有延展性。此外，习近平总书记在哲学社会科学工作座谈会上引用的北宋大儒张载的“横渠四句”，即“为天地立心，为生民立命，为往圣继绝学，为万世开太平”[③]，言简意宏，一直被人

---

① 袁贵仁：《序：大学与大国》，李清川、于丹：《世界知名大学校长访谈录》，东方出版中心2009年版，第2页。

② 朱熹：《四书章句集注》，第3—4页。

③ 习近平：《在哲学社会科学工作座谈会上的讲话》（2016年5月17日），人民出版社2016年版，第5页。

们传颂不衰，并被视为知识分子和高等学府的远大志向。事实上，此二者仅为代表，在漫长的中国历史上，“谋世界大同”之文化脉络从未中断过，也是近代中国大学在起源时便镌刻入骨的文化基因。

与此同时，“谋世界大同”之魂与中国传统思想中“天下大同”的崇高追求一脉相承。“天下大同”是传统中国世界主义政治哲学的核心理念，它立足于世界的统一性、共有性、道德性、差序性想象，没有狭隘的畛域观念，不是纯粹的“乌托邦”，而是中原王朝国家效法的模板和努力践行的目标，赋予了中华文明鲜明的开放性、包容性精神。近代以来，民族国家体系的形成固化了世界的分裂局面。随着对这一体系的深度参与，“人类命运共同体”成为新时代中国特色世界主义政治哲学的核心理念。①“谋世界大同”既是中国传统社会思想在当前的延续，又是中国大学参与建构“人类命运共同体”的必然使命。具体来说，大学向学生传播探索、创造所得来的知识，并使之转化为人的智慧和力量，从而承担起构筑大学推动人类命运共同体建设的时代使命。② 新时代的大学需要从全人类出发，立足全球视野，探求新知，培养具有全球责任意识及能力的国际化人才，服务国际社会，积极推进国际上的文化交流与传播，承担起人类命运共同体建设的伟大历史使命。

2015 年 9 月 28 日，习近平总书记在第七十届联合国大会上首次明确提出全人类共同价值，指出：“和平、发展、公平、正义、民主、自由，是全人类的共同价值。”③ 在新时代，中国大学“谋世界大同”的核心表现就是弘扬全人类共同价值，促进人类命运共同体建设。大学应该加强全人类共同价值的研究与阐释，并实现从“价值体系”到“知识体系”“课程体系”的转化，促进全人类共同价值入脑入心，代代传承。同时，大学需要遵从人类命运共同体构建的历史号召，从人才培养、科学研究、服务社会、文化传承创新和国际交流合作五大职能出发，自觉承担起促进人类

---

① 何君安、闫婷：《从“天下大同”到“人类命运共同体”——兼论中国世界主义政治哲学》，《东南学术》2020 年第 5 期。

② 汪明义：《大学推动人类命运共同体构建的使命及实践方式》，《中国高教研究》2021 年第 7 期。

③ 习近平：《携手构建合作共赢新伙伴同心打造人类命运共同体——在第七十届联合国大会一般性辩论时的讲话》，习近平：《习近平在联合国成立 70 周年系列峰会上的讲话》，人民出版社 2015 年版，第 15 页。

命运共同体构建的伟大使命。具体说来，要以科学精神和人文理性培养人类进步事业的新人，以探索创造新知解决人类发展进程中的认知难题，以更开放的姿态服务民族国家和人类命运共同体建设，以返本开新中华文明实现美美与共的卓越，以坚定的文化自信加强国际文化交流合作。

三 梦：中国大学发展的理想逻辑
——创中国范式、向民族复兴

在风云巨变的当代进程中，中国大学独特的范式能否得到世界的尊崇和追随，依赖于能否在中国诞生若干既体现鲜明中国特色又有世界水平的一流大学，为中华民族的伟大复兴提供坚强支撑。只有如此，方能在全球高等教育界彰显其磅礴伟力。因而，为民族复兴，创建中国特色并具有标志意义和文化意义的世界一流大学，构成当今中国大学的伟大梦想。

（一）民族性：中国大学创中国范式、向民族复兴的根基

创建中国范式的世界一流大学应夯实其民族性根基，使之成为统摄先进的政治思想、优秀的传统文化、古老的教育智慧和独特的办学方式的内在凝聚力和创发力。之所以必须以民族性为内在凝聚力和创发力，是因为大学之世界性、人类性、国际性和地域性、民族性、国家性之双重本性的激励。并且，大学在自我发展的历史进程中要全面铺开其世界性、人类性和国际性，必须从地域、民族、国家出发，充分发挥地域功能、全面释放民族创发力和紧扣国家发展的未来需要。其中，民族性将地域优势和国家发展的未来需要有机地组织起来，形成社会文化动力机制。正如俄国教育思想家乌申斯基所言："如果教育不想成为无能为力的，那么它就应当是具有民族性的。"①

传统当然体现了人类性，但它的根与本却是民族的：民族性既构成传统的根和本，更内铸为传统的魂与灵。要实现创建中国范式的世界一流大学这一必为梦想，必须深植于传统，提升民族个性，用强化服务国家未来的能力与方式来服务世界，推动人类文明的前进。从根本上讲，大学的存

① ［俄］乌申斯基：《乌申斯基教育文选》，郑文樾选编，张佩珍等译，人民教育出版社2007年版，第80页。

在与发展，一方面必须在与人类文明前进同步的基础上引领人类朝向未来，返本开新更高水准的文明；另一方面必须弘扬传统的精神，增强民族的个性，服务国家的发展和未来。以此审视中国大学的当代发展，应该名正言顺地扎根于中西大学优良教育传统的土壤之中，以知识和理性为指南，以富民强国为不变的追求。

乌申斯基指出："一个民族的公共教育的特性表现得越明显，它就越能自由地向其他民族借鉴自己所需要的一切。"① 一国之教育，越是民族的，才越有可能走向世界；越体现民族性格，才越能成为世界的。故此，只有扎根于中国大地，才能办出世界化的中国大学。

而扎根于中国大地办当代大学，是一个系统工程，需要做到从起点、过程和结果的三重民族性"扎根"。起点"扎根"体现为，必须使以书院精神为重要组成部分的传统"中国文化"成为文化根基，要让以"四个服务"为重要组成部分的"中国需要"成为办学基点，要使以现有中国办学经验和办学环境为组成部分的"中国基础"成为现实起点。过程"扎根"体现为，在办学过程中全面加强党的领导，全面体现立德树人，全面实现"不忘本来""吸收外来""面向未来"的开放育人，以此确保政治方向正确，使育人过程科学，育人格局开阔。结果"扎根"体现为，中国的高等教育要办出"中国特色"和"世界水平"，就中国特色而言，需要构建中国特色的人才培养体系和建构中国特色的培养范式；就世界水平而言，要建成具有世界水准、中国气派的多层次、多类型的大学体系；形成能解决中国问题，并为世界问题的解决提供中国方案的研究成果。

（二）全人性与全球化：中国大学创中国范式、图民族复兴的基本准则

中国要建设体现中国范式的世界一流水平大学，必须以全人性为首要准则。所谓全人，既指"至为善通、至为平凡"胸襟的人，也指"健全人格"的人，更指具有"完善性格"和"独立个性"的人。以此为内涵规定性的全人性教育呈现出三方面的基本要求。首先，全人性教育是指促进每个人自由发展的教育。马克思恩格斯在《共产党宣言》中指出，共产主义社会就是一切人自由发展的社会，而"每个人的自由发展是一切人自由

① ［俄］乌申斯基：《乌申斯基教育文选》，郑文樾选编，张佩珍等译，人民教育出版社 2007 年版，第 66 页。

发展的条件”[①]。其次，全人性教育是指引导人“从一切方面认知自己”和了解“人的一切方面”的教育。这要求正视人的身心，不仅研究人的身体（生理）和心理与智商、情商、心商共运的关系，而且要研究社会环境、时代精神、文化传统以及先进理想对人的影响。最后，全人性教育不仅指从真（智）、善（德）、美（自由）、健（体）、富（劳）全面发展培养人，也指培养人“具备文化的全部”[②]。具有如上内涵的全人性教育，既是扎根中国大地办大学的人本特征，又是中国大学所追求的应然境界。这需要哲学的指导，因为哲学是受到教育实践的压力而兴起的，但教育又反过来提供了机会对哲学的探讨进行实际的验证，由此两个方面使“哲学就是教育的最一般方面的理论”[③]。建设中国范式的一流大学，只有在哲学的指导下，才可以深入探讨“全人”的内涵，探索全人性教育的实践路径和根本方法，积累全人性教育的成功经验，推广全人性教育的基本理论。

大学不仅是民族性和人类性的有机结合，更是地域性、区域性与全球性的有机结合。这是因为人类已全面进入互联网和物联网的时代，作为人类物质存在空间的地球也变成了真正意义上的“地球村”。地球村式的空间存在，必然要求大学改变过去那种相对单一甚至片面的民族主义和国家主义的价值观设计和运行模式，必须走出地域，耕耘全球化。所以，全球性构成扎根中国大地办好大学的基本路径。基于这一基本要求，开创中国范式的世界一流大学的道路，必须重建一种面向未来世界的高等教育学。这种面向未来世界的高等教育学，要着眼于全球伦理实践，着眼于“地球村”的安全存在和共同繁荣，在借鉴古往今来中外一切先进办学经验基础上，从德智体美劳诸方面全面打造新的课程教学体系。

（三）服务民族复兴：中国大学创中国范式、图民族复兴的时代命题

从人类发展史来看，无论古今，世界大国的崛起无不与其所拥有的顶尖级大学群体直接相关。电视纪录片《大国崛起》指出，英国的崛起取决于两个人的思想：以牛顿力学定律为代表的自然科学进步开启了英国通向

---

① 《马克思恩格斯选集》（第1卷），中共中央马克思恩格斯列宁斯大林著作编译局编译，人民出版社2012年版，第422页。

② ［日］小原国芳：《小原国芳教育论著选》（上卷），由其民等译，人民教育出版社1993年版，第4页。

③ ［美］约翰·杜威：《民主主义与教育》，王承绪译，人民教育出版社1990年版，第347页。

工业革命的大门；以亚当·斯密《国富论》为代表的社会科学发展为英国建立了新的经济秩序。① 毕业于剑桥大学的牛顿和毕业于牛津大学的亚当·斯密成为这两校杰出校友的典型代表，也为世界提供了大国崛起与大学繁荣相互成就的典型案例。

19 世纪后期 20 世纪初，德国之所以成为第二次工业革命的领头羊，是因为其从 17 世纪起就持续不懈地展开大学改革、创立引领世界的研究型大学。以柏林洪堡大学为代表的现代大学使德国从强大走向更强大。柏林洪堡大学之所以构成现代大学的标志而获得引领人类大学向现代方向发展的美誉，是因为下列事实为之作出最好的诠释：哲学家费希特、黑格尔和谢林先后出任该校前三任校长，他们为这所大学奠定了学术文化的基石；马克思和恩格斯均就读过该校；亚历山大·洪堡的《宇宙学》在该校完成；该校教师约翰纳斯·米勒的名著《生物学手册》被世人奉为经典；德国第一个物理实验室由柏林大学教师古斯塔夫·马克努斯建立。除此之外，在柏林洪堡大学有过学习或工作经历的还有：能量守恒与转化定律的奠基人之一赫尔曼·亥姆霍兹、电磁波与光电同一性的发现者海因里希·赫兹、光速的测定者阿尔贝特·迈克尔逊、量子理论的创立者马克斯·普朗克以及相对论的创始人阿尔贝特·爱因斯坦等。

第一、二次世界大战之后的美国，之所以能引领几乎整个 20 世纪，其根本是因为它拥有顶尖级的研究型大学群体。这些研究型大学群体不仅为美国的政治、经济、军事、科技和文化提供坚强的支撑，同时也成为人类大学发展的样板。

同样，21 世纪的中国，要引领世界，亦须创建世界一流的大学群体来为之提供创造性动力。这样的大学群应该是“拥有一流的学术实力，做出了一流的学术贡献，从而获得社会高度认可的学术声誉”② 的中国世界一流大学的集合。今天，中国大学已进入新时代并踏上新征程，这既是实现中华民族伟大复兴之梦的新征程，也是为全球治理提供中国智慧和中国方案的新征程。

---

① 中央电视台《大国崛起》第 4 集《工业先声》，央视网，2017 年 7 月 4 日发布，2022 年 11 月 5 日访问，https://tv.cctv.com/2017/07/04/VIDE7yJmGHjtSrfPtcE7EHUx170704.shtml。

② 眭依凡：《一流教师队伍是一流本科教育建设成效之基础》，《教育发展研究》2019 年第 23 期，扉页“时评”。

四　路：中国大学发展的实践逻辑
——集中西文明、循教育规律

2014 年，习近平在北京大学师生座谈会上的讲话中特别指出："我们要认真吸收世界上先进的办学治学经验，更要遵循教育规律，扎根中国大地办大学。"① 在 4 年后的师生座谈会上他再次重申："要把中国特色社会主义道路自信、理论自信、制度自信、文化自信转化为办好中国特色世界一流大学的自信。"② 他为创建中国范式的世界一流大学勾勒出正确的方向、宏观的思路和根本的方法：世界上先进的办学治校经验为我们"扎根中国大地"办好大学提供了融中西文明的有益借鉴，这就是将人类大学的当代发展要求和自身教育规律（包括原则、经验、方法）化为探索建设中国范式的世界一流大学的源泉。

（一）集中西文明：充分遵循人类的教育规律

"扎根中国大地"建设中国大学，须遵循的根本教育规律是人性规律。夸美纽斯说："人是一个'可教的动物'，这是一个不坏的定义。实际上，只有受过恰当教育之后，人才能成为一个人。"③ 教育的本质是把原本动物性的人化育成文化的和文明的人，其所必须遵循的基本规律则是"恰当"的人性规律。教育的人性规律可从两个维度加以表述。第一，人在本性上是非恶的，人作恶是因为无知，教育就是要引导人不断地变无知为有知。为此，苏格拉底提出人性再造的两个教育原则，引导人"认识你自己"并鼓动人追求"知识就是美德"。第二，人的本性是天赋的，因而"性相近"，但后天利欲的膨胀却将人性导向"习相远"。解决人性分裂困境的根本方法就是教育：教育就是使"习相远"的人性变成更"相近"的根本方式，运用这种方式必须遵循"质胜文则野，文胜质则史，文质彬彬，然后君子"④ 的

---

① 习近平：《青年要自觉践行社会主义核心价值观——在北京大学师生座谈会上的讲话》（2014 年 5 月 4 日），人民出版社 2014 年版，第 13 页。

② 习近平：《在北京大学师生座谈会上的讲话》（2018 年 5 月 2 日），人民出版社 2018 年版，第 7 页。

③ ［捷克］夸美纽斯：《大教学论》，傅任敢译，教育科学出版社 1999 年版，第 24 页。

④ 朱熹：《四书章句集注》，第 89 页。

原理。

大学教育还必须遵循过程规律。从根本上讲，教育既是“社会进化中的一个基本要素”，更是“传递人类积累的知识中具有永久不朽价值的那部分的过程”[①]。因为人处于一个未完成、待完成和需要不断完成的生活过程中，它使生活成为不断生长的努力，教育就是促进人的自我生长[②]并不断自我实现的改造、转化、拓展、升华和超越的过程，大学必须遵循这样一种性质规定的过程规律。

“扎根中国大地”建设中国大学，必须确立“大学的作用是使你摆脱细节去掌握原理”[③] 的意识。因为大学的目的是培养人具有探索真理、创造新知的智慧，而“智慧意味着事物的原则和起因”。所以“学生的学习将不是从最近的观察开始，再回到那些首要的原则，而是从首要原则开始”[④]。这就意味着大学需要教给或者引导学生去发现原理性和真理性的知识。每一所大学的每一类学科都应该归纳、整理这类知识，把这类知识的教育作为重要任务。让人才培养方案的修订和课程优化为此服务，在此基础上，再根据大学的类型差异、学科特点有针对性地培养学生的核心素质和综合能力。

“扎根中国大地”建设中国大学，必须充分遵循的教育规律中最为重要的是人类大学办学治校的基本规律。

欧洲大学校长常设会议曾反思道：第二次世界大战后 10 年改革大学各种努力的失败已经表明，如果没有对大学发展及其悠久传统的深入认识，是根本不可能探求到解决大学问题的真正有效办法的。大学的发展史阐释了大学产生的条件、变迁的规律、兴衰的更迭、外溢的影响等，这为我们提供了横向比较和纵向参照的视角。所以，应“鉴前世之兴衰、考当今之得失”，借用历史的叙述可以更好地帮助我们触及基础、接触系统的基本特性以及它们的原因和后果。

美国教育家菲利普 · G. 阿特巴赫说：“大学是一种独特的教育机构，

---

① ［美］巴格莱：《教育与新人》，袁桂林译，人民教育出版社 2004 年版，第 37 页。

② ［美］约翰 · 杜威：《民主主义与教育》，王承绪译，人民教育出版社 1990 年版，第 58 页。

③ ［美］阿尔弗雷德 · 怀特海：《教育的目的》，徐汝舟译，北京师范大学出版社 2018 年版，第 34 页。

④ ［美］罗伯特 · M. 赫钦斯：《美国高等教育》，汪利兵译，浙江教育出版社 2001 年版，第 57、61—62 页。

它们有着共同的历史渊源，又深深地根植于各自所处的社会之中。”[①] 大学产生于不同的文化环境，适应于特定的社会需要，形成迥异的教育传统和文化特色。凡是对大学发展产生重要影响的理念和制度，无不根植于民族文化土壤中。在全球化、信息化的推动下，大学依托内在的超越性不断打破时空边界，国际性日益凸显。大学是具有民族文化特质的国际文化“共和国”，民族性和国际性并存。“扎根中国大地”的中国大学，要办出世界一流的水平，必须稳健地拓宽民族性与国际性并存、国家性与世界性共生的知识和理性、实践和创造的道路。

（二）循教育规律：充分吸收一切先进办学经验

“扎根中国大地”建设中国大学，必须充分吸收人类一切先进的办学经验。自大学诞生以来近 1000 年历史进程所积累起来的办学经验可谓浩瀚，但择其主要者有五，这些经验都是我们“扎根中国大地”建设中国大学所必须充分研究、分析、甄别、内化的宝贵经验。[②]

第一，应充分吸纳“文理学院”的经验。纽曼对文理学院教育精义有一系列经典概括：一是将大学定义为一个思想、知识、创造和交流、传播的场所，即“一间大学根本上是一个借着人与人彼此交往，在一大地域中实行思想上的交换与流通的处所”[③]。它为有意愿于探究真理和知识的人们提供思想及行动准绳，这种性质的场所本身会带来真正的教育，随着空间的拓展和时间的沉淀，它会形成一个“人才汇集地”，并塑造出一种生生不息、自我发展的传统。[④] 在当代人类进程中，充分吸纳并创造性地发展这一经验传统，将变得越来越重要，因为“学术系统与其说是为专门知识所统一，不如说是日益被它们所分裂”[⑤]。各学科联系日益紧密，这种联系

---

① ［美］菲利普·G. 阿特巴赫：《高等教育的发展》，菲利普·G. 阿特巴赫、罗伯特·O. 波尔达、帕崔凯·J. 甘波特主编：《21 世纪的美国高等教育——社会、政治、经济的挑战》，施晓光等译，中国海洋大学出版社 2007 年版，第 10 页。

② 汪明义：《大学高质量发展的历史、理论和实践逻辑》，《中国高等教育》2022 年第 23 期。

③ ［英］约翰·亨利·纽曼：《纽曼选集》，徐庆誉等译，宗教文化出版社 2015 年版，第 209 页。

④ ［英］约翰·亨利·纽曼：《大学的理想》（节本），徐辉等译，浙江教育出版社 2001 年版，第 66—67 页。

⑤ ［美］伯顿·R. 克拉克：《高等教育系统——学术组织的跨国研究》，王承绪等译，杭州大学出版社 1994 年版，第 41 页。

虽然建立在各学科高度专业化基础之上，但它却需要各学科共同形成其完整的知识领域。二是基于促进自由发展的需要而实施博雅教育，促进人的理智发展，最终培养出头脑冷静、通情达理、直率诚恳、克己自制及立场坚定的人。为了更好地培养这样的人，需要向他们传授人类整全的知识。

第二，应充分吸纳“研究型大学”的经验。研究型大学始于洪堡创立的柏林大学，兴盛于美国的约翰·霍普金斯大学。面对普法战争的战败，普鲁士政府希冀通过改革高等教育，以精神的力量来弥补在物质方面所遭受的损失。柏林大学就是在这种民族意识觉醒和社会变革背景下诞生的，并构建起了对世界大学发展产生深远影响的四原则，即“大学自治、教授治校、教学和科研相结合、学术自由”。其中，学术自由不仅指不受外界干扰，而且反对大学内部的霸权，更包括学者心无旁骛地自由探索的品质。这类大学将探索自然物质宇宙的规律和文化意识宇宙的法则作为己任。这对“扎根中国大地”建设世界一流的中国大学具有重要的启示意义。

第三，应充分吸取服务型大学的经验。大学是社会发展的智力之轮。智力之轮的发动和运转不是在社会之外，而是需要嵌在机体之内自然启动和运转。这就要求大学与社会组织和产业之间建立有机的联系。社会需要什么，大学就要发挥知识、技术和观念的生产、创新优势去做什么，以满足和服务于社会的需要。这就是大学“威斯康星理念”的要义，也是创始于美国的各类社区大学的要义。如今这一要义所引发的实践不只是局限于一社区、一城市，它已经扩展到整个民族国家甚至全人类的大学服务理念中。

第四，应充分吸纳“多元化巨型大学”的经验。这一经验由克拉克·克尔在《大学的功用》中总结得出：第二次世界大战后，在政治、社会、科技等诸多因素的作用下，美国大学日益成为联邦政府优先发展的对象。①大学不仅要重视学生的教学，兼顾科学研究，还要做好社会服务工作。大学不再是与世隔绝的象牙塔，而是人类社会的动力站，大学的社会服务职能得到了全面明确和广泛的展开。美国创办多元巨型大学的办学经验，对中国大学如何更好地创建世界一流水平提供了重要的借鉴意义。

---

① Clark Kerr：《大学的功用》，陈学飞等译，江西教育出版社 1993 年版，第 34—36 页。

第五，应充分吸纳“交互式大学”的经验。在全球化、信息化和市场化大背景下，文理学院、研究型大学、多元巨型大学演化生成一种新形态即“交互式大学”。这类大学的典型经验是大学组织及其成员的跨国跨界流动和融合，形成你中有我、我中有你的格局。这种探索新型样态的大学经验，必将为我们“扎根中国大地”建设中国范式的世界一流大学开阔新视野，提升新认知，赋予新智慧。

“上述五种类型大学的创办及其经验展示了人类大学发展历程中几个具有里程碑意义的典型案例，为当今中国大学的发展和中国大学模式走向成熟提供了鲜活的经验。”① 也是我们在高等教育领域化“他山之石”创“中国范式”“扎根中国大地”建设具有中国气派高质量大学的重要基础。

综上所述，历史逻辑、价值逻辑、理想逻辑与实践逻辑是任何事物发展的基本逻辑，也是任何实践活动所必须关注的核心逻辑。从这四个维度思考当今中国大学发展，既是反观中国大学从何处来之“根”，也是归纳中国大学从历史到现实所凝聚之“魂”，还是锚定当今中国大学的抱负追求之“梦”，更是探寻中国大学负重前行不辱使命的实践方略之“路”。其核心问题是要回答当今中国大学“从何处出发”“为何要远行”“向何处远行”“应该怎样走”一系列重大问题。

故此，基于以上认知，重新审视中国大学的根、魂、梦、路，思考大学的昨天、今天、明天和未来，对于进入新时代并踏上新征程的中国高等教育，将大有裨益。

---

① 汪明义：《大学高质量发展的历史、理论和实践逻辑》，《中国高等教育》2022 年第 23 期。

第一编　大学与文化

2011 年 4 月 24 日，时任党的总书记的胡锦涛同志在清华大学百年校庆演讲时指出：“不断提高质量，是高等教育的生命线，必须始终贯穿高等学校人才培养、科学研究、社会服务、文化传承创新各项工作之中。”第一次将“文化传承创新”与高等学校的三大经典职能“人才培养、科学研究、社会服务”并行。胡锦涛同志在论证高等学校的这一新职能时进一步指出：“高等教育是优秀文化传承的重要载体和思想文化创新的重要源泉。要积极发挥文化育人作用，加强社会主义核心价值体系建设，掌握前人积累的文化成果，扬弃旧义，创立新知，并传播到社会、延续至后代，不断培育崇尚科学、追求真理的思想观念，推动社会主义先进文化建设。要积极开展对外文化交流，增进对国外文化科技发展趋势和最新成果的了解，展示当代中国高等教育风采，增强我国文化软实力和中华文化国际影响力，努力为推动人类文明进步作出积极贡献。”

习近平总书记 2013 年 4 月 21 日在致清华大学苏世民学者项目启动的贺信中指出：“教育决定着人类的今天，也决定着人类的未来。人类社会需要通过教育不断培养社会需要的人才，需要通过教育来传授已知、更新旧知、开掘新知、探索未知，从而使人们能够更好认识世界和改造世界、更好创造人类的美好未来。”① 在 2016 年 9 月 10 日致清华大学苏世民学者项目启动典礼的贺信中又进一步指出：“教育传承过去、造就现在、开创未来，是推动人类文明进步的重要力量。当今时代，世界各国人民的命运更加紧密地联系在一起，各国青年应该通过教育树立世界眼光、增强合作意识，共同开创人类社会美好未来。”

胡锦涛和习近平这些关于大学教育与人类文明进步深度关联的论述，观点鲜明、意义深远，“文化传承创新”和“国际交流与合作”随之成为中国大学两个新的职能，丰富了人类大学职能的内涵。对当今中国大学如何为中华民族伟大复兴和构建人类命运共同体的远大事业做出杰出贡献具有重大的指导意义。

在本编中，作者收集整理了自己有关“大学与文化”“大学的文

---

① 习近平：《致清华大学苏世民学者项目启动的贺信》，《人民日报》2013 年 4 月 22 日。

化创新”“大学本质的文化性”以及“大学转型的文化实践”等方面的研究论文。

大学文化的本质和大学的文化本质属性认知源于对中国传统书院和西方现代大学两块肥沃土壤的翻耕和感悟，这构成了当代中国大学引领未来世界高等教育的源头活水，即“历史逻辑”。本编既是第二编大学治理的理论基础，也是第三编大学与社会关系论证的逻辑起点，更是第四编大学治理实践的依据。

第一章

大学的文化本质*

在哲学上，本质是对“是什么”的回答，指的是事物的根本属性。“你是什么，就你的本性而言，乃是你的本质。”① 经由某物的本质，我们方可准确地把握某一事物。因此，大学的本质，指的就是对大学“是什么”的回答。大学看似一个不证自明的概念。受过大学教育的人在想到大学的时候，意识里会涌出一个自己熟悉、生活过的建筑物的形象；普通人想到大学，会认为那是一个创造和传播知识的神圣之地；研究高等教育的学者想到大学，则会浮现出自己所研究和向往的大学的形象，这些形象可以是中国古典书院的复活，可以是近代大学扩大了的想象，还可以是自己所喜欢的西方世界的大学形象。至少从形象来说，每个人都会有自己所喜爱的大学形象。当我们在争论大学是什么的时候，由于各自关于大学形象的立场不同，常常存在很多的分歧。然而，大学是什么，确实是一个需要澄明的问题，因为对这一问题的回答揭示了对大学的观念把握，进而决定了大学的实践以及人们对这一实践的理解和态度。

第一节　大学本质的多元面相

大学的本质是一个历史概念，具有历史所积淀的层层意蕴，不同的时代

---

* 本章主要内容为作者承担的国家社会科学基金一般项目（教育学）“大学实现文化传承创新功能的机制研究”（BIA120040）的阶段成果。

① ［英］尼古拉斯·布宁：《西方哲学英汉对照辞典》，余纪元编译，人民出版社 2001 年版，第 322 页。

具有不同的内涵和特征，所有时代关于大学本质的论述构成了大学本质的家族相似性。大学的本质又是一个实践的概念，带有鲜活的实践品性。当大学实践因主客观条件的限制而尚未全面、充分展开时，与它相应的大学本质也就会隐而不显，或者显而不全。一旦实践发展到一定的程度，大学的本质则会随之而澄明。因此，大学之历史与逻辑的统一，成为我们重新思考大学本质的契机。从 1088 年博洛尼亚大学诞生以来近千年的大学发展史来看，对于大学的本质大概有过如下几种比较有代表性的回答。

一 大学是学者的社团或者学者共和国

这是从大学的主体，即教师和学生的角度对大学本质的回答。中世纪大学主要指的是学者的社团（a society of masters and scholars），是一种吸收了中世纪城市行会的一些要素而组成的能够自我保护且可以自由教学和学习的具有大学性质的机构。① 以至于到了 18 世纪末期，伊曼努尔・康德在其《学科之争》中仍把大学看作具有特殊性质的行会（guilds），即由教授“构成的一种自治的学术共同体”，这些被称作大学的学术共同体与社会上其他的科研院所、学会或私人的研究机构不同，其根本任务就是接收学生和培养博士。② 卡尔・雅斯贝尔斯在其《大学之理念》一书前言中同样开宗明义地指出：“大学是一个由学者与学生组成的、致力于寻求真理之事业的共同体。”③ 在这个定义中，卡尔・雅斯贝尔斯明确指出，大学是一群以科学探索和真理传播为志业的人的联合体，而不是由一群建筑物组成的物质的群落，它的根本宗旨在于寻求真理，培养新人。梅贻琦更是直接用大师来界定大学，“大学者，有大师之谓也”④。并把大学之学习比喻为师生之间像鱼群一样的“从游”关系，“学校犹水也，师生犹鱼也，其行动犹游泳也。大鱼前导，小鱼尾随，是从游也”⑤。正是在这样一种“从游”的关系中，大学师生结成了学习的共同体。

---

① C. H. Haskins, *The Rise of Universities*, London: Cornell University Press, 1957, pp. 5 – 9.

② ［德］伊曼努尔・康德：《康德著作全集》（第 7 卷），李秋零主编，中国人民大学出版社 2008 年版，第 13 页。

③ ［德］卡尔・雅斯贝尔斯：《大学之理念》，邱立波译，上海世纪出版集团 2007 年版，第 19 页。

④ 梅贻琦：《梅贻琦教育论著选》，刘述礼、黄延复编，人民教育出版社 1993 年版，第 10 页。

⑤ 梅贻琦：《梅贻琦教育论著选》，刘述礼、黄延复编，第 102 页。

二　大学是探索和传播普遍文化知识的场所，是研究高深专门学问的机构

从知识生产的角度对大学本质的判断主要有两种观点。第一种观点认为大学是探索和传播普遍文化知识的场所。约翰·亨利·纽曼是这一派的主要代表，在《大学的理想》一书中他明确昭示，大学“是一个传授普遍知识的地方”①“应吸纳人类所有艺术、科学、历史和哲学方面的知识，并使其适得其所”②。它的目的在于向学生传播和推广知识，使他们养成“一种以自由、公平、冷静、克制和智慧为特征的终生思维习惯”③。有意思的是，在19世纪中叶古典人文教育与科学教育之争中，和约翰·亨利·纽曼处于对立地位的托马斯·亨利·赫胥黎对大学也持这种观点，他认为：“理想的大学应该是个学术思想不受任何束缚的地方，是个能使所有的入学者获得所有的知识和掌握所有的学习工具的地方，而不管这个人的信仰、国籍和贫富如何。……大学，指的是一个有关普遍事物知识的团体。”④ 罗家伦也认为，大学的使命在于经由民族文化的创造而“为人类增加知识的总量”，他说：“我们不但要为自己的民族开发知识的宝藏，而且要为人类的社会，增加学术的遗产。”⑤ 因为只有建立在文化知识总量不断增加和学术事业不断繁荣的基础上，人类社会的文明进步方始成为可能。

第二种观点认为大学是研究高深专门学问的机构。研究高深专门学问，服务于人类文明发展，是现代大学的一个普遍共识。洪堡指出，大学是高等学术机构，是社会上一切学术机构的顶峰，“它总是把科学当作一个没有完全解决的难题来看待，它因此也总是处于研究探索之中”⑥，“一旦人们停止对科学进行真正的探索，或者认为科学是不需要从精神的深处创造出来，而是可以通过收集把它广泛罗列出来的话，则一切都是无可挽

---

① ［英］约翰·亨利·纽曼：《大学的理想》，徐辉等译，浙江教育出版社2001年版，第1页。

② John Henry Cardinal Newman, *The Idea of a University: Defined and Illustrated*, Chicago: Loyola University Press, 1987, p. 438.

③ ［英］约翰·亨利·纽曼：《大学的理想》，徐辉等译，第22页。

④ ［英］托马斯·亨利·赫胥黎：《科学与教育》，单中惠、平波译，人民教育出版社1990年版，第129页。

⑤ 罗久芳：《我的父亲罗家伦》，商务印书馆2013年版，第200页。

⑥ ［德］威廉·冯·洪堡：《论柏林高等学术机构的内部和外部组织》，转引自陈洪捷《德国古典大学观及其对中国的影响》（修订版），北京大学出版社2006年版，第198页。

回的，且将永远丧失殆尽”[①]。蔡元培也持这一主张，他认为：“大学者，研究高深学问者也。”[②] 约翰·S. 布鲁贝克在其《高等教育哲学》中录下了学者普西的一段话，以为现代大学把高深学问探索作为重要使命之必要性的证明：“每一个较大规模的现代社会，无论它的政治、经济或宗教制度是什么类型的，都需要建立一个机构来传递深奥的知识，分析、批判现存的知识，并探索新的学问领域。换言之，凡是需要人们进行理智分析、鉴别、阐述或关注的地方，那里就会有大学。”[③] 在当今以信息化和网络化为特征的知识社会中，学术已经成为推动经济社会发展的重要资本，大学担当的学术研究和知识创造的责任日益重大。怀特海早就告诫过我们，通过教育进行智力培养是现代生活的一项重要法则，不进行智力训练的民族注定会被淘汰。[④] 没有大学的高深学术研究，任何民族国家的发展都会受到致命的影响。

三　大学是社会的良心，是社会的服务站

从服务社会的角度对大学本质的概括，有两种观点。第一种观点认为大学是独立思想和批判的中心，弗莱克斯纳是其代表人物，卡尔·雅斯贝尔斯和赫钦斯是这一观念的坚定支持者。弗莱克斯纳认为，“大学不是风向标，不能什么流行就迎合什么。大学必须时常给社会一些它所需要的东西（what the society needs），而不是社会所想要的东西”，否则大学就会犯荒唐甚至是灾难性的错误。[⑤] 卡尔·雅斯贝尔斯则认为：“大学是一个时代的智力良心（intellectual conscience），大学人不必为现实的政治负责，主要因为它对发展真理负有无限的责任。”[⑥] 赫钦斯更是明确倡导大学的批判理念，他认为大学“具有一种强烈而严肃的使命，这就是思考。大学是独立思想的中心，既然它是一个思想中心，一个独立思想的中心，那么它也

---

① 转引自［德］彼得·贝格拉《威廉·冯·洪堡传》，袁杰译，商务印书馆 1994 年版，第 79 页。

② 蔡元培：《蔡元培全集》（第 3 卷），人民教育出版社 1999 年版，第 5 页。

③ ［美］约翰·S. 布鲁贝克：《高等教育哲学》，王承绪等译，浙江教育出版社 1998 年版，第 14 页。

④ A. N. Whitehead, *The Aims of Education*, New York: The Free Press, 1967, p. 14.

⑤ A. Flexner, *Universities: American, English, German*, Oxford: Oxford University Press, 1930, pp. 5 – 6.

⑥ K. Jaspers, *The Idea of the University*, London: London Peter Owen Ltd., 1965, p. 132.

是一个批判的中心"[①]。福柯对大学也持这种立场。他认为："大学，与所有类型的研究机构不同，它原则上（当然实际上不完全）是真理、人的本质、人的形态的历史等等问题应该独立、无条件被提出的地方，即应该无条件反抗和提出不同意见的地方。"[②] 当代社会正日益陷入物质功利主义的泥潭，心之道被遮蔽，"通过吸收和运用知识来拯救自己已经日益成为现代人的宗教"[③]，这就更需要大学有所担当，提供新的思想为社会"立心"，以"造就公众的心灵"。

第二种观点认为大学是社会的服务站。在知识社会中，大学作为知识的生产者、批发商和零售商，不可避免地要为社会提供服务，而且在日益壮大的知识产业中，大学本身成为知识产业的中心，其学术活动成为一种资本赋值活动，大学学术也相应地成为一种重要的文化资本。因此，大学"嵌入"社会的中心，成为社会进步的智力"引擎"，已经是知识社会中大学的重要特征和标志性身份之一。克尔是大学服务社会理念的支持者和倡导者。克尔曾指出："公共服务概念始于美国的赠地学院运动。"[④] 在实用主义教育哲学和新功利主义教育理念的指导下，经由康奈尔、威斯康星等诸多大学的实践，服务社会的大学理念逐渐成熟并在全球范围内扩展开来，以至在20世纪六七十年代形成了波及全球的大学创业浪潮。克拉克适时地提出了"创业型大学"的概念[⑤]，更是把大学服务社会的理念与实践推进到一个新的高度。当代中国大学中方兴未艾的协同创新、创新创业教育等也是这一大学理念在新时代的发展和表达，只不过其中加入了中国元素，具有了中国特色。

四　大学是多元化的复杂巨型组织

这是从现代大学组织的特征出发对大学本质的界定，其代表人物是克

---

① R. M. Hutchins, *The University of Utopia*, Chicago: The University of Chicago Press, 1936, p. 84.

② 转引自［法］雅克·德里达《德里达中国讲演录》，杜小真、张宁主编，中央编译出版社2003年版，第61页。

③［美］约翰·S. 布鲁贝克：《高等教育哲学》，王承绪等译，浙江教育出版社1998年版，第144页。

④ 转引自朱国仁《高等学校职能论》，黑龙江教育出版社1999年版，第121页。

⑤［美］伯顿·克拉克：《建立创业型大学：组织上转型的路径》，王承绪译，人民教育出版社2003年版，第3页。

尔。克尔在其《大学的功用》一书中创造了“巨型大学”（Multiversity）一词，并列举了巨型大学的诸多特征：学生数量庞大，少则几万多则十几万；由若干群体组成，包括人文学者群体、社会学者群体、科学家群体、各专业学院群体、所有非学术人员群体、行政管理者群体；有上千甚至上万门与社会各个部门各个产业相联系的课程，供学生自由选择；校园庞大且不断向全球拓展，开支巨大；其组成部门主要受市场支配，可随意删减；具有多重目的，而不再局限于传统的教学、科研和服务。巨型大学像是一个现代化的城市，将自己的各项活动与工业发展前所未有地融合在一起，校园的中心是图书馆、人文学科与社会科学，扩展到各专业学院和科学实验室，外围是工业，散布着宿舍楼、公寓楼和膳宿楼，通过知识的生产、分配和消费成功地把自己变为强大的知识产业。① 应该说，克尔比很多人都敏锐，他注意到了知识社会中大学作为知识生产者的重要角色以及现代人复杂的社会需要。他坚定地认为，大学要创造有用的知识，以满足进入其中的年轻人的各种需要。虽然这些需要也会存在冲突，但最终的结果一定会有益于社会的进步和发展。克尔在其 1952 年担任加州大学校长时的就职演说中讲到：“每个教授会成员都是一个真正的企业家，是知识产品真正的生产者。大学的功能是选择有进取心的人，向他们提供事业成功的条件。……大学里学者的自由有利于公众的目标，正如市场上的企业家的自由有利于公众的目标。而这里两处的目标都是一样的：社会的品质和进步。”②

第二节　大学的文化本质的澄明

第一节中关于大学本质的回答，不论从教师和学生的视角把大学定义为学者共同体，从知识生产的视角把大学定义为普遍知识或高深知识的生产组织，还是从晚近大学服务职能的角色把大学界定为知识社会复杂的服务机构，都有其合理性，也表达了大学发展到一定阶段所呈现出来的大学本质的不同面相。但大学本质上是一个多元和合体，不是单一的概念所能

① 转引自黄英杰、陈理宣《大学人性本质的历史叙事——基于西方大学史的分析》，《重庆高教研究》2014 年第 2 期。

② 哈佛燕京学社：《人文学与大学理念》，凤凰出版传媒集团有限公司 2007 年版，第 327 页。

界定的，对于大学的本质，我们还有进一步探讨的必要。

一 大学是对人之存在本身的理解

如前所述，从主体的角度而言，大学首先是人的联合体，而且是一群承担着关于自然、宇宙、社会、人生之真理发现使命的人的联合体。因此，理解大学就是理解我们人类自身。当中世纪的学者组成类似具有行会性质的大学，进行知识的教学和传播时，他们无疑像把火带给人间的普罗米修斯，在人之匍匐于上帝脚下的黑暗夜空中点燃了神圣的知识之火，烛亮了幽暗的人性，赋予了芦苇一样脆弱的人以伟大的思想的力量。从此以后，知识的尊严和人之尊严通过大学的活动建立了恒久永固的联系，人不再是虚空的芦苇，而是有思想的自为存在。正是大学，承载着不自满的人类更好地前进。人可以按照美的规律塑造自身，进而按照美的规律改造社会。在当代，教会已经式微，社会日趋物质功利化，政府日益陷入局部利益纷争，在此情况下，无论大学怎样"嵌入"社会，它仍然承载着人类的希望和梦想，承载着人类文明之火熊熊不息的添薪者的责任。甚至从一定的意义上讲，当代大学比历史上任何时候的大学承担得都更多。因为"我们个人或社会行为的成功最终都建立在我们对自然、宇宙的认识之上；建立在我们对历史长河中人类命运的真实信念之上；建立在关于善与恶以及如何区分善恶、关于真理以及区别真理与谬误的认识之上。在以往的时代，这些问题的回答者和看管人是牧师和各王朝的国王、皇帝、朝臣、官吏和部长。但是今天，所有这些人都必须让位给全体学者"①。由此可见，现代大学已经与人类的命运连接为一个有机整体，兴衰与共。

二 大学是文化的存在者

那么，生活在当下的我们该如何界定大学，再次确立大学的本质？怀特海早在20世纪三四十年代就谈到，"大学的任务就是创造未来"②，在当今时代，我们已经确信无疑，大学已如怀特海所言成为一个塑造未来的机构。但未来者何？由于未来总是存于当下，问题因而就变成我们当下的社

---

① ［美］约翰·S. 布鲁贝克：《高等教育哲学》，王承绪等译，浙江教育出版社 1998 年版，第 140 页。

② A. N. Whitehead, *The Aims of Education*, New York: The Free Press, 1967, p. 14.

会存在是什么？大学将为此凸显怎样的内涵和特征以适应这一社会存在？美国社会学家曼纽尔·卡斯特在其《网络社会的兴起》一书中认为，网络时代的人类社会已经进入“文化仅指涉文化的新阶段”，即“社会互动和社会组织的纯文化模式之中”。这是在人类历史上我们第一次“生活在一个根本上是社会性的世界之中”“文化相对于我们生存的物质基础获得了自主性”[①]，文化真正成为人之本质存在。在人的文化本质的形成过程中，“大学是这一现实在其起源意义上的肇始者……没有大学，现代社会将失去它最为重要的文化更新和新人之培养的重要工具”[②]。当然，大学也受益于这一文化的结果，与人、社会的文化性一样，大学比以往更加成为一个文化的存在，承担起文化创新的历史使命。未来的大学将会更加凸显它的文化本质，在推进思想文化建设、促进文化事业与文化产业发展等方面发挥着关键性的作用。[③] 大学在凸显自己的文化本质的同时，也传承创新着自身的文化，并以大学制度、大学理念和大学精神的形式向社会辐射。[④] 借助于网络，大学的物质形体将逐渐成为一种实体文化的象征，它的文化的虚拟身体将会无限地延伸和扩展。也许，在将来某一天它的文化的形体将会突破民族国家的界限，使不同肤色、种族、性别、年龄的人更加自由地理解和交流。在交流和创造中，人们会经由协商和对话建立一个共同的文化价值观，作为安身立命之意义根基。到那时，地球将成为一个绿色的文化村庄，整个人类在这个地球村里和谐相处。虽然至少到目前为止，那仍然是一个美丽的乌托邦，但这是可欲可求的，仍需今天的大学为未来的人类大同愿景而努力开拓。

第三节　大学文化本质的意蕴

一种对大学本质的新解读，总会对应着大学的一种新定义。根据大学概念的演变史与对时代特征的把握，我们尝试提出大学的新定义，即大学

---

① M. Castells, *The Rise of the Network Society*, Oxford: Blackwell Publishing Ltd., 2000, pp. 508 - 509.

② 黄英杰、陈理宣：《大学人性本质的历史叙事——基于西方大学史的分析》，《重庆高教研究》2014 年第 2 期。

③ 汪明义：《大学：提高国家文化软实力的重要阵地》，《人民日报》2010 年 5 月 7 日第 7 版。

④ 汪明义：《论新建本科院校的发展之路——基于大学文化视角》，《教育研究》2013 年第 5 期。

是本民族优秀文化和外国经典文化交融创新的中心，是本民族实现文化批判与创新的基地，是提高民族国家文化软实力的主阵地，是引领经济社会全面发展的智力引擎和道德内核。这个新的大学概念至少包含着以下三层含义。

一　文化批判是大学文化传承创新的前提

关于批判的概念主要有两个方面的来源：一是伊曼努尔·康德在《纯粹理性批判》第一版前言中所说的批判的概念，“我所理解的批判，并不是对某些书或体系的批判，而是就它独立于一切经验能够追求的一切知识而言对一般理性能力的批判。”[①] 它指的是对理性能力本身进行批判性考察，并对其能力加以限定。二是卡尔·马克思在《关于费尔巴哈的提纲》中所说的批判的概念，它指的是对社会进行实践改造，如其所言，“哲学家们只是用不同的方式解释世界，而问题在于改变世界”[②]。大学的文化批判是这两者的结合，既包括对理性本身的反思，也包含对现实社会文化的实践改造。这一批判也内在地包含三个相互关联的要素。其一是理性。文化有先进与落后之分，有精华和糟粕之别，也有古今中外之不同，这一切都需要大学以真理为标准，以严谨的科学态度和求是的科学精神，考之于实践和逻辑，博学审问，对不同文化予以平等对待，放在理性的天平上谨慎甄别。缺少理性的限制，大学的文化批判只会是意见的展览，喧嚣而意气。其二是自由。大学的理性活动先天地要求自由的存在，离开了自由就无所谓理性。除了各种无法超越的主客观条件外，理性听从真理的召唤，不受任何限制。当人类的历史文化积淀成为我们当前的心理状态和心理水平时，大学的文化批判要求大学自由地徜徉于这种整体的心理水平之上，涵泳体察，在现有水平之上不断向前推进，拓展新的可能性边界。没有对自由的宽容，大学的文化批判就会有成为各种意识形态之跑马场的危险，实用又狭隘。其三是实践。大学的文化批判是一种文化实践活动，它是用新的文化服务和引领社会的发展。任何社会阶段都存在新的文化因素的萌芽和旧的文化因素的不合时宜，大学的文化批判就是要用大学理性提炼新

① ［德］伊曼努尔·康德：《康德著作全集》（第7卷），李秋零主编，中国人民大学出版社2008年版，第7页。

② 《马克思恩格斯选集》（第1卷），中共中央编译局译，人民出版社1995年版，第61页。

的具有生命力的文化因子，呵护其成长。缺少了实践因素的参与，大学的文化批判就会沦落为自私的意淫，美丽却无用。

二 民族文明再造是大学文化传承创新的目标

一部世界大学史昭示我们，大学存在于它所塑造的文明之中。至少在大学繁荣的近现代社会中，大学与社会文明之间的关系史表明，大学是人类优秀文化的凝聚，也是社会的道德良心①，没有大学的支持，经济社会的全面发展就会从根本上失去智力中心和道德内核。大学的文化本质决定了它的文化创造属性，未来的普遍文化愿景存在于今天特殊的大学文化创造之中，人类大同也需要建立在民族文化个性的彰显之中。借助网络的物质力量，承载着现代民族国家文化软实力提升的重要使命，大学需要敞开包容开放的胸怀，以民族文化创新为基点，把古今中外一切优秀的文化吸纳于自身，加以融合创造。就纵向的西方文明发展史来看，从大学诞生的中世纪欧洲文明，到肇始于德国大学的近代科技文明，再到当代发端于美国的网络社会文明，其背后无一不挺立着某一成熟的大学新形态。在中世纪，随着城市的兴起，是中世纪大学复兴了古希腊文明，传承创新了人文主义文化，并将其与宗教文化一起并列植入大学的课程中，这为后来欧洲的文艺复兴准备了条件。在民族危亡的多事之秋，是近代德国大学抓住第一次工业和技术革命的时代精神，把科学文化引入大学的教学和研究中，一举创造了科学文化的时代。到了 20 世纪初期，是美国大学服务于经济社会发展的大众之平等意识引领了人类民主文化不断开辟新的视域，并逐渐走向成熟和繁荣。从横向的作为国别史的大学来看，有了以柏林大学为代表的德国大学群落的崛起，才有近代德国文明的繁盛及其在世界范围内的传播；正是以哈佛大学为代表的美国大学群落塑造了美国精神和美国文明，美国方才有文化实力成为继德国之后现代文明的滥觞地之一。同样，也正是以北京大学为代表的中国大学群落的崛起，现代中国文明的生长和繁荣方始成为可能。

三 人类文明互通是大学文化传承创新的成果

在人类文明发展史上，不同种族、民族之间因为文化价值的差异而导

---

① 汪明义：《大学的第四功能：引领文化》，《宜宾学院学报》2009 年第 3 期。

致相互的不理解，进而把这种不理解引入战争和流血的悲惨境地，并不是偶然的现象。且不说中古时期因宗教价值不同而频发的大规模宗教战争和冲突，更何况在第二次世界大战期间，纳粹德国也是借由种族文化优越论而对所谓的劣等民族进行了惨绝人寰的清洗。虽然由于人类文明的进步和发展，类似的战争不会再轻易发生，但并不意味着它永远不可能发生。只要人类文化之间缺乏必要的理解和沟通，甚至人为地扩大价值隔阂，一旦条件具备，悲剧仍会不可避免地发生。以至于塞缪尔·亨廷顿在20世纪末还断言："在正在显现的世界中，属于不同文明的国家和集团之间的关系不仅不会是紧密的，反而常常会是对抗性的""在伊斯兰国家与其东正教、印度、非洲和西方基督教邻国之间""在西方和非西方之间"，其冲突和对抗会更为严重。[①] 好在人类发展已经足够成熟，我们拥有了能够引导不同文化价值之间相互增加理解的现代大学这一有效工具。在大学文化的引领下，我们也拥有了更为成熟的实践智慧。世界各国大学纷纷出台各种有利政策、谋求各种有效渠道，通过学生交换学习、访问学者、联合培养、科研合作等形式鼓励各种学习和交流活动，一批批有志青年和学者怀抱人类大同的文化理想远赴他国求师问友，不辞辛劳。大学的这些具有对外交流性质的文化教育活动正在使其重新承担起文化使者的伟大使命，恢复其在中世纪大学产生之初就拥有的"国际精神"（international minded）。[②] 与中世纪大学一样，这一角色也完全是文化意义上的。只不过中世纪大学时代并不存在民族国家，而现代大学的国际精神是经历了民族精神（nationally minded）激荡的结果。在大学文化的国际精神引领下，人类可以超越不同文化间的冲突和战争，在融突和合中走向"各美其美，美人之美，美美与共，天下大同"[③] 的最高文化境界。

① ［美］塞缪尔·亨廷顿：《文明的冲突与世界秩序的重建》，周琪等译，新华出版社1998年版，第199页。

② H. W. Van Loon, *The Story of Mankind*, New York: Live Right Publishing Corporation, 2000, p. 219.

③ 费孝通：《费孝通论文化与文化自觉》，群言出版社2005年版，第204页。

第二章

大学的文化建设*

我们知道，大学的经典功能有人才培养、科学研究和社会服务。人才培养的功能自大学诞生时就形成了，直到19世纪初它几乎是所有大学的唯一功能。

1810年，著名教育家威廉·冯·洪堡（1767—1835）和约翰·戈特利布·费希特（1762—1814）推行大学改革运动，在创立柏林大学之后，科学研究开始登堂入室，与人才培养一道成为现代大学的共同功能，大学因此焕发出蓬勃的生机，在工业革命和科技革命的浪潮中发挥了巨大的作用，柏林大学也因此被称为“现代大学之母”。

1740年，著名的科学家、政治家、《独立宣言》的起草人之一本杰明·富兰克林（1706—1790）创办了宾夕法尼亚学院，他认为，新的知识来自对现有资源最广泛的认识和最有创新的运用。这一思想指导着他的研究工作，同时也是他创办“宾大”的指导方针。他希望培养具有创新思维、对他人的创造反应敏捷、不脱离现实生活的人才。这一教育思想使得该学院在创办初期就面向社会实际需要，开设实用学科。1819年，著名政治家、教育家托马斯·杰斐逊（1743—1826）创建了美国历史上第一所真正的公立大学——弗吉尼亚大学，该校秉承通过教育的方式为美国乃至世界培养领导人的理念，因而从建校之初就表现出强烈的世俗功利色彩。这两所高等学校面向社会的实际需要，发展实用科学，可视为美国高等学校社会服务职能形成的先声。1862年和1890年先后两次《莫里尔法案》的

---

* 本章主要内容曾发表于《宜宾学院学报》（社科版）2009年第3期，题为“大学的第四功能：引领文化”。

实施，使美国高等教育改变了私立大学一统天下的局面，建立起面向社会实际需要办学的制度保障。随后州立大学和社区学院如“雨后春笋”般地出现在美国的土地上。但真正使“社会服务”旗帜鲜明地成为大学主要功能的功绩应归属于著名教育家查尔斯·范海斯（Charles R. Van Hise，1857—1918），他在前面几任校长开拓的基础上，继续极力倡导大学的社会服务性，并在其担任美国威斯康星州立大学校长期间将其大学理念付诸实践，产生了极为深远的影响。在其任职第二年即1904年，他就极力倡导：大学要把社会服务作为自己的重要职能；大学要积极主动地为地方经济发展服务；大学要成为向社会传播知识的重要场所；大学教师要走出校门，直接投入社会服务中去。他的这一大学理念与实践，在美国高等教育史上被称为“威斯康星理念”（Wisconsin Idea）。该思想的核心内容就是：要把该大学建设成为本州人民的头脑，要给人民信息、光明和指引；州立大学要把整个州作为自己的校园。

在“威斯康星理念”提出仅仅4年之后，著名教育家哈佛大学校长艾略特就指出，威斯康星大学是一所优秀的州立大学，它之所以能够取得这样的地位，是因为它向州政府部门提供了专门知识，向大众提供了讲座，把大学送到了人民当中。美国第33任总统杜鲁门也于1952年指出：“威斯康星理念是美国20世纪十分具有创造性的思想之一。”

“科学研究”和“社会服务”成为大学的主要功能均经历了曲折和艰难的过程，一批又一批教育家紧紧把握时代发展的脉搏、发动大学的改革运动并亲自领导大学进行实践，在世界高等教育发展史上立下了不朽的功勋！

随着高等教育大众化浪潮的来临，高等教育在一个国家的社会进步、经济发展和文化建设中所发挥的引领作用愈来愈强大。教育部前副部长赵伈平通过对世界高等教育发展历程的考察，指出无论是政府、社会，还是大学自身，都要全面认识大学在社会发展中的作用，要充分发挥大学在建设创新型国家和构建和谐社会中的基础性、综合性作用，并提出了“大学需要文化，文化需要大学”① 的重要论断。大学除了成为政府决策的思想库、经济社会发展的助推器和科技革命的动力站外，大学在文化建设方面的引领作用变得越来越显著。我们将此功能称为引领文化。② 本章将进一

① 赵伈平：《大学需要文化、文化需要大学》，《中国高等教育》2007年第9期。

② 汪明义：《重视科学研究是迅速提升一个大学品质的重要策略》，《科学中国人》2007年第6期。

步论述“引领文化”应是大学的一项重要功能，并指出中国政府在掀起文化大发展、大繁荣的今天，应当充分发挥大学对文化建设的作用，大学也应当在这个伟大的事业中当好排头兵和领头羊。

第一节 大学的文化胚胎性*

一 什么是文化

关于文化的定义有很多，许多社会学家和人类学家都对其下过定义，在1871—1951年的80年里，关于文化的定义就有164种之多。经典的有：(1) 人类学的鼻祖泰勒是现代第一个界定文化的学者。[①] 他认为，文化是复杂的整体，它包括知识、信仰、艺术、道德、法律、风俗以及其他作为社会一分子所习得的任何才能与习惯，是人类为使自己适应其环境和改善其生活方式努力的总成绩。(2) 梁启超在《什么是文化》中称，“文化者，人类心能所开释出来之有价值的共业也”，这“共业”包含众多领域，诸如认识的（语言、哲学、科学、教育）、规范的（道德、法律、信仰）、艺术的（文学、美术、音乐、舞蹈、戏剧）、器用的（生产工具、日用器皿以及制造它们的技术）、社会的（制度、组织、风俗习惯）。(3) 赵伈平指出，文化是价值观、信仰、习俗和制度等的综合，有价值观、制度、环境和产品四个层面的体现。[②] (4) 美国社会学家 David Popenoe 则从抽象的角度对文化作了如下定义：文化是一个群体或社会所共同具有的价值观和意义体系，它包括这些价值观和意义在物质形态上的具体化。人们通过观察和接受其他成员的教育而学到其所在社会的文化。(5) 第五版《现代汉语词典》指出，文化是人类在历史发展过程中所创造的物质财富和精神财富的总和，特指精神财富，如文学、艺术、教育和科学等。从上述对文化的定义出发，许多学者指出了文化的如下特征。

（一）文化是与人类共生同在的

凡有人群之处就有文化。民族文化的形成经过了漫长的积累，同时也

---

* 本节主要内容依据作者在四川音乐学院所做讲座“漫谈大学的功能”整理而成，不少教授对该节内容提出过宝贵意见。关于文化的论述，也取自同行的一些观点，在此一并致谢。

① 汪明义：《大学理念与实践》，高等教育出版社2008年版。

② 赵伈平：《大学需要文化、文化需要大学》，《中国高等教育》2007年第9期。

经历了大自然的磨难和不同人群间的竞争，“优胜劣汰”的规则在一定意义上也适用于文化。随着时代的变迁，适宜前一时代而不适宜当今时代的一些文化内容和形式将逐步退出社会生活，成为文化历史遗迹。例如，中华文化中因农耕生活的局限，有重经验轻理论、重义务轻权利，难于舍旧图新、等级观念胜过平等观念等不适应工业社会的内容，这些需要在社会进步中逐步舍弃，代之以新的习惯和观念。“吐故纳新”是文化的永恒趋势，也是邓小平同志再三强调的精神文明建设、江泽民同志提出的“中国先进文化的前进方向”的历史依据。[①]

（二）文化是有层次的

文化可以分为表层、中层和核心层。表层，是人的衣食住行，也就是蕴涵着一定精神的、人的生活所需要的物质形式；中层，是借助物质以体现精神的风俗、礼仪、艺术、宗教、政治、法律、制度等；其核心层，是世界观、人生观、价值观、审美观等。这三个层次是相对的，并非泾渭分明的；它们之间更不是绝缘的，而是相互渗透、彼此混杂的。大体来说，核心层映射着中层、表层，中层、表层蕴涵着核心层。

（三）文化可以分为很多种类

就世界范围来说，文化可以分为中国文化、印度文化、阿拉伯伊斯兰文化和欧美文化；就中国文化而言，按地域分有古代的齐鲁文化、吴楚文化、岭南文化等，今天的西南、西北、华北、江浙文化等；按民族分，有汉、满、蒙、回、藏、维吾尔等56个民族的文化；按行业分，有学校文化、军事文化、旅游文化、企业文化等。如果着眼于加工的粗细和享用者的多寡，还可以分为雅文化和大众文化。

（四）文化对社会发展具有强大的推动作用

从人脱离了动物界，成为“万物之灵”的那一刻起，文化就产生了，因而它是人之所以为人的重要标志。人是社会性动物，社会中人和人的关系、个体和群体的关系需要协调；人所依赖的生存条件是大自然，人与自然的关系也需要协调；人的思想依赖于物质形态的身体，这两者之间的平衡与协调也十分重要；人生短促，其身后以及其依存的社会未来应该如何？将会如何？自己在有生之年追求的最高目标是什么？这些必然成为人

① 罗争玉：《文化事业的改革与发展》，人民出版社2006年版。

有了自我意识之后要思索的问题。经过一代代人的思考、实践，就形成了一个民族对人与人、人与自然、人的身体与心理、现实与未来的理解和共识，这就是文化传统，它是文化的底蕴。文化的作用也就由此而生。既然文化是社会的产物，是一个社会的共识，因而就成了民族认同的标记，成为民族得以凝聚的最大而无形的力量。

从现代世界各国的竞争角度来看，既凭硬实力，也凭软实力，在一定时期，软实力的作用远远大于硬实力。软实力的核心正是文化，因为文化是文明的基石，文化创造核心价值观，文化凝聚民族精神，文化创造和谐社会，文化促进科学发展，文化引领公平竞争，同时文化还能满足精神需求。

二　大学的文化胚胎性

大学文化是人类文化的重要组成部分，具有丰富的内涵和外延。从广义上讲，大学文化是指以大学为载体，通过师生员工的传承和创造所积累的物质成果和精神成果的总和。大学文化由大学的精神文化、物质文化、制度文化和产品文化四个方面构成，它们彼此联系，同生共长。从狭义上讲，大学文化就是指一个大学独特的大学精神。大学精神是大学的灵魂，是大学文化的核心，是大学文化建设的根本目的。

大学文化是人类社会长期积累的优秀文化的缩影，它体现在如下几方面。

1. 大学文化是一种追求真理、追求理想和人生抱负的文化；大学文化是一种崇尚学术、严谨求实、具有强烈批判精神的文化。

哈佛大学的校训就一个单词：truth（真理），指追求真理而不迷信权威。著名物理学家、教育家杨福家院士在遇见哈佛大学前校长劳伦斯·萨默斯时，萨默斯告诉杨院士，一位刚进哈佛大学的新生对他说："我一直在跟踪你的数据，你的数据有错误。"一个新生可以对校长说"你错了"，这就是哈佛大学的文化：思想胜于权威。耶鲁大学的校训是：light and truth（光明与真理）。在20世纪60年代越战期间，美国政府下令：凡是"Conscientious Objectors"（即自称以道德或宗教理由的反战者）一律不准享受奖学金的资助。当时美国的各大名校——包括哈佛大学及普林斯顿大学在内，全都遵照政府的指示行事。唯独耶鲁大学坚守学术独立的一贯作风，继续以申请者的成绩为获取奖学金的唯一标准，完全漠视政府的规定。虽然耶鲁大学由此失去了来自联邦政府的一大笔基金，经济上几近陷入困境。但耶鲁校长布鲁斯特成为文化英雄。而他对耶鲁精神的概括则成了经典："最终一般社会上的人士将会了解，只有在学校拥有全部的自治权力、每个教师及学者皆有研究自由的条件下，整个社会才会有完全的自由与平等，而这才是耶鲁的精神所在。"时任哈佛大学校长的著名教育家博克在布鲁斯特的葬礼上也表达了自己的由衷敬佩："身为耶鲁校长，他赢得了我们所有当校长的人的尊敬。我敬佩他，尤其因为他很成功地提升了他的大学的学术品质，对于他在混乱的六十年代后期能够领导耶鲁顺利地过关一事，我感到由衷的敬畏。"

著名教育家、浙江大学前校长竺可桢所确立的大学的培养目标是：培养以天下为己任的领袖人物；培养有"求是"精神的通才。关于"求是"精神，竺可桢认为有三个方面：（1）"求是"就是探索真理的奋斗精神，为科学献身的牺牲精神。他常以哥白尼、布鲁诺、伽利略、达尔文、徐霞客、孙中山、文天祥等人的事迹教育学生，阐述"求是"精神的内核。（2）"求是"就是不迷信盲从，不主观武断，保持清醒的科学头脑。他常对学生讲，老师的话，你们不要当成金科玉律，不要盲从。他认为，学校要求学生轻信老师的话是很危险的。"一个民族内忧外患、贫穷落后并不可怕。可怕的是人民，特别是大学里培养出来的知识分子没有科学头脑，轻信、盲从，这样的民族是很危险的。"（3）"求是"就是掌握正确的研究方法。他说："求是"的路径，中庸说得最好，就是"博学之、审问之、慎思之、明辨之、笃行之"。单是博学审问还不够，还必须深思熟虑，自出心裁，独具慧眼来研辨是非得失。既能把是非得失了然于心，又能尽吾力以行之。

从以上著名大学的文化中可见：大学文化是优秀传统文化的凝练和聚合。它崇尚学术自由，严谨求实，具有强烈的批判精神，以追求真理为目标，以实现个人人生抱负和理想为终极目的。

2. 大学文化是倡导道德的文化、崇尚民族精神和爱国主义的文化。

宾夕法尼亚大学的校训就讲到道德："没有道德的法规是徒劳的。"大学所倡导的独特文化注重通过道德来影响社会和国家，大学应当是一个国家的精神平衡器，当社会趋于功利时，大学应更加提倡高尚精神；当社会趋于平庸时，大学应更加追求卓越文化；当社会流于空谈时，大学应更加鼓励求实创新；当社会失去规范时，大学应更加注重重建民主意识；当社会失去公正时，大学应力求匡扶正义。

大学文化也会影响一个国家的民族精神和爱国主义气节。耶鲁大学的文化培养了像内森·黑尔这样的民族英雄，他那句“我最大的遗憾就是只有一次生命献给我的祖国”的名言激发了一代又一代青年人的爱国主义精神；上海交通大学的校训是：“饮水思源、爱国荣校。”饮水思源用英文讲就是 thanksgiving（感恩）。哈佛大学所倡导的“一个人能不能有所成就，不单单看智商，还应该看他的情商，进而看他的德商”。著名物理学家邓稼先讲过一句话：“一个科学家能把所有的知识和智慧献给祖国，使中华民族摆脱任人宰割的命运，还有什么比这更令人骄傲和自豪的?”杨振宁鉴于美国核科学家中有 2/3 的人都是从欧洲去的事实问老同学邓稼先：“中国发展核武器有没有外国人帮忙?”一周后，邓稼先给杨振宁一张条子，上写：“我调查过，确实是中国自力更生的结果。”杨振宁看到这张条子后便到卫生间流眼泪去了。杨振宁和邓稼先都是西南联大培养的杰出人才，而西南联大的校园文化就包含“爱国、民主、科学”的基因，其校训是“刚毅坚卓”。

大学文化不仅追求学术的自由完美，而且在联系实践的基础上，注重从道德层面培养学生对优秀道德文化的继承。大学文化是多元的、开放的、和谐的，有着深厚的历史积淀和精神底蕴，是人类优秀文化的缩影。

3. 大学文化的核心是大学精神。

大学精神与大学文化联系十分紧密，大学精神是大学文化最核心的部分，是浓缩了的大学文化。它是大学文化的灵魂和凝聚，是大学的旗帜与品牌。大学精神是大学文化主体长期实践，经过历史的积淀、选择、凝练、发展而成的，是高度成熟并为大学成员一致认同的深层次的主体文化。独具特色的大学精神会逐步凝练成为学校独有的风格、气质与传统，成为一所大学的社会品格，鲁迅先生称之为“校格”。其建构意义不仅体现在它对内能创设一个积极健康、奋发向上，影响校内成员价值选择、人格塑造、思维方式、精神气质、道德情感、行为模式的大学氛围，同时，对外表现为大学的价值观和理想追求、精神风貌以及学校的个性和魅力。这种精神文化不像制度文化、环境文化那样直观可视，但它对于文化建设有着重要作用。大学精神已经浸透和附着在校内各种文化载体及行为主体身上，它透射出来的那种独特的文化感染力、凝聚力和震撼力会随时影响社会文化。大学的使命、校风、校训及名师文化等文化要素也会对社会文化建设起作用。

第二节　大学是引领文化建设的主要阵地

“大学和文化有天然的紧密联系，大学对文化的作用和人才培养一样，是大学与生俱来的功能。”[①] 文化活动对政治活动和经济活动也具有巨大的推动作用，而大学教育对经济活动的推动作用不仅体现在科技层面，也体现在人文社会科学层面。传承、创造和弘扬民族文化和世界优秀文化是大学的价值取向，为社会培养具有高尚的人文关怀情操和健康的价值追求的各类人才是大学的中心任务；为科学技术的发展提供人文引导，使现代科学技术朝着更加有利于人类而不是祸及人类的方向健康发展是大学的根本目标；对经济社会发展的全局性、战略性、前瞻性等问题做出科学的理论回答是大学哲学社会科学研究的主要任务，从而使大学在实现经济社会协调、和谐和可持续发展，在担负起为经济社会发展提供人文精神支撑的使命和责任方面发挥着重要的作用。

一　大学是引领文化思想建设的主要阵地

文化思想是文化的核心部分，在一个民族的文化建设和发展中占据着主导地位，发挥着先导作用。大学作为一类特殊的社会组织，由于在高素质人才的培养、先进科学与技术的创新等方面的独特地位，对继承并发扬优秀的传统文化、借鉴并传播先进的外来文化、创造并培育时代的新型文化等方面具有无与伦比的作用。

（一）当代大学由于知识传授方式的改变逐渐成为出售知识的超市，使传统的文化思想更易于在广大的民众中得到传播，因而大学是提炼民族文化并向普通民众传播的重地

随着高等教育的发展，发达国家和中等发达国家的高等教育已经基本完成了大众化的任务，有的国家已经进入了普及化阶段。一方面，实现高

① 赵沁平：《发挥大学的第四功能作用　引领社会创新文化发展》，《中国高等教育》2006年第15、16期。

等教育大众化的国家，接受高等教育早已不是少数人的特权，而成为普通公民的福利和义务。他们可以在自己认为合适的时候到大学深造，更可以间断地到大学学习。另一方面，接受过大学教育的人们也需要到大学去重新学习，继续教育已成为人们生活的一部分。因此，大学在传授知识的形式上就如同一个个超市或银行，学生成为购买知识的顾客，教师贩卖知识，而学校成为这两者间的“中间商”。因此，大学通过知识传授方式的转变使优秀的传统文化更容易在普通民众中得到传承和弘扬。

大学本身就是传承文化思想的主渠道之一。正如著名英国教育家、牛津大学研究员、红衣主教约翰·亨利·纽曼在关于什么是大学的阐述中所指出的那样：如果要用简短而又通俗的语言来阐述“大学是什么”，可以用句古语来表达，就是“大学是探索普遍学问的场所”，这样的大学“是所有知识和科学、事实和原理、探索和发现、实验和思考的有效保护力量”“是众多学派汇聚场所，各学派的人地位平等，他们的观点仅服从于真理的标准，因而他们可以安全地思考和探索问题。大学通过智慧之间、知识之间的碰撞而使探索得以深化，发现得以检验和完善，草率得以校正，错误得以暴露”。因此，大学是民族文化提炼的重地，大学传播的是经过洗礼的智慧，因而历久弥新。大学通过知识的传播和文化的熏陶来培养社会新人，这些新人在进入社会的各种组织后，将成为传承和弘扬民族文化的主力军。

（二）大学是借鉴并传播异质先进文化的重要基地，通过借鉴并与本民族文化的融合使本民族的文化更加优秀灿烂

根据 19 世纪以来考古学、人类学研究的成果我们知道，文化在其成长发展过程中有着这样一个普遍性规律：单靠其自身的内动力，发展演变缓慢，久而久之甚至会萎缩、停滞乃至消亡；如果在与异质文化接触过程中能够吸收自己没有而又适宜于民族发展的成分，则其生命力将更为旺盛，最终将走向辉煌。正因为如此，世界各国的大学特别是著名大学不断提高自身的国际化程度，使自己逐渐成为世界各国文化的聚集地，从而使各种文明在大学交融。不同国籍、不同信仰和不同民族的学生生活在一起，学习在一起，文化与观念相互碰撞。特别是在那些著名大学求学的各国学生，他们学成后回到自己的祖国，或将成为科学界的领军人物，或将成为政界的要员，甚至成为自己国家的军事元首！他们对本国的社会和文

化的影响也由此可见。亨利·基辛格曾经指出："每一个世纪都会出现拥有实力、意志、智慧和道德原动力，希图按照自己的价值观重塑整个国际体系的国家，这几乎是一个自然定律。"我们认为完成这个任务的最佳角色就是这个国家所拥有的世界一流大学。如英国不仅拥有剑桥大学、牛津大学等世界一流大学，而且通过积极措施（如设立 Rhodes 奖学金等）选择性地支持来自世界各国的优秀学生（如美国前总统克林顿）留学英国，影响多个国家精英的思想形成，使其按照英国的价值观念来塑造国际体系，进而影响世界格局。美国也以各种方式支持和吸引一大批外国优秀学生和潜在领袖人物赴美学习、进修。这些留学生本身就是本国同辈人中的佼佼者，他们不仅是本民族优秀文化的传播者，同时也是优秀异质文化的吸收者，通过这种跨国文化的传播和交流，他们的知识将更加广博、视野将更加开阔、文化理念将随着时代而更新，从而能更快地成为本国各个领域的精英。他们的影响将极大地提升本民族的优秀文化品质，使本民族的优秀文化更加灿烂。

（三）大学通过文化思想的创新引领社会先进文化

大学是充满创造力的思想熔炉，创新文化是大学的崇高使命；大学是文化生产、创造和发展的主体，大学的师生是思想活跃、富有创新精神和创造能力的群体。因此，大学的一个显著特征就是引领社会文化思想，成为社会先进文化思想的主要发源地之一。例如，"民主与科学"的文化思想在中国的传播就发端于北京大学，北京大学成为中国新文化运动的旗帜；追求真理的"求是精神"在中国就发端于浙江大学，成为影响一代又一代浙大人的精神源泉。

大学不仅要满足社会大众对各种文化的需求，而且，更为重要的是告诉社会应需要什么样的文化、成为代表先进文化前进方向的中坚力量。这正如教育家弗莱克斯纳所指出的，大学虽然应该根据社会发展的需要而进行调整，但这种调整应该以一定的理性分析和价值观念为基础，而不是仅仅依赖习惯去随波逐流，迎合时尚，因为"大学不是风标，不能什么流行就迎合什么"。大学必须时常给社会一些它所需要的东西（what the society needs），而不是社会所想要的东西（what the society wants）。否则，大学就会犯荒唐的甚至是灾难性的错误。

二　大学是引领文化事业的生力军

大学的产品主要有两类：学术成果和人才。学术成果应该包括学术方法的演进和自由探索的气氛，这将由大学扩散至全社会，从而推动文化事业的进步；大学所培养的人，一批批地走向社会的各个角落，他们所带去的除了所学得的科学技术外，还有所受的文化熏陶，这种文化熏陶将间接或直接地影响他们所在的社会组织，因而他们在所承担的文化事业中发挥着骨干作用。因此，大学对社会文化的影响既是垂直型的（对教育系统），又是放射型的（对全社会）。在科技发展空前迅速、社会生活变化急剧的现在，大学的这项任务比过去更为突出、更为沉重了。因此，高等教育由于其性质决定了能对其他文化事业发挥引领作用。

三　大学是引领文化产业的先锋队

大学凭借其研发的先天优势领跑文化创意产业、直接引领社会文化产业的发展方向。创意产业的概念最早出现在1998年出台的《英国创意产业路径文件》中，该文件明确提出："所谓创意产业，就是指那些从个人的创造力、技能和天分中获取发展动力的企业，以及那些通过对知识产权的开发可创造潜在财富和就业机会的活动。"根据这个定义，创意产业包括广告、建筑、美术和古董交易、手工艺、设计、时尚、电影、互动休闲软件、音乐、表演艺术、出版、软件，以及电视、广播等诸多部门。

据此可以知道，所谓文化创意产业，就是要将抽象的文化直接转化为具有高度经济价值的"精致产业"。换言之，就是要将知识的原创性与变化性融入具有丰富内涵的文化之中，使它与经济结合起来，发挥出产业的功能。显然，这是一种使知识与智能创造产值的过程。

文化创意产业的兴起和发展是当代经济、文化、科技融合发展在产业层面的具体表现。它以其独特的形态演变和运行方式与其他产业发生广泛而复杂的联系，极大地影响着一个城市、一个国家的经济运行和社会文化发展。

如前所述，文化产业是一个十分宽泛的范畴，包括了很多领域。很多社会组织和企业均可以在上述范畴所含盖的某个领域有所作为，而作为政府决策的思想库、经济社会发展的助推器和科学与技术革命的动力站的大学，可以借用其在高素质人才和先进技术方面所占据的优势，兴办文化创意产业，以此引领整个社会的文化产业。大学在引领文化产业方面最典型的实例首推斯坦福大学了。一位美国科学家这样说道："硅谷之于美国，正如美国之于世界。"斯坦福大学的一位校长说："斯坦福大学之于硅谷，正如硅谷之于美国。"硅谷是今天世界信息技术的圣地麦加，引领着以电子信息行业为龙头的新经济的迅速发展。加州优越的地理位置供给了硅谷发展的充分的阳光，斯坦福大学为其提供了充分的营养。如同一个鸡生蛋、蛋生鸡的古老法则，斯坦福大学影响和造就了硅谷，硅谷也在精神气质、文化氛围上塑造着斯坦福，两者盘根错节，又共同影响和改变着新经济影响下的世界风潮。

鉴于大学在文化思想、文化事业和文化产业等方面的引领作用，故我们称大学具有"引领文化建设"的功能。当然，大学的这一功能要像其他功能一样成为世界大学的经典功能，还需要大学的努力和贡献。需要特别指出的是，大学新功能的出现不是削弱了已有的功能，而是使已有的功能更加强大。当今中国已经掀起了文化大发展、大繁荣的高潮，各级政府就应该高度重视大学在文化建设各个方面的引领作用，依靠大学进行本地区的文化建设规划；而各个大学也要充分实现自己所具有的功能，在这场伟大的实践中当好排头兵、做好领头羊！

第三章

大学的文化创新*

近年来，大学文化建设已经成为社会各界普遍关注的重大问题。一是源于“中国梦”的本质是中华民族的伟大复兴，任何一个民族要实现复兴的第一要务就是实现其文化复兴，而大学是凝聚一个民族优秀文化的中心，是借鉴外来经典文化的前沿平台，是创新与扬弃社会现实文化的基地。一个国家的大学能否担当重任，取决于其大学的文化品质。二是我们当今的大学与世界高等教育较为发达的国家相比，最大之痛是文化衰微，其根源是学术性遮蔽和悬挂，表现形式是大学的功利化、工具化和庸俗化。[①] 理性诉求之真切与大学发展之现状成为许多高等教育有识之士心中之最痛。大学文化建设问题成为高等教育改革发展的重要问题。

第一节　大学文化的内涵

关于什么是大学文化，研究者已有不少的论述。我们认为，大学文化是指“大学在发展进程中形成的比较稳定的理念、制度和特色的凝练和提升”[②]。因此，大学文化是与大学理念、大学制度、大学特色密切相关而又更形而上的概念，这构成了大学文化的三个基本要素即理念要素、制度要素、特色要素。大学文化最能反映大学本质特征的。无论是哪一个国家或

---

* 本章主要内容曾发表于《中国高教研究》2014 年第 2 期，题为“论大学文化的内涵与本质属性”。

① 吕立志：《崇尚学术：中国大学文化建设内在之魂》，《高等教育研究》2011 年第 1 期。

② 汪明义：《地方新建院校发展之路——基于大学文化视角》，《教育研究》2013 年第 5 期。

哪个国家的哪个发展阶段，一个社会组织只要被称为大学，就一定要具有大学文化的基本内涵。大学文化的基本内涵是大学组织区别于其他任何社会组织的标志，它使得大学文化不同于政党文化、不同于政府文化、不同于企业文化。大学文化的基本内涵是由大学文化的“理念要素、制度要素、特色要素”三者之间的相互作用过程和结果组成的。

一　关于大学理念要素

大学理念是指对大学的理性认识、理想追求及其所形成的教育观念和哲学观点。而理性认识是指大学是什么、大学能做什么，即大学宗旨或大学的使命。理想追求是指大学应该是什么，大学应该做什么，即大学的理想、大学的信念、大学的精神、大学的责任。教育观念和哲学观点主要是指大学应该坚持什么、大学应该把握什么，即大学教育改革观、大学教育发展观、大学教育价值观、大学教育效益观。[①] 为此，任何教育家所提出的大学理念都必须回答以下四个基本问题：大学是什么；大学具有什么功能以及人才培养在诸功能中的地位；大学应该培养具有何种理想的人；大学怎样培养具有这种理想的人。对“大学是什么”本质的回答就是大学要对人类智慧的态度、知识创新的责任、真理探索的意志等具有明确的答案。而唯独具有崇尚学术情怀的大学文化与大学本质息息相关。大学毫无疑问地要培养具有追求卓越精神、具有学术理性和具有独立人格的人，因为只有这样的人才能使社会走向文明和进步。不仅独立人格的养成主要是通过大学学术民主的环境和氛围才能得以润育、彰显和养成，而且科学研究、社会服务、文化传承与创新任何一个功能的实现无不需要“崇尚学术、发扬民主、追求卓越”的文化滋养。世界上高等教育发达的国家如美国、德国等，其大学所确立的理念基本上均是围绕“培育新人、探求新知、追求真理”而展开的。我国当今所确立的大学理念也基本上是围绕“立德树人、办人民满意的高等教育”而设计的。

二　关于大学制度要素

大学制度是指为实现大学理念而建立的一系列规则或运行模式，是要

---

① 汪明义：《大学理念与实践》，高等教育出版社 2008 年版，第 172 页。

求大学人共同遵守的办学规程和行动准则。大学制度是为大学所坚守的理念而建立的，同时先进的大学理念也必须附丽于坚实的大学制度才能得以薪火相传。[①] 欧洲中世纪大学由于推崇大学是学者的社团、是追求真理的场所的理念，因而"教授治校、学术自由、大学自治"成为其所坚守的基本制度。随着大学的发展，这些制度逐渐完善为"校长治校、教授治学、学术自由、大学自治"，因为教授才是大学的主体，特别是早期的大学，由于其职能较为单一，学术管理几乎是学校管理的全部，因而学校的治理当然要由教授来完成。随着大学的发展，当今的大学已经是结构复杂、功能完备的社会组织，其内部运行着诸多模式的权力，如果大学的学术治理不是以教授为主，大学就会被其他的权力所左右，最终就会改变大学崇尚学术的文化基因，学术理性就会被搁置或悬挂。学术自由是学者能够追求真理的前提条件，没有学术自由的制度保证，学者就无法开展学术辩论和学术批评，同时学者的学术活动还可能受其他政治力量如政府以及为大学提供财政资源的组织或个人的干扰。大学自治是使大学不受外界强权特别是政治和政府权力的控制，保证大学成为探索真理、追求新知的领地。因此，只有这些基本制度得以建立，才能确保大学理念的实现、确保大学文化的传承并在传承中得以创新。所以大学制度决定着大学文化的内涵必须包含"学术民主的精神"。

当今我国的大学制度，由于深受苏联高度集权的高等教育管理体制以及我国传统的社会文化的影响，在大学与政府之间实行"政校分开、管办分离"的制度还有较大的难度，在大学内部实行"校长治校、教授治学、民主管理"的制度还需要深入开展高等教育领域的综合改革。

三 关于大学特色要素

大学特色，对一个国家而言，是大学在长期办学实践中所形成的具有本国文化元素的鲜明个性特征，这些特征是中国大学与其他国家的大学相区分的典型标志。之所以拥有如此典型的标志，是因为这个国家所认同的大学文化、所追寻的大学理念、所遵守的大学制度有着自身的特色。对一所大学而言，其特色就是指其在长期办学实践中所拥有的核心竞争力。大

---

① 杨东平：《重建大学制度》，载杨东平等《大学之道》，文汇出版社 2003 年版，第 2 页。

学要打造自己的核心竞争力，就要做到“人无我有、人有我优、人优我绝、人绝我创”。所以大学特色就决定了大学文化必须包含追求卓越的精神。如作为一个国家而言，美国大学的特色表现出鲜明的多元特征：私立与公立并举；普及化与精英化共存；研究型与文理学院相依等等。就不同的大学而言，哈佛大学具有高贵的人文博雅传统，而斯坦福大学则具有典型的实用主义特征，普林斯顿大学则以形而上著称，MIT 则以形而下的高科技而领先。所有这些特色均是“育人为本、探求新知、追求真理”理念的展现。我国大学的典型特色则是“几乎没有特色”。这是长期以来大一统的管理体制所致，每个大学都按上级的文件和精神办学，“千校一面”的特点就成为必然。

第二节　大学文化的本质属性

一　大学文化崇尚学术的本质属性

“崇尚学术”是由大学这类特殊的社会组织的本质特征所决定的。大学是学校教育体系的最高层次，是研究高深学问、培养高级人才的场所，是社会高智力集团和科学研究的重地，因而尊重学术应当是大学这个复合体的本质属性。从大学功能的演变来看，学术自始至终与大学形影不离。无论是经院教育模式、自由教育模式、专业教育模式还是通识教育模式，大学都是通过传播学术和传承人类文明来培养新人的；无论是早期德国的讲座制度还是后来美国的院系制度或研究生院制度，甚至当今普遍认可和效仿的跨学科研究中心制度，都是为大学通过创新学术、丰富人类知识的宝库提供保障；无论是在被动适应社会的行会组织或独立机构时期，还是在主动适应社会的新兴大学阶段，或是在引领社会发展进步的轴心组织的现在和未来，大学都是通过应用学术直接推动经济社会发展的。因此，学术是大学组织的核心要素，是大学人追逐的当然目标。

从大学的起源来看，最初的大学就是教授和学生的联合体，教师就是一切，而校舍则无关紧要，崇尚学术构成大学文化的本质属性。作为大学源头的中世纪大学具有浓厚的行会色彩，一名教授、几个助教、一群学生，往往就形成了一个具有一定知识群类结合的学术性组织。社团学术思想成为中世纪大学时代精神的一个特征：一个单位整体，具有其独立身份；成员团结一致平等，享有内部自治权。[①] 在中世纪，人们把沿着同一个方向朝着同一个目标共同行动的一群人称为 universitas。早期的三个学术中心——意大利的博洛尼亚、法国的巴黎、英国的牛津就是这样逐渐形成的。

大学自始至终保持着对学术的追求，并且以学术来满足人类社会发展之需并因此推进社会进步。大学以超脱于任何潮流，超脱于任何阶级、派别和权力机构的独立精神去保持和发展人类自由知识和人类价值。

学术是大学的生命力所在，是大学组织的本质属性，是大学人追求的当然目标，因而大学崇尚学术自然是大学文化的本质属性，是大学人对大学文化的本质反应。崇尚学术的宗旨就是要激励有经验的长者和求知欲旺盛的年轻人科学地探知我们所生活的物质世界和所依托的精神世界，就是要我们大学人用学术来创造美好的社会环境和社会生活，就是要让所有的社会人敬仰那些对服务社会、造福人类有贡献的大学人。因此，崇尚学术不仅体现了大学文化的本质，也是大学实现其社会担当的精神源泉。

二　大学文化发扬民主的本质属性

发扬民主是追求真理、探求新知的最为需要的文化氛围，是崇尚学术的文化氛围得以实现的基础和保障。在西方语境中，“发扬民主”被表述为“学术自由”；在民国时期，“发扬民主”被表述为“自由之精神、独立之思考”。因此，发扬民主同样是大学文化的本质诉求。民主是保护人类自由的一系列原则和行为方式。在大学里发扬民主，就是要开展学术辩论的活动，就是要弘扬学术批判的精神，通过不同的角度甚至相反的角度才能使我们对事物或问题看得更加清楚，通过思想碰撞才能获得更接近真理的学术，通过洗礼的学术才能历久弥新。在大学发扬民主就是要维护学者自由地从事学术研究，免受非学术力量的干预，从而保持学术的高水平和多样性，就是要保证教师“教”的自由和学生“学”的自由。所谓“教”的自由是指“教师在专业上享有自由去探索、发现、出版、教授在各自专业领域内发现的真理，并且这种自由不受任何限制，也不听从任何权威的指挥，任何政治的、党派的和社会的舆论不得加以干涉”；[②] 所谓

① 和震：《西方大学自治理念的演进》，《学术研究》2003 年第 10 期。

② 眭依凡：《论大学的观念理性》，《高等教育研究》2013 年第 1 期。

“学”的自由是指“学生在教授的正确方法指导下，在专业上拥有探讨、怀疑、不赞同和向权威提出批评的自由，有选择教师和学习什么的权利，在教学管理上有参与评议的权利”①。

无论在哪个国度，大学里均聚集着一批又一批的年轻人。青年学生思想敏锐，在大学里，他们学会了如何思考、如何对话、如何与长者取长补短。在大学里，他们开阔眼界和视野，以此了解世界、观察世界、改造世界。但是，如何才能让年轻人的潜能得到发挥，个性得到张扬，这就要为他们创造一个十分自由和宽松的氛围，这个氛围就是学术民主的氛围。蔡元培在主政北京大学时，关于民主办学的精神，体现在方方面面。关于传授什么知识给学生和怎样研究学问，他指出：“循思想自由的原则，取兼容并包主义。即学术民主、百家争鸣，允许不同学派自由发展，自由讲学，并积极吸收国外最先进的科学文化。大学应是囊括大典、网络百家的学府。”② 关于什么是现代大学制度，他坚持认为要实行“学生治学”和“教授治校”的制度，学生当以研究学术为天职。他积极提倡兴办社团、创办刊物，以丰富学生的课余生活。他主张建立新的学校管理体制，从少数人说了算到教授民主管理学校，推出教授治校。学校设评议会、各科教授会、行政会议、教务会议和教务处、总务处，而总务长也要由名教授担任。对用什么教学方法来传授知识问题的回答，他主张“因材施教”：采用选科制，从强调一律到发展个性。他指出：“教育者，与其守成法，毋宁尚自然；与其求划一，毋宁展个性。”③

发扬民主之所以是大学文化的本质属性，在于民主既是大学的精神追求，也是大学的政治主张；既是大学的工作方法，更是大学的文化选择。当深受民主文化熏陶的一代又一代年轻人从大学进入社会的各个组织后，他们也将渐渐地改良专制的社会组织的文化。从专制过渡到民主是历史的进步，也是社会发展的必然趋势，大学正是在这样的过程中又一次实现了她的社会担当。

---

① 眭依凡：《论大学的观念理性》，《高等教育研究》2013 年第 1 期。

② 蔡元培：《北京大学月刊发刊词》，载《蔡元培全集》（第 3 卷），中华书局 1984 年版，第 211 页。

③ 蔡元培：《传略》（一），载《蔡元培全集》（第 3 卷），浙江教育出版社 1997 年版，第 672 页。

三　大学文化追求卓越的本质属性

追求卓越是大学崇尚学术的根本目标，是大学最终的价值追求，因而卓越既是大学文化区别于别的文化的特征，又是大学文化本质的体现，因而，追求卓越同样是大学文化的本质属性。卓越是一种追求，它在于将自身的优势、能力以及所能使用的资源发挥到极致的一种状态。大学要追求卓越是由学术的本质所决定的。人类对生活其中的物质世界和所依托的精神世界的每一次努力都只能从不同层面不同角度逼近真理，作为人类智力劳动成果的学术是无穷无尽的，大学对学术的追求当然也是永无止境的。

大学的活力和创造力体现在大学不断追求卓越的大学文化本质属性之上。世界著名的牛津大学、剑桥大学、柏林大学、哈佛大学、耶鲁大学、普林斯顿大学、芝加哥大学等一流大学之所以在世界高等教育领域都具有顶尖的国际知名度，就是因为这些著名大学更具有追求卓越的大学文化本质属性。取名“牛桥”的牛津大学、剑桥大学在历史长河中享誉数百年而不褪色，就在于“牛桥”具有追求卓越的大学文化本质属性。享有世界声誉的牛津大学和剑桥大学在培养精英人才方面追求卓越，牛津大学具有培养总统摇篮之美誉，剑桥大学享有世界诺贝尔奖摇篮之称，“牛桥”追求卓越成为传统型内生性制度逻辑的象征。在政府型内生性制度逻辑主导下的德国大学同样彰显的是追求卓越的大学文化本质特征，在第一次世界大战前总共 42 名诺贝尔自然科学奖获得者中就有 14 位在德国；而在德国的 14 名获奖者之中又有 8 名为柏林大学教授，从而使柏林大学在此期间以培养诺贝尔奖得主之冠位于世界所有大学及所有其他科研机构之首。[①] 而后来居上的美国大学移植英国学院模式和德国现代大学模式，并与其实用主义文化相结合，同样体现出追求卓越的大学文化本质属性，就有了以培养总统、诺贝尔奖得主和富豪而闻名于世的哈佛大学，以培养总统和诺贝尔奖得主而出名的耶鲁大学，以培养具有“美丽心灵”人士而著称的普林斯顿大学等，这些大学正因为在大学文化本质属性上追求卓越，才使得第二次世界大战后至今美国一直是诺贝尔奖获得者最多的国家，美国高校研究生院被誉为“世界性研究生院”[②]。

---

① 田联进：《现代高等教育内生性制度逻辑比较研究》，《江苏高教》2012 年第 6 期。

② 田联进：《现代高等教育内生性制度逻辑比较研究》，《江苏高教》2012 年第 6 期。

追求卓越既是大学文化的本质属性，也是大学文化的价值诉求。而追求卓越的大学文化自然能够引领大学走向卓越，同时还能引领社会走向进步，走向光明。当深受追求卓越的大学文化熏陶的一代又一代的年轻人进入社会的各个组织后，追求卓越的大学文化也将影响社会的各个组织的文化，使社会文化也逐渐浸染卓越文化的基因，现实社会普遍存在的“官文化”和“商文化”也将被追求卓越的文化所影响、所浸染，社会风尚将因此而转变。

让青年学子在大学这一神圣的科学殿堂和精神家园，汲取文明智慧养分，培育健全人格，端正人生价值，点亮理想之光，提高学术修养，使之成为有创造力和社会责任感的新一代国家建设者，这是大学的神圣使命。当今我国的大学正好处于实现这个使命的最佳战略机遇期。提升高等教育质量、加强高等教育国际化、实现高等教育公平等已经成为各国高等教育改革与发展的共同主题。同时，随着文化多元化、科技信息化进程的加快，人才、知识已经在全球范围内流动，流向最能发挥其效能的地方，这给我国高等教育的发展与改革产生了巨大的压力。我国的大学唯有理性地认识大学的本质和规律，牢牢把握大学文化的理念要素、制度要素、特色要素，把“崇尚学术、发扬民主、追求卓越”作为大学文化建设的基本内涵和本质属性，才能够实现教育理念的提升、管理体制的改革、人才培养模式的创新，大师云集、人才辈出的繁荣景象就会在我们的大学里涌现。

第四章

大学的文化实践*

一种文化是一种行为主体之价值观、精神意识和行为的总和。在内表现为精准的意识和判断，在外则表现在物质和行为上。大学的文化指的是大学的精、气、神和大学各类行为的精神表达，是大学的“理念要素、制度要素和特色要素”的总和。[①] 大学的文化集中表现于它的知识生产活动中，表现于大学人对知识生产活动本身之价值、功能的认同，以及由此产生的对大学本质的体认和践行方面，并由此上升到一种大学信仰和对大学事业忠诚的高度。在众创时代，中国大学的转型从根本意义上说，是一种大学文化的转型，是一种新的大学信念和大学身份的确立。[②] 新的大学文化，既是大学转型过程中各种文化要素冲突融合的结果，也是决定大学转型能否成功和持续的充要性条件。在众创时代，中国大学的文化转型主要反映在大学的创业文化、学术文化、质量文化以及引领文化等诸方面。

第一节　大学的创业文化和学术文化

一　关于创业文化

在众创时代，创业文化成为中国大学的首要文化特征。这一特征把众

* 本章主要内容曾发表于《中国高教研究》2016 年第 7 期，题为“大学转型的本质是文化转型”，是与李咏梅合撰的。该文被《新华文摘》2016 年第 22 期论点摘编栏目收录。

① 汪明义：《论大学文化的内涵与本质属性》，《中国高教研究》2014 年第 2 期。

② ［美］伯顿·克拉克：《建立创业型大学：组织上转型的途径》，王承绪译，人民教育出版社 2003 年版，第 175—176 页。

创时代的中国大学与传统大学从根本上区别开来。对于这一文化类型，可以从以下三个方面加以理解。

（一）创新创业是高等教育大众化的必然要求

随着20世纪90年代中国社会主义市场经济的提出和发展，中国高等教育为了适应市场经济的变化，进入了大众化发展时代。中国大众化高等教育在其最初阶段只是量的而非质的变化，大学教育的价值取向及其支配下的专业结构并未从根本上得以改变。加之整个社会经济结构也处于转型期，大学生的就业问题变得越发突出和严峻。大学教育的专业设置与社会产业类型之间无法实现有效对接，大学与社会之间便出现了结构性脱离的现象，不少大学生面临着一毕业就落入失业状态的困境。在这种境况下，单方面的调整已经无济于事，它需要大学和社会产业部门两方面做出相互适应的积极变革，以应对社会失业的压力和挑战，创业即是在这一经济社会发展背景下热起来的术语，中国的大学生创业及其教育随即成为整个社会创业发展工程的一个重要环节。

"创业型大学"是当代美国高等教育家伯顿·克拉克（Burton R. Clark）于20世纪90年代末期在《建立创业型大学：组织上转型的路径》一书中提出的表征现代大学转型发展的一个关键性概念。伯顿·克拉克之所以使用"创业型"（entrepreneurial）而不是"创新型"（innovative）的概念来表征新型大学的特征及其行为，主要原因有四[①]：一是创业"更有力地指向地方上经过深思熟虑的努力，指向导致改变组织姿态的行动"。二是创业是"全部大学及其内部系科、科研中心、学部和学院的"一个总体特征。三是创业本身含有"事业"的意涵在内，指向大学师生为了做好教育事业而积极主动地寻求学术的创新活动。四是在深层次内涵上，创业已经成为新型大学的一种整体的组织文化特征，指向了大学创业文化的建设。很显然，单纯的创新概念已无法包含现代大学变革的这些内涵。因为创新几乎是所有时代大学活动的基本特征之一，在创业型大学，创新只是其中一个关键要素而已。在2004年出版的*Sustaining Change in Universities*中，伯顿·克拉克又根据大量的案例研究，进一步发展出创业概念的一个新内涵，即经由大学的创业教育及其创业

① ［美］伯顿·克拉克：《建立创业型大学：组织上转型的途径》，王承绪译，人民教育出版社2003年版，第2—4页。

行为，大学可以成为一个自力更生、自主创业和发展、持续变革的有机体。[①] 这样，大学就可以更加有效地应对来自外部的各种挑战，更好地服务社会的各种需要。

（二）大学的创业活动必然具有教育性和知识性

大学的创新创业活动并不是单纯地为了创业而创业，它必须具备两个必要的特征。首先是教育性。只要学生没有毕业，大学里包括创业在内的任何活动都必须具有教育性。对于大学生创业能力的培养而言，尽管直接的大学生创业实践，比如学生休学创业是大学创业教育的方式之一，但它并不是创业教育的全部。切不可简单盲目地鼓励学生辍学创业，更不可用简单的物质利益绑架现代大学的学习和科学研究。如果学生的休学创业只是在低水平上重复社会的简单职业，远离了学科知识的创新和发展，这种创业是不可鼓励的，否则我们就是在鼓励学生在其最富创造力的人生阶段浪费他们的大好青春年华。而且这种浪费所造成的损失不论是从个人角度还是从社会角度而言都是无法弥补的。其次是知识性。大学生的创业必须建立在专业知识的基础之上，不能落后于他所学专业所达到的平均知识水准。以计算机专业为例，比尔·盖茨的微软创业、乔布斯的苹果创业、扎克伯格的 Facebook 创业等，都建立在他们所学专业的最新发展成就基础上，甚至在一定程度上他们创业所需要的相关知识已经超出了大学教授的知识范围，大学教授的知识在一定程度上落后于学科领域的最新发展。如果让学生从事简单的零售业等活动，去与农民工争岗位，就会从根本上失掉大学创业文化的本质。

（三）大学的转型是一种新型大学文化教育转型

大学的创业文化教育包含着更为丰富的内容，它主要是一种与学科相关涉的学习态度和创业素养的生成教育。其最为直接的目的是通过创业文化培育学生的创业意识、创业精神、创业观念和创业能力，使学生成为社会创业的新生力量和优秀力量，疏解整个社会的就业压力，释放社会发展的活力。中国大学自身也会在创业教育的过程中完成学科专业的结构性调整，实现中国高等教育的现代化。传统大学把纯粹知识的学习和研究作为大学存在合法性和合理性的证明，大学本身也被看作远离社会的象牙塔。

---

① Burton R. Clark, *Sustaining Change in Universities*, New York: Open University Press, 2004, p. 169.

众创时代中国大学的创业教育则要求大学把知识看作一种生产力量，一种增加社会财富和社会福利的学术资本。这要求大学的师生在知识学习和学术研究的过程中，要以社会问题和社会意识为中心，围绕社会政策的制定和实施、企业技术的改造和升级、政治力量的优化和整合、人文信念的改组和改造、生态环境的维护和保持等，从专业的角度增加对社会实践的关注。唯有这样，我们才可能通过大学的创业文化导向现代人灵魂觉醒之本原和根基，引导现代人在创业中超越物质功利主义陷阱，走向诗意生存之境。

二 关于学术文化

崇尚学术是大学学术文化的核心特征[①]，现代中国大学的创业文化要求大学的学术活动围绕创业活动而展开。大学学术文化与大学创业文化相适应，互为表里，相互促进。

（一）大学创业文化的丰富性拓展了众创时代大学学术概念的内涵

现实的压力是理论探索的根本动力，受大学创业活动的影响，以及大学对创业价值的认同，高等教育家自觉地对学术的概念和内涵加以重思和重建。自从当代美国教育家博耶（Ernest L. Boyer）于20世纪90年代发表"Scholarship Reconsidered：Priorities of the Professoriate"一文，把学术的概念扩展为发现的（discovery）学术、整合的（integration）学术、应用的（application）学述、教学的（teaching）学术四个方面[②]，现代大学对学术的理解和认识便被推进到了一个更加全面的阶段。至少在理论上，现代大学已经不再把学术仅仅与科学发现活动等同。另外，这四种类型的学术活动在大学里也取得了同样的合法性地位，尽管在实践中还有待于大学的管理者去探索更加合理有效的措施对其加以制度化保证。每一种类型的学术都有它自身不可替代的特点，都有各自的学理演绎以及处理该学理的技术方式。这些学术类型之间不存在高低贵贱之分，都是大学学术活动中的一个组成部分，在各自的领域诠释着大学的真理。只是在大学发展的不同时期或者同一时期大学的不同类型之间，这四种类型的学术各有侧重。如从

---

① 汪明义：《论大学文化的内涵与本质属性》，《中国高教研究》2014年第2期。

② Ernest L. Boyer, *Scholarship Reconsidered: Priorities of the Professoriate*, San Francisco: Jossey-Bass, 1990, p. 7.

整体上看，中世纪大学的发现的学术要略逊于现代大学，但不论是中世纪大学还是现代大学，发现的学术都是其学术活动的应有之义；同样地，在现代大学里，尽管发现的学术较为突出，但是在一些应用技术型大学中，它们更加侧重于应用的学术。从大学学术活动与其所服务的外部环境来说，学术的概念正如梁启超所言，学为学理，术为应用，“学也者，观察事物而发明其真理者也；术也者，取所发明之真理而致诸用者也”① “学者术之体，术者体之用”②，各种学术活动都在其终极的意义上服务于整个社会的创业活动。在这个路径上，不同的学术活动在直接服务社会的面向上又有着不同的侧重，教学的学术通过教学培养人才服务社会，发现的学术通过学理的研究和观念的发明对于社会的伦理道德和人的心理发展有着直接的影响，整合的和应用的学术则通过技术的发明和改造直接服务于社会，等等。

（二）众创时代要求建立一种与大学创业文化相适应的学术文化

首先，要对学术活动有一个整全的认识，不可用其中的任何一种学术活动标准裁判另外三种。要充分认识到，上述四种学术活动对真正的大学都不可或缺，具有同等的价值和地位。任何一所大学，不论是何种类型都是在有所侧重的前提下共享着四种学术活动的思想资源和技术成果。在现代大学里，学术活动是其最高的利益所在。“现代大学在最高层次上全心全意并毫无保留地致力于增进知识、研究问题（不管它们源自何方）和训练学生。”③ 这四种学术活动除了各自具有不同的学理和技术的路径外，它们还共有着大学之为大学的学术价值观，那就是对知识真、善、美的追求，借由学术的创造活动不断增加知识的财富，不断拓展人类解放的视界，以承续人类的文明。

其次，众创时代的中国大学学术文化正在向应用技术方向转移，这种转移具有世界高等教育实践发展的合理性，是中国大学创业转型的必然逻辑，值得倡导和鼓励。问题在于，受中国实用主义思维方式及其价值观的影响，现代中国大学较缺乏为学术而学术的研究精神，对基础理论的研究

---

① 梁启超：《学与术》，载刘梦溪《中国现代学术经典·梁启超卷》，河北教育出版社 1996 年版，第 723 页。

② 梁启超：《学与术》，载刘梦溪《中国现代学术经典·梁启超卷》，第 724 页。

③ ［美］亚伯拉罕·弗莱克斯纳：《现代大学论：英美德大学研究》，徐辉、陈晓菲译，浙江教育出版社 2001 年版，第 19 页。

相对滞后。技术发明需要精益求精，基本学理的研究也需要愚公移山精神，代代接力。实用主义与物质功利主义相结合，使得中国大学的学术文化充满了功利性，在行动上表现为学术研究的应用取向和对策倾向较多，大学的学术活动完全被现实的政策和市场需要所左右，沉潜地关注基础理论和基本原理的研究则相对不足。长此以往，必将从根本上削弱中国大学的学术研究和学术影响力。因此，在加强大学应用学术文化建设和倡导的同时，要谨防中国大学学术文化在创新创业教育的浪潮中加剧物质功利主义倾向，必须把发现的学术文化建设置于更加重要的地位，以平衡大学学术文化的健康发展。

最后，由于长期受到物质功利化学术研究及其评价的影响，大学教授忙于争取各种课题和项目，忙于科研活动和成果评奖，忙于各种形式的外出讲学，等等，在一定程度上影响了本科生的教学效果。中国大学教学学术文化的隐而不彰，直接影响了中国大学的教育质量。纵观拥有本科生教育的世界一流大学的教育实践，它们都是把本科生教学视作大学发展的生命线，视作整个社会发展的基石。如在美国大学，本科生教育一直是大学最为重要的使命，正是通过本科生教育，美国大学把美国价值观以及民主社会所需要的知识和理性传授给了学生。[①] 离开了本科生教育质量的提升，大学的科学研究将会受到根本性的削弱，因为“本科生教育和源于此的学术学科构成了学术的心脏，构成了我们大学的学术核心，经过一段时间，它们将会决定大学的声望以及大学在专业、科研和社会服务方面的实力”[②]。为中国大学未来计，众创时代的中国大学尤其需要加强大学的教学学术文化建设，彰显教学学术文化的魅力，以从根本上提升中国大学的教育质量。没有着眼于提升本科教育质量的教学学术文化，一如美国教育家刘易斯（Harry Lewis）所言，大学的卓越也只会是失去灵魂的卓越，大学也将迷失教育方向。[③]

---

① ［美］詹姆斯·杜德斯达：《21 世纪的大学》，刘彤等译，北京大学出版社 2005 年版，第 61 页。

② ［美］詹姆斯·杜德斯达：《21 世纪的大学》，刘彤等译，北京大学出版社 2005 年版，第 67—68 页。

③ ［美］哈瑞·刘易斯：《失去灵魂的卓越：哈佛是如何忘记教育宗旨的》，侯定凯译，华东师范大学出版社 2007 年版，第 14—15 页。

第二节　大学的质量文化和引领文化

一　关于质量文化

大学质量文化是大学追求卓越的学术文化本质的内在要求。[①] 提高高等教育质量，走文化强国之路，是众创时代中国大学的共识，也是中国大学对时代最为重大的承诺和使命。

（一）大学的知识生产是提高教育质量的关键

何为高等教育的质量，这是一个首先需要澄清的问题。否则，提高高等教育质量就会成为一句空话，甚至也可能走入歧路，导致高等教育质量的整体下滑。要想澄明这一问题，就需要弄清楚大学最关心的事是什么。也即从对人和社会发展的角度而言，大学的存在具有怎样独特的价值，且这一价值又是任何其他社会组织所无法取代的。美国著名高等教育家、普林斯顿高等研究院创始人亚伯拉罕·弗莱克斯纳认为，相对于其他社会组织，大学最主要关心的事情应是知识生产。他认为，“现代大学的最重要的职能，是在尽可能有利的条件下深入研究各种现象：物质世界的现象、社会世界的现象、美学世界的现象，并且坚持不懈地努力发现相关事物的关系。”[②] “现代大学在最高层次上全心全意并毫无保留地致力于增进知识、研究问题（不管它们源自何方）和训练学生。”[③] 当代美国高等教育家伯顿·克拉克也明确指出，随着现代社会的发展，虽然很多社会组织因其对知识生产活动的依赖或参与而越发接近大学，大学的知识生产活动仍然不同于其他的社会组织，高深知识依然是任何社会高等教育的目的和实质性核心，是大学师生共同操作的内容。他指出，“只要高等教育仍然是正规的组织，它就是控制高深知识及其方法的一个社会机构。它的基本材料的主题由各民族中比较深奥的那部分文化的高深思想和相关技能构成。”[④] 可见，知识或者高深

① 汪明义：《论大学文化的内涵与本质属性》，《中国高教研究》2014 年第 2 期。

② ［美］亚伯拉罕·弗莱克斯纳：《现代大学论：英美德大学研究》，徐辉、陈晓菲译，浙江教育出版社 2001 年版，第 18 页。

③ ［美］亚伯拉罕·弗莱克斯纳：《现代大学论：英美德大学研究》，徐辉、陈晓菲译，浙江教育出版社 2001 年版，第 19 页。

④ Burton R. Clark, *The Higher Education System*, California: University of California Press, 1983, p. 11.

知识是大学的核心关怀，大学的一切其他活动都围绕着知识生产活动而展开，大学的创业及其创业教育也必须以此为基础。既然大学是作为知识的生产者而存在的，其重要的价值之一是为社会发展提供知识、观念和技术，那么它所提供的知识的有效性就自然成为判断大学乃至高等教育质量的最为重要的标准。

（二）科技知识和人文知识共同构成了大学生产的有效知识

我们需要进一步追问，何种知识是最为有效的。在古典时代，最有效的知识是伦理知识，人类靠它才可以进行人禽之辨，彰显德性，以保持人类社会的繁荣稳定和健康延续；到了近现代，科学技术知识成为最有价值的，利用它，人类可以驾驭环境，开发自然，直接增加看得见的物质财富，寻求确定性，保证生活的富足和安康。直到今天，我们仍然走在科学技术知识大昌其道的路上，海德格尔说："我们今天的世界是完全受现代科学的知识意愿所支配的。"① 实践证明，这一意愿是借由科学的物化——技术的手段来实现的，科学技术知识也因其明显的功用而成为支配人们思维的最为有效的知识。在支配和改造现代世界的同时，科学技术也构造了现代人的心理世界。在这个过程中，现代大学以其自身独特的知识优势成为这一改造工程的策划者和实施者。然而吊诡的是，塑造者总是被其所塑造的反过来加以规定，"大学作为科学研究和教学的场所（因此它们是19世纪的产物），变成纯粹的、越来越'现实的'操作机构"②。即使如此，科学技术知识并不是大学唯一合法的知识。仅就科学知识而言，并不是所有的科学知识都可以直接地物化为技术，能够被直接技术化的知识也只是整个科学知识宝库的冰山一角。爱因斯坦通过广义相对论所预测的"引力波"的存在，在100年后的2016年人类才通过实验予以验证。科学家已经相信，这一验证必将会对人类未来的生活产生无法估量的影响。如果用直接物化的标准衡量引力波的问题，今天的科学进步就是不可能的。马丁·海德格尔说过，技术性知识作为人之存在真理解蔽的一种手段，仅是一工具性存在。更何况在人类知识的宝库中，尚存在巨大的无法量化的关于人之心性价值探讨的人文知识宇宙。所以，大学的质量文化中除了包含

① ［德］马丁·海德格尔：《演讲与论文集》，孙周兴译，生活·读书·新知三联书店2005年版，第41页。

② ［德］马丁·海德格尔：《哲学论稿》，孙周兴译，商务印书馆2014年版，第183页。

可以直接物化、增加社会有形资产的技术性知识——它们是显明的创业教育及其创业活动的最为直接的智力支撑，无法量化的各类知识的发现也是其中的应有之义。如陶冶人之文化心理和人性的人文知识，这些知识无法量化，但是它们的重要性是毋庸置疑的。因为正是这些人文知识才从根本上划定了人禽之界限，确立了人心之秩序，也定位了人在宇宙社会中的位序。因此，在一定情况下，无法量化的知识的生产活动更加值得关注，它们不唯是技术性知识赖以发达的基础，更为重要的是，它们决定了大学的心胸和气度，划定了人类存在的福祉范围。

（三）培养具有创新创业素质的高级专门人才是提高高等教育质量的落脚点

创新创业是个体的一种外在能力，更是个体的一种潜在素质。在创新创业和个体的专业知识之间并不必然具有一一对应的关系，个体的创新创业素质包含身体的、心理的和文化的三个方面，是个体的一种综合素养和整体智慧。从知识类型的角度来看，要想培养具有创新创业素养的高级人才，仅仅靠外显的可以物化的科学技术类知识是远远不够的。众创时代的中国大学，需要以创新创业教育为契机，把关涉人之培养的心性知识融入创新创业教育的全过程，使之成为创新创业教育的灵魂。除此之外，要想培养理想的、对未来人类社会发展承担责任的一代新人，众创时代的中国大学还需要在教育过程中注重学生兴趣——包含社会、心理、文化因素在内的兴趣的教育引领价值。毕竟，到目前为止，人类生存的这颗星球仍然充满着无限的不确定性，这一包围着确定性的不确定性由于处在外围，它的界限更加地广大和深远。人类现有的知识相对于未知的世界永远不够，除了基于个体兴趣的知识学习和科学研究外，大学别无选择。因此，一所现代意义上的大学不仅要教会青年学生必要的生存求职本领，还需要不惜一切代价对关乎人类未来发展的不确定性保持持久而深切的关注，变未知为已知，不断拓展人类存在的外围空间。同时，以此为参照，不断探测人性的深度。

二　关于引领文化

经由创业文化教育及其创新创业活动，现代中国大学已走出适应性阶段，发挥主体性，日益彰显其超越性特点，彰显它引领时代文化发展的最高文化境界。

（一）大学存在于它所塑造的文明之中

在从中世纪产生以来的1000年间，大学始终是人类优秀文化的凝聚，是人类文明间互通的文化使者。没有大学，则很难想象我们的文明会成为现在的样子。无论未来的大学会变成怎样的形式，这一大学对新文明塑造的价值和作用总会是我们判断大学存在价值的最为重要的依据。在清末民初，中国社会处于内忧外患之际，中华民族处于危急存亡之秋，中国大学作为一项重要的政治设计得以在中国大地上扎下它的根基，担当起民族文化精神塑造的历史重任。在短短20年间，在严复和蔡元培的先后领导下，北京大学迅速成长为中国文化赓续与新生的胚胎，掀起了新文化运动的浪潮，民主和科学在中华文化的土壤里生根发芽，开花结果。与北京大学倡导的新思想、新观念并举，张伯苓领导下的南开大学极力倡导“允公允能”“建设一个民主国”[①]，把社会民主和公民道德的新观念深植于大众心中；梅贻琦执掌的清华大学提倡大学教育要以“通识为本，专识为末”，极力为国家培养工业建设急需的领军人才[②]，把工业技术精神注入中国社会的文化沃土；时任浙江大学校长的竺可桢提出大学是“社会之光”“海上灯塔”，要着眼于“服务社会”“组织改造”，坚守“学术自由”，实施“教授治校”“物色前途有望的青年”，以“求是”为根本原则，为国家民族培养精英式领军人才。[③] 不断把科学求实的精神和健全理性扩展为社会发展所依托的鲜活力量。尤其难能可贵的是，民国时期的中国大学已经开始探索直接服务社会国家的有效途径。张伯苓的南开大学倡导：“（一）各种研究，必以一具体的问题为主；（二）此问题必须为现实社会所急需解决者。”又“研究我国工商业实际之问题，利用南开大学之设备，辅助我国工商界改善出品之质量，俾收学校与社会合作之实效。”[④] 竺可桢要求大学办学要“联络省政府建、教各厅及中央机关，参照社会之需求，造就致用之人才”[⑤]。“大

---

① 黄英杰：《古典书院的终结及其对现代中国大学的影响》，博士学位论文，西南大学，2012年。

② 黄英杰：《古典书院的终结及其对现代中国大学的影响》，博士学位论文，西南大学，2012年。

③ 竺可桢：《竺可桢全集》（第2卷），上海科技教育出版社2004年版，第351页。

④ 竺可桢：《竺可桢全集》（第2卷），第82页。

⑤ 竺可桢：《竺可桢全集》（第2卷），第347页。

学应为一地方的楷模”[1]。正是经由民国时期中国大学的自觉努力，自由、民主、科学、公民、技术、理性等现代观念才有效植入中国文化的基因，成为现代中国文化机体的组成要素，丰富和拓展了中国现代文明。中华人民共和国成立以后，中国大学再次融入社会变革的大潮，经由教学、科研和社会服务，不断地探索社会主义大学之道，努力为建设“民族的、科学的、大众的”社会主义文化做出新贡献。众创时代的中国大学自觉投入创新创业教育的大潮中，承担起文化创造和引领时代的重任，以人才培养为核心，以学科专业为基础，以科学研究为推动力，以社会需要为导向，以人的诗意存在为最终价值皈依，努力打造大学新文化，不断丰富和创新社会主义文化，提升社会主义文化的现实影响力。

（二）引领时代文化发展是大学文化的最高境界

大学经由创新创业活动对未来社会文明的塑造，决定了众创时代的中国大学文化从整体上讲是一种引领文化，引领社会文化发展成为其最为重要的文化使命。[2] 这种引领文化具有如下的内涵。

第一，大学的引领文化是主动适应中的引领，不是高高在上、曲高和寡式的引领。离开了对现实的适应，是谈不上什么引领的。埃米尔·涂尔干说过：“教育的转型始终是社会转型的结果与症候。”[3] 曾任美国密歇根大学校长的詹姆斯·杜德斯达也说过：“现代大学改革的推动力主要是社会变革、经济要求、科学技术，这些力量也许要比现行教育机构的适应能力强得多。”[4] 这就告诉我们，大学首先需要做出适应社会的变革，但这只是问题的第一步。如果大学只是被动地适应社会，就会失去大学存在的意义。接下来大学还要在适应中担当起创业的文化使命，寻求和创新能够使我们的社会走向真善美的因素，把它们整合起来，形成社会发展的主导力量。

第二，大学的引领文化是通过它所培养的人的实践来变为现实的。梅

---

① 竺可桢：《竺可桢全集》（第 2 卷），第 533 页。

② 大学实现文化传承创新功能的机制研究课题组：《大学文化职能新论》，中国社会科学出版社 2015 年版，第 241 页。

③ ［法］埃米尔·涂尔干：《教育思想的演进》，李康译，上海人民出版社 2006 年版，第 178 页。

④ ［美］詹姆斯·杜德斯达：《21 世纪的大学》，刘彤等译，北京大学出版社 2005 年版，第 221 页。

贻琦明确提出为中国社会培养它所需要的工业建设的领军人才，领导一个即将兴起的工业社会和工业国家，以使中华民族走向工业文明，不再受外族的欺压。竺可桢同样意识到中华民族的复兴有赖于它的大学培养出一批批社会各界的精英，用科学和智识团结和领导社会各界的力量，这样，国家才会拥有一个持续繁荣富强的深厚基础。也就是说，大学之所以不同于一般的社会机构，就是因为它拥有一个经由培养社会各界精英引领社会发展的宏伟抱负。

第三，大学的引领文化集中反映在它的领导者身上。蔡元培是民主和科学的学术精神的体现，张伯苓是社会公德和民主实践的代表，梅贻琦是大师文化和技术理性的象征，竺可桢是科学文化的化身。这些大学的领导者本身就是先进文化的凝聚，是社会文化进步的风向标。一所理想的大学，它的领导者必然是引领文化的形象化象征。唯有这样，它的师生员工才有了凝聚力，才会形成引领文化的合力。

第四，大学的引领文化是在知识创造活动中实现的，离开了知识创造活动，就无所谓大学的文化引领。经由知识的创造活动，大学的引领文化除了上面所说的通过它所培养的优秀人才实现对社会的改造和引领外，大学还可以通过它所创造的先进文化思想和伦理道德观念在社会上的广为传播，以及通过它所创造的新的科学技术发明在企业内的大面积使用来实现对社会的改造和引领。正是因为大学文化是作为一种引领文化而存在，所以只需要考察一个国家大学文化的现实状况和发展水平，基本上就可以判定这个国家在未来发展中的潜力和所能达到的文明成就，进而可以判定这一国家在未来世界的生存机会和生存命运。

第二编　大学与治理

世界银行报告《迎接世界级大学的挑战》把“良好的治理”与“人才汇聚”和“充足的资源”一道视为世界级大学的三个基本条件并将其作为重要条件。大学组织理论也指出：大学是以知识资本积累和研发为目的的社会组织，是一个以个体和群体智力劳动为特点的，一致性与多样性、整体性与个体性高度耦合，活动规律完全不同于其他社会系统，其成员或组织必须依赖充分独立、自主的积极性获得创造性的自组织、自适应的组织系统。

中国高等教育学会副会长管培俊曾经指出：“有没有一个好的内部治理结构，直接关系到大学能不能确保正确的办学方向，能不能遵循教育规律办学治校，能不能形成近悦远来的吸引力和百舸争流的学术氛围，能不能形成高水平人才培养体系和追求卓越的核心竞争力。关于大学内部治理结构这个复杂系统，需要多视角考察，在普遍联系中把握其规律与特点。”中国著名的高等教育学专家眭依凡也指出：“一个不能按大学应有规律办学治校育人、内部治理混乱效率低下的大学绝不能建成一流大学，换言之，没有与一流大学相适应的内部治理体系根本不可能建成一流大学，更不能期许该大学具有一流大学追求卓越的办学格局和一流大学的竞争力。”

在本编中，作者收集了自己多年来对大学治理的研究论文。大学治理的理论成果展示了理想中中国大学的应然状态，也构成了当今中国大学如何实现善治从而如何能在未来引领世界高等教育发展作为“梦”的理想逻辑。

第五章

大学治理的内涵

关于如何推进高等教育治理体系和治理能力现代化，已经有很多学者对其进行了深入的论述。在本章里，作者选辑在不同阶段发表的三篇文章，一是阐释了高等教育治理体系和治理能力现代化的内涵，涉及方方面面；二是对大学为什么要由教育家来办以及教育家的基本素质进行论述；三是对中国大学如何坚守具有中国智慧的素质教育理念阐释自己的观点。这三个方面均属于大学宏观治理层面的内容，但又与大学内部治理密切相关。

第一节　高等教育治理现代化的内涵*

在“完善和发展中国特色社会主义制度、推进国家治理体系和治理能力现代化”的大背景下，如何构建中国特色现代大学制度，推进大学治理体系和治理能力现代化，已成为党和国家高度重视、社会各界普遍关注、学界积极研究的一个热点课题。因为有无现代化的高等教育治理体系和治理能力，事关创新型国家和人力资源强国能否建成，从而事关中华民族伟大复兴的中国梦能否实现。

一　何为国家层面的高等教育治理体系现代化

我们认为，它至少应包括“高等教育理念、高等教育管理体制、大学

---

* 本节主要内容曾发表于《四川日报》2014 年 6 月 25 日，题为“高等教育治理体系和治理能力现代化的思考”。

自身的办学模式以及高等教育的评价机制等均要现代化”，以此形成高等教育的“先进理念指引、政府宏观管理、社会广泛参与、高校自主办学”的格局。

二　何为高等教育理念现代化

国家层面所确立的高等教育理念既要符合中国的历史文化传统，也要与全球高等教育的发展趋势相吻合；既要适应经济社会发展的需要，也要促进人的全面发展。因此，“遵循高等教育规律，培养社会主义社会有责任感的公民和进步事业的积极参与者”无疑应成为当今中国高等教育理念的核心内涵。把“遵循高等教育规律”置于所倡导的教育理念的首位，既是对我们过去在高等教育管理实践中忽视规律的检讨，也是对从事高等教育的管理者和高等教育办学者的基本约束，更为我们的高等教育从此迈上现代化轨道提供了基本保证。“培养社会主义社会有责任感的公民”既体现了作为社会主义国家的办学方向，也体现了中国历史和传统文化的“大学之道”，更符合当今中国的经济社会发展对高等教育所提出的急切要求。把培养“进步事业的积极参与者”作为当今中国高等教育理念的重要内容，既体现了高等教育在经济建设、政治建设、文化建设、社会建设以及生态文明建设“五位一体”进步事业中的时代担当，也体现了作为高等教育规模居世界第一位的国家最终必须成为创新人类文明发展模式的重要参与者的伟大理想。

三　何为高等教育管理体制现代化

目前世界上主要有两种高等教育管理体制——中央集权管理和地方分权管理。但这是针对高等教育宏观管理而言的，而不是针对大学办学而言的，世界各国对大学都实行了高度的大学自治体制，实现了管办评分离。正如无论是哪个国家的市场经济体系，企业都必然是市场的主体一样，高等教育管理体制现代化对国家、省市教育行政部门的职能要求应为：高等教育体系的构建者、高等教育条件的保障者、高等教育服务的提供者、高等教育公平的维护者、高等教育标准的制定者，并以此来构建责权利相统一的精简高效的职能机构。对中国而言，这样的高等教育管理体制不可能自然生成，需要政府来领导和推动。纵观中国高等教育管理体制改革的历程，完成这一任务是何等的艰难和复杂，因为其最根本的标志是政府简政放权，扩大高校的办学自主权。只有推进高等教育管理体制现代化，大学的发展才可能真正实现从微观管理走向宏观管理、从过程管理走向质量监控、从传统管理走向法规治理。

四　何为大学自身办学模式的现代化

大学首先应该拥有自己的愿景，愿景就是一所大学要实现的美好蓝图，就是其通过 10 年、20 年甚至更长时间的努力后所应处于的位置。第一，大学领导人应以此蓝图来凝聚人心。第二，大学必须牢记自己的两个使命：一是要通过文明的传承、智慧的启迪来促进大学生的全面成长，二是要通过科学和技术来促进经济社会的快速发展，这两个使命既是大学合法性的基础，也是当今大学获取办学资源的先决条件。第三，大学要坚守三个基本的观念理性，那就是“育人为本、学术自由和社会担当”，无论大学怎么转型、社会怎么发展，这三点都是大学永远也不能忘怀的金科玉律。第四，结合自身实际，构建起既符合国家层面要求的高等教育理念和高等教育管理体制，又能体现学校自身特色的大学文化、办学理念和管理制度，使自身的办学实践在现代化的管理制度框架下运行，使自身的办学制度符合自己的办学理念，使自身的办学理念与自身的大学文化或与自身所倡导的大学文化相一致，从而构建起符合本校历史传统和现实基础的文化、理念、制度和实践相统一的“四维一体”办学模式。

五　何为高等教育评价机制现代化

高等教育评价机制现代化主要包括大学的评价标准、评价主体和评价模式的现代化。其一，大学的评价应该采取学术、市场、社会、政府等多元指标体系标准。传统的大学评价指标是单一的，它要么采取学术的指标，把大学评价限制在大学自身的范围内，要么采取政府的指标，任由政府对大学进行单一的支配和指导。现代化的大学评价指标体系应该把上述四个方面的指标纳入其中，对大学做出合理评价。其二，大学的评价主体包括大学、政府、市场、社会等多元主体。计划经济思维支配下的大学评价主体是政府，它在精英化大学时代或许有其合理性，但是在大众化高等教育时代，这种单一政府主体下的评价往往会把大学异化为一种应职取向、带有行政化色彩的职业培训机构，扭曲了大学教育的整体价值，只有从不同主体的角度评价大学，才会得出一个合理的关于大学办学目标和绩效的评价。其三，建立政府、大学、社会、市场等多元一体的评价模式。在这一模式中，这四种主体需要清醒地认识到，任何一方都只是作为力量之一在发挥作用，而不是由哪一方支配另外三方，有效的评价模式可以形成合力，共同服务于大学事业的繁荣和发展。如此，才能保证大学教育真正回归到教学规律和人的成长规律上，焕发出大学的生命活力。

高等教育治理能力的现代化就是对现代化的治理体系的践行能力要现代化。无论现代化高等教育治理体系的构建及其践行的现代化，均依赖于参与高等教育的人的现代化。人的现代化的基本内涵应该有三点：首先要对高等教育的基本规律充满敬畏之心，对世界先进的高等教育制度拥有探究之愿，对高等学府充满向往之情，对真正的学者充满敬重之意；其次是在实践中既能建立严密的制度又能严格执行，既能制定严肃的纪律又能严格遵守，既能严谨的设计又能严格落实，从而做到科学执政、民主执政、依法执政；最后在制度执行过程中还要充分具备利用“网络技术”和“大数据”科学的能力，从而使大学的管理者、办学者、教育者均成为科技信息化时代真正的弄潮人。

第二节 大学需要教育家来办*

“教育家办大学，大学要教育家来办”，这本是一个再简单不过的常识，但如果细细追寻中国高等教育发展的曲折历程就会发现，这个基本的常识在现实中却难以落实。

可以说，自改革开放以来，中国高等教育取得了举世瞩目的成就，但同时还存在着诸多问题与困难，例如，高等教育还不适应经济社会发展的需要，不适应创新人才的培养需要。无论是高层领导还是社会各界都普遍认为：高等教育理念亟须更新、高等教育管理体制亟须改革、人才培养模

* 本节主要内容曾发表于《光明日报》2013 年 2 月 20 日第 16 版，题为“大学要教育家来办”。该文的编者按指出：当下，教育改革正处在深水区，如何在多方利益的博弈中走向坦途，是教育事业发展的关键所在。关注教育前沿，关注教育一线存在的或大或小的问题，探讨和寻找问题的解决之道，无疑意义重大。为此，《光明日报》高等教育版特别开辟“前沿问题”栏目，将目光锁定教育前沿，从问题出发，为教育改革集思广益。

式亟须创新。在重重难题中，改革“高等教育管理体制”，让真正“懂教育、负责任、重人才、没私心、有魄力”的教育家来办大学，会让其他问题迎刃而解，正因为此，《国家中长期教育改革和发展规划纲要》明确提出：“创造有利条件，鼓励教师和校长在实践中大胆探索，创新教育思想、教育模式和教育方法，形成教学特色和办学风格，造就一批教育家、倡导教育家办学”。那么教育家应具备哪些素质呢？

一　视教育若性命，且忠贞不渝

对于立志要成为教育家的教育工作者来说，教育不只是一种职业，而应是一种人生的追求。只有将教育作为理想来追求的人，才会有强烈的事业心，崇高的使命感，才能视教育若性命，视学校若家庭，视学生若子弟，才能以第一等的正气，第一等的襟怀，第一等的追求，臻于第一等的境界，取得第一等的业绩。

中国历史上出现过许多教育家，他们都具有视教育若性命的情怀，在浓郁的“学而优则仕”的文化环境中，却把教育事业作为终生追求，在高官厚禄面前从不为之动摇。

南开大学校长张伯苓几次拒绝出任天津市市长和国民政府教育总长的邀请。马君武卸任广西省省长后立志投身教育，先后出任上海大夏大学、北京工业大学、上海中国公学校长，1927 年，应广西省政府之邀在梧州创办广西大学，成为成功移植德国工科大学模式的第一人。蔡元培在卸任首任教育总长后出任北京大学校长一职，革新北大，开“学术”与“自由”之风，实现了移植德国研究型大学的梦想。竺可桢也曾谢绝出任教育部部长职务而心甘情愿担任浙江大学校长，治校卓有成效，使浙江大学获得了“东方剑桥”的美誉。马相伯变卖家族财产创办复旦大学，为复旦大学的发展贡献出毕生精力和全部心血。

二　有教育思想，且影响深远

教育家要有对大学理念的不懈追求，在践行大学理念的过程中形成对大学教育独到的见解。

在高等教育发展历程中，涌现出众多优秀教育家，他们对大学教育有着深刻、系统并富有创见的思考，这些思考对今天的高等教育健康发展依然具有重要的指导作用。哈佛大学第 21 任校长艾略特就坚持认为，美国大学“不是一个外国大学的摹本，而是根植于美国社会和政治传统而逐渐和自然地结成的硕果。它将是美国优良教育阶层的高尚目的和崇高理想的表现。它是富有开拓精神的，因而是举世无双的。”在人才培养方面，艾略特强调高等学校要给予学生三个法宝：一是给学生学习上选择的自由；二是使学生在所擅长的学科上有施展才能的机会；三是使学生的学习从被动的行为转化为自主的行为，使学生从对教师的依赖和从属关系中解放出来。在这些观点的指导下，他率先在哈佛大学实行自由选课制。

在大学功利主义极其盛行的时期，芝加哥大学校长赫钦斯却坚持认为大学是人格完整的象征、保存文明的机构和探索学术的社团，是独立思想和批评的中心，而不能是国家工业和社区发展的服务站。在人才培养方面，赫钦斯认为，大学教育的目的在于发展人的理性，养成智性美德，实现最高的智慧及最高的善，从而培养出真正的完人。

蔡元培在出任北大校长之初，面对学校作为培养官员的养成所的现状明确指出：“大学者，研究高深学问者也。”强调教师是大学的主体，教师要“以学诣为主”。关于传授什么知识给学生和怎样研究学问的问题，他指出：“循思想自由的原则，取兼容并包主义。即学术民主、百家争鸣，允许不同学派自由发展，自由讲学，并积极吸收国外最先进的科学文化。大学应是囊括大典、网罗百家的学府。”关于什么是现代大学制度，他坚持要实行“学生治学”和“教授治校”制度。

上述大学校长都是杰出的教育家，他们的教育思想至今依然是高等教育思想库中宝贵的财富。

三　改革敢为人先，且取得实效

艾略特在出任哈佛大学校长后，就率先推行自由选课制；在劳威尔出任哈佛大学校长后，他在保留自由选课制优点的前提下实行“集中与分配”制；科南特在担任哈佛大学校长后，主张加强本科生的“通识教育”；德里克·博克在出任哈佛大学校长后，十分关注大学本科的基础教育，推行了影响至今的“核心课程计划”。这四位哈佛校长的前赴后继、推陈出新、大胆改革，使哈佛大学始终引领世界高等教育的发展方向。

刘道玉主掌的武汉大学，成为中国第一家实施“学分制”和“插班生制”的大学；朱九思任华中理工学院校长，把大力发展学科作为治校方略，广泛汇聚人才，特别是启用了几百位当时还没有平反的“右派”高级知识分子，至今仍传为佳话；杨叔子在主掌华中理工学院时，大力推行人文素质教育，在国内外产生强烈反响。

就当下而言，中国高等教育面临着诸多困惑：在学生层面，普遍存在创新意识和创新能力差、社会责任感严重缺乏现象；在教师层面，职业责任感和敬业精神亟须提升；在管理层面，违背教育规律的现象层出不穷。因此，我们需要更多的大学校长勇敢地站出来，提出自己的办学理念和治校方略，在实践中大胆改革，并取得实效。

四　不屈不挠奋斗，且具人格魅力

与其他行业相比较，在教育领域建功立业是一个复杂而漫长的过程，只有那些不畏劳苦沿着既定目标前行的教育工作者才可能取得成功。教育家是一个先行者、示范者、发动者，树立典范是其基本使命，所以他必须具有不屈不挠的品质，因为他们所从事的教育实践活动不可能一次性成功、他们所坚守的教育理念不可能在起初就得到广泛认可，勇于失败、不怕失败是他们必备的心理素质。

刘道玉为他心中的理想大学不懈追求，无论在大学校长的岗位上，还是作为一名普通的学者，他都没有因挫折困难和曲折的人生而放弃；张伯苓为了南开大学的发展，终日奔波，遍访政界军界要人、商界名流、社会贤达，寻求他们对南开大学发展的支持。

面对上述四项标准，我们每个大学的主要领导都应该扪心自问：我们具备了多少?

在高等教育已经与人们的终生幸福、地区的可持续发展和民族的伟大复兴紧密相连的今天，“如何办人民满意的高等教育”也就随之成为领导高度重视、社会各界广泛关注、高等教育业内倍感沉重的话题。正因为如此，建立教育家办大学的制度的呼声也就越来越强烈，那么，什么才是教育家办学的制度呢？建立科学的遴选机制，让具有教育家素质的学者担任大学的主要领导，为他们践行大学理念提供宽松的环境，使他们能潜心于高等教育规律的探索和实践，办出真正意义上的大学。

第三节　作为中国智慧的大学素质教育*

党的二十大报告指出要“发展素质教育”，由此，素质教育作为一种有广泛影响力的教育理念，再一次走到教育事业的前台，成为指引中国教育发展的关键词。

一　“素质教育”的内涵

加拿大、澳大利亚、新西兰等西方国家的教育学者认为，与素质教育比较接近的是通识教育（general education）、博雅教育（liberal arts）或者质量教育（quality education）。接近并不是等同，质量教育主要是西方发达而讲究效率的现代工业社会的反映，通识教育则是为了治疗现代分工社会之专而不通、专而难以相互理解等诸多弊病而产生的一种教育思潮。博雅教育是古典自由教育在现代的回光返照。中国的素质教育概念在西方被翻译成 Suzhi Education，西方学者直接用汉语拼音表达“素质”，就是站在中国教育实践的视角来理解和学习素质教育。不同于现代西方通识教育所要求的学生的平均文化知识水平，也有异于着眼人之自由的人文素养陶冶的博雅教育，更与现代西方着眼效率意识培养的质量教育有着根本不同，素质教育概念是对上述教育概念的超越，同时又吸收了它们的优点，是具有丰富的中国文化教育实践内涵的一个概念。它主要是为解决应试教育极端化、专业教育过窄以及教育中忽视综合文化素养等现代教育之弊端而提出和发展起来的，其概念包含了思想、文化、政治、专业、审美、身体和心理健康等诸多关乎全人格发展的素质维度。作为一种教育思想，它针对只顾提高可以量化的学生成绩的片面教育和狭隘的专业教育，更加强调德智体美的平衡和谐发展。另外，从行为的方面考虑，素质教育之素质本身还包含着经由教育所养成的个体之创新和实践能力素质，它所指向的正是培养德智体美①全面发展的社会主义建设者和接班人。

---

* 本节主要内容曾发表于《光明日报》2017 年 12 月 19 日第 13 版，题为“发展素质教育 贡献中国智慧”。

① 在本文发表时，中央只提了“德智体美”，特此说明。

二　发展素质教育是对中华优秀文化教育传统的继承和创新

中华传统文化是中华民族在中国古代社会形成和发展起来的比较稳定的文化形态，是中华民族智慧的结晶，是中华民族的历史遗产在现实生活中的展现。中华传统文化思想体系以儒家文化为主干，经世致用和以人为本是它的核心，蕴含着丰富的文化科学精神，主要体现在三个方面：一是凝聚之学，是具有内部民族精神凝聚力的文化，它的基本精神是注重和谐，把个人与他人、个人与群体、人与自然有机地联系起来，形成一种文化关系；二是兼容之学，中华传统文化并不是一个封闭的系统，尽管在中国古代对外交往受到限制，但还是以开放的姿态实现了对外来佛学和科学的兼容；三是经世致用之学，它的本质特征是促进自然、社会的人文化，它以究天人之际为出发点，落脚点是修身、治国、平天下，力求在现实社会中实现其价值。素质教育思想的产生和发展正是根植于博大精深的中华优秀传统文化，同时又立足中国现代本土教育实践，吸收古今中外教育思想的优秀遗产并加以融合创造的结果，是中国教育工作者对人类教育思想的贡献，充满着中国教育智慧和中国教育风格。

三　素质教育是优秀中华文化的重要组成部分

优秀中华文化也是素质教育的主要内容。要经由素质教育，让优秀的中华文化不断得以传承创新和绵延发展。首先，素质教育应该以中华传统文化为向导，弘扬传统文化，努力提高学生的道德修养和文化修养。其次，素质教育需要以优秀的中华传统文化为基础，以先进的中国特色社会主义文化为指导，主动鉴别和吸收西方优秀的文化因素，以我为主，融合创造，为中华文化的复兴贡献力量。最后，素质教育以提高国民素质为目标，主要通过后天学校、家庭、社会教育使学生掌握一系列知识技能，达成良好的行为习惯、文化素养和品德修养。素质教育要求学校通过开展各种活动培养学生的全面素质，达到“全人”目标。学校在传授知识的同时应该训练学生如何应对多元化的世界趋势，教他们学会求知，学会做事，学会生活，学会共存，诚实做人，能够发现生活中的美，成为具有普遍文化素养和仁爱情怀的诗意存在者。

四 发展素质教育是中国高等教育走向世界的必由之路

21 世纪，全世界日益成为一个统一的共同体，建立与之相适应的教育体制成为当下亟须解决的问题。素质教育培养全面发展的人的理念在价值取向上既面向人民日益增长的美好生活的需要，又胸怀全球利益服务于人类复杂问题和各种生存困境的解决。经过十余年的实践探索和总结，今天大学发展素质教育，需要在习近平新时代中国特色社会主义思想的指引下，实现高等教育的飞跃和超越。一方面，需要全面发展素质教育，把素质教育提升到国民教育的高度，推进高等教育公平和高等教育现代化，最大限度地实现社会平等，将可持续发展的社会、经济、文化和生态环境等诸方面结成有机的统一体，使得中华民族的伟大复兴和社会主义建设的伟大事业牢牢建立在优质的素质教育的基础之上。另一方面，需要积极探索素质教育的国际内涵和国际视野，各高校应全面制定有效的课程和教学措施，面向世界开放办学，引领学生积极参与人类共同发展的全球事业，培养能够担当中华民族伟大复兴的国际化人才。同时，主动吸引来华留学生学习和研究中国文化，力促全球文化交流互鉴，建构人类文化命运共同体。这样，通过素质教育实践的和合之力及其美美与共的大善情怀，把素质教育理念推向世界教育实践的舞台，为实现人类的大同世界贡献中国大学教育智慧。

第六章

大学治理的价值

大学为什么需要内部治理几乎是一个不必论证的话题，因为任何组织都需要内部治理，而大学是一类特殊的社会组织。但大学内部治理的价值取向却不是无须再思考的。什么样的大学才是好的大学？在大学内部，教师、学生和行政管理人员谁是大学的中心？谁是大学的主体？对这些问题的不同回答直接决定着大学治理的价值取向。在本章中，作者辑取了自己早期发表的两篇论文，分别阐释了自己心中好大学的五个标准以及要办一所好的大学，就必须坚守学生中心和教师主体的观念，这既是对办一个大学究竟为了谁和依靠谁的基本问题的回答，也是我党“人民中心”执政理念在大学治理实践中的体现和彰显。

第一节　什么样的大学是好的大学*

对于国人来说，从来也没有像今天这样密切地关注大学这类组织。从宏观层面来看，党中央和国务院高瞻远瞩，提出了建设创新型国家和人力资源强国的两大战略。高等教育肩负着高层次人才培养、知识创新、引领文化和服务经济社会的重任。无论是建设创新型国家还是人力资源强国，都与高等教育直接相关。从中观层面来看，社会的各级组织要在实现中华民族伟大复兴这个波澜壮阔的进程中实现自己的目标，必须越来越依靠科技进步，依靠劳动者素质的提高，依靠管理创新。因而社会各界强烈呼吁大学培养出越来越多的高素质复合型人才以适应经济社会

---

* 本节主要内容发表于《中国高等教育》2010 年第 23 期，题为“什么样的大学是好的大学”。

快速发展的需要。从微观层面来看，实现中华民族的伟大复兴与实现人的全面发展密切相连。随着民主化进程的推进，当今时代的公民越来越关注自己的全面发展和更好发展，而教育特别是高等教育已经被视为实现个人全面发展和更好发展的核心途径。所以，公民也在呼吁更多好大学的出现，以期望自己以及后代能接受优质的高等教育。

由此可见，要实现中华民族的伟大复兴，无论从宏观、中观还是微观的角度分析，都必须建设高等教育强国。所谓建设高等教育强国，就是要建一流的高等教育体系，在这个体系中每个类别的高校均有一流的大学；在这个体系中，各个高校均把提高办学质量放在首位，使得所培养的人才普遍具有很强的适应能力和创新能力。

什么样的大学才是政府、社会和公民个体均认为的好大学呢？简而言之，好大学就是能培养大批优秀人才的大学；好大学就是能为解决经济社会发展进程中所面临的重大问题提供理论指引或策略的大学；好大学就是既能传承本民族的优秀文化，又能融合优秀的异质文化的大学；好大学就是能充分吸纳办学资源并能充分利用办学资源的大学。为此，我们从一所大学的现状、过去的岁月以及理性分析三个层面拷问好大学有什么样的标志和基本特征。

一　要考察一个大学现在处于什么状况，就应当考察她的教师的学问与育人状况、学生的学习与成长状况、管理队伍的素质与工作状况

教师是如何工作的？教师是否潜心于学问与教学，不仅仅是为了挣课时费而上课的教师占整个教师队伍的比重有多大？不仅仅是为了评职称或为了完成岗位任务而从事科研工作的教师占整个教师队伍的比重有多大？每学期自发地做一次学术讲座的教师占整个教师队伍的比重有多大？如果这三个比重均在50%以上，那么这样的大学就可以说具备了优良的教师队伍。

大多数教师要能做到如此，首先，这样的大学必须有一个浓郁的学术环境。其次，教师能清楚地知道自己的职责和使命，把从事大学教育作为一项崇高的事业，他或她在实践中能把教书育人作为自己的天职，能把学生当作自己的孩子来培养；最后，教师之所以能自发地做学术讲座，是因为教师认识到了“知识的最大特性具有互补性而不具有排他性”，这样的活动既能与同行分享自己最新的学术见解，也是能寻求帮助、完善自己学

术思想的最佳方式。

学生是如何学习的？学生是否潜心于学习？为挣学分而学习的学生的比重占整个学生数的比重有多大？节假日学校图书馆的平均上座率是多少？双休日使用实验室的学生占可以使用实验室学生的比重是多少？每学期自发听10场学术报告并认真做好听课笔记的学生占整个学生的比重有多大？参加学校各类社团的学生数占整个学生数的比重有多大？如果上述各个指标也能在50%以上，那么这样的大学的学风就一定是优良的。

大多数学生要能做到如此，首先，他们必须清晰地将时代、使命和自己应当承担的责任结合在一起。其次，他们必须将日常的勤奋学习与自己远大的目标相连，必须深刻地认识到“理想是彼岸、现实是此岸，中间隔着湍急的河川，而行动则是架起它们的桥梁”。最后，他们认为，参加学生社团是培养自己表达能力、和谐能力的重要途径；实验室是锻炼自己动手能力和创新能力的重要场所，因为许多伟大的发明、发现都是前辈们在实验室里辛勤耕耘的结果。

行政人员是如何管理的？校长拥有的大学理念是什么？办学理念又是什么？所提出的治校方略以及提出这样的治校方略的依据是什么？这些理论层面的东西是如何指导学校的管理工作和教书育人工作的？大多数行政人员是否明白大学这类特殊的社会组织的特征？

如果这些问题都能得到解决，那么这样的大学就基本能按照高等教育的规律办学，这样的大学就是一个具有全球眼光的大学。行政管理之所以能做到如此，首先是因为这所大学的决策者深刻地认识到大学是以知识为核心的特殊的社会组织，要实现这类组织的目标，就应当按照知识产生、传播、应用以及交流的规律来管理；其次是因为这所大学的决策者认识到大学是人类文明的共同成果，中国现代大学是“西学东渐”的产物，决策者就能自觉地站在世界高等教育坐标体系中“找准自己的参数、把握自己的变数和强化自己的定数”，用世界高等教育发展的普遍规律来指导大学的规划与日常的行政工作。

二　要考察一个大学的过去怎么样，就要考察过去的领导者是如何领导的？工作过的教师和毕业的学生的成就如何

从全球范围来看，大学已有近千年的历史了；从具体某个大学来看，

她也是一个具有历史和文化的组织，她的过去影响着她的现在甚至将来。因此，我们在考察一个大学时还要拷问她的昨天，因为昨天留下来的还将会影响她的今天甚至将来。

大学是师生的社团，也被称之为“关联组织”的社团，大学的声誉来源于她的教师和校友在各种舞台上卓有成效的表演。所以我们在拷问一个大学的过去对现在的影响时，主要应考察在这儿工作过的领导、教师和校友。在这儿做过决策的人们，他们给这个学校留下了什么样的理念？有哪些教师在这儿任过教？他们给这个学校留下了什么样的教风？在这儿培养了多少毕业生？校友中按当下的标准衡量比较成功者占有多大的比重？校友中从事非本专业者的比重有多大？在这儿取得的科研成果有哪些并产生过何种影响？大学所在地的市民是如何评价这所大学的？

如果曾经的决策者的理念在后来得到了继承和发扬，如果离开这儿后更有成就的教师还十分怀念这里的环境和学术氛围，如果校友中很有成就者的比重占到了20%以上，如果校友中有20%以上的人成功地从事着非所学专业的事业，那么，这所学校一定是一所有文化的大学，因而也一定是人们心目中一所好的大学。浙江大学之所以被誉为一所好的大学，是因为在那里工作过的教师、在那里求过学的毕业生，有100多位被评为两院院士，有数以千计的毕业生成为各个领域的领军人才。北京大学之所以被称为好的大学，是因为蔡元培先生所倡导的“兼容并包、思想自由”办学理念影响了一代又一代的北大人，也影响了一所又一所的中国大学。

三　从理性的角度拷问：是哪些因素决定着一个大学的品质

一所大学的现在如此，过去留下来的东西也如此，必定有许多内在的、必然的因素。我们把这些因素概括为五点：先进的办学理念；良好的治理结构；优良的教师队伍；超拔的大学精神；充足的办学设施。这五个因素的有机组合便构成了一所好大学的要素体系。

（一）先进的办学理念是一所大学快速发展的先决条件

纵观世界上大学发展的历史，每个著名的大学在她的发展历程中均有教父级的引路人。所谓“教父级”的引路人就是拥有卓越大学理念的办学者，他或她在办学的实践中就能自觉地将心中的大学理念与实际结合起来，确立符合本校实际的办学理念和治校方略。大学校长要带领全校教师实现大学的各项使命，他理所当然地应成为全校教师教育教学理念的领导者；大学要成为“社会的光芒”和“道德良心”，大学校长自然就应成为社会的代言人。

世人心仪的哈佛大学的真正腾飞是在1869年艾略特出任校长之后。艾略特认为，大学是教师的集合体，是知识的仓库，是真理的寻求者。关于大学应干什么的问题，他主张大学既要有传授和储存知识的功能，也要有创造知识和探索真理的功能。他认为，对于任何国家来说，大学永远都是本国历史和特性的反映，大学应根植于本国或本民族的文化沃土之中，应是国家或民族利益的维护者和保障者，而不能一味地效仿他国的办学模式和教育理念。关于大学应培养什么样人的问题，他认为大学要办成一流人才的培养机构。他主张，大学教育最主要的任务是培养坚不可摧的民族精神，大学教育应当向民主化的方向发展。关于大学怎样培养人才的问题，他主张对学生要因材施教，注重智力的开发和培养，努力提高教学质量和办学效益。在这样的理念指导下，他提出了三项措施：学生享有选修科目的自由；鼓励并奖励学生独立开展学习活动；建立学生对其行为的责任制度。这些措施在哈佛大学人才培养工作中发挥了重要的作用，同时成为其他大学争相效仿的样板。艾略特通过苦心孤诣地倡导其大学理念和励精图治地从事办学实践，为美国留下的不仅仅是一所后来居上的世界一流学府，更重要的是他开创了美国大学教育改革与发展的新时代。

（二）良好的治理结构是一所大学实现其办学理念的制度基础

大学是一类以知识的传播、创造和应用与知识的交流为组织目标的特殊的社会组织。因此，大学治理结构应当符合大学的组织特征。大学的治理结构是否良好的唯一标准就是看其能否全面地调动教师的创新意识和创新欲望，让他们为增长学生的知识和智慧而劳心竭虑、为向学生传播人类的文明而身体力行；能否挖掘学生的潜能、开阔学生的视野；能否让管理人员自觉地服务于教师的教学和科研、服务于学生的学习和成长。

香港科技大学之所以能在短时间内取得显赫的成就是因为它有一整套完整的制度，怎么酬劳那些有创新成就的老师，当他们在工作中有特殊表现时该怎么嘉奖；推出一些十分特别的制度来奖励老师的创新、老师的工作，而且不受当年公务员僵硬制度的影响。在这些方面香港科技大学的制度设计是有成效的，这从他们的科研成果和所培养的学生的质量以及学校声誉中就可以看出来。《国家中长期教育改革和发展规划纲要》（2010—2020 年）提出了明确的要求，构建具有中国特色的现代大学制度是中国教育行政部门和大学今后一个时期的核心任务之一。

（三）优良的教师队伍是办好大学的关键因素

大学的使命是通过有效地传播人类文明来培育新人、有效地创新知识来丰富人类的知识宝库、有效地应用知识来直接推动经济社会的发展、有效地交流知识来促进各民族间的文化交流与融合。由谁来实现这些任务呢？教师！

香港科技大学的课程能够达到国际高水平，全靠优秀的教授。据 2006 年 1 月的统计，该校教授、副教授及助理教授共 433 名，来自全球 35 个国家或地区，各级教授全部拥有博士学位，其中有 75% 的教授来自哈佛大学、加州伯克利大学等 62 所世界一流研究型学府。学校上下皆知的座右铭是："延聘第一流的人才并使他们愉快。"这和剑桥大学桑格斯所说的"把最好的人才请来，随他们做什么事情"有异曲同工之妙。人选对了，一切就都对了。1959 年才建校的华中科技大学，之所以在"文化大革命"结束后能得到快速的发展，是因为在"文化大革命"刚结束所有右派知识分子还未平反的情况下，该校校长朱九思以其独特的眼光和超人的魄力，聚集了 600 多位学有建树的知识分子加盟该校的师资队伍。这些知识分子的加入，为当时的华中工学院以"学科建设作为龙头"的治校方略的实现提供了坚强的支撑，也为华中工学院的迅速崛起起到了关键性的作用。

（四）超拔的大学精神是一个大学拥有高尚灵魂的标志

大学之道，在形而上层面指大学精神，在操作层面指大学制度。"大学精神"是大学自身存在和发展中所形成的具有独特气质的精神形式的文明成果，它是科学精神的时代标志和具体凝聚，是整个人类社会文明的高级形式。面临知识经济时代的机遇和挑战，建设"大学精神"不仅是高等教育自身发展的需要，也是社会进步的需要。"大学精神"的本质特征就是大学要具有"高尚性"与"引领性"。因此，大学精神可概括为"科学精神、创新精神、批判精神、社会关怀精神、学术自由精神"。

"科学精神"就是追求真理、坚持真理、服从真理，坚持实践是检验真理的唯一标准。在学术研究和一切实践中，实事求是，敢于创新，运用科学的方法，坚持科学的态度，尊重客观实际，反对一切武断和迷信，这是科学精神的核心。哈佛大学的校训就是“真理”，耶鲁大学的校训是“真理和光明”，浙江大学的校训是“求是”。从它们的校训中可以看出，科学精神就是其大学精神的核心内涵。

“创新精神”是现代大学存在的价值所在，是大学在社会有机体中保证自身地位、提升自身地位的根本生命力之所在。已建校200年的柏林洪堡大学，之所以被称为现代大学之母，是因为它将科学研究作为大学的一种基本职能，坚持认为科学研究应该与教学结合起来，使科研成为一种教学模式，这样的教学模式才能让新人在成长的道路上看到知识诞生的轨迹；科研应该与学习结合起来，使科研成为一种学习方式，通过这样的学习方式成长起来的年轻人才最具有创新的意识和创新的活力。因此，“创新精神”是现代大学的原动力。

“批判精神”也是大学理性的集中体现。欧洲中世纪早期的大学，就有了自治的传统，并以传播知识和研究学问为最高理想，相对超越于社会现实。大学的批判精神首先表现为大学教师在教学和科研过程中能够以科学的态度对待传统与现实，否定非科学的内容，破除迷信与保守的意识，建立符合客观的科学知识体系。大学批判精神的另一方面是对社会现实的理性反思和价值构建。

“社会关怀精神”是大学精神社会担当的重要表现。高等教育是社会发展的必然产物，社会需要是其发展的第一推动力。在工业化、信息化的社会里，大学已经被越来越深入地卷进社会这部机器的运转之中。关注现实、服务社会成为高校的第三职能，高等教育通过科学研究直接转化为社会第一生产力——科学技术；通过人才培养，为社会提供生产力中最活跃的因素——高质量的人力资源；通过引领文化，成为提高国家文化软实力的重要阵地。

“学术自由”是大学精神的本质要素。自由是创新的土壤，没有相对自由宽松的学术环境，而谈论创新，那只能是“痴人说梦”“画饼充饥”。大学是一类特殊的社会性组织，以追求真知、修正谬误、坚持真理、捍卫理想和正义、传递高深知识为自己的使命和天职。因此，学术自由是大学实现其使命的“护身符”，是大学进行任何创新活动的先决条件。要实现大学的学术自由，首要的是培育和弘扬学术自由的精神。为此，在大学管理过程中，认识大学的组织特征是办好大学的基本前提；认识学术发展的规律是把握大学组织特征的必然结果；解放思想、解除禁锢，从而形成能自由争鸣和自由讨论的机制是发展学术的关键；大学拥有办学自主权并建立完善的学术制度是发展学术的保证。

由此可见，大学应该是社会精神的一个平衡器："当社会趋于功利时，大学倡导高尚精神；当社会趋于平庸时，大学追求卓越文化；当社会流于空谈时，大学鼓励求实创造；当社会失去规范时，大学重建民主意识；当社会失去公正时，大学力求匡扶正义。"大学不仅应当为社会重建精神价值，还应当为民众确立生命意义、为前圣继承已绝之学统、为万世开拓太平之基业。唯有这样，大学才能被称为"大海上的灯塔""社会之光芒"。

（五）充足的办学资源是办好当今大学的物质基础

良好的教学设施、先进的科研条件是办好当今大学的必要条件。资料丰富的图书馆是大学师生的乐园；设备先进的实验室是大学师生科研的平台；窗明几净的教室是教师旁征博引的舞台，是学生与教师愉快交流的家园。

为了解决学校在办学资源方面的劣势，在新班子上任后，我们与宜宾市各级领导反复沟通，提出了"宜宾学院发展需要宜宾市、宜宾市需要宜宾学院发展"的"双需要"构想，最终在四川省人民政府和宜宾市人民政府的支持下签订了"省市共建宜宾学院"协议，在该协议中宜宾市承诺将把省属的宜宾学院的发展与宜宾市的发展结合起来，在人才引进、学科专业建设及重点工程建设方面给予大力支持。

上述五个方面的要素便构成了一个大学是否是好大学的较为完整的要素体系。在这五个要素中，"良好的治理结构"是目前中国大学面临的最严峻的课题，而现在评估机构谈论得更多的是"优良的教师队伍"和"充足的办学设施"。没有"良好的治理结构"，哪能容忍具有教育家素质的校长按大学的规律办学？没有"良好的治理结构"，又哪能容忍按那些超拔的大学精神倡导办学？"没有良好的治理结构"，"优良的教师队伍"又怎么能潜心于教学和科研？一个组织的治理结构应当为实现其组织目标而设定，否则就是"南辕北辙"。目前，中国的公办大学是政府的附属机构，而大学的内部运作模式又借鉴了地方党委和政府的关系模式。大学与政府间的从属关系、大学内部的运行模式严重地制约了大学去实现自己的组织目标。有学者认为，国际竞争的核心不是资金和人才的竞争（资金和人才都是可以国际流动的），也不是技术的竞争，而是制度的竞争。这种认识对于中国的高等教育同样适用。否则，正如人们所担心的，没有建立起完善的现代大学制度，只怕国家花再多的钱，教育依然与现代化无缘、与大师无缘、与世界一流无缘。“钱学森之问”永远是问题，“温总理之痛”还会永远痛下去。

因此，高等教育的各个利益相关者应当按照国家教育规划的精神，站在实现中华民族伟大复兴的高度，用自己的良心去思考、用自己的实际行动去为“好大学”的出现而奋斗！要深刻理解“基于大学组织特征的治理结构建设”或“去行政化”的重要而深远的意义！“去行政化”的基本含义是大学应当按照高等教育的规律办学，而不是个别人所说的“去行政化”就是去掉校长的权力。建立现代大学制度是“去行政化”的基础。如果这些都做到了，我们就能建立起“基于大学组织特征的治理结构”，在这样的制度环境中，先进的办学理念就能够有生根的土壤；优良的教师队伍就能为增长学生知识而旁征博引、为传播人类的文明而身体力行；超拔的大学精神就能得到充分的张扬；充足的办学设施就会发挥出巨大的效力；一所又一所的好大学就会不断涌现，大师云集、创新型人才不断涌现的局面就会到来！

第二节　确立学生中心、教师主体的基本观念*

高校是一类特殊的社会组织，仅就学术属性而言，就有人才培养、科学研究、服务社会、文化传承创新和国际合作交流五大方面；如从组成成员来看，也有学术人员、行政人员、后勤人员和在校学生四个类别。由于高校功能的多元性、组织结构的复杂性以及组成人员的多样性，因此其利益诉求多样而复杂。面对多种多样的利益诉求、面对纷繁复杂的观念交融，确立什么样的组织目标进而确立什么样的观念十分重要。从全球高等教育发展的规律来看，“育人为本、学术自由、社会担当”是大学应具有的核心目标。但从中国高等教育发展的曲折历程来看，对“大学是什么、大学干什么、大学怎么干”等基本问题尚需进一步理清，对高校发展究竟“为了谁”和“依靠谁”等关键问题也需进一步加以准确把握。在高校广

---

* 本节主要内容曾发表于《中国高等教育》2013 年第 20 期，题为“践行群众路线确立学生中心教师主体观念”。

大干部特别是党员领导干部的心中真正地树立起“以学生为中心、以教师为主体”的思想观念，不仅是高等教育发展规律的必然选择，也是努力办好人民满意的高等教育的价值追求，更是在高校开展党的群众路线教育实践活动的出发点和落脚点。

一　在高校开展党的群众路线教育实践活动就是要建立起一支能真正服务于师生的高素质的干部队伍

实现中华民族的伟大复兴是一项光荣而艰巨的事业，需要一代又一代中国人为之努力。要实现中华民族真正的伟大复兴，还有十分艰难的路要走，还有十分重大的难题需要攻克，既需要我们在“经济建设、社会建设、政治建设、文化建设以及生态文明建设”“五位一体”建设中取得实质性的进步，更需要我们在实施创新型国家战略和人力资源强国战略中取得关键性的成功。

无论是逻辑还是全世界大国振兴的历史经验均已表明，建设高等教育强国是建设创新型国家和人力资源强国的基础和前提。能否建成高等教育强国既与领导高等教育改革与发展的党和国家的各级干部有关，更与各个高等学校内部的广大干部特别是党员干部的素质密切相连。毛泽东同志早就说过，政治路线确定后干部就是决定性的因素。“空谈误国，实干兴邦。”没有无数党性强、作风硬、能力强、品行端的高校党员干部的先锋作用、示范作用、表率作用，我们的师生将既无前进的方向，更无前行的力量。建设一支什么样的高校党员干部队伍，将在一定意义上决定我们能否建成高等教育强国，能否办好人民满意的高等教育。正因为如此，中央将党的群众路线教育实践活动与实现伟大中国梦的动员活动同步开展，将高校党的群众路线教育实践活动与全党的群众路线教育实践活动同时进行，可谓意义深远、目光远大。

在高校开展党的群众路线教育实践活动中，首先应该让广大干部特别是处级以上的管理干部真正地认知大学，全面认知大学的组织特征，从而对“大学是什么、大学干什么、大学怎么干”这些常识性的问题有一个十分理性和清醒的认识。大学是由专家学者和青年学生组成的以传播知识、应用知识和创新知识为目的的特殊的社会组织，为了更好地传播知识、应用知识和创新知识，大学才产生了行政管理职能。由此可见，高校的行政管理是手段而不是目的，行政管理的绩效应该体现在教师更加卓有成效的教学和研究上、学生更加卓有成效的学习和成长上。

我们知道，大学既是具有共同历史根源却又深植于各国文化和环境的国际性组织。中国的大学根植于中华文化，对世界文化也具有包容性，但更多地秉承了我们的文化传统，传统的官本位文化在我们的大学里可谓根深蒂固。在大学中，党委书记、校长以及各位副职领导是上级任命的官员，被称为校级领导干部；职能部门的处长、主任，二级学院的院长、书记是学校任命的处级干部，成为学校的中层干部；各个二级单位还有若干名科级干部，有的学校的科级干部是由各二级单位任命的，有的还是由学校任命的，这三个层面的官员构成了大学的管理层。当然，由于大学的特殊性，不少管理层的人员起初都是来源于普通教师阶层，甚至在当了领导后还承担着一些教学和研究工作，但总体来说，他们的主要工作是管理。因此，在中国普通公办高校中，人民群众就是指广大普通的教职工和青年学生。

在高校开展群众路线教育实践活动的目的，就是要使高校管理层的同志特别是处级以上的党员领导同志能够对照党的宗旨和要求，认真地找一找自己在管理工作和日常生活中，哪些属于形式主义、哪些属于官僚主义、哪些属于享乐主义、哪些属于奢靡之风。对管理者中所具有的与这“四风”相关联的作风或不良习气，高校里的广大师生是深恶痛绝的。为了能够准确地找出这些问题，必须认真学习，学习的目的是提高认识，提高认识的目的是转变观念。只有将我们的观念转到中央的要求上来，转到广大师生的期盼上来，我们才能发现问题究竟出在哪里。存在的问题找准了，紧接着就要着力解决所存在的问题，消除我们在管理工作和日常生活中与“四风”相关的各种行为，使广大教职工满意、使广大学生受益。说到底，高校群众路线教育实践活动的最终目的，就是要使高校的干部特别是党员领导干部，真正确立并践行“为学生成功奠定基础”的理念，真正确立并落实“教师是学校改革与发展的主体”的观念。

二　在高校真正确立并切实践行“为学生成功奠定基础”的办学理念是办好人民满意的高等教育的基本要求

一个人一生中最宝贵的时间莫过于大学时期，因为在这个阶段，人的精力最为充沛、求知欲最为旺盛，是人生观、价值观和世界观形成的关键时期。对学生家长而言，他们对这个时期孩子的成长寄予了太多的期望，因为子女的成人成才关乎家庭的未来；对学生本人而言，他们对大学时光寄托了太多的梦幻和憧憬，因为这关乎其终生幸福；对社会而言，大学生如何健康成长关乎着未来民众的素质和社会未来的发展。因此，作为培养人才的高等学校，“为学生成功奠定基础”既是其义不容辞的责任，更是办好人民满意的高等教育的基本要求。

从理性上说，大学必须确立“为学生成功奠定基础”即“育人为本”的理念。如同没有执教者就无所谓大学的存在一样，失去了求学者，大学不仅失去了需要教师的理由，就连大学存在的理由也不再成立。因此，大学不仅通过培养和输送学者与社会频繁互动，更通过培养和输送高质量的学生赢得社会的认可与声誉。人类社会的可持续发展是以一代比一代更智慧更具担当心的人的彼此接替为前提的，所以任凭人类社会如何发展变化，可以断言，育人是大学唯一不会变也不能变的最基本的组织功能和重要的社会职能。我们耳熟能详的任何一所名校无不把育人作为自己的一致性所在和自己的特征不变量，同时也为自己培养的一批又一批的杰出学生而自豪。

从高校办学经费来源视角上看，更应该确立“为学生成功奠定基础”即“育人为本”的理念。当今，中国公立大学教职工收入的20%来源于学生家长支付的学费，政府按生均拨款方式给予大学的经费一部分被用于办学和事业发展，另一部分则被用于支付教师剩下的那80%的工资。从这个角度来讲，学生就真正成为高校的“衣食父母”，我们还有什么理由不把学生的成长需要、学生的发展需要作为我们管理工作的动力源泉呢？当我们看到新生入学报到时排着长队仅仅是为了让高校校医院的医生在其报道表上勾一勾双眼的视力而连看都不被看一眼的时候；当新生报到的头一天校园内被各式各样的商业广告所填满、学生被各式各样的消费体验搞得眼花缭乱的时候；当新生及其家长刚一下车就被推销手机卡的工作人员团团围住的时候；当学生到大学学习一段时间后想转到自己喜欢的专业，学生及其家长却要付出如此多的周折的时候，我们试问：这是一所以学生的发展为己任的大学吗？

为此，高校必须依法办学，切实维护广大学生的权益。那学生究竟应该有哪些权益呢？学生有推选校学生会主席的权利；学生会主席或其他学生代表有在校务委员会上代表学生发表意见或阐述观点的权利；学生有根据自己的爱好与兴趣向学校提出转换专业的权利；学生有根据自己的状况在规定的年限内向学校提出休学和复学的权利；学生有对教师的授课水平和道德品质做出评价的权利；学生有对上课不认真或学术水平不够的教师及时向学校提出更换教师的权利；学生有选择学习这些课程而不学习那些课程的权利；学生有享受学校的各类与自己的专业密切相关的教学资源的权利；学生有根据自己的特长参与学校组织的各类社团并积极开展活动的权利；学生有对学校后勤服务工作提出批评和建议的权利；学生有当自己受到不公正的待遇或不公正的评判时向学校提出申诉的权利；学生有为了学校更好地发展向校方提出建设性意见或合理化建议的权利，等等。为了更好地确保学生的权利得到实现，需要建立切实可行的制度。例如，校务委员会、教学工作委员会、教师事务委员会等议事机构均应有一定比例的学生代表；在教学管理上应实行严格意义上的“学分制”，充分挖掘学生的潜能；在课程体系上实施真正意义上的“专业核心课程制度”，留给学生更大的选择空间，使“学生中心”的教育理念得以真正地落实。总之，通过课程体系的构建和成才环境的优化，让学生的潜能发挥出来、个性得到张扬，为学生将来更有成效的生活奠定坚实的基础，这是大学应该确立的基本教育理念。

为学生直接提供服务的是教师和广大后勤服务人员，教师就应该本着教书育人的理念既为学生智慧的增长提供高水平的课程，又要按照学校的制度严格地要求学生，同时对学生的学业做出公正的评价。后勤服务人员就应该本着服务育人的理念为学生提供优质的生活服务，让学生能潜心学习；学校职能部门特别是学生处、团委就应按照学校的管理制度切实维护学生的合法权益。当学生的权益受到侵害的时候，学生能够找到说理和倾诉的地方；校级领导就是要通过制度的完善确保学生的权益受到保护，这是使学生能够有尊严地在大学学习和生活的重要保障。

三　在高校真正确立并切实践行“教师是学校改革与发展的主体”的观念是办好人民满意的高等教育的基本保证

无论是哪个时代哪个国家，大学均是师生的社团，是有经验的长者与求知欲旺盛的青年人在一起激荡智慧、触摸灵魂、探索真知的地方。在中世纪大学诞生的那天，大学就是教授和学生的联合体，教师就是一切。随着大学的发展，大学的功能不断丰富，从以人才培养功能为主的古典大学模式，到教学与科研紧密相结合的以柏林洪堡大学为代表的现代大学模式，再到“教学、科研、社会服务”三维一体的以美国大学为标志的当代大学模式，是谁丰富了大学的功能？是教师！依靠谁去实现这些功能？还是教师！就人才培养这个功能的实现而言，学生的人文精神与科学精神由谁来塑造？是教师！学生的创新意识、创新能力，由谁来培养？是教师！学生的社会责任感、公民的道德情操，由谁来影响？主要还是教师！就服务社会功能而言，由谁来为各级政府提供决策咨询、为各类企业解决发展难题、为高校所在地的市民提供再学习的机会？还是教师！

在高校教职工这个群体中，教师是实现学校事业发展的主力军，是学校改革的主体。我们必须充分依靠教师、信任教师、全心全意地服务教师。建立科学有效的激励机制，让他们在人才培养过程中为传播人类的先进文明而竭尽所能；在知识创造的过程中，为丰富人类的知识宝库而身体力行；在服务社会的过程中，为大学成为各级政府的思想库而勇于担当，为解决企业的发展难题而殚精竭虑，为给所在地的市民提供再学习的机会而不辞辛劳。

为此，高校要建立科学的制度来激励教师从事教学和研究的积极性，必须依法办学，保障教师的合法权益。那么教师应该有哪些权利呢？教师有通过自己的劳动获得工资福利的权利；教师有自由地从事学术研究的权利；教师有在自己的学科专业范围内向学生传授知识的权利；教师有为保障教学科研任务的完成而要求学校提供必要的条件的权利；教师有要求学校对自己的教学和科研成果做出认定和评价的权利以及要求获得必要的奖励的权利；教师有对授课学生的学业情况通过考核做出评价的权利；教师有对学校或本单位的发展提出建议和批评的权利；教师有对自己受到不公正待遇提出申诉的权利；教师有参加学校组织的各类群众性活动的权利；教师有参加校内外各类学术组织的权利；教师有选举本单位负责人或选举教师代表进入学校更高层议事机构的权利，等等。

为了保证教师上述权利的实现，就必须建立相应的管理制度。例如，学校校务委员会应有普通教师代表；高校学术委员会成员应有30%左右的普通教授代表；各二级学院学术委员会成员应有50%的普通教授代表；学校教师事务工作委员会应有30%的普通教师代表。通过上述硬性的制度安排，就能使教师的意见及时地受到关注，就会使学校制定的各项制度发挥出教师的作用、体现教师的利益、保护教师的权益。高校还应制定可持续的系统的科研活动与科研成果奖励政策、教学活动与教学成果奖励政策，使得那些潜心教学和科研的教师受到应有的奖励，使得为学校教学和科研做出突出贡献的教师成为学校当然的主角。只有这样，才能真正确立起教学和科研工作的主体地位，从而真正确立起教师在高校中的主体地位。

为教师直接提供服务的是二级学院和教辅单位的管理干部及其相关工作人员，这一层面的管理者就应该严格按照学校的制度为教师提供优质的服务；学校职能部门特别是人事处、教务处、科研处就要在政策范围内成为教师合法权益的维护者，当教师的权益受到侵害的时候，他们能有一个说理的地方；校级领导就要通过政策的完善确保教师的权益能够得到充分的实现。这是教师能有尊严地在大学工作和生活的重要保障。

总之，在高校管理中，确立学生的中心地位和教师的主体地位观念，不是恻隐之心，而是办人民满意的高等教育必须履行的政治责任；真正确立并切实践行“为学生成功奠定基础”的理念，不是策略安排，而是高校存在和发展的必然的价值取向；真正确立并切实践行“教师是学校改革与发展的主体”的理念，不是权宜之计，而是高等学校自身改革与发展的根本要求。作为高校的管理者，既要对中国高校的发展路径有一个清晰的了解，也要对中国高校深受社会现实文化的侵染有一个清醒的认识，更要用优秀的大学文化来引领、用先进的办学理念来指导，建立起符合大学本质特征的大学制度，为早日建成高等教育强国，使中国高等教育在世界高等教育体系中获得大国的地位和尊严，贡献出自己全部的智慧和汗水。

第七章

大学治理的权力关涉

大学是复杂的社会组织，其复杂性体现在如下方面：人员的复杂——有学生、教师、管理人员、后勤人员；职能的复杂——涉及人才培养、科学研究、社会服务、文化传承创新、国际交流与合作；机构的复杂——有研究机构、教学机构、党务管理机构、行政管理机构、教学辅助机构等；利益诉求的复杂——包括学生的诉求、教师的诉求、管理人员的诉求、后勤人员的诉求、校友的诉求，等等。因此要实现大学内部的善治，就必须理顺大学内部的各类关系。在本章中，作者收集了自己早期发表的两篇文章，指出在内部治理中处理好十大关系十分重要。在这十大关系中，如何处理好学术权力与行政管理的关系是重中之重，这是第二节将重点讨论的内容。

第一节　地方高校内部治理中必须处理好的十大关系*

如果把高校的校舍和师资队伍比喻成计算机的硬件，那么高校内部的治理结构就如同计算机的操作系统。硬件条件相同的高校由于所运行的治理结构不同，因此其发展状况差异极大，就如石墨和金刚石虽然均为碳元素，因其结构不同，其功能则迥异。正因如此，以高校治理结构为核心内

---

* 本节主要内容曾发表于《中国高等教育》2013年第9期，题为“地方高校内部治理中必须处理好的十大关系”。该文的一些观点基于当时环境而提出，少数观点也许与目前的要求有差异，故请读者批判性地吸收。

容的大学章程建设成为领导高度重视、社会广泛关注、高校普遍认可的大事，并将其作为实现办人民满意的高等教育的前提和基础。因此，地方高校的党委书记和校长在章程制定以及按章程治理学校的实际运作中，都必须有效、科学地平衡学校内部治理中的十大关系，而如何准确地落实高校党委的职责和校长的职权又是处理好其他关系的关键。

一　高校党委的职责与校长职权间的关系

习近平同志在到北京大学、清华大学和中国人民大学调研时指出，党委领导下的校长负责制必须长期坚持并不断加以完善，既发挥党委总揽全局、协调各方的领导核心作用，又坚持和保证校长按照高等教育法的规定，积极主动、独立负责地开展工作。这将成为中国普通公办高校在学校章程建设和高校治理中必须长期坚持的指导思想。

如何全面理解党委领导和校长负责之间的关系，是中国高校长期以来面临的问题，就地方高校的现状而言，需要我们继续提高认识。党委是一个集体，党委的决定是集体的决定，决策方式是少数服从多数甚至票决制。党委的职责是保证学校沿着党和国家的要求办学。正因如此，关于重要机构设置、重要人事任免、重大事项决定、大额经费使用的方案尽管许多是由校长提出的，但要通过党委这个集体进行研究和决策，用集体的智慧来弥补校长个人智慧的不足。校长的职权是带领行政班子去实现党委所确立的目标、完成党委所决策的重大事项。值得强调的是，第一，党委集体领导对校长来说应该是一个再好不过的制度了，因为校长个人不会承担重大事项决策的责任，校长理应积极主动地将“三重一大”事项提交党委常委会研究。第二，党委领导下的校长负责制能使党委书记处于相对超脱的位置，能更好地将宏观意识、发展意识与权力意识有机地统一起来。第三，《中华人民共和国高等教育法》赋予校长的各项职权，校长应将其理解为是赋予以校长为首的整个行政班子的。校长在办公会上应充分听取班子成员的意见。如果校长大权独揽，往往调动不了副校长的积极性，必然会使自己处于被动局面。因此，校长不仅要有责任心，而且要有民主意识和民主的工作作风。

在高校内部治理中，干部任免和内部机构设置的程序问题常常是党委书记和校长发生矛盾的根源。这需要党委书记和校长按照《中华人民共和国高等教育法》和《普通高等学校基层组织条例》的精神给予科学的处理。关于干部任免问题，高等教育法对党委的规定是："研究决定内部组织机构负责人人选"，对校长的规定是："推荐副校长""任免内部组织机构负责人"。由此可见，干部的推荐权属于校长，至于校长推荐的干部能否被使用，需经党委研究决定，党委研究决定后的任免权属于校长。根据干部管理权限，高校党委研究决定处级干部。关于科级干部的任免，在实践中有两种模式。第一种模式，科级干部的任用由校内处级机构的负责人或所在单位民主推荐，学校的工作机构是人事处，研究决定的会议是校长办公会（此事项实行票决制）。这样做的理由是：每个部门对自己二级机构的负责人应有推荐权；组织部管理处级干部的任务已经很重，不宜再管理科级干部；学校重要的会议只有四种形式：党委全委会、党委常委会、校长办公会和教职工代表大会，按干部研究权限的规定，科级干部的研究决定权自然应在学校办公会，地方高校的校长本身就兼任党委副书记。第二种模式，科级干部与处级干部管理方式完全一样。我们赞同第一种模式，因为第二种模式既不符合高等教育法的精神，也不符合干部管理权限的规定，而且这种模式因管理幅度太宽，往往只注重任命而忽视了培养和教育。关于内部机构设置，高等教育法规定，由党委"讨论决定内部组织机构"，规定校长"拟定内部组织机构的设置方案"。校长往往会认为：与干部管理权限相连，内部组织机构限指学校处级中层机构，因而其他机构的设置就是校长的职权，校长通过办公会完成即可；而党委书记往往会认为：内部机构指所有的机构，任何机构的设置均要通过党委会的研究决定。事实上，从分权治理的角度来看，科级机构和其他无行政级别的校内机构由校长办公会研究决定，有利于保证校长依法治校理政职权的落实。

二　学术权力与行政权力间的关系

高校行政权力既包括以校长为首的行政班子的权力，也包括党委的权力。高校要健康快速发展需要行政权力，这正如战争太重要了，不能全由将军说了算一样。学术权力是学者从事教学和从事研究的权力以及对教学和研究评价的权力。行政权力是为学术权力服务的，这是由大学的组织目标所决定的。行政权力的绩效是要体现在教师更有成效的教学和科研上、学生更有成效的学习和成长上的。如何实现上述理念呢？充分发挥高校学术委员会的作用是有效途径。学术委员会可下设学位评定委员会和教师职务评审委员会，要通过三个委员会来体现学术权力在学校学术管理事务中的地位和作用，最核心的问题是这三个委员会的人员构成。校学术委员会主任原则上应由一位“懂学术、负责任、重人才、没私心、有魄力”的学者担任，其成员应当是各个学科学术地位较高、人品好的学者。学位评定委员会主席依法应由校长担任，委员由各学科学位评定分委员会主席担任。教师职务评定委员会主任应由学术委员会主任或校长担任，成员应在各学科职称评审委员会的委员中任选一位担任，每年应有变化。

为了更好地处理学术权力与行政权力间的关系，从事党务管理和行政管理岗位的人员应走职员制的通道，不参与和一线教师的职称竞争，不与一线教师竞争学术资源。为此，学校在制度设计中要打通职员晋升通道，使得从事党务管理和行政管理的人员也有事业发展的空间。

三　学院院长的职权、党总支的职责、教授会的作用三者之间的关系①

过去在二级学院的管理体制中，往往会出现两种模式：一种是“院长负责制”，这种情况大多出现在较高层级的高校中；另一种是模仿学校的领导体制，形成“党总支领导下的院长负责制”格局，这种情况大多出现在党委书记从地方转任到高校的少数新建院校中。新颁布的《中国共产党普通高等学校基层党组织工作条例》明确指出，二级学院的管理实行“党政联席会议”制度，使长期困惑高校二级学院的问题得以解决。二级学院的重大事项的处理是通过党政联席会研究决定的。重大事项主要指师资队伍建设规划、专业设置方案、师生奖励政策的制定、大额经费的使用以及本单位干部队伍建设和培养等。凡属行政工作的议题，党政联席会由院长主持，凡属党务工作的议题，党政联席会由总支书记主持。

二级学院的院长要对人才培养的质量、科学研究的水平、服务地方的能力负总责。二级学院的党总支对学院的运行起着监督保证作用，保证学校的各项方针政策能在本单位得到贯彻和落实，对师生的思想政治工作负主要责任。

---

① 目前二级学院的党组织基本上改为了党委。

二级学院作为高校的基层学术组织，更要充分发挥教授委员会的作用，使那些学术造诣深、深受师生拥戴的教授在学院学术事务和重大的行政事务中拥有充分的话语权。二级学院党政联席会就学院重大问题讨论形成成熟方案后，还需提交教授委员会通过。当党政联席会的方案得不到教授委员会认可的时候，院长应采用辩论的方法与教授委员会成员进行交流。只有这样，学术权力在基层学术组织中才能够得到充分的尊重，才能形成“一切创新的愿望能得到尊重、创新的活动能得到支持、创新的成果能得到奖励、创新的源泉能汹涌奔流”的局面。在这一局面的形成中，院长要起到主导作用，党总支要起到监督保障作用。

教授委员会由5—7位德高望重的教授组成（新建院校的二级学院如果教授少也可让部分具有博士学位的副教授参加），其成员由全体教职工选举产生，任期3年，通过选举可连任一届。为了实现二级学院利益相关者间的制衡，二级学院党政班子的年度考核由教授委员会负责，全体教职工的年度考核由党政班子负责，而教授委员会的考核则由全体教职工完成。

四 高校职能部门负责人与二级学院负责人之间的关系

学校的职能部门是代表学校履行校党委的职责和校长的职权，其职责主要体现在以下六个方面：设定目标、监督考核、研究政策、对外联络、宏观调控、公共服务。

在高校，二级学院是学校的办学主体，它们的工作业绩直接表现为学校在人才培养、科学研究、社会服务和文化传承创新等诸多功能上的影响力。学校职能部门制定的各项政策均是直接服务于二级学院及其附属研究机构的。如果学校政策导向不正确，职能部门的负责人将会以一个管理者甚至领导者的身份出现在二级单位面前，这样往往会伤害二级学院及其研究机构管理者的积极性，也会让二级学院及其研究机构负责人纷纷涌向机关，犹如大家都想做粮站的管理人员而不想成为粮食的生产者一样。一个好的高校应将人们的注意力引向创造而不是引向分配。

为此，学校必须充分调动二级学院管理者的积极性，为他们实现做教育家的梦想搭建平台。只有二级学院负责人做教育家梦想的潜能充分发挥出来，他们才能成为所在二级学院（含所附研究机构）教师们的真正带头人。学校制定什么样的激励机制，才能使二级学院负责人充分发挥自己的积极性和创造性呢？一是对二级学院（含研究机构）的业绩建立科学的评价机制，使得他们的贡献能够得到学校和全校教职工的认可；二是要对他们在管理上的潜心付出给予适当的弥补，例如建立每三年一学期的学术假制度；三是提供较为优厚的福利待遇，其业绩绩效标准要比机关处长高。

五　教学科研人员与行政管理人员之间的关系

科研人员与行政人员在大学里的分工不同，所担当的责任和使命不同，所以对其要求不同，所享受的待遇自然也不同。学校在制定制度安排时，要做到“各进其道、各履其职、各享其薪”。

如何调动一线工作的教师的积极性，使他们能潜心于教育教学、科学研究，使那些为学校发展做出贡献的一线教学科研人员成为学校当然的主角，是学校治理的重中之重。由于他们所承担工作的专业性甚至不可替代性，他们应该享受较为优厚的福利待遇。一个学校办学水平的高低直接由其教学科研人员队伍的水平来决定，他们的水平又受其享受的福利待遇的影响：学校给教师的福利待遇越高，就越能引进更高水平的教师，也能留住更多高水平的教师，学校的教学科研实力就会越强。学校的行政人员是直接为教学科研服务的，他们服务的质量和水平也将直接影响教学科研的绩效。因此，充分发挥行政人员的积极性，也是学校治理中必须重视的一项任务。后勤人员大多是学校聘任的员工，处在服务师生的最前线，他们的工作态度、服务质量在一定程度上反映了一个学校的行政管理水平。

如果学校的政策不科学，导向不正确，将导致相当多数量的优秀教师千方百计地想挤进职能部门工作，认为职能部门工作人员既能“旱涝保收”，用业余时间做研究；又能掌握诸多的有利资源。而二级学院和科研单位的待遇是与绩效挂钩的，需要努力才可能有收获，况且一线的教师所掌握的外部、内部学术资源也极其有限。反之，如果政策太偏向教学科研，将导致大量高素质的行政人员离开管理岗位，使得学校管理队伍人员的素质下降，学校职能部门在履行职责时就可能出现低效率、低水平。制定什么样的激励机制，既能调动二级学院和研究机构等一线教师的积极性，又能保持职能部门工作人员的积极性不被削弱，就是学校党委书记和校长的重要职责。一方面，使人各尽其才、各显其能是一条最为重要的原则；另一方面，使职能部门工作人员与一线教师在待遇上保持一个适当的比例关系也是十分重要的。例如，保持相同当量系数的行政管理人员的待遇是教学一线教师85%左右的比例，在运行中能起到有效的平衡作用。

六　教职工利益与学生利益之间的关系

大学的声誉既来源于其教师在各个舞台上的杰出展示，更来源于其一批批富有成就的校友。因此，作为大学来说，一方面要为教职工的发展搭建平台，保障教职工的切身利益；另一方面，要为学生更好的成长创造条件，确保学生的利益不受损失。教职工的利益是自身能得到发展和享受好的福利待遇；学生的利益是享受很好的学习资源、很好的生活条件。这两者之间既是矛盾的，更是统一的。之所以说是矛盾的，是因为一个高校每年的总经费是一定的，为了实现学生的利益，花在学生身上的经费多，在一定程度上就会影响教职工的福利待遇；为了实现教师的利益，花费在教职工身上的福利待遇多，那么花在学生身上的自然就会减少。

学校各项政策的制定，就是要实现两者的统一，把经费体现在提高质量上。比如，如果把更多的经费用在教学上，在一线从事教学的教师收入就会增加，教师上好课的积极性也就会提高。在此基础上，若学校再加大对教学质量的监控力度，教学效果就会更好，学生就能享受到高质量的课程，从而学生的利益也就得到了根本性的保障。再如，如果学校花更多的经费在引进高水平的师资上，学校的综合声誉就会逐渐提高，在校学生和毕业校友就会直接或间接受益，因而学生的利益就会得到更高程度的实现。

七　教学工作与科研工作之间的关系

教学工作是高校实现人才培养功能的重要途径，通过教学这一主要形式来传授知识和传播人类文明，从而培养新人。所以，许多大学校长把“教学视为大学教师的第一学术”，没有教学工作，这样的组织就不能称其为大学。科研工作是大学教师对学科未知领域的探索，高水平的教学只有在浓郁的研究环境中才能产生。什么样的大学是高水平的呢？当科研成为教师的一种教学模式、科研成为学生的一种学习方式的时候，这样的大学一定就是一所高水平的大学。因为在这样的大学里培养的人，他们不仅能获知学科的前沿知识，还能清晰地看到新知识诞生的轨迹，使他们的成长与新知识的诞生同步。从另一个视角来说，大学是科技革命的动力站，是社会进步的轴心组织。大学通过其教师的科研成果直接推动经济社会发展，这既是大学的使命，更是大学获得现代社会广泛认同的重要前提。因此，人才培养和科学研究对大学而言，犹如车之两轮、鸟之两翼，教学工作和科研工作都是一个教师的基本职责。但不同的教师在教学和科研上的能力是不同的，作为教师，他们在教学和科研上所能分配的时间又是矛盾的。

在较高层级的高校里，由于教师承担了众多的科研项目，加之科研与自己的经济收入、职称评审、行业影响力密切相关，因此教师“重科研轻教学”的倾向难以避免。相反，在大多数地方院校特别是新建院校中，其教师难以承担更多的高水平的科研项目，加之科研不是付出了就一定能获得收益的，所以许多教师不会将很多精力放在科研上，甚至出现轻视科研的倾向，这在民办院校尤其突出。

如何使得两者统一起来就是高校校长的重要职责。无论是在“重科研轻教学”的较高层级的高校里，还是在“轻科研重教学”的地方院校或新建院校里，教师的岗位均可设置为三类：教学岗、科研岗、教学科研岗。对每一类岗位都应明确其职责，并将责权利统一起来，使每一位教师都根据自己的特长和岗位职责选择岗位。在轻教学的大学里，对专职科研岗可以设置更高的入门条件；在轻科研的院校里，对专职科研岗的条件可以设置得较低些。由于大学的基本职责所在，无论哪类高校，选专职科研岗的教师均应该给本科生做学术讲座、指导毕业论文，让其研究成果或前沿的发展概况能够惠及全校或者本学科的本科生。还需特别指出的是，潜心研究教学方法、探索人才培养规律本身就是科研工作。对高校而言，高等教育理论与实践的研究，更是引领高校快速健康发展的最佳策略。

八 党务干部与行政干部之间的关系

在中国高校的干部队伍中既有党务干部，也有行政干部。对于地方高校特别是新建的地方高校而言，大多数人愿意做党委系统的干部，一来没有太多的硬性任务要完成，二来地位相对而言较高。出现这种倾向的原因是：这些高校特别是处于地市州的高校，其学校组织关系隶属于地方党委，而在地方上，党委系统的干部与行政系统的干部，在管理上是有区别的，往往是先做行政的领导，后再转到党委系统担任同级别的领导职务，这是被作为升职对待的。在老牌的本科院校特别是一些高水平的大学，干部往往不愿意待在党务系统，因为在行政系统工作往往能直接与自己的专业联系起来，同时许多工作能够直接见到成效、体现出业绩。

对此，高校党委和校长要在制度安排上做到一视同仁，老牌本科院校——特别是一些高层级高校的校长——对党务系统的干部要给予真切的关怀，设立校内的党建研究专项，支持他们逐渐变成一个学者型的党务工作者。校长在做经费预算时，还应按教职工党员数，给足基层党组织工作经费。党务工作做好了，也能给行政工作增添活力。同时，高校的党务工作必须围绕学校的中心工作来开展，切忌搞一些师生不喜欢又不能体现大学本质和特征的形式主义。党委书记和校长应该高度重视高校的思想政治工作，要在针对性、有效性和科学性上着力。地方院校特别是新建院校的党委书记和校长，在激励机制上也要坚守大学的组织特征，不要一味地模仿地方党委的管理模式，应将人们的注意力更多地引向创造而不是权力分配。

九　学校的长远目标与中短期任务之间的关系

大学是一类基业常青的社会组织，任何一个大学必然会涉及长远目标、中期目标和短期目标。长远目标就是一个大学的使命、就是一个大学的愿景，应该在大学的办学理念上鲜明地体现出来。中期目标和短期目标要符合学校的愿景、符合学校所确立的办学理念。但由于中国高校的书记、校长均实行任期制，而科学合理地评价高校党委书记和校长的业绩方案还没有建立起来，加之高校主要领导离教育家的要求还有不小的差距，他们往往受整个社会环境的影响，不太注重学校的长远规划和可持续发展战略。

笔者在马里兰州大学系统的 College Park 校区作研修时，其校长 Wallace D. Loh 在谈到大学校长的使命时指出："校长的职责是带领全校的教师走向这个大学 15 年后应该在的地方，但是现在有许多教师不愿意跟你走，你的任务就是用辩论的方法，使得愿意跟你走的人越来越多。" 在全社会实现“中国梦”的今天，大学作为人类社会的精神家园，更应该有自己的梦想，大学的党委书记和校长更应该是全校师生及所在地区社会公众梦想的播种机、宣传员。

十　改革、发展和稳定三者之间的关系

改革、发展和稳定三者之间相互依存、互为条件。第一，发展是目的，是硬道理。任何一所大学的发展均要在增强学科实力、提高人才培养质量、实现社会服务功能等方面着力，从而提升综合声誉。第二，改革是动力。改革是学校事业发展和教师发展的强大动力，是学校管理制度的自我完善。改革还应为高校的长远发展和可持续发展打下坚实的基础。第三，稳定是前提。无论是改革还是发展都需要有一个相对稳定的校园环境、稳定的政治和社会环境。唯有如此，教师才能全身心地投入教学和科研之中，行政人员才能全身心地投入管理工作之中。改革是为了发展，稳定也是为了发展。高等教育法第四十一条第一款规定，高等学校校长的主要任务之一是拟订学校发展规划，并要制定具体规章制度去保障规划的实现，同时还要通过制定年度工作计划去分解发展规划，并带领全校教职工去落实发展规划。由此可见，发展成为校长的核心使命。目前，中国高等教育迎来了一个前所未有的安全稳定期，在这个时期，高校如何深化改革、加快发展，为建设创新型国家和人力资源强国做出积极的贡献，已成为高校党委书记和校长的重要使命。在高校的现实管理中，校长将发展与改革看得更重要一些，党委书记将稳定看得更重要一些。一个成熟的高校主要领导应是一手抓稳定，一手抓改革和发展，并且两手都要硬。

“良好的治理结构”是一所大学成为好大学的五大要素之一，处理好上述十个关系，是构建良好的治理结构的基础。为此，高校的党委书记、校长以及全体管理者，需要对“办什么样的学校、培养什么样的人”有一个清醒的认识，从而对高等教育的理念如何更新、高校内部治理结构如何改革、人才培养模式如何创新等有属于自己的符合高等教育规律的科学把握，进而对高等教育在实现中国梦的伟大历史进程中应担负的使命和责任有自己的担当。

第二节 如何科学地运行学术权力与行政权力*

学术权力与行政权力是大学权力结构中两个不可分割的组成部分，二者既相互区别又相互联系，应保持一定的张力。上一节对十大关系中的第二大关系予以初步论述，鉴于此关系是十大关系的核心，本节再予以专门系统的论述。

高校组织绩效低下已经引起社会各阶层的广泛关注，主要表现在人才培养模式不适应创新型人才的培养，不适应经济社会发展的需要方面。其原因有诸多方面，就宏观方面而言，有高等教育理念、高等教育管理体制上的问题；就高校内部而言，存在着治理结构上的问题。在内部治理结构中，高校的学术权力与行政权力之间的问题已引起广泛的关注。在已有研究中，对于“如何处理高校学术与行政权力关系”，中国学者主要围绕学术与行政权力关系的内涵、现实问题、原因、建设路径等方面展开探讨。①目前，一般认为高校的学术权力与行政权力是辩证统一的，高校学术权力与行政权力相互独立，同时又相互关联；在现实中，中国高校仍存在行政权力泛化、学术权力弱化现象，常常导致大学行政机构臃肿，大学价值错位以及官本位；从管理和文化的角度分析，有学者认为中国长期的国家统一计划管理是导致行政权力泛化和学术权力弱化的外部原因，而高校内部权力集中在学校层面，弱化了基层院系以学术权力为主的权利；也有学者认为行政权力泛化和学术权力弱化与中国社会根深蒂固的官本位文化有极大的关系，在高校里，资源向行政倾斜，大家都想“学而优则仕”。但是，中国学者对应该“如何理解地方高校的学术与行政权力关系”“地方高校如何客观分析目前存在的权力结构失调问题”“如何科学地建构地方高校的权力运行模式”等缺乏有针对性的研究。因此，笔者将从地方高校学术与行政权力关系的现实表征、原因与解决办法等方面深入探讨“地方高校如何科学运行学术与行政权力”，以期促进地方高校内部管理良性运行与

---

* 本节主要内容发表于《中国高教研究》2012 年第 12 期，题为“地方高校如何科学地运行学术权力与行政权力”。“行政权力”指广义的行政权力而非仅指学校行政所拥有的权力。

① 刘尧：《大学内部学术权力与行政权力的演变》，《现代教育科学》2006 年第 6 期；章晓莉：《高校行政权力与学术权力研究综述》，《学术交流》2006 年第 10 期；余支政等：《学术权力与行政权力关系之研究模式述评》，《中国高教研究》2006 年第 2 期。

未来的科学发展。

一　地方高校学术与行政权力结构失调的表征

地方高校尽管一直不断加强内部管理机制改革，使权力结构得到进一步优化，但是“行政化”倾向仍然严重，不仅存在行政权力“泛化”“失真”现象，而且存在学术权力“失范”“失真”现象。

（一）行政权力“泛化”“失真”

目前，地方高校权力结构不仅在整体上存在“行政化”的倾向，而且在局部行政权力上也存在“泛化”“失真”等不良现象。

1. 行政权力“泛化”

一些地方高校行政权力过多地介入学术事务，出现行政机制代替学术机制、行政管理代替学术管理、行政权力代替学术权力、行政群体代替学术群体等“泛化”现象。具体表现为学术事务管理、学术管理过程、学术管理主体、学术管理理念、学术管理制度与规范等全面行政化，学术事务与学术机制在大学管理过程中失去了自身独立性，没有真正独立的机构和规章制度；在科研规划、科研经费预算、科研项目确定、学术带头人的评选、学科建设、专业建设、课程建设、学生学位授予等内部学术管理与科研项目的审批和管理、教师职称评审、学生学位批准、教学评估、硕士点与博士点的评审等外部学术事务方面，没有独立的学术机构与学术主体进行相关学术事务的管理；学术话语权、决策权、评价权等均被学校行政层面的领导权、决策权、评价权所取代；行政群体全面操控学术机构、管理学术事务，掌握学术资源，如项目、经费等。[①] 这些不仅严重影响了学术的公平性、科学性，导致学术道德与学术秩序的失范、学术群体被挤压或替代、学术管理世俗化，而且压抑了教授、学者的积极性和创造性，造成部分学者无心学术，挖空心思地想加入管理行列，这直接影响了大学的品位与学术风气，导致学术资源的浪费和学术效益低下。

2. 行政权力“失真”

一些地方高校行政人员不顾管理规律、规范而“胡乱行政”“行政不作为”，存在行政权力“失真”现象。具体表现为有的行政管理人员服务

---

① 肖起清：《大学学术权力的边缘化及其诉求》，《辽宁教育研究》2006 年第 5 期。

意识淡薄，在管理过程中无视管理、教学规律，管理过程欠规范、公平、科学，存在胡乱行政、胡乱决策，以政代法、以政代教，有法不依、我行我素等现象；① 有的行政管理人员则是行政不作为，存在行政“无政府主义”现象，只想享受待遇、占据行政位置，而不愿、不屑、不会行政和服务，在一定程度上阻碍了地方院校行政事务的正常开展；高校内部有的行政管理人员以行政权力压制教授的学术权力，或者获取不应该获得的学术资源，使得学校的价值取向扭曲。②

（二）学术权力“失范”“失真”

目前，地方高校学术权力不仅在权力结构整体上处于弱势地位，而且存在学术霸权、学术权力内部不均衡、学术权力失真等不良现象。

1. 学术权力“失范”

一些地方高校存在学术行为主体为其自身特殊利益或受外部环境制约而弱化或扩大学术权力等学术权力“失范”现象。具体表现为滥用学术权力与影响力，大搞话语霸权，损害他人学术自由；面对外部压力不敢申张学术正义，学术失语；教学、科研与学术交流不均衡，有的重教学轻科研，有的重科研轻教学，有的教学科研分离；各领域内部不均衡，有的重教轻学，有的重学理轻运用，“学”“术”分离等。

2. 学术权力“失真”

一些地方高校学术组织或者行为者在处理学术事务时，游离或远离“学术”之外，远离学术“本真”。具体表现为在学术研究中缺乏“为学术而学术”的执着精神，只顾数量不要质量，“抄袭”“拼装”等学术造假现象严重；在进行学术交流与合作时，只顾人情世故，不顾学术规律，存在买卖成果、版权等学术腐败现象；在学术批评与争鸣时，只顾个人功利，忽视甚至无视学术标准。

总之，行政权力“泛化”、学术权力“失范”、行政与学术权力“失真”，严重影响了地方高校特别是地方新建本科院校的学术生产力。

二　地方高校学术与行政权力失调的原因

导致大学权力结构失调的原因有很多，相对中央部属高校，地方高校

---

① 欧小松：《教学管理要走出权力管理的误区》，《中国高教研究》2000 年第 12 期。

② 郭平：《大学去行政化研究现状与当下之思》，《黑龙江高教研究》2011 年第 11 期。

行政权力泛化、学术权力弱化主要由于办学理念不科学、办学视野狭窄、教师结构欠合理与学生生源不济等因素共同作用的结果。

（一）在办学理念方面，地方高校较之部委属院校学术意识淡漠

从建校历史来看，地方高校建校时间较短，大多建于20世纪50年代和改革开放后，同时，首批校级领导大多是政工干部或军队干部，这一背景注定了这类院校的运行模式是行政主导型的。21世纪初新建地方本科院校大都是由专科甚至中专校合并升格而成，学校学术资源匮乏、学术氛围薄弱，教职员工的学术意识淡薄、学术素养与创新能力较弱。而且历史的惯性造成了现今地方高校的学术权力在学校权力结构中的地位远远弱于重点大学，“行政扩张”甚至“行政霸权”现象屡见不鲜。

（二）在办学视野方面，地方高校较之部委属院校缺乏开放意识

正因为办学历史短、历史经验积淀少，再加之受传统的“官本位”、现行的行政化管理体制与地方保护主义的影响，地方高校往往办学视野狭窄、缺乏开拓性与创新性。一方面，受官本位思想与行政化管理体制的影响，很多地方高校常常比照地方党政机关的模式运行，导致越来越多的人关心“权术”而不关心“学术”，追求“位子”而不追求“事业”；导致大学机构臃肿、官满为患；大学学术委员会、教授委员会等学术组织的学术权力被挤占、学术权力边缘化。另一方面，受地方保护主义的影响，大多数地方高校缺乏开放意识、国际视野，只与国内高校或者只与同类院校交流，与国外著名大学的交流甚少甚至没有，学术生态环境极差，学术成长缓慢。

（三）在教师方面，地方高校较之部委属院校缺乏国际视野

从教师结构来看，相对于重点大学而言，地方高校教师职称、学历、学缘与年龄结构欠合理，高学历、高职称教师比例较低；许多教师主要毕业于省内院校，不少教师还是本校尚属专科类学校时毕业留校的学生，师资来源比较单一；同时，由于教师培训机制不健全，到国内外著名大学进修访问的机会不多，有国外留学背景的教师极少。教师本人的学术权力和学术责任意识相对较弱，缺少一种开放的心态和国际视野。

（四）在学生方面，地方高校较之部委属院校缺乏独立表达意识

从学生来源分析，相对于重点大学而言，地方高校的学生主要来自于农村和小城镇。他们接受的家庭教育往往有限、学校教育质量不高，因此，学术视野较狭窄、学习与研究的主体性不强、学术权力意识淡薄，习

惯于“接受式”的学习方式，缺乏独立思维和批判性思维的能力。这不仅影响了学生自身的学术成长，而且弱化了教育工作者学术权力的发挥、人才培养质量以及整个校园的学术气氛。

三　地方高校学术与行政权力运行的应然模式

学术权力与行政权力是大学权力中两个辩证统一的有机组成部分。目前，全世界尽管存在着三种不同的大学运作模式，但是，地方高校有着自身的发展特点与规律，当前可实行“学术与行政权力协调发展”的权力运行模式。

（一）大学的组织特征决定了高校学术与行政权力并存

学术与行政权力是大学权力的有机组成部分，二者相互渗透、密不可分。从大学的发展历程来看，“大学”（university）的本义是行会、团体，后引申为“为学习和研究某种学问而自愿结合起来的师生共同体”。19 世纪初，柏林大学创始人洪堡提出了“教学与研究的统一”（Unity of Teaching and Research）原则。目前，大学的功能扩展为人才培养、科学研究、社会服务、文化传承创新等多个方面，可以说，学术是大学的本质所在，学术自由是大学的立身之本、生命之源。同时，大学又是一个社会组织、行政机构，包括中世纪的“教师自治”或“学生自治”在内，所有大学都需要一些管理人员按照一定的组织章程、管理原则、行政职能来确保其运行的有序性、严密性。因此，学术权力与行政权力是相互渗透、相互交织在大学内部的两种缺一不可的权力。

（二）大学的“学术”特质决定了地方高校不适宜采用“行政权力主导”的权力运行模式

大学的本质是研究学术、追求真理、创造知识、创新价值和培育人才，其核心是求真育人。[①] 目前，美国大学实行“学术与行政权力两权分离、以行政权力为主”的运作模式，其权力体系主要由董事会、校长、评议会三方面构成，董事会和各级行政官员始终处于权力的控制中心，教授评议会控制大学学术事务的权力微弱；相比之下，英国大学实施“行政权力与学术权力均衡”的合作模式与德、法、意等欧洲大陆国家的大学主要

① 顾明远：《大学文化的本质是求真育人》，《教育研究》2010 年第 1 期。

实施“学术权力与行政权力两权渗透、学术权力为主”的运作模式更能体现大学的组织特征，更有利于学术的健康成长。因为大学不同于政府行政机构，它应秉承“崇尚学术”的大学精神，实现学术与行政权力的和谐共存。

（三）地方高校应采取“学术与行政权力协调发展”的权力运行模式

由于地方高校发展历史比较短暂，学术基础比较薄弱，特别是远离中心城市且受到地方政治、经济、文化的制约，“官本位”“地方保护主义”现象比较严重。因此，学校发展主要依托学术权力还不现实，可实行“学术与行政权力协调发展”的权力运作模式。目前，英国大学实施“行政权力与学术权力均衡”的合作模式，其权力结构一般分为大学、学部和系三个层次，校级权力通常包括校务委员会、理事会、评议会和大学副校长四个权力结构单元，其中大学副校长往往扮演着“行政首脑”和“学者代言人”的双重角色，教授行会拥有很大权力，董事会权力和行政人员权力有限，只是部分介入大学事务。这种权力模式值得地方高校借鉴与学习。

四　地方高校实现学术权力与行政权力协调发展的路径

面对学术权力与行政权力运行失衡的现实，中国地方高校应从文化层面、理念层面、制度层面和实践层面不断完善内部治理结构，使地方高校的学术权力与行政权力逐步协调。

（一）在文化层面，营造以“崇尚学术、发扬民主、追求卓越”为核心内容的大学文化

地方高校应营造“崇尚学术、发扬民主、追求卓越”的校园文化，使那些为学校发展做出贡献的学者成为学校的核心并受到师生的敬仰。

1. 崇尚学术是体现大学本质特征的要求

大学的本质是研究学术、追求真理、创造知识、创新价值和培育人才，是求真育人。因此，大学应以学术为核心，崇尚学术自由，严谨求实，具有强烈的批判精神，以追求真理、实现个人人生抱负和理想为终极目的。目前，地方高校应大兴“崇尚学术”之风，营造浓厚的治学氛围，培育自己的校园文化。

2. 发扬民主是崇尚学术的基本要求

学术民主是学术自由的前提，它要求在进行学术决策、学术管理

时，尊重学术规律，确保学术主体的学术自主权；在学术活动中，应大力提倡“百家争鸣”，积极鼓励学派间的自由争论，建立“民主管理”“学术自主”“学术自治”的权力运行机制，保障学术权力的合理性与合法性。

3. 追求卓越是学术的基本目的

地方高校尽管存在自身发展的局限性，但仍应志存高远。笔者认为，一个好的地方高校应拥有先进的办学理念、良好的治理结构、优良的教师队伍、超拔的大学精神、充足的办学设施。[①]

（二）在办学层面，应当坚定不移地坚守“行政权力的绩效应当体现为教师更有成效的教学和科研，体现为学生更有成效的学习和成长”的理念

地方高校应回归大学的学术本位，实现“大”与“学”的有机统一，回归“大”与“学”的本真。

1. 地方高校要构建“大家”“大度”“大雅”“大舞台”“大基业”

“大家”是指地方高校应拥有思想解放、敢为人先、具有先进办学理念的大学引路人。“大度”是指地方高校应倡导“兼容并包、思想自由”的办学理念，能容纳各种不同的思想和见解，能接纳来自各学术共同体的教师和五湖四海的学生。“大雅”是指地方高校应形成崇尚学术、潜心学问、美化人生的大学氛围，在这个氛围中致力于人才培养、科学研究、服务社会和文化传承创新。“大舞台”是指地方高校能为所有的学生和教师的发展提供大舞台，成为师生实现梦想的圣地。“大基业”是指地方高校应有资料丰富的图书馆、设备先进的实验楼、环境优美的教学楼、器械完备的运动场等，为师生的发展提供优越的环境。

2. 地方高校应着力打造具有自身特色的“学科”“学者”“学问”“学风”“学生”

大学是由若干学科构成的，没有学科就没有大学；大学是由学者构成的，没有学者，学科就成为无源之水、无本之木；大学能产生新的学问，没有新知识的产生，大学就不能履行其使命，也不能培养出真正意义上的新人；学风是师生对学术的态度，大学应具有敬畏学术精神之风、遵从学

---

① 汪明义：《什么样的大学是好的大学》，《中国高等教育》2010 年第 23 期。

术自由之责、追求卓越品质之志，没有严谨的研究之风和勤奋的学习之风，也就不会是好的大学；大学之“学”，更在于大学的一切所为全在于学生，全为了学生，这是大学区别于研究机构的根本所在。所以地方高校在办学中应充分体现为学生成功奠定基础、为教师发展搭建平台的理念。因为只有大学的教师发展了，这个大学才可能获得发展；因为只有一代又一代的学生成功了，这个大学才会获得社会的广泛认可。也只有这样，行政管理才真正地表现出其价值和意义。

（三）在制度层面，应完善内部治理结构，形成学术与行政权力协调运行的机制

地方高校应本着“学术至上”“学术自由”“学术自治”“民主管理”的治校理念，不断健全内部管理制度，形成良好的权力运行机制。

1. 颁行大学章程是完善内部治理结构的核心内容

大学章程是大学的顶层设计、内部管理的指针，地方高校应该认真制定符合本校发展实际与需要的大学章程，对学术权力与行政权力运行机制做出明确规定，特别是要明确界定“党委、校长、纪委、学术委员会、教职工代表大会、教师、学生与校友”的权力与职责，使得各个利益相关者能切实行使自己的权力并履行好自己的责任。

2. 完善绩效考核制度是实现行政权力与学术权力协调运行的关键

地方高校应本着“去行政化”的理念，不断完善绩效考核制度，健全教学、科研激励机制。由于地方高校的特殊性，许多有学术成就的学者走上了行政岗位。因此，地方高校行政人员应承担一定的教学科研工作，特别是享受专业技术职称的行政管理人员应完成一定数量的教学、科研业绩；同时，不断提升教学科研奖励力度，增强教学科研工作对全校教职工的吸引力，激发教职员工教学、研究与学术交流的积极性与创造性，提升学校的学术品质。

3. 构建有效的监督机制是行政权力与学术权力良性运行的保障

关于大学章程中所界定的各个利益相关者的权力和责任是否得到严格遵守应由一个机构进行监督，这个机构应独立于地方高校。从地方高校的实际来看，这个机构应由地方高校章程的审批机关代表、地方高校的学术委员会主任、地方高校的教授代表等成员构成。其主要职责是审核地方高校的党委和校长是否按章程的规定来实现行政权力和学术权力的协调

运行。

（四）在实践层面，强化学术与行政人员工作职责与合作精神，规范学术与行政行为

在完善大学内部管理机制的基础上，地方高校还需进一步提高教职员工的学术素养，强化其工作职责与学术使命，通过权力重心下移、分层治理、分工协作等形式规范学术与行政行为。

1. 行政权力重心下移

地方高校要努力承担大学使命，克服“权力过分集中”的现实，将权力重心逐步下移，使二级院系（所）和广大教职员工回归“主人翁”地位，增强教师在教学、科研、社会服务、文化建设中的积极性、主动性与创造性。地方高校可实行校、院（所、中心、实验室）二级管理，校级管理部门与学术组织的主要职责是“制定目标、进行宏观调控、研究政策、实施对外联络、进行监督考核、提供公共服务”。二级学院（所、中心、重点实验室）具体负责学校决策的执行、活动的开展，成为人才培养、科学研究、服务社会以及文化传承创新的真正主体。学校层面的工作主要由党委常委会、校长办公会两个重要的会议完成；二级学院（所、中心、重点实验室）的工作由党政联席会议部署。这是学校行政权力运行中权力分解的模式。

2. 学术权力校院两级责任明确

按照高等教育法的规定，大学学术委员会的职责是审议学科和专业的设置，制订教学和科研计划，评定教学、科研成果等有关事项。因此，学校的学术委员会负责全校学术事务的政策制定、政策运行与监控，成员由各个学科的学术带头人组成，学术委员会主任由地方高校内部学术地位相对而言最高的学者担任。在二级学院（所、中心、重点实验室）可设立学术分委员会，成员由本单位各个研究方向的学术带头人担任，主任由成员选举产生。同时二级学院还可设教学指导委员会，成员应由本单位在教学上有一定影响力的教授担任，主任由成员选举产生。由二级单位这两个学术组织来负责本单位的学科建设、专业建设、课程建设、科研与学术交流等学术事务的决策与管理。校长在学校层面的行政中应充分尊重校级学术组织的意见，二级学院（所、中心、重点实验室）负责人在本单位的行政中也应按照学术组织的意见办理。

总之，学术权力和行政权力作为高校内部的有机组成部分，二者相互依存、相互渗透、不可偏废。忽视学术权力，大学必衰；放弃行政权力，大学必败。因此，地方高校只有科学处理权力关系，不断完善内部治理结构，才能迎来学术繁荣、特色鲜明的美好未来。

第八章

大学内部治理体系现代化*

21 世纪以来，全球化进程推动人类走向命运共同体。在这一大背景下，2011 年《中国的和平发展》提出国际社会“要以命运共同体的新视角，以同舟共济、合作共赢的新理念，寻求多元文明交流互鉴的新局面，寻求人类共同利益和共同价值的新内涵，寻求各国合作应对多样化挑战和实现包容性发展的新道路”。2012 年，党的十八大报告正式提出“人类命运共同体”理念，全面“倡导人类命运共同体意识”，并努力“在国际关系中弘扬平等互信、包容互鉴、合作共赢的精神，共同维护国际公平正义”。全面推进人类命运共同体世界发展战略的前提是实现国家内部治理现代化。为此，党的十八届三中全会通过的《中共中央关于全面深化改革若干重大问题的决定》提出“推进国家治理体系和治理能力现代化”，即“必须以国家为起点并以国家现代化为目的，其重心是体系和能力的突破，实现国家治理体系和国家治理能力的现代化，是国家现代化的真正标志”①。从构成来看，大学作为具体的社会组织，是构成国家治理体系和治理能力现代化的有机组成部分，必须肩负起“构建人类命运共同体”之学术、文化的使命和培养“构建人类命运共同体”之人才的责任；从职能来看，大学代表着真、善、美、义、法、道。大学要肩负起“启迪智慧、培育新人，探求真知、追求真理，传承文明、引领社会”② 等使命，必然需

* 本章主要内容曾发表于《国家教育行政学院学报》2021 年第 2 期，题为“对推进大学内部治理体系和治理能力现代化的思考”。本章前面是有关大学内部治理提升的论述。

① 唐代兴：《国家环境治理学的中国话语建构》，《河北学刊》2018 年第 5 期。

② 汪明义：《论大学教师的使命责任与基本标准》，《中国高等教育》2020 年第 21 期。

要治理。大学治理体系和治理能力现代化应以“人类命运共同体”为视野，以中国特色社会主义大学之道为指南[①]，以真理为标准，以善美为目标，以律法为规范，以善治为方法，其根本努力有三：一是主旋律、高定位、明目标；二是立章法、建秩序、分权责；三是彰表率、强院系、弘师力。

第一节　大学内部治理体系的价值取向

一　大学治理的价值定位

探索大学的内部自治体系，首先须明确大学的社会存在方式及其根本的价值定位。大学是一种特殊的社会组织，其特殊性源于四个方面的社会性质定位：第一，大学是探索人类共同体存在、构建人类共同体价值体系、促进人类共同发展、引领人类共建文明的世界性方式；第二，大学是人类生产知识、思想、真理、科学、方法的社会组织；第三，大学运用所生产出来的知识、思想、真理、科学、方法来培养新生代，使之成为“有教养的文明人”[②]、具有高素养的社会公民和高创造力的社会劳动者；第四，大学通过这种“生产”和“培养”来实现对民族文化、人类文明的返本开新。综上所述，大学作为一种特殊的社会组织的实践展开是一种善美的事业，它既是人类文明前进的灯塔，又构成人类进步和社会发展的原动力场源。大学之所以成为拥有如此特殊性质的社会组织，是因为它不同于其他社会组织的自身价值体系定位。作为一种社会组织，大学的价值体系定位主要体现在四个方面：一是非营利性，这是大学作为社会的公共事业与社会经济组织的根本区别；二是行政权力与学术权力的二元结构化，这是大学区别于所有社会组织的独特价值定位；三是作为大学基本主体构成的教师，既需忠诚于职业和国家，又要忠诚于学术和真知，这是大学自具超越性的内在力量；四是文化的传承和创新，既构成大学的独特使命，又是大学通过经验和想象将历史与未来汇聚为统一体的价值实现方式。

---

① 汪明义：《构建中国特色的社会主义大学治理模式》，《国家教育行政学院学报》2017 年第 7 期。

② 钱颖一：《大学的改革》第 1 卷《学校篇》，中信出版社 2016 年版，第 18 页。

二　大学的存在理由、责任和使命

大学的价值定位赋予它存在的主要理由有二。第一，大学“是一座人类精神的圣殿。……‘对于许多人来说，大学已成为社会中的超自然的机构，因为它似乎发展着社会的观念。在这里，人们感到自己身后有强大后盾——学者、学问、书籍、思想和过去。’这种依附大学的心理在过去通常是与教堂联系在一起的。那些认为唯有在大学中知识才能融合统一的人对大学的精神依附就更加紧密。因为，大学正如它的名字，就是天地万物”①。第二，“大学存在的理由是，它把年轻人和老年人联合在一起，对学术展开充满想象力的探索，从而在知识和生命热情之间架起桥梁”②。大学的存在理由决定了它的责任和使命：“世界的未来掌握在那些对于自然的解释能够比他们的前辈更进一步的人手里。大学最重要的职责，就在于发现这些人，爱护这些人，并培养他们最大限度地服务于自己事业的能力。”③ 发现、培养能够站在前人肩膀上开创更为善美的未来世界的人，构成了大学的人类责任。大学要称职地担当这一责任，就必须肩负起探索真理、创造知识和传播真知、传授方法的使命。探索真理、创造知识，为人类文明提供源头活水，为培育一代代新人提供道理、法则、新知及使其掌握和运用道理、法则、新知的艺术；创造性地传播知识，以激励学生真正理解“知识何以如此”并掌握“怎样有创意地运用知识”的智慧和力量。具体地讲，“大学的作用不在于把许多事实塞进学生的头脑，而且似乎是塞得越多越好。大学的正当任务应该是引导学生养成批判性地审察的习惯，使他们懂得那些与一切问题有关的准则和标准”④。

三　大学的视野、愿景和远见

大学的价值定位，更受大学自身视野、胸襟和远见的影响。“大学”

---

① ［美］约翰·S. 布鲁贝克：《高等教育哲学》，王承绪等译，浙江教育出版社 1998 年版，第 142 页。

② ［英］阿弗烈·诺夫·怀特海：《教育的目的》，庄莲平、王立中译，文汇出版社 2013 年版，第 125 页。

③ ［英］托马斯·亨利·赫胥黎：《科学与教育》，单中惠、平波译，人民教育出版社 2005 年版，第 171 页。

④ ［英］伯兰特·罗素：《西方的智慧》，马家驹、贺霖译，世界知识出版社 1992 年版，第 66 页。

一语译于 University，其词根 Universus 蕴含“普遍”“世界”“宇宙”等本义，展示出大学与生俱来的超时空取向和普遍性诉求的精神气质。这一精神气质向外释放，不仅使大学获得人类共同体视野，还使大学本身成为推动人类命运共同体构建的重要力量。大学存在和发展的根本理由就是肩负起探索和建构人类命运共同体的精神方式、国际视野、世界胸襟和人类情怀，培养“推进和建构人类命运共同体”的自由存在者、文雅生活者和文明创造者。这一精神气质的内在凝聚，就是探求真理、创造知识、构筑方法；这一精神气质向外释放，则生成世界性、全球性和国际性的人类视野和人类愿景。因而，大学必须面向世界和人类、面向远古和未来、面向自然宇宙和存在世界无穷无尽的生存运动，探索其不变的道理、法则、规律，发现万物背后的逻各斯（Logos），为人类得以用世界性方式存在提供依据和原理，为人类共同体得以用共生、共赢方式而生存提供理由和尺度。

四 大学的主旋律和担当

大学既要面向世界，也要面向国家；既要胸怀人类，更要心有民族；既须诉求未来，更应该尊重历史。世界性、人类性和未来性决定了大学的超越性和普遍主义；国家性、民族性和历史性却要求大学必须立足地域、珍视传统、发展民族国家。为此，大学的价值定位必须接受民族国家政治主旋律的引导，肩负起社会担当。大学内部治理的主旋律就是始终不渝地坚持和坚守中国特色社会主义的大学之道；大学内部治理的社会担当，就是为中华民族伟大复兴和国家强大服务，正如习近平总书记所说：“高等教育发展水平是一个国家发展水平和发展潜力的重要标志。实现中华民族伟大复兴，教育的地位和作用不可忽视。我们对高等教育的需要比以往任何时候都更加迫切，对科学知识和卓越人才的渴求比以往任何时候都更加强烈。”①

第二节 大学内部治理体系的路径选择

大学以中国特色社会主义大学之道为指南，面向世界、面向人类、面

① 《习近平谈治国理政》（第 2 卷），外文出版社 2017 年版，第 376 页。

向未来的责任使命和珍视传统、立足民族、服务国家的担当与自觉，共同构筑起大学内部治理的目标定位。这一目标定位展开为两个层面：从宏观上讲，其内部治理必须努力促进大学面向世界、人类、未来和传统、民族、国家，全面担当起自己的责任，更好地完成自己的使命；从微观上论，其内部治理就是为全面推进大学培养能够站在前人肩膀上开创更为善美的未来世界的文明人和高素质的劳动队伍而探索真理、创造知识和传播真知、传授方法。总而言之，大学内部治理，就是使大学更善美。唯有更善美的大学，才可肩负起如上使命，担当起如上责任。

大学内部治理要实现如上双重目标，手段选择是关键和根本。能够实现大学治理目标的最好治理手段，只能是善治。[①]“善治”一词，当然可以理解为“善于治理”，但这只是其现象学描述。善治的本质定义是以善美为目标并实现其善美。因而从起点上讲，大学探索善美之治必须以道理为依据、以律法为准则、以规律为尺度；从结果上讲，大学实现善美之治体现了合道理、合律法、合规律、合伦理性。所以，以善美为目标，大学探索善治之道的重要任务是立章法、建秩序、分权责。

一　立章法

大学这个特殊的社会组织虽然以知识分子和年轻学子为构成主体，但基于该社会组织产权的利益相关者、组织目标的模糊性、组织权力的二元结构化、组织人员的双重忠诚要求、组织制度的趋同性、组织产品的连带性、组织管理的复杂化和多样性等特征，要保证其使命和责任不流于空疏，更需要规矩。保障大学践履其使命和责任所需要构建的规矩就是立章法。

所谓立章法，就是建章立法。大学的建章立法是指以党纪为准则、以国法为依据，建立起保障大学良性运作的制度和法则体系。具体地讲，就是以《中华人民共和国高等教育法》和《中华人民共和国教师法》等法律为依据，以党委领导下的校长负责制为准则，建构学校内部治理的章法体系。

建构大学内部治理的章法体系，就是建设优良的学校制度体系。大学

---

① 俞可平：《治理与善治》，社会科学文献出版社 2008 年版，第 8 页。

作为特殊的社会组织，也是将众多的人聚集起来的社会组织。虽然自然的人性是“相近”的，但却因为生存现实的利欲鼓动而往往“习相远”[①]，这是大卫·休谟认为应该将基于生活需要而走向群体、组建社会的“把每个人都设想为无赖之徒”[②] 的根本的人性原因。并且基于“性相近，习相远”的人性原因，“我们需要的与其说是好的人，还不如说是好的制度。我们渴望得到好的统治者，但历史的经验向我们表明，我们不可能找到这样的人。正因为这样，设计甚至使坏的统治者也不会造成太大损失的制度是十分重要的”[③]。大学虽然是人类精神的圣殿，但经营这一精神圣殿的主体却都是充满利益需求的人，要使大学真正成为精神的圣殿，担当起它本有的使命和责任，不仅同样需要制度，而且需要建设优良的制度。这应从五个主要方面努力。一是建立学校安全、教学正常展开和人人遵纪守法的保障制度。学校安全是大学实施内部治理的外部条件；教学正常展开是大学实施内部治理的基本平台；人人遵纪守法是大学实施内部治理的主体条件。所以建立保障制度成为大学建设内部治理体系的奠基石。二是建立在校学生从学的权责保障的分层（本科生、硕士生、博士生）治理制度。大学的责任之一是培养更为优秀和卓越的新生代。大学培养新生代的基本任务，是把每个进入大学的青年学子化育成为有教养的文明人和具有高素养的社会公民；其具体任务是将不同学业阶梯上的青年学子训练成为不同层次、不同水准的社会精英和创造性劳动者。所以，建立起共同的真、善、美、德、体和分层的知、智、能、慧的学业权责制度是构成大学内部治理体系的目标之一。三是建立教职员工从业之权、责、劳、酬平等、公正、公开、透明的配享制度。大学作为特殊的社会组织，虽然肩负着传承人类文明和推动社会进步的特殊使命，但同时也是就业的社会平台，服务大学的教职员工同样要以劳动付出的方式获取生存所需的报酬，这就必然要求大学建立起两个方面的优良制度：一个方面是建立起“享有一分权利，必为之担当一分与之相对应的责任”的权责对等制度；另一个方面是建立起“做出一分贡献，就应该获得一分与其贡献相对等”的劳酬对等制度。为

---

① 黄克剑：《论语疏解》，中国人民大学出版社 2014 年版，第 372 页。

② 《休谟政治论文选》，张若衡译，商务印书馆 1993 年版，第 27 页。

③ ［奥地利］卡尔·波普尔：《猜想与反驳：科学知识的增长》，傅季重、纪树立、周昌忠等译，上海译文出版社 1986 年版，第 491 页。

保障这两项基本制度能够不走样地落实并体现人人平等，就必须建立起公正、公开、透明的制度机制。如上三个方面的优良制度，是保障大学教职员工能够有尊严地工作和生活的绝对前提。四是建立以教师服务学生学业和成长为准则、行政和后勤以服务教师的教学—研究为根本准则的服务制度。大学因为文明和理想而产生，却因为学生而存在，更因为学生的教养、文明程度和学业水准而获得社会价值与影响力。所以，教师必须为学生的人格成长、教养和文明而服务，必须为学生探求真知之智和善美之慧、提升认知的力量和创新的能力而服务。基于此，行政和后勤必须为教师全身心服务学生而提供全面的、开放性的保障服务。只要明确定位这两个“服务”的关系，解决好它们的权能与边界，大学就能获得良性的内部治理；反之，大学内部必将人浮于事，学生与教师，尤其是教师与行政管理以及师生与后勤服务之间的关系也会本末倒置。五是建立唯德才是用和唯贡献是举的教学、研究、政管激励制度。大学既是人才集聚释放创造光辉的地方，也可能是人才压制、人才埋没甚至人才堕落的地方，二者的分水岭体现在两个基本方面：第一，是否建立起“唯德才是用”的制度体系；第二，是否建立起“唯贡献是举”的激励体制。这是大学内部治理的核心内容和关键所在。

二 建秩序

秩序意指事物展开自身存在的自然进程，它蕴含确定的目的性，体现不可逆的方向性、避免混乱的条理性以及生成程序的一致性。大学作为集教、学、研于一体的复杂社会组织，基于目的、使命、责任规范展开自身的运动进程，必然要求秩序。建秩序就是基于大学本身的秩序要求而有条理、有组织地安排教学、研究、管理、服务，使之良性运转。具体地讲，建秩序就是大学建立内部自治运行的优良秩序体系，这需要从主体、结构、制动力三个关键方面着手。

首先，确定治理的主体。大学这一社会组织因学生而产生教学—研究、管理服务、后勤服务三大职责，并形成三大从业类型。基于教师的教学和研究服务学生，管理和后勤均服务教、学、研这一职责定位，大学的治理主体有三，即基本主体、主导性主体和辅助性主体。学校内部治理的基本主体应该是教师（包括教师和专职研究者）队伍；主导性主体是学校及其院系党政管理系统；辅助性主体主要指行政机关及后勤部门。只有当教学主体、研究主体和治理主体相互统一时，才可以真正建构起良性运行的自治秩序体系。因为在大学这一社会组织里，其内部治理包括了治学、治教、治研和治管（即治理行政管理及后勤）四个部分。而教师队伍同时肩负起了治学、治教、治研三项重任，所以大学内部治理的基本主体只能是教师。反之，如果将治理的基本主体定位为行政管理队伍，要建立起呈良序的内部治理体系，无论怎样努力都难以做到。因为在这种本末倒置的治理主体观念支配下必然建构形成一种单向度的自上而下的权力专断制度体系和运行机制。在这种制度体系和运行机制里，作为体现治理主导功能的职务权力必将升格为绝对性的指令权力，作为原本只具有治理协调功能的机关、部门权力上升为实质性的管制权力，这是大学内部职务权力内耗、行政机关膨胀以及行政部门互争事权、相互扯皮和办事推诿拖延的内在根源。重新认识治理主体，恢复教师、管理、后勤三者在治理主体结构中的本来关系，是建立优良治理秩序的根本前提。

其次，构建治理结构。当明确教师为学校的治理主体时，其治理结构只能是橄榄形的。并且，唯有建立起橄榄形的结构治理体系，才能既是秩序的治理，又是良性运行的秩序体系。这是因为要建立橄榄形结构的内部治理体系，首先必须解决行政管理机构臃肿、人浮于事和命令主义的办公室管理的问题；其次必须解决尾大不掉的后勤问题。这两个问题的真正解决之道就是行政与后勤转换职责，真正回归服务正位。这种回归形成了大学内部自治运行体系良性运作的结构性平台。

最后，只有明确教师的基本主体地位并建构起橄榄形的组织结构，才可以使制动力机制真正产生治理的功能。在大学内部的组织系统中，制动力机制具备两种功能：一是制约的动力功能；二是激励的动力功能。这两种动力功能来源于对权力和资源的组合搭配。以教师为治理主体并建立起橄榄形的治理结构，权力分配和资源分配必然围绕教学和研究的展开而建立起一种优良的权力—资源分配机制，这种分配机制就构成学校内部治理秩序体系良性运行的动力机制，它一方面可最大限度地抑制权力的无限度和资源配置的乱象，另一方面又能最大限度地激励有限度配置的权力和资源发挥出最大功效。

三　分权责

在大学内部治理体系中，立章法是制定治理框架；建秩序是建立治理运行机制；分权责是构建行动操作机制，使之产生治理功效。

一般而言，治理的实质任务是治理权责。这里的“权责”是对权力与权责、权利与责任的简称。权责对等，既指权力对等责任，也指权利对等责任。从功能上讲，责任由权力或权利派生，并且，权力或权利要求责任。从权力与权利关系上而言，权利产生权力，是发生学意义上的；权力僭越权利，却是功能意义上的，并且是由利欲驱动的，所以“一切有权力的人都容易滥用权力，这是万古不易的一条经验。有权力的人使用权力一直到有界限的地方才休止”①。正是在这个意义上，治理权责的重心不是治理权利与责任并使之对等，而是治理权力与责任并使之对等。并且，其治理的核心是权力配置，使权力配置建立起权力与责任的对等关系，使多元主体的利益诉求与责任担当对等化②，即实现个人与单位、部门与部门之间公私分明，在此基础上实现学校内部公共利益最大化。③ 因为从组织理论上而言，权力的实质是利害关系；④ 从其内涵构成上而言，权力（以及权利）的本质规定是利益，由权力构建起来的关系蕴含着三个方面的内容：一是利益谋取方式；二是利益分配机制；三是确定权力有无明确的边界与限度。有明确的边界和限度，则构建起良性秩序；没有边界和限度，或者边界和限度存在模糊性或呈现出巨大的伸缩张力，权力则获得解构优良秩序的功能，造成权力程序的缺失或不健全，这必然导致权力行使的随意性和权力运行过程呈无序状态。⑤

由此所决定的大学内部治理的实质任务，是以制度和律法的方式明确权力与责任的边界和限度，只有使之清晰，才可以真正建构起教职员工的

---

① ［法］查理·路易·孟德斯鸠：《论法的精神》（上卷），张雁深译，商务印书馆1982年版，第184页。

② Beate Kohler-Koch, *The Transformation of Governance in the European Union*, London: Routledge, 1994, p. 14.

③ 俞可平：《治理与善治》，社会科学文献出版社2008年版，第8页。

④ 尹利民、穆冬梅：《权力与规则：集体行动的组织学分析框架》，《江西社会科学》2015年第10期。

⑤ 刘献君：《论大学内部权力的制约机制》，《高等教育研究》2012年第3期。

权利与责任对等的边界和限度。埃哈尔·费埃德伯格认为，任何社会组织内部的治理实质，都是被卷进治理场域之中的所有行动者在一定规则条件下争夺权力的过程①，解决其权力争夺的基本方式，就是构建起权力与责任对等的边界制度和限度机制；大学作为一类具体的社会组织，同样需要如此。整体观之，大学内部治理建立权责边界制度和限度机制涉及方方面面，但主要有三个维度：一是党政权责边界和限度；二是行政权责与学术权责的边界和限度；三是学校与院系之间的权责边界和限度。大学内部治理主要围绕此三者展开，其原因有以下几点。第一，权责。无论是管理者的权利与责任，还是教职工的权利与责任，其边界和限度确立的实际内容是利益，即权责的实项内容是利益，权责对等的实质是利益和资源分配的公正。第二，人基于本性喜欢权利或权力，并主动诉求权利或权力，却本能地期望不担责任或少担责任。但任何社会组织的运行都必须遵循为事原则，遵循为事原则必求行为公正，只能是权责对等。为此，遵循为事原则必须治理权责。所以治理权责成为任何社会组织运行必须解决的核心问题。大学内部自治秩序体系的建构，同样必须以治理权责为核心内容和关键任务。

在立章法和建秩序的基础上建立治理权责边界制度及其运行机制，是以解决如下两个基本问题为关键步骤的。一是分配权责。分配权责应该遵循为事原则，做到权与责对等，即无论个人还是机关单位，配享一份权利（或权力），就必须担当一份与之对应的责任。权责分配展开为纵向和横向两个维度：纵向权责分配是指学校与院系及其他辅助性服务机构之间进行权责分配，分配的核心内容是人权、事权、财权和教—研、学科建设、人才培养等产出及效益的对等。这种对等分配可以产生巨大的制动力效应，既使权力的运行获得限度和边界，也使对等的权责本身构成最好的激励机制。横向权责分配主要指职位权责分配，无论干部还是教职员工，在其职位上，必须谋好其职事；反之，不在其职位，必须杜绝其谋职事。这就是治理，更是良序生成的制动力机制。二是在分配权责的基础上明细则，立目的，严考核。

---

① ［法］埃哈尔·费埃德伯格：《权力与规则：组织行动的动力》，张月等译，上海人民出版社 2008 年版，第 3、8—9 页。

第三节　大学内部治理的动力系统

大学面向世界、人类和未来，为民族、国家培养掌握世界未来的新生代而探索真理、创造知识和传播真知、传授方法、开新传统这一重大使命和责任构成了大学之“事”。围绕这一宏大之“事”，使之持续稳定地展开，必须在立章法、建秩序、分权责的基础上，建立其内部自治秩序体系得以良性运作的动力系统。

建立大学内部自治的动力系统涉及许多方面，但核心的方面有三。

一　建立大学内部治理秩序的“灵魂”动力机制

从根本上讲，中国特色社会主义大学的灵魂是党委领导下的校长负责制，落实在人这个主体上，党委书记和校长就是大学的灵魂。对一所大学来讲，其“灵魂”功能的充分释放和动力能量的全方位发挥，构成最重要的制动力量。党委书记和校长要能够充分释放和全方位地发挥出其“灵魂”的动力能量，其根本前提是党委书记和校长必须以建立具有未来视野和世界胸怀的中国特色社会主义大学的使命和责任为共同准则，真正做到齐心协力、无私地服务学校、治理学校、建设学校。这就要求党委书记和校长必须成为社会主义的政治家和教育家，特别是要肩负起教育家的使命：以美好的教育愿景凝聚人心，以完善的大学制度稳定人心，以进取的学术精神鼓舞人心和以真诚的人文关怀温暖人心。[①]

二　优化大学内部治理秩序的主导动力机制

从主体来讲，呈橄榄形结构的大学，其动力系统的主体部分是教师，确立教师的治理主体地位，建立起“教师服务学生，行政和后勤服务教师”的秩序结构和工作机制，是真正释放大学内部治理的主体动力。但从组织实体来讲，呈橄榄形结构的大学的主体部分应该是院系，大学内部治理的良序体系能否真正建立，以及所建立的良序治理体系能否高效运转，关键是院系，瓶颈也是院系。解决学校内部治理瓶颈的根本方法就是重新

① 汪明义：《论大学党委书记和校长的社会主义政治家的责任和教育家的使命》，《中国高等教育》2020 年第 21 期。

认知学校与院系的关系。“学校是主体，院系是受体”的关系结构体现了“学校办院系”治理模式，这一治理模式的实质是“学校管学院”。院系在大学内部治理结构体系中的主导动力机制被压抑，在不得不承受来自学校层面各管理机构的指令下，院系内部的治理被扭曲，难以释放出真正意义上的“办学实体”的自动力功能。在充分认识的基础上，重新调整学校与院系的关系，全面确立“院系是大学的办学实体”的观念，建立“院系办院系”和“院系办学校”的制度机制，将院系推向大学办学的主体地位，推行学校行政顶层设计与协调督导、院系自主经营和行政机关及后勤系统全方位服务院系的内部治理制度机制：一方面，以院系为实体单位，在专业设置、学生招录、教学与管理、学科建设与科学研究、经费使用、人事招聘、职称评审等方面充分发挥其办学主体的能动性，全面释放院系自主治理功能；另一方面，可以从根本上改变机关职能，建立“大院系，小机关”的橄榄形管理服务结构体系，鼓励和疏导大量的机关人员向教学、科研转岗，精简机构，改变机关人浮于事的状况。

确立“院系是大学的办学实体”的治理理念，建立“院系办院系”和“院系办学校”的内部治理制度机制，能否使之良性运转的关键是干部，因为能够主导甚至决定院系教学、研究、学科建设方向和发展进程的主体动力是院系干部。因而必须造就一支素质高和能力强的院系干部队伍。只有当党委书记和校长集政治家和教育家于一身时，才可带出高素质和强能力的干部队伍。具体地讲，只有集政治家和教育家于一身的党委书记和校长无私地齐心协力治理学校、建设学校，才可以培养和训练出讲政治、懂教育、重人才、有魄力、没私心和负责任的干部队伍。这里的“讲政治”是指讲政治规律、政治规矩和政治站位；“懂教育”是指懂得大学教育的道理、律法、规律、原理、方法；“有魄力”的实质是敢于担当，勇于担当。敢于担当和勇于担当的前提是无私心；敢于担当和勇于担当的行动体现就是负责任。唯有无私地敢担当和负责任，才可以全面落实人才培养、科学研究、社会服务、文化传承与创新、国际交流与合作等大学职能。

三 建立大学内部治理秩序的根本动力机制

从根本上讲，大学内部治理的根本动力是教师。所以教师的素养、视野、理想、德才、能力决定着学校内部自治秩序建立和良性运作的奠基性动力。对于大学教师来讲，他们能够构成治理主体的基本素养和视野，包括学科素养、教学素养、社会素养和世界视野、人类视野、未来视野；他们不断提升治理主体水平的基本理想，应该是启迪智慧、培育新人，探求真知、追求真理，传承文明、引领社会。因而大学教师必须敬畏法则，遵循规律，尊重历史，崇尚学术，守护真理；必须具备完整的知识人格和学术尊严；必须关爱学生，热爱学校；必须终身学习，纯正性情，高雅学养，追求卓越。唯有如此，大学教师才有资格成为内部自治秩序体系良性运行的奠基动力，并发挥出治理教、学、研的主体功能，推动大学真正成为善美的大学，使进入大学校园的年轻学子成长为善美的人。

第九章

大学治理的社会主义性质

大学治理的社会主义性质就是中国大学治理的基本特征，表现在这些方面：对外而言，政府与市场共同引导大学发展，但以政府主导为主；对内而言，就是要全面坚持党委领导下的校长负责制。在大学内部治理中，大学党委书记和校长无论如何都是治理的核心人物，尤其是大学的党委书记，他们的政治品质在一定程度上决定了一所大学治理的品质。作者在近14年的办学实践中，主要担任行政负责人，也短暂地做过党委书记。对许多角色都有深刻的感悟。党委领导下的校长负责制在实际运行中能否有效地服务于学校事业的健康发展，基本上取决于党委书记和校长的个人品质，虽然党委书记和校长都是由组织精心选择的，但其人品和官品还需在实践中接受检验。党委书记作为“班长”的“正气”是首要的、校长干事创业的“中气”是关键、班子成员作为助手的“底气”是基础，党委书记的价值观包括正确的政治意识、大局意识、全局意识、发展意识，这些是构成其正气的基本要素；校长对党委决策权威性的尊重、对学科发展方向把握的能力、对办学资源获取的能力构成其“中气”的基本条件；班子成员的助手意识、参谋意识、全局意识构成其底气的基本要素。“正气”“中气”和“底气”对大学内部治理来讲十分重要。

办大学的首要任务是培养新人，只有这样才能使人类社会更加健康地实现延续和发展。在人才培养过程中，学生是中心；在办学治校中，教师是主体。因此，对大学教师和学生使命与责任予以澄明，也是大学内部治理实现善治的要素。

第一节　大学治理中党委书记的使命与职责

一　充分认识党委领导是中国高校治理发展的必然选择

受特殊的政治环境的影响，中国的高等学校内部领导体制不是对中国古代高等教育机构体制的继承，也不是国民党政府时期大学制度的延续，它是随着中国社会主义的探索、实践而不断演变和发展着的。[①] 随着外部政策的变化和内部权力的变化，高校内部领导体制最终形成党委领导下的校长负责制及相应的运行机制。大致说来，中国高校领导体制变化轨迹如下：中华人民共和国成立之初借鉴苏联模式实行了“校长负责制”；在 1956 年党的八大以后，为加强党对高校的领导提出了“党委领导下的校务委员会负责制”；在 1961 年总结历史经验教训后提出“党委领导下的以校长为首的校务委员会负责制”；在“文化大革命”后，1978 年开始实行“党委领导下的校长分工负责制”；1985 年后，在党和国家领导体制改革的大背景下，提出“高等学校逐步实行校长负责制”；1989 年以后，中央提出“高等学校实行党委领导下的校长负责制”；1996 年颁布、2010 年新修订并颁布的《中国共产党普通高等学校基层组织工作条例》明确规定，“高等学校实行党委领导下的校长负责制”；1998 年颁布的《中华人民共和国高等教育法》决定高等学校实行党委领导下的校长负责制，通过法定程序将党的意志上升为国家法律。

从整体来看，中国高校领导体制大致经历了三种形态：第一种是突出党委领导的体制，但易出现党委包揽行政事务，行政的作用不能有效发挥的问题。第二种是强调校长负责，这种体制虽然责任比较明确，但可能会产生校长独断等问题。第三种即现行的党委领导下的校长负责制，这种制度安排力求将党委集体领导与校长个人负责结合起来，发挥二者的长处，防止出现前两类体制的弊端。历史证明，党委领导下的校长负责制为高校改革发展稳定提供了坚强的制度和组织保障，有利于加强党对高校的领导，有利于坚持社会主义办学方向，有利于提升高校办学治校能力水平，有利于促进高校的改革发展稳定，

① 张斌贤：《中国高等学校内部管理体制的变迁》，《教育学报》2005 年第 1 期。

符合中国国情和高等教育发展规律，是中国特色现代大学制度的核心内容，是中国高校领导体制的必然选择。正如在第二十三次全国高等学校党的建设工作会议上习近平同志所强调的，要“坚持和完善党委领导下的校长负责制，不断改革和完善高校体制机制”，这也是新时代大学治理的题中应有之义。

二　深入理解党委领导下的校长负责制符合高校治理的普遍规律

“党委领导下的校长负责制，与党和国家普遍实行的民主集中制相适应，与改革开放的新形势相适应，符合中国特色社会主义事业发展的要求，本质上是科学的。”① 这种体制的科学性在于它符合高等学校内部治理的普遍规律和高校管理的内在要求。

从管理学视角来看，党委领导下的校长负责制具有委员会制的优点和一长制的长处。党委会是委员会制，校长负责制是一长制。一长制与委员会制各有利弊。一长制权力集中，责任明确，也可能出现大权独揽的现象。委员会制能集思广益，减轻主要领导人的责任与负担；可避免个人专制滥权，但权力分散，责任不明，办事效率低。总的来说，一长制和委员会制并无绝对优劣，两者有机结合是扬长避短的最佳选择。

党委领导下的校长负责制体现出党委领导和校长负责的有机结合，是一种实行民主集中制的领导体制。民主集中制是我们党和国家的根本组织制度。《中国共产党普通高等学校基层组织工作条例》第三条明确指出：“高校党委实行民主集中制，健全集体领导和个人分工负责相结合的制度。凡属重大问题都应当按照集体领导、民主集中、个别酝酿、会议决定的原则，由党委集体讨论，作出决定；党委成员应当根据集体的决定和分工，切实履行职责。”民主集中制既是组织原则，也是领导方法。党委领导下的校长负责制是高校贯彻民主集中制的具体体现，也是组织保障和体制保障，与中国高校治理的普遍规律相符。

党委领导下的校长负责制要求贯彻落实好民主集中制，既要充分发扬民主，避免个人独断专行，又要有效进行集中；在民主的过程中有集中的要素，在集中的过程中有民主的成分，体现民主与集中的辩证统一；研究

① 涂文寿：《四川高校科学发展理论与实践研究》，西南财经大学出版社2009年版，第93页。

工作要注重民主，执行决定要注重效率，实现研究充分与执行高效的辩证统一。[①] 因此，坚持和完善党委领导下的校长负责制，一是要处理好党委书记与党委的关系。党委领导是集体领导，党委是一个领导集体。党委书记是党委会召集人，但不等于党委。二是要处理好党委与校长的关系。高校党委是高校的最高决策机构，校长是学校的法人代表，主持学校行政工作。党委既是全面领导学校工作的政治核心，又是领导核心。作为高校的政治核心，党委要坚持政治思想引领，加强党的建设，通过组织力量和党员的模范带头作用，团结和动员激励干部群众共同实现大学建设发展的目标；作为高校的领导核心，党委要对学校改革发展的重大问题做出决策，全面领导学校工作。具体而言，就是要“纵到底、横到边，全方位、全过程”，即全面贯彻党的教育方针，将立德树人的要求落实到方方面面；全面加强党的建设，全面发挥各级党组织和所有党员的作用；全面融入思想政治工作；全面调动广大教师员工的积极性，实现学校办学治校育人和创新发展的目标。校长在党委领导下工作，对党委负责。凡是党委集体做出的决定，校长必须认真履行职责，贯彻党委决议。三是处理好党委书记与校长的关系。党委书记与校长作为学校的主要负责人、党政一把手，各司其职，各负其责，是合作共事的平等关系。但党委书记主持党委工作，所以有责任督促检查，保障落实党委决策。四是处理好校长与其他副校长的关系。校长不只是校长个人，而是行政班子领导集体。党委领导是集体领导，校长负责也不意味着校长可以独断专行。[②]

三　明晰党委在高校治理中的领导核心地位与职责

在法律层面上，高等教育法明确规定：国家举办的高等学校实行中国共产党高等学校基层委员会领导下的校长负责制。中国共产党高等学校基层委员会按照中国共产党章程和有关规定，统一领导学校工作，支持校长独立负责地行使职权，其领导职责主要是：执行中国共产党的路线、方针、政策，坚持社会主义办学方向，领导学校的思想政治工作和德育工

---

① 冯身洪：《党委领导下的校长负责制是办好中国特色社会主义大学的根本保证》，《中国高等教育》2021 年第 21 期。

② 管培俊：《关于坚持与完善高校党委领导下校长负责制的几点认识》，《国家教育行政学院学报》2022 年第 4 期。

作，讨论决定学校内部组织机构的设置和内部组织机构负责人的人选，讨论决定学校的改革、发展和基本管理制度等重大事项，保证以培养人才为中心的各项任务的完成。

在党的政策文件中，《中国共产党普通高等学校基层组织工作条例》第三条规定：高校实行党委领导下的校长负责制。高校党的委员会全面领导学校工作，支持校长按照《中华人民共和国高等教育法》的规定积极主动、独立负责地开展工作，保证教学、科研、行政管理等各项任务的完成。高校党委实行民主集中制，健全集体领导和个人分工负责相结合的制度。凡属重大问题都应当按照集体领导、民主集中、个别酝酿、会议决定的原则，由党委集体讨论，做出决定；党委成员应当根据集体的决定和分工，切实履行职责。

《中国共产党普通高等学校基层组织工作条例》第十条强调：高校党委承担管党治党、办学治校主体责任，把方向、管大局、做决策、抓班子、带队伍、保落实。规定党委的主要职责是：（1）宣传和执行党的路线方针政策，宣传和执行党中央以及上级党组织和本组织的决议，坚持社会主义办学方向，依法治校，依靠全校师生员工推动学校科学发展，培养德智体美劳全面发展的社会主义建设者和接班人。（2）坚持马克思主义指导地位，组织党员认真学习马克思列宁主义、毛泽东思想、邓小平理论、“三个代表”重要思想、科学发展观、习近平新时代中国特色社会主义思想，学习党的路线方针政策和决议，学习党的基本知识，学习业务知识和科学、历史、文化、法律等各方面知识。（3）审议确定学校基本管理制度，讨论决定学校改革发展稳定以及教学、科研、行政管理中的重大事项。（4）讨论决定学校内部组织机构的设置及其负责人的人选。按照干部管理权限，负责干部的教育、培训、选拔、考核和监督。加强领导班子建设、干部队伍建设和人才队伍建设。（5）按照党要管党、全面从严治党要求，加强学校党组织建设。落实基层党建工作责任制，发挥学校基层党组织战斗堡垒作用和党员先锋模范作用。（6）履行学校党风廉政建设主体责任，领导、支持内设纪检组织履行监督执纪问责职责，接受同级纪检组织和上级纪委监委及其派驻纪检监察机构的监督。（7）领导学校思想政治工作和德育工作，落实意识形态工作责任制，维护学校安全稳定，促进和谐校园建设。（8）领导学校群团组织、学术组织和教职工代表大会。(9) 做好统一战线工作。对学校内民主党派的基层组织实行政治领导，支持其依照各自章程开展活动。支持无党派人士等统一战线成员参加统一战线相关活动，发挥积极作用。加强党外知识分子工作和党外代表人士队伍建设。加强民族和宗教工作，深入开展铸牢中华民族共同体意识教育，坚决防范和抵御各类非法传教、渗透活动。

四　建立完善党委全面领导高校工作的保障和运行机制

实行党委领导是由中国高等学校的性质和任务所决定的。党委领导下的校长负责制为办好中国特色社会主义大学，为高等教育事业科学发展提供了思想保证、政治保证和组织保证，是迄今为止适合中国高等学校的最科学的内部领导体制。《中国共产党普通高等学校基层组织工作条例》第三十五条要求：按照社会主义政治家、教育家标准，选好配强高校党委书记、校长，把政治过硬、品行优良、业务精通、锐意进取、敢于担当的优秀干部选配到学校领导岗位上。

高等教育法明确规定，国家举办的高等学校实行中国共产党高等学校基层委员会领导下的校长负责制。中国共产党高等学校基层委员会按照《中国共产党章程》和有关规定，统一领导学校工作，支持校长独立负责地行使职权。其领导职责主要是：执行中国共产党的路线、方针、政策，坚持社会主义办学方向，领导学校的思想政治工作和德育工作，讨论决定学校内部组织机构的设置和内部组织机构负责人的人选，讨论决定学校的改革、发展和基本管理制度等重大事项，保证以培养人才为中心的各项任务的完成。《中国共产党普通高等学校基层组织工作条例》要求，高校党组织工作应当遵循以下原则：(1) 坚持党管办学方向、党管干部、党管人才、党管意识形态，领导改革发展，把党的领导落实到高校办学治校全过程各方面，确保党的教育方针和党中央决策部署得到贯彻落实；(2) 坚持全面从严治党，以党的政治建设为统领，把政治标准和政治要求贯穿党的思想建设、组织建设、作风建设、纪律建设以及制度建设、反腐败斗争始终；(3) 坚持高校党的建设与人才培养、科学研究、社会服务、文化传承创新、国际交流合作等深度融合，为高校改革发展稳定、完成党和国家重大战略任务提供思想保证、政治保证、组织保证；(4) 坚持把思想政治工作作为开展高校党的建设的重要抓手，把立德树人成效作为检验高校党的建设工作的根本标准；（5）坚持抓基层强基础，健全高校党的组织体系、制度体系和工作机制，全面增强高校基层党组织生机活力。高等学校党的委员会实行民主集中制，健全集体领导和个人分工负责相结合的制度。凡属重大问题都要按照集体领导、民主集中、个别酝酿、会议决定的原则，由党的委员会集体讨论，做出决定；委员会成员要根据集体的决定和分工，切实履行自己的职责。高等学校党的委员会按照党委领导下的校长负责制，发挥领导核心作用。①

可见，在党委领导下的校长负责制中，"党委领导是核心、校长负责是关键、教授治学是基础、民主管理是保证"，是一个内涵丰富、完整统一的科学体系。② 党委领导下的校长负责制较好地解决了高校集体领导和个人分工负责的问题，使党委系统和行政系统更融洽、更协调，同时彰显出社会主义特色、现代管理特征、公立高校特点，具有鲜明的制度优越性。③ 此外，坚持和完善党委领导下的校长负责制，是牢牢掌握高校意识形态工作领导权、管理权、话语权的需要。高校作为意识形态工作的前沿阵地，肩负着人才培养、科学研究、社会服务、文化传承的光荣使命。能否牢牢掌握高校意识形态工作领导权、管理权、话语权，事关高校稳定和意识形态安全，事关中国特色社会主义事业能否后继有人。党委书记不忘立德树人初心，牢记为党育人、为国育才使命，有利于加强党对高校意识形态工作的领导，充分发挥高校党委的领导核心作用，强化高校党委书记的政治责任和领导责任。

第二节　大学治理中校长的使命与责任

大学校长作为一种特殊的社会职业，应该如何定位？在国外，这似乎只是大学校长的自为之事。在中国，党和政府对大学校长做出明确的职业定位。1996 年，江泽民同志在接见四所交通大学负责人时就明确提出"高

① 郭平：《中国公办大学内部治理结构研究》，硕士学位论文，西南大学，2012 年。

② 魏雷东：《党委领导下的校长负责制是公立高校科学发展的必然选择》，《学校党建和思想教育》2010 年第 7 期。

③ 薛传会：《论准确把握党委领导下的校长负责制的科学体系》，《中国农业教育》2007 年第 4 期。

校的领导干部应当努力使自己成为社会主义的政治家、教育家”[①]。2008年12月，时任中共中央政治局委员、国务委员的刘延东在第十七次全国高校党建工作会议上也明确要求“高校主要领导应当成为社会主义政治家、教育家”。2017年2月，中共中央、国务院印发的《关于加强和改进新形势下高校思想政治工作的意见》特别强调要“按照社会主义政治家、教育家标准，选好配强高校领导班子特别是党委书记和校长”[②]。2019年8月，时任教育部部长陈宝生在与直属高校新任职领导人员进行集体谈话时特别强调：高校领导人员要胸怀教育报国初心使命，落实立德树人根本任务，在干事创业中增长履职尽责的政治本领，在担当作为中锤炼忠诚干净担当的政治品格，在服务师生中坚守人民立场的价值取向，努力成为社会主义政治家、教育家。[③]

从实践观上看，对大学校长提出政治家要求，应该源于高等教育的社会主义政治保障；对大学校长进行教育家定位，应该源于高等教育的知识论要求。所以，要求大学校长成为政治家和教育家的学理依据，分别应该是政治学和知识学（或曰“知识论”），政治学是实践的科学，知识学是认知的科学，二者要在大学校长的职业工作中实现有机统一，需要对大学本身予以政治学和知识学考察。

一　大学的政治学和知识学

杜威哲学和教育学的核心思想是“教育生长”论，这一思想主张教育在它自身之外没有目的，因为“生长导向进一步的生长（growth leading to further growth）”[④]。杜威的教育生长论告诉人们：理解教育以及解决教育引发出来的所有问题，只能从教育本身入手，并从教育自身中寻找解决的方案。以此观照对大学校长的政治家和教育家要求，恰恰是教育的自身

---

① 转引自教育部社会科学研究与思想政治工作司编《铸魂新篇：新时期高等学校思想政治工作范例选编》，高等教育出版社2001年版，第41页。

② 转引自辛玉玲主编《高职思想政治理论课实践教学指导》，北京理工大学出版社2018年版，第194页。

③ 陈宝生：《高校领导干部要努力成为社会主义政治家、教育家》，2019年8月，https：//baijiahao. baidu. com/s？id = 1643203007108198663&wfr = spider&for = pc。

④ John Dewey，*Human Nature and Conduct*，London：George Allen and Unwin Books LTD，1922，pp. 34，36.

要求。

（一）大学的政治学方向

理解大学校长的政治家定位，可以从政治学和社会政治需要两个方面入手，柏拉图在《理想国》中设计理想的城邦时主张“统治权应该交给既贤明又有正义感的贵族阶层，所有人都绝对服从城邦”①，因为城邦“是善的存在”，所以“高等教育的目标，即哲学家或统治者的教育”②。其后，亚里士多德在《政治学》中提出教育的政治学原理：“对政体永久性的最大贡献是教育适合于政府的形式”③。基于这一认知传统，英国教育史家罗伯特·R. 拉斯克等人指出：“一个民主国家应该具有民主的教育形式。还有，甚至在一些自称民主的国家里，有很多事情应该去做，以使教育是真正民主的。”④

教育的政治学其实是教育的应有之义。进一步而言，政治作为教育的应有之义，既是人的群化生存理想使然，也是国家作为根本的善业对教育的要求。

国家（城邦）作为至善的事业，体现了社会的本性，而社会的本性源于人的本性，人的本性源于自然的本性：自然的本性将人、由人组织起来的社会、由社会发展形成的国家有机地联系起来，构成教育的政治学依据。

教育就是通过“恰当的”方式重塑人的自然本性，将具有自然本性的“动物的人”重塑为具有“文明本性”的知识人、文化人和德性人。这种“恰当”的教育方式就是合社会正义和合国家善业的方式。

教育着重个人的长进，更须着重社会的进步。⑤

一个民族或国家要在世界上立得住脚，而且要光荣地立住，是要以学术为基础的。尤其是在这竞争激烈的21世纪，更要依靠学术。所以，学

---

① 转引自［美］R. 弗里曼·伯茨《西方教育文化史》，王凤玉译，山东教育出版社2017年版，第33页。

② ［英］罗伯特·R. 拉斯克、詹姆斯·斯科特兰：《伟大教育家的学说》，朱镜人、单中惠译，山东教育出版社2017年版，第26页。

③ ［古希腊］亚里士多德：《政治学》，吴寿彭译，商务印书馆1983年版，第271—300页。

④ ［英］罗伯特·R. 拉斯克、詹姆斯·斯科特兰：《伟大教育家的学说》，朱镜人、单中惠译，第286页。

⑤ 张伯苓：《以社会之进步为教育目的》，原载《校风》第117期，后收入《张伯苓教育言论选集》，南开大学出版社1984年版，第63—65页。

术昌明的国家没有不强盛的；反之，学术幼稚和知识蒙昧的民族，没有不贫弱的。[①]

张伯苓和蔡元培分别从社会和国家两个维度揭示了大学政治学的基本诉求：大学必须为社会进步而努力，具体地讲，大学就是以“研究高深学问”和“造就人才”的方式推进社会的进步。尤其是“20世纪的问题是使教育成为社会改善的火车头。……在文明之路上，我们是否能够促使教育成为某种程度上的指挥力量？”[②] 大学要发挥文明道路上的指挥力量，必须将其内在政治学诉求聚焦到国家上来：“教育宗旨不可仿效，当本其国情而定。”[③] 张伯苓依据国情而为南开大学制定“允公允能，日新月异”的校训，旨在培养学生“爱国爱群之公德，与夫服务社会之能力”[④]。蔡元培入主北大并重建北大，更是站在民族国家的制高点上确立大学的国家政治学诉求，指出大学教育的根本任务，就是要通过探求真理、创造知识、发展学术、培养人才的方式来增强民族自信力、提升国家能力，使民族国家光荣和尊严地立足于世界之林。简言之，大学的根本政治任务就是使民族昌盛、国家强大。大学的这一国家政治学诉求，不仅体现在南开大学、北京大学的办学宗旨和立校精神上，也成为所有大学的办学宗旨和立校精神，比如复旦大学“日月光华，旦复旦兮”的办学宗旨，“学术独立，思想自由，政罗教网无羁绊”的治校精神以及培养学生“至诚、纯洁、无私、博爱”和“牺牲、服务、团结”[⑤] 的校训，均体现出高远的国家政治学精神。

进一步来看，发展社会、振兴民族、强大国家，仅是大学的基本政治学要求，大学的最高政治学诉求是人类的和世界的：“大学应同时面向本地，面向全国，面向世界。大学面向世界才能体现学术的本质。”[⑥] 这符合University的词源本义：University的词根Universus，有整个、普遍、世界、

---

① 高叔平编：《蔡元培全集》（第5卷），中华书局1988年版，第479页。

② ［美］劳伦斯·阿瑟·克雷明：《学校的变革》，单中惠、马晓斌译，山东教育出版社2017年版，第76页。

③ 崔国良：《张伯苓教育论著选》，人民教育出版社1997年版，第72—73页。

④ 梁吉生：《允公允能，日新月异：南开大学校长张伯苓》，山东教育出版社2003年版，第137页。

⑤ 高伟强、余启咏、何卓恩编：《民国著名大学校长》，湖北人民出版社2007年版，第278页。

⑥ ［英］阿弗烈·诺夫·怀特海：《特海文录》，刘明编，陈养正、刘明等译，浙江文艺出版社1999年版，第165—166页。

宇宙等义。所以 University 既是普遍性的，也是超时空的：其超越性和普遍主义，构成大学的内在精神气质；其世界性、全球性和国际性，既成为大学的基本政治视野，也构成人类政治的基本愿景。大学“并非专属于一个特定时间或一个特定国家的机构”[①]，相反，它“是真正的世界性机构”[②]，因为大学从根与本两个方面促成了“人与人之间的一种联合，导致了研究与研究之间的联合”，推动人类“学问的各个分支领域集中到一起，人的学问的所有方面尽可能多地集中到一起，而无论是过去的大学还是现在的大学，真正有价值的功能就是这种集中”[③]。

（二）大学的知识学努力

美国西北大学校长莫顿·夏碧落在 2019 年接受《世界教育信息》采访时说，大学就是“让世界变得更好”（Making things better）。[④] 让世界变得更好，这是大学的国家政治学本质，也是大学的世界政治学本质；让世界变得更好，从根本上决定了大学超越现实利害羁绊和指向未来的远见性。为实现其教育政治学的国家本质和世界本质，大学必然要求自己诉求一般知识学。关于大学的一般知识学定位，20 世纪著名哲学家和伟大教育家杜威概括得最好：“哲学是最一般方面的教育理论”[⑤]，或可说，“教育是使哲学的特性具体化并受到检验的实验室”[⑥]。大学就是将人类哲学生活化和人生化的社会实验方式。

大学的一般知识学取向，决定了大学必须成为“囊括大典网罗众家之学府”：囊括大典，是从学问类型方面强调“大学是包容各种学问的机关”；网罗众家，是指广纳各领域、各学派和持不同见解、立场、主张的杰出人才，并全面发挥他们所长，成为大学的本分。大学要“囊括大典”和“网罗众家”，就必须“兼容并包，思想自由”。所以“学术独立，思

---

① ［法］爱弥尔·涂尔干：《教育思想的演进》，李康译，上海世纪出版集团 2006 年版，第 102 页。

② ［美］伯顿·克拉克等：《高等教育新论：多学科的研究》，王承绪等编译，浙江教育出版社 2001 年版，第 27 页。

③ ［法］爱弥尔·涂尔干：《教育思想的演进》，李康译，第 102 页。

④ 金雷、张力玮：《卓越之路：师生为本 使命为先——访美国西北大学校长莫顿·夏碧落》，《世界教育信息》2019 年第 7 期。

⑤ John Dewey, *Democracy and Education*, New York: Macmillan Books LTD, 1916, p. 386.

⑥ ［英］罗伯特·R. 拉斯克、詹姆斯·斯科特兰：《伟大教育家的学说》，朱镜人、单中惠译，山东教育出版社 2017 年版，第 218 页。

想自由，政罗教网无羁绊”[①] 是大学探索和传播高深学问的前提。正如怀特海所言：

> 我们要向高深研究的方向去做，有两个必备的条件。其一是设备，其二是教授。……一个大学之所以为大学，全在于有没有好教授。孟子说：“所谓故国者，非谓有乔木之谓也，有世臣之谓也。”我现在可以依照说：“所谓大学者，非谓有大楼之谓也，有大师之谓也。”我们的智识，固有赖于教授的教导指点，就是我们的精神修养，亦全赖有教授的 inspiration。但是，这样的好教授，决不是一朝一夕所可罗致的。我们只有随时随地留意延揽而已。同时对于在校的教授，我们应该尊敬，这也是招致的一法。[②]
>
> 文明是美好人生的理想，也是一所大学的理想。这个理想在于发现、了解和阐释世界万物潜在的和谐，而这种和谐引导和激发出人类经验的每种模式。因此，促进一致是大学的特种功能。当然，这绝不意味着定于一尊，罢黜百家，尽管大学有这样一个理想，不加掩饰地压制意图却使学术机构不寒而栗。它有点叛逆味道。甚至当地的限制只是达到最高目的的手段。甚至方法也成了限制。现在的困难是如何发现一种超越各种方法的方法。大学的活力应当展示出超越限制的某种途径。[③]

二　政治家和教育家的意蕴内涵

基于“让世界变得更好”的目的，“大学应同时面向本地，面向全国，面向世界”，这就是大学的政治学，它决定了大学校长必须成为教育政治家；唯有当“大学面向世界才能体现学术的本质”——大学的学术本质就是“囊括大典，网罗众家”来“研究高深学问”，然后以研究得来的“高深学问”“造就人才”。但无论是“研究高深学问”还是“造就人才”，都必须具备“概括的精神”和掌握“原理的能力”。首先，就如阿弗烈·诺

① 高伟强、余启咏、何卓恩编：《民国著名大学校长》，湖北人民出版社 2007 年版，第 278 页。

② 刘述礼等编：《梅贻琦教育论著选》，人民教育出版社 1993 年版，第 10 页。

③ ［英］阿弗烈·诺夫·怀特海：《特海文录》，刘明编，陈养正、刘明等译，浙江文艺出版社 1999 年版，第 166 页。

夫·怀特海所言："概括的精神应当统治大学。……大学的职能就在于使你能够为原理而摆脱细节。"[①] 其次，就如赫钦斯所言：

> 高等教育的目的是培养智慧。智慧就是关于原理和原因的知识。因此，形而上学就是最高的智慧。……在一个理想的大学教育里，学生不是从最新的观察着手然后回到第一原理，而是从第一原理着手，到所有那些我们认为对了解这些原理是有意义的最新观察。……自然科学从自然哲学导出了它们的原理，而自然哲学则依赖于形而上学。……研究第一原理的形而上学，贯穿整个一切。[②]

基于"研究高深学问"和"造就人才"需要培养"概括的精神"和"原理的能力"这一双重要求，大学校长必须成为教育家。

（一）大学校长作为社会主义教育政治家的基本要求

肩负"让世界变得更好"的使命，大学必须"同时面向本地，面向全国，面向世界"的政治要求，决定了大学校长作为社会主义政治家，只能是社会主义教育政治家，是治教治学的政治家，而不是治国治世的政治家，这一基本定位决定大学校长作为社会主义教育政治家与治国治世的政治家的根本区别，也决定了他区别于各种形式的政客、官僚，或者其他普通政治人物的自身政治要求。

一是要具有崇高的社会理想。政治理想是政治家的灵魂，没有社会理想的政治人物是成不了政治家的。大学校长作为社会主义教育政治家，应具备"同时面向本地，面向全面，面向世界"的政治视野，领导其所在学校促进本地更繁荣、国家更富强，必须旗帜鲜明地把为社会主义事业而奋斗作为其社会理想，并且矢志不渝地按照这样的社会理想经营大学，引导学校教育。

二是具有高超的政治智慧。由于社会公共事务的高度复杂性，政治家实践其政治理想必须具备高超的政治智慧，具体表现为具有优秀的战略思维和超常的领导才能。大学校长要使所领导的学校承担起服务本地、服务国家和

---

① 转引自［美］菲利普·弗兰克《科学的哲学》，许良英译，上海人民出版社 1985 年版，第 6 页。

② 转引自［美］菲利普·弗兰克《科学的哲学》，许良英译，第 2 页。

促进“世界变得更好”的使命，不但要有全局观念和历史眼光，还须善于协调各方利益和凝聚各方力量，合法并且高效地调配社会资源。

三是应该对社会发展做出较大的积极贡献。大学校长的教育政治贡献既可以是理论上的、思想上的，也可以是实践上的。这种贡献可以表现为对社会发展的积极影响，也可以表现为对发展过程的实践推动。

四是恪守政治伦理底线。无论是在历史境遇里，还是在现实生活中，政治家在其政治实践中总会遭遇个人利益与公共利益的冲突情境，并不得不做出取舍，大学校长的政治实践也同样如此。但作为真正意义上的教育政治家的大学校长，当面对这种情境时，一定不会用个人利益和公共利益做交易，也不会用少数人的利益与大多数人的利益做交换，而是始终坚守政治伦理底线，优先考虑治下的大多数人的利益，优先维护学校的公共利益，尤其是合法的社会利益和国家利益。

（二）大学校长作为社会主义实践教育家的基本要求

考察大学校长的教育家资质，首先需定位何谓教育家。

关于教育家，有机论哲学家和教育思想家阿弗烈·诺夫·怀特海曾有一著名论断：“凡是在一位伟大教育家出现之后，教育便会发生重大的变革，再也不会是原先的模样了。”[①] 依怀特海之见，所谓教育家，就是经过他们理论的或实践的努力而从根本上改变了时代教育状况的那些教育实践家或教育理论家，所以理论上的创造性和实践上的影响力，是评价教育家的基本指标。

英国教育史家罗伯特·R. 拉斯克和詹姆斯·斯科特兰认为，教育家必须具备五个条件：第一，“每位教育家都为教育的发展贡献了新的理论或对教育进程中的问题作了新的阐释”。第二，“伟大教育家区别于其他人的一个明显特征，在于他们或多或少都是哲学家。他们的教育理念无一例外地都深深地扎根在各自明确的哲学基础之中，且基于他们对人类本性及其重要性的理解”。第三，“这些教育家的特征是他们都具有新颖的教育理念，每位教育家都呼吁与他所处时代的教育规范决裂”。第四，“人们能够发现这些教育家的思想对教育实践产生影响的场所……他们的教育思想却被许多教师在许多不同的场合应用过。因此，这些教育家虽然已经故去，

① ［英］罗伯特·R. 拉斯克、詹姆斯·斯科特兰：《伟大教育家的学说》，朱镜人、单中惠译，山东教育出版社 2017 年版，第 2 页。

但他们所提出的教育思想却一代代薪火相传了下来”。第五，“他们的著作在某个时期显然产生过重要的影响。从理论上说，他们也应该继续发挥影响，真正伟大的教育家的思想应当对今天的教育有所启迪”①。

以此标准，柏拉图、昆体良、罗耀拉、夸美纽斯、洛克、卢梭、裴斯泰洛奇、赫尔巴特、福禄倍尔、蒙台梭利、杜威11位被选入《伟大教育家的学说》中。这些伟大的教育家应该成为大学校长通向教育家道路的榜样，但却不能要求大学校长必须如此。党和国家要求大学校长成为社会主义教育家，是指大学校长应该以古今中外伟大的教育家为榜样，并以古今中外伟大教育家的教育思想、教育理论、教育智慧和教育方法来办好其所领导的社会主义大学。所以，“让教育家来办教育”和“让大学校长成为教育家”，首先是指“让真正懂教育的人来办教育”，其次是指大学校长要办好一所学校，必须真正懂得大学教育。基于这两个方面的要求，大学校长应该以真正的教育家为目标，并做出不懈努力。为此需要具备如下五个方面的基本资质和能力：

其一，有健全的人格和高尚情怀。德国著名哲学家雅斯贝尔斯说：“教育就是一棵树摇动一棵树，一朵云推动一朵云，一个灵魂唤醒另一个灵魂。”大学校长要成为实践中的教育家，必须怀揣责任和使命地践履教育，必须具备健全的人格精神，有高尚的道德修养，有深厚的人文情怀。这也是古今中外大教育家的共同特质。

其二，对大学有着崇高的理想。真正懂教育的人必定是深刻理解教育价值的人，必定是怀揣教育理想的人，必定是对大学有着诚挚热爱和使命情怀的人，必定是立志献身于大学教育事业无怨无悔的人，这样的人，就是“不愿做市长，只想做校长”的张伯苓那类人。

其三，能真正理解大学存在、大学理想、大学精神和大学任务。大学之所以存在，是因为未来：“大学的任务就是创造未来。”② 大学的理想“与其说是知识，不如说是力量”，即“把一个孩子的知识转变为成人的力量”③。大学的精神，就是求真扬善创美：“美、道德和美学是生存的目的；

① ［英］罗伯特·R. 拉斯克、詹姆斯·斯科特兰：《伟大教育家的学说》，朱镜人、单中惠译，山东教育出版社2017年版，第2—5页。

② ［英］阿弗烈·诺夫·怀特海：《思维方式》，刘放桐译，商务印书馆2010年版，第159页。

③ ［英］阿弗烈·诺夫·怀特海：《教育的目的》，徐汝舟译，生活·读书·新知三联书店2002年版，第49页。

善良、爱和艺术上的满足是其造诣模式的组成部分。逻辑和科学是相关模式的披露，并避免离题的空论。”[①] 大学，就是将每一个进入其中的年轻人造就成为热爱真理、践行善良、创美生活的人、人才。大学的任务，一是探求真理，创造知识；二是传播知识，其重心是激励学生真正弄明白“知识何以如此”和“怎样有创意地运用知识”来探求新知。

其四，能根据大学的本性因地制宜地制定学校目标，全方位地践履教育规律。自近代产生以来，大学经历了三个发展阶段。第一个阶段是由英国约翰·亨利·纽曼倡导形成的学院模式，目标是培养 Gentleman（绅士）；第二个阶段是由德国冯·洪堡倡导形成的研究型模式，目标是培养 Scholar（学者）；第三个阶段是由美国综合英国绅士教育和德国理想教育模式形成的研究学术、培养人才的“服务社会”形式，其目标是引领社会发展。[②] 进入 21 世纪，大学应该以研究高深学问为基础、以服务社会为准则来培养社会精英。为此，大学校长必须从两个方面做出有个性的努力：一是探索如何引导学生“摆脱细节”去“透彻理解普遍的原理”[③]，并关联地“掌握原理”[④] 的规律；二是如何在建构性地培养学生“研究学问”的同时“练习做事”的方法，因为“做事本就是应用学理。是将平日所得来的公律、原则、经验应用到实事上”[⑤] 的能力创造实践。概括地讲，大学校长作为实践教育家的使命，就是引导教师探索培养学生获得学理并应用学理的规律、方法、能力，这一过程就是全方位地“造就人才”的过程。

其五，具备将教育理论运用于教学实践，个性化地重构可普遍推行的教学经验和方法的能力。客观地看，真正懂教育的大学校长，一定能会通古往今来人类大学教育哲学、思想、理论和方法智慧，深刻理解大学的精髓和大学教育的根本原理以及教学的基本规律，并在此基础上提出自己的大学见解、观点、主张或理论，然后将其置于更新的教学实践中接受检

---

① ［英］阿弗烈·诺夫·怀特海：《特海文录》，刘明编，陈养正、刘明等译，浙江文艺出版社 1999 年版，第 10 页。

② 高伟强、余启咏、何卓恩编：《民国著名大学校长》，湖北人民出版社 2007 年版，第 2 页。

③ ［英］阿弗烈·诺夫·怀特海：《教育的目的》，徐汝舟译，第 48 页。

④ ［英］阿弗烈·诺夫·怀特海：《教育的目的》，徐汝舟译，第 48—49 页。

⑤ 张伯苓：《以社会之进步为教育目的》，原载《校风》第 117 期，后收入《张伯苓教育言论选集》，南开大学出版社 1984 年版，第 63—65 页。

验，提升学校的整体教育水平，提升学生摆脱细节、掌握原理、应用原理的做事能力。

三　大学校长作为社会主义教育政治家的主要职责

中华民族伟大复兴是中国共产党和中国人民要实现的历史使命。作为大学校长，必须自觉肩负起这一政治使命，并应从如下方面把握办学方向、协调对外关系、实现大学的社会价值。

（一）必须坚持以人才培养为中心，认真贯彻党和国家的教育方针，培养德才兼备的、高素质的社会主义建设者

纵观历史，各国的发展兴盛无不与其各行各业人才兴旺密切相关。放眼世界，科学技术飞速发展，一流人才已然成为一个国家的核心竞争力，作为高素质人才培养基地的大学，对复兴民族和强大国家具有强大的战略支撑作用。可以说，大学之所以能够存在并得到重视，就在于它能够为社会培养杰出人才这一独特的职能。校长作为大学教育的灵魂人物，自然应当责无旁贷地肩负起属于自己的历史使命，以高度的政治觉悟，坚决落实执行党和国家的教育方针，在遵循教育规律的前提下，带领全校教职员工把培养德才兼备的高素质社会主义建设人才作为根本职责，解决管理机制上的顽疾，不断创新完善培养模式，努力奋斗，坚持不懈。

（二）坚持以促进社会发展为导向，扎实引领大学为政治、经济、文化、卫生等社会各领域发展提供智力支持和服务

当今时代，大学早已走出象牙塔，进入社会舞台的中心地带。首先大学已成为肩负服务当地、服务国家之责的人才培养基地，培养和输送一批又一批高素质高技能的人才，为社会各领域发展提供直接的人力资源支持；其次是成为知识生产基地和科技创新基地，通过科学研究和技术发明为社会各领域发展提供知识生产、决策咨询和技术转化等智力支持和服务。以当下世界上各国正在奋力进行的抗击新冠疫情行动为例，大学及其科研人员在病毒基因测序、诊疗技术开发、病患救治、防控策略指导等各个方面都发挥着关键性的科研支持和决策辅助作用。校长作为大学的行政首脑，应当超越局部思维惯性，用全局性的视野审视现代大学在社会大系统中的重要地位和独特功能，积极引领大学参与到社会发展的各个领域，充分发挥其作为智库和技术引擎的社会作用。这不仅是大学校长的职责所

在，亦是其使命和荣光所系。

（三）坚持以参与社会活动为抓手，进一步加强大学与政府以及社会各界的联系与合作，为大学不断拓展发展空间，广泛吸纳社会资源

大学组织的根本特性在于学术活动。和其他很多人类生产活动一样，学术活动的进行必然需要相关的资源和条件保障。对资源和条件的这种依赖是任何学术活动都无法从根本上摆脱的，尤其是在现代社会知识生产模式转变的作用下，这种依赖性更是被大大强化了。但是，资源的相对稀缺性是一条普遍法则，不仅适用于经济，还适用于所有需要和依赖资源的领域，包括学术领域。因此，校长作为大学对外联系的法人代表和代言人，应该以政治活动家的热忱和经营者的思维，积极参与到社会公共事务的讨论、经济建设发展的规划、慈善公益事业的宣传等社会活动中，表达大学的相关立场、观点和愿望，展示大学自身的资源、价值和优势，建立和加强与政府及社会各界的链接和互动，促成并不断深化合作，广泛吸纳社会各方资源，实现大学与社会的协调发展和互利共赢。

（四）坚持以落实办学自主权为己任，最大限度地争取政府和社会各界对大学办学规律及学术发展规律的理解和尊重，确保大学发展具有相对独立和自由的空间

大学作为一个政治性、思想性和专业性都很强的复杂组织，其治理和发展需要具有相应的自主权。唯有如此，大学才能更好地完成其人才培养、科学研究、社会服务、文化传承创新以及国际交流合作五大职能。因为很显然，没有人比教授更懂得如何培养人才，没有人比学者更懂得知识生产，也没有人比真正的校长更深谙学术治理的特点与规律。然而，纵观新中国七十年的高等教育史，我们会发现中国大学的办学自主权一直没有得到足够的尊重和落实。尽管伴随着改革开放和教育管理体制改革，1998年颁布的高等教育法最终明确规定了大学的七项自主权，但由于长期在计划经济体制和中央集权化教育管理模式下运行、社会法治意识淡薄和“官本位”思潮盛行以及学校主体自觉性的缺失等①，大学的办学自主权至今仍然未能完全落实，已经成为制约中国高等教育发展的瓶颈之一。对此，校长作为大学自主权的守卫者和主要践行者，应当充分发挥社会主义政治

① 孙霄兵：《中国高等学校办学自主权的发展及其运行》，《中国高教研究》2014 年第 9 期。

家的智慧和远见，与政府相关决策机构以及社会各界主动沟通，积极协调，引领学校各主体加强自觉自律，接受相关利益方合理限度内的监督和问责，最大限度地争取外界各方对大学运行以及学术发展规律的理解和尊重，在必要时也要敢于通过法律救济的途径，抵制外界对办学自主权的不当干预，最终确保大学发展具有相对的独立和自由的空间。

四　大学校长作为社会主义实践教育家的主要使命

大学校长作为懂教育并践履教育的教育家，其主要使命和职责是面向大学内部事务与发展，其核心是关于人的工作，具体可以概括为凝聚人心、稳定人心、鼓舞人心和温暖人心。

（一）以美好的发展愿景凝聚人心

发展愿景是对组织发展战略目标达成后的全面景象的描绘，对组织的长远发展具有十分重要的凝聚和引领作用。大学从诞生到现在，始终带有多行会松散联合的组织特征，学者对其所在学科的忠诚度往往会超过对大学的忠诚度。因此，大学比其他社会组织更加依赖发展愿景对其成员的凝聚和引领作用。作为教育家型的大学校长的首要职责，就是提出适合本校的发展愿景，促使全校教师、学生以及管理人员齐心协力，为之奋斗。

提出并确定发展愿景不但要遵循大学发展的一般逻辑，也要立足本校的历史文化传统和现状，同时还要结合国家和当地社会经济发展需求。因此，校长就应该像一名大教育家那样，认真研究大学教育方面的专业理论知识，把握大学的渊源和本质特征，总结借鉴国内外大学发展方面的成功经验和失败教训，在此基础上深入研究本校的历史文化积淀和当下面临的发展机遇和挑战，最终提出具有前瞻性和引领性的发展愿景。并且要真正发挥出发展愿景凝聚人心的作用，还必须在办学实践中大力宣传其办学理念，从细微出发向大家描绘其愿景，争取学校全体教职员工的高度理解和认同，因为校长是要“带领全校教师走向这个大学 15 年后应该在的地方，但是现在有许多教师不愿意跟你走，你需要用辩论和演讲的方法，使得愿意跟你走的人越来越多”①。

（二）以完善的制度保障稳定人心

大学发展愿景的实现离不开完善的现代大学制度做保障。对于正处在

---

① 汪明义：《地方高校内部治理中必须处理好的十大关系》，《中国高等教育》2013 年第 9 期。

转型发展期的当代中国大学而言，建立和完善现代大学制度，具有十分重要的作用。第一，现代大学制度有利于保障大学独立法人地位和办学自主权的落实；第二，现代大学制度有利于明细行政权力与学术权力的边界，为后者不受侵犯地、有效地运行提供制度保障；第三，现代大学制度有利于实现大学内部治理的共同参与性和民主性，从而为师生合法权益的维护提供有效途径。显然，现代大学制度的出发点和根本落脚点都在于人，体现了以人为本的理念，其建立和完善对于调动大学成员的积极性和创造性、稳定大学成员对学校长远发展的信心，具有重要的保障作用。

基于对现代大学制度与大学发展关系的深刻理解，作为教育家的当代中国大学校长应当把推动建立和完善现代大学制度作为自己重要的职责之一。而当前履行这一职责最主要的抓手就是大学章程的制定与完善。大学章程是现代大学制度的主要载体和实践工具。① 在推动大学制定和完善章程的过程中，大学校长显然具有很大的主导权和推动力，有责任不断改革和完善制度环境，着力培养和汇聚优秀的学者和学生，并为其潜心治学和探索真理提供强有力的条件支持和保障。

（三）以进取的学术精神鼓舞人心

大学管理的真谛就是激活基层学术组织的活力。其基本手段就是在全校师生中大力倡导进取的学术精神。倡导进取的学术精神首先需要全校师生崇尚学术，体现在对学问有敬畏之心、对学者有敬重之情、对学术活动有投入之望方面。只有崇尚学者，才能产生学者；人人争当学者，高水平学者才会辈出。其次是要求学者在学术活动中坚守“客观的依据，理性的怀疑，多元的思考，平权的争论，实践的检验，宽容的激励”基本原则。这六大原则构成了学术精神的完整内涵，是任何一位学者在其一生的学术活动、真理探索中须臾不可离，缺一不可为，少一难为继的。最后在学术方向选择上，要激励老师站在学科发展的前沿，将强烈的好奇心聚焦于亟须解决的重大理论问题上；激励老师要面向经济社会发展的重大需求，将持续的进取心着力于解决那些掐脖子的关键技术；激励老师面向人民群众生活的强烈需求，将高度的责任心汇聚于引领全校师生始终坚持和大力弘扬甘守寂寞、勇于拼搏、求实创新、批判继承等学术精神，为大学乃至社

---

① 张文显、周其凤：《大学章程：现代大学制度的载体》，《中国高等教育》2006 年第 20 期。

会发展提供持续的精神动力。

（四）以真诚的教育大爱温暖人心

教育是用爱培育爱的文化事业。作为教育家的大学校长要把对大学本质的理解化作爱的行动，如春风般抚慰每一颗心灵。深沉的教育大爱源于对文化为公的体认，文化为公的坚守必然转化为教育的大爱。只要世界上还有贫穷和落后、疾病和苦难、隔阂和冲突、战争和悲剧，大学校长就有责任点亮爱和文化之光，照亮世界。大学校长应该经常深入师生之中，与其广泛交流，不仅鼓励他们的工作和学业，还要关心他们的生活和情感，让他们体验到大学的人文关怀。同时要用教育大爱感化每一位教职员工，引导其投身教育事业，并把教育事业不断向外扩展、延伸至更广大的世界。

第三节　大学治理中教师的使命与责任*

大学教师是推动高等教育内涵式发展的第一资源，是办人民满意的高等教育的主体力量，推动高等教育发展，关键在于建设“师德高尚、业务精湛、结构合理、充满活力的高素质专业化教师队伍”。要加强和改进高校教师队伍建设，就要深刻把握大学教师所肩负的使命责任，科学构建指导教师成长发展的具体标准，这既是大学教师队伍建设之所需，也是高等教育改革发展的基础性工程。

一　构建科学的大学教师评价体系

随着中国高等教育综合改革的深化和现代化进程的加快，如何构建更为科学的大学教师评价标准体系，愈加成为学界关注的重点。

自高等教育扩招以来，中国教育主管部门一直在加强大学教师标准的探索和构建。1999 年实施的《中华人民共和国高等教育法》规定高校教师的基本资格、2011 年颁发的《高等学校教师职业道德规范》对高校教师提出六个方面的道德规范要求、2012 年教育部印发的《关于全面提高高等教育质量的若干意见》提出完善高校教师分类评价办法、2014 年教育部印发的《关于建立健全高校师德建设长效机制的意见》提出高素质专业化

* 本节主要内容曾发表于《中国高等教育》2020 年第 Z1 期，题为“论大学教师的使命责任与基本标准”。

高校教师队伍的师德标准、2018 年教育部印发的《新时代高校教师职业行为十项准则》进一步结合新时代高校教师队伍的使命责任，提出新时代高校教师的准则和要求等，均体现了党和国家对加强大学教师标准顶层设计一以贯之的重视。

关于中国大学教师标准虽已有一系列规定，但仍存在若干亟待解决的问题，主要体现在以下方面：一是随着高等教育竞争加剧，无论是大学还是大学教师，都应更多地关注教学技能、教学手段、静态的教学规范等方面的标准，促进学生内心情感、德行操守、理想信念全面发展的标准受重视程度也需要提升。二是大学教师标准构建还存在不平衡状况，对大学教师的评聘和考核更多地侧重于科研方面的标准，其他方面的标准缺乏具体细化的要求，且操作性不强，观测教师主体意识、创新能力、通过教书育人使学生获得哪些“增量”的标准还应进一步明确。三是从新时代大学教师肩负的使命责任的角度，对大学教师标准做出适应高等教育发展新要求的梳理、提炼还有待加强。通过对普通本科院校中从事本科和研究生教育的教师素养标准的构成要素进行梳理和阐释，有助于揭示大学教师标准的共性要求，还可为高等职业教育、成人高等教育等其他大学教师标准的构建提供启示。

二　科学地界定大学教师的使命与责任

新时代中国大学教师所肩负的立德树人根本任务有着丰富的内涵，是其素养和标准的根本依据，体现在三个维度，即启迪智慧、培育新人；探求新知、追求真理；传承文明、引领社会，概而言之，即育人为本、学术自由、社会担当。

（一）启迪智慧、培育新人

人类文明演进和社会进步对大学产生了新的需求，启迪智慧、培育新人始终是大学教师最重要的使命与责任。

大学教师的使命与责任首先应体现为以专业知识教育为基础、以健全人格塑造为重点、以社会责任感培养为保障，在学会学习、学会做人、学会实践、学会思辨、学会发展等方面，启迪学生智慧、激发学生潜能、张扬学生个性，使学生由单纯的知识接受者转化为社会进步的主动参与者和国家富强的积极建设者。为此，大学教师要在拥有扎实的专业知识和高超的教学技能基础上，善于挖掘本学科专业所蕴含的科学原理、哲学思想、社会伦理等育人元素，在知识的熏陶中，潜移默化地启迪学生正确观察、思考和处理人与人、人与社会、人与自然、人与自身的关系，使教育教学的知识传授过程升华为培养德智体美劳全面发展的社会主义建设者和接班人的浸润濡染过程。

（二）探求新知、追求真理

从大学改革创新的实践来看，大学教师探求新知、追求真理，不但体现着大学教师的个人职业属性，而且彰显着大学教师的社会使命与责任。

从使命与责任的高度考察大学教师探求新知、追求真理的活动，可从三个方面加以审视和把握。首先，探寻新知识是大学教育与基础教育、职业技能教育等其他教育的重要区别之一。其次，大学教师不但要考察知识和真理本身，而且要深入研究人类把握知识的科学思维方法，揭示开辟学科知识新视域、创获专业知识新成果何以可能、怎样实现，通过思维方法和观察方式创新，推动相对真理向绝对真理深化和转化。最后，探求价值论意义层面的新知和真理。新知和真理本身并不构成意义，只有把知识和真理的客体尺度和人的实践追求的主体尺度结合起来，探求新知、追求真理的过程才会成为人与社会发展的螺旋式上升过程。超越性是大学教师探求新知、追求真理的鲜明特点，是大学教师肩负使命与责任的内在动因。

（三）传承文明、引领社会

不论基于大学作为社会文明高地的事实，还是基于大学教师身份的社会属性，传承文明、引领社会必然成为大学教师实现社会价值，彰显大学使命的客观需要。

大学教师传承文明、引领社会首先体现为通过精深的钻研，厘清人类知识发展的脉络，对人类的知识进行整理归纳、综合提炼及丰富创新，延展知识体系的广度和深度，为人们正确认识客观世界和主观世界提供思想文化资源和分析工具。在人才培养、科学研究、社会服务、文化传承创新以及国际交流合作的实践过程中，大学教师通过与学生乃至与社会的互动，以扎实的学识、深刻的见解、高尚的情操，激发社会大众对于尊重知识、崇尚科学、追求真理的自觉认同，激发求真求善求美的自觉。

三　理性地确立大学教师的基本标准

大学教师的基本标准就是衡量和评价大学教师职业活动的依据、规范和准则，体现了社会的要求、教育的需求和教师个人的追求的有机统一。归根到底，大学教师的使命与责任决定了大学教师基本标准之可检验、可评测的主要内容。

（一）遵循规律

一是遵循人才培养规律。大学教师遵循教育教学规律，具体体现为坚持知识传授、品德塑造、能力培养相统一，坚持教学智慧、教学技能、教学效果相协调。大学教师遵循人才成长规律，具体体现为主动分析和有效把握学生的需求、心理、差异，激发学生的个性与潜能。

二是遵循科学研究规律。大学教师开展科学研究，要严格遵循材料收集、调查研究、归纳演绎、逻辑推理、实验试制的基本准则，按照学术研究的规范开展观察实验、分析评价、预测推断、检查验证，提出经得起实践检验的学术观点。

三是遵循服务社会规律。大学教师把握服务社会的规律涉及两大方面，即正确认识社会状况和卓有成效地开展社会实践。大学教师要积极认识社会发展的现状和趋势，充分发挥自身学科专业优势，主动服务国家经济社会发展的重大需求。

四是遵循文化传承创新规律。大学教师是人类文化传承创新的主体力量，大学教师遵循文化传承创新规律，具体体现为大学教师坚持以马克思主义为指导，坚守中华文化立场，立足当代中国现实，结合当今时代条件，发展面向现代化、面向世界、面向未来的、民族的、科学的、大众的社会主义文化，推动社会主义精神文明和物质文明协调发展。

五是遵循国际交流合作规律。大学教师参与国际交流合作，既要遵循世界文明演进规律，又要遵循当前教师国际化、学生国际化、课程国际化、科研合作国际化、办学方式国际化的高等教育发展规律，努力做国际人文交流的担当者、国际交流合作领域的开拓者和人类共同问题的解答者。

（二）崇尚学术

崇尚学术作为大学教师的基本标准主要涉及三方面，即对学问有敬畏之心、对学者有敬重之情、对学术活动有投入之愿。

大学教师对学问有敬畏之心，具体体现为大学教师在面对存续人类思想智慧、积淀人类文明信息、承载人类憧憬向往的知识体系时，深切体察其庄严和崇高，油然而生出坚持不懈的探索精神、严谨论证的审慎精神、独立思考的怀疑精神、求真求实的批判精神，在学术追求上，既大胆假设又小心求证。大学教师对学者有敬重之情，具体体现为大学教师具备敬重前贤时彦的气度，具有接受商榷批评的胸怀，客观公正地评价他人的学术成果，感同身受地体察其他学者的研究思路、研究方法、研究活动、研究成果，积极构建与其他学者加强人际交往、学术交流、思想交融的学术生态，共同打造平等包容、相互借鉴、彼此激励的学术共同体。大学教师对学术活动有投入之愿，大学教师每年都应主动申请和承担相应的科研项目、教改项目，公开发表学术成果，积极参加学术讲座、学术论坛等学术活动，全方位地加强对教学学术、发现学术、应用学术、整合学术的探究。

（三）关爱学生

大学教师关爱学生既是一种价值理念倡导，又是大学教师教学素养的必然体现，还是一种可观测、可评价的标准，这涉及两大方面：一是关心学生的学习。大学教师对学生的学习引导集中体现于课堂主阵地上，但这远远不够，还要全过程地关心学生的学习资源、学习机会、学习空间、学习过程、学习效果，以高度的责任感尽可能地为学生拓展学习的材料、工具、信息、实践等各种条件。二是关心学生的发展。大学教师关心学生的发展，体现为关心学生在接受大学教育后，情感是否丰富、视野是否宽广、身心是否健康、思维是否活跃、意志力是否增强。

（四）热爱学校

热爱学校作为大学教师的基本标准，具体体现为深刻理解学校兴盛与教师成就之间的同源一体关系，将促进学校发展、关心学校未来、维护学校声誉贯穿在大学教师教书育人的各项工作和个人奋斗追求的细节中。一是积极了解学校的历史文化、办学传统、愿景使命、特色优势，通过增强对于学校的认同感、自豪感、归属感，产生自觉提高教书育人、立德树人能力和水平的牵引力、推动力。二是充分发挥办学兴校的主体作用，积极有序参与学校治理和学校公共事务，通过教研室、院系以及教代会、职代会等各种载体，把学校办学理念、发展战略、治校方略熔铸到成效显著的工作之中，共同塑造学校形象、维护学校声誉。三是遵循大学内部组织运行规则和规章制度，正确处理学术自由与学术责任、个人观点与课堂纪律以及教师与学校、教师与教师、教师与学生、教师与管理服务人员、个人利益与集体利益等一系列关系，既正确追求个人权利，又切实履行自身责任义务，形成履职尽责的自觉意识和行为习惯，从而以推动学校发展为个人发展创造条件，以个人发展为学校发展增添动力。

（五）情趣高雅

大学教师培养高雅情趣，首先要从宏观层面深刻认识自己所从事的事业的社会功能，准确把握大学教师高雅情趣所负载的社会意义。高校教师作为教育者应先接受的教育，不但包括学科专业、教学方法等方面的教育，还包括健康高雅、科学文明、积极向上的生活情趣的培育。其次要从微观层面把培育健康高雅的个人情趣与履行教书育人的使命责任结合起来，培养良好的生活习惯、生活态度、生活方式，既在人文社会科学、自然科学、体育运动、文化娱乐等方面培养广泛的兴趣，又远离不良嗜好，对良莠并存的社会现象、价值观念、行为方式，始终保持独立思考、理性批判和人文关怀。同时，大学教师还要把个人的高雅情趣渗透到教书育人的全过程中，使个人情趣转化为教育智慧、执着精神、礼仪风度、育人资源。

（六）追求卓越

大学教师追求卓越，一是要树立质量意识。经过教师的言传身教，立德树人是否有效融入学生的思想道德教育、文化知识教育、社会实践教育之中，是大学教师应该树立的最重要的质量意识，其质量评判的主要依据是教育教学质量，具体标准是学生是否获得德智体美劳的全面发展。二是共建学术文化。大学教师应把共建卓越的学术文化作为毕生追求，把学术活动由狭义的专业知识探究，拓展为追求教学学术的卓越、追求发现学术的卓越、追求应用学术的卓越、追求整合学术的卓越，积极构建追求卓越的学术文化场。三是坚持效果评价。大学教师要形成接受评估评价的自觉和主动开展效果检验的习惯，把履职尽责的过程性评价和工作绩效的结果性评价结合起来，通过积极参与教学评估、专业评估、教学督导、评教赛课以及自我开展教学反思、试卷分析、师生互动等，构建坚持问题导向、强化信息反馈、促进能力增强的评价提升良性循环机制，进而追求卓越的工作效果。

第四节　大学治理中学生的使命与职责*

习近平总书记指出："广大青年应该在奋斗中释放青春激情、追逐青春理想，以青春之我、奋斗之我，为民族复兴铺路架桥，为祖国建设添砖加瓦。"当代大学生要努力成为实现中华民族伟大复兴的先锋力量，将服务国家的坚定信念熔铸于心，在多元的社会热点面前始终坚持正确的前进方向。

青少年阶段是人生的"拔节孕穗期"，这一时期其心智逐渐健全，思维进入最活跃状态，最需要精心引导和栽培。如今，各种社会热点此起彼伏，当代大学生时刻面临着对各种社会热点怎么看、怎么办的问题。面对社会热点问题，要坚定理想信念、练就过硬本领，学会思考、善于分析、做出正确抉择，做到稳重自持、从容自信、坚定自励。

一　全面深刻地认识中国

面对国内的各种社会热点，当代大学生应具备历史视野和时代眼光，不能孤立抽象地看待它们，而应该将其放置到中国过去、现在和将来的坐标体系中进行研判。要深入热点问题的内部，由此及彼，由表及里，认识中国的厚重历史、悠久文化、灿烂文明，认识中国的基本国情、社会的主要矛盾，也要认识中国的未来愿景、宏伟蓝图。要从我们党探索中国特色社会主义历史发展和伟大实践中，认识和把握人类社会发展的历史必然性，认识和把握中国特色社会主义的历史必然性，不断树立为共产主义远大理想和中国特色社会主义共同理想而奋斗的信念和信心。

二　客观理性地审视世界

在推动构建人类命运共同体的背景下，坚持以科学的世界观和方法论客观理性地审视世界，是当代大学生培养全球眼光、拓展国际视野的必然要求。许多世界热点具有突发性、变异性、扩散性等特点，辨析世界热点需要具备相应的专业知识和较强的分析能力。培养客观理性审视世界的技

* 本节主要内容曾发表于《人民日报》2022 年 4 月 24 日第 5 版，题为"坚定理想信念 练就过硬本领"。

能与素养，需要当代大学生学会观察，尽可能全面准确地掌握热点事件的有关信息，避免以偏概全、以点带面。同时，还要学会思考，对所观察到的信息进行整理、探究、追问，在抽丝剥茧的过程中知其然更知其所以然，让世界成为帮助自己成长的一本大书。

三　从容淡定地面对网信

互联网是20世纪伟大的发明之一，给人们的生产生活带来巨大变化，对很多领域的创新发展起到很强的带动作用。大学生身处数字化、网络化、智能化深入发展的时代，网络信息是大学生重要的学习资源，信息素养已经成为当代大学生的必备素养。面对网络信息，大学生不应囫囵吞枣，而要学会鉴别，善用“望远镜”和“显微镜”。善用“望远镜”，指的是不能把目光局限在某条网络信息的片段和枝节上，要用正确的立场观点方法为自己勾画看待问题的大视野。善用“显微镜”，就是要练就透过现象看本质的火眼金睛，不为模棱两可、似是而非的观点所误导，要去伪存真、去粗存精。

四　满怀信心地增强本领

大学生面对的社会热点问题，关系到他们如何看待客观世界以及如何调适主观世界。专业知识的积累、实践技能的锤炼、综合素质的提升，能够为大学生正确认识和科学应对社会热点提供分析工具，并为日后步入社会、实现人生目标和创造自我价值奠定坚实基础。在大学期间，要满怀信心地练就过硬本领，特别是要培养和训练科学思维方法和思维能力，把学习同思考、观察同思考、实践同思考紧密结合起来，保持对新事物的敏锐，学会用正确的立场观点方法分析问题，善于把握历史和时代的发展方向，善于把握社会生活的主流和支流、现象和本质。养成历史思维、辩证思维、系统思维、创新思维的习惯。

五　义无反顾地服务国家

要成为社会主义建设者和接班人，必须树立正确的世界观、人生观、价值观，把实现个人价值同党和国家的前途命运紧紧联系在一起。在面对各式各样的社会热点，特别是面对一些消极有害的信息时，当代大学生应该始终坚守服务国家的决心，这是正确看待和科学应对社会热点的“压舱石”和“指南针”。大学生努力学习知识、练就过硬本领，能够为服务国家奠定基础；而通过服务国家的担当实干，面对激荡的社会思潮和形形色色的社会热点，大学生能够更好地做出价值判断和行为抉择，将个人力量融汇到国家发展的磅礴力量中。

第三编　大学与社会

在大学发展史及人类社会发展史上，大学与社会的关系经历了大学被动地适应社会的需要，后来过渡到主动地满足社会的需求，到当今大学成为引领社会发展的轴心组织。任何一所世界一流大学都是在服务自己国家的发展中成长起来的，大学因服务国家战略而兴，国家因大学支撑而强。在本编中，作者收集了自己论证大学服务国家强盛、大学助推人类命运共同体的构建以及大学服务乡村振兴战略等方面的研究论文，也融入了作者最新的还未发表的研究成果，表达了作者致力于实现大学服务国家强盛和人类进步事业的愿望和努力，也体现了作为“魂”的中国大学的价值追求：“系天下苍生、谋世界大同。”

第十章

大学支撑国家发展

民族的复兴，本源于文化的复兴，文化的复兴离不开大学，因为大学是提升国家文化软实力的重要阵地。民族是否已经复兴，标志着国家是否国强民富。人民要富有，短板在乡村，因此，民族要复兴，乡村必振兴。国家要强大，主要因素有三：一是科技，二是经济，三是军事。而军事的强大当然依赖于科技和经济这两个基础。军事的强大不是目的，仅是在国际社会中伸张正义、维护和平的手段，因为我们走的是和平发展的道路。为此，实施军民融合战略和实施乡村振兴战略是实现民富和国强的必由之路。

第一节　大学与民族复兴*

一　大学是民族复兴的核心要素

近千年来世界大国振兴的历史表明，国家的强盛依赖于其大学的强盛；哪里是世界大学的中心，哪里就是世界的科技中心，其后该国就成为世界的强国。

在意大利半岛上，1088 年诞生的博洛尼亚大学被称为“西方大学之母”，从此吹响了文艺复兴的号角，最早的城邦资本主义经济也在意大利的威尼斯、热那亚和佛罗伦萨等地产生。1150 年诞生的巴黎大学①被称为“欧洲大学之母”，巴黎自拥有了最强大的大学集团开始，就为拿破仑的武

* 本节主要内容曾发表于《中国教育报》2013 年 11 月 22 日第 5 版，题为“大学与大国崛起”。

① 这里的巴黎大学指早期的巴黎大学。巴黎大学 1968 年被拆分为 13 所独立的大学，用数字编号。2019 年巴黎第五大学、巴黎第七大学以及巴黎地球物理学院合并为新的巴黎大学。

功文治、革命大业、帝国辉煌提供了思想、技术和艺术上的支持。自那时起，在学术界就流传着“意大利人有教皇、日耳曼人有帝国、法兰西人有巴黎大学”的说法。自从英国拥有了当时最好的牛津大学和剑桥大学后，英国就成为领导第一次工业革命的国家。[①] 当被称为“现代大学之母”的柏林大学[②]于1810年诞生之后，科学研究从此在大学登堂入室，世界的科技中心就自然转移到了德国，德国成为第二次工业革命最重要的国家。当成千上万的美国人到德国学习创办研究性大学的经验归来后，他们把这些经验和早期从英国人那里移植来的博雅教育的传统结合在一起，产生了属于自己的研究性大学，美国便成为第三次工业革命最主要的发起者。

由此可见，大学是科技革命的动力站，是人类历史前进的火车头，是提高国家实力的重要阵地。大学因此成为无数智者的精神家园和人类智慧的花朵。美国独立宣言起草人之一的杰斐逊做过美国的第三任总统，却坚持只在自己预定的墓碑上刻上弗吉尼亚大学的创办者碑铭。

二　大学何以能成为民族复兴的核心要素

所谓大国，就是具有强大的硬实力和软实力的国家。硬实力和软实力对于一个大国的振兴，犹如车之两轮、鸟之两翼。软实力的基础源于教育的繁荣。美国是20世纪世界上的头等经济大国和科技强国，这源于其强大的国民教育体系特别是发达的高等教育。因为软实力一方面体现在文化力和民众的素质上，而文化力和民众素质的提升均与一个国家的教育实力密切相关。软实力另一方面则体现在制度的渗透力上，好的制度甚至影响人类进步的制度均源于那些知识先驱者的努力，而近代以来，这样的知识先驱者无不源于那些著名的大学。

三　如何建设大学才能强国

我国高等教育通过改革开放多年的发展已经取得了巨大的进步。但毋

---

① 英国的崛起源于三个要素：以莎士比亚的戏剧为代表的文学艺术提升了英国人的人文精神，以牛顿力学定律为代表的科学与技术开启了英国通向工业革命的大门，以亚当·斯密的《国富论》为代表的社会科学为英国建立了新的经济秩序。而牛顿和亚当·斯密分别是剑桥大学和牛津大学的杰出校友（参见中央电视台纪录片《大国的崛起》）。

② 柏林大学培养了众多的杰出人物，革命导师马克思就是其校友之一，伟大的物理学家爱因斯坦就是该校最优秀的教师。

庸讳言，我国高等教育的质量与世界发达的高等教育国家相比还存在不小的差距。为此，我们必须开展高等教育领域的综合改革，即高等教育理念如何更新、高等教育管理体制如何改革、高等学校的内部管理模式如何创新。作为大学，要能成为提升国家硬实力和软实力的核心要素，需具备如下条件。

（一）要有“懂教育、负责任、重人才、没私心、有魄力”的引路人

自具有教育家素质的科学家艾略特出任哈佛大学的掌门人，哈佛大学的智慧之光就被点燃了，从此哈佛大学迈入了发展的快车道。北京大学在20世纪三四十年代就堪称世界一流大学，并与中国的命运息息相关，是与其前校长蔡元培“思想解放、富有远见、敢为人先”的个人品质密切相关的。浙江大学从一个不起眼的地方大学在10年间迅速崛起，1946年就被英国李约瑟博士称为“东方的剑桥”，这与自1936年开始担任浙江大学校长的竺可桢的远见卓识和拥有非凡的大学理念紧密相连。

（二）要有卓越的教师队伍

引路人的大学理念要靠教师来实现。正如浙江大学竺可桢校长所指出的那样，大学的灵魂在于汇聚一批以研究学问为毕生事业、以教育后进为无上职责的教授。为此，他竭尽全力，四处活动，千方百计罗致一批有学术威望的教授到校任教，并且留住他们。当时的理学院就拥有胡刚复、陈建功、苏步青、谈家桢、王金昌等大师级的学者。

（三）要建立起“崇尚学术、发扬民主、追求卓越”的大学文化

在这样的文化环境中，一切创造的愿望都能够得到尊重、创造的活动能够得到支持、创新的成果能够得到奖励、创新的源泉能够汹涌奔流。在这样的环境中，学者能心无旁骛地潜心于学问和培育新人，大学就能真正成为有经验的长者与求知欲旺盛的年轻人在一起激荡智慧、绽放光芒的地方。正是因为普林斯顿大学有这样的文化环境，困惑世界无数智者360年而无人破解的费马大定理，最终才能在普林斯顿大学这样的校园里得到解决，当年普林斯顿大学在世界大学排行榜上居于首位；耶鲁大学正是拥有这样的文化，才被称为美国的“学院之母”，诞生了美国20多所研究型大学的首任校长。这就是世界一流大学最应该具有的文化品格，这也正是当下中国的大学最应该努力学习的地方。

第二节　大学是提高国家文化软实力的重要阵地*

当今时代，文化在经济社会发展中的作用日益突出，文化软实力已经成为一个国家综合实力的重要组成部分。大学作为思想文化重镇，肩负着人才培养、科学研究、服务社会、文化传承创新和国际交流合作的职责和使命，在推进思想文化建设、促进文化事业与文化产业发展等方面具有十分重要的作用。从这个意义上说，大学是提高国家文化软实力的重要阵地。

一　推进思想文化建设

思想文化建设在提高国家文化软实力中发挥着先导作用。大学是各种思想文化碰撞和交流的前沿阵地，在推进思想文化建设方面有着独特的优势。

继承和弘扬中华民族优秀传统文化。中华传统文化源远流长、博大精深，经过数千年的积淀和发展，已经成为中华民族特有的文化基因。大学在传承中华优秀传统文化中肩负着重要的使命。一方面，可以通过相关专业与课程设置，让大学生接受比较系统的中华优秀传统文化教育，提升大学生的人文素养，培养大学生的民族自信心与自豪感；另一方面，可以凭借强大的学术研究机构与研究力量，充分发掘中华传统文化的丰富内涵，按照“取其精华、去其糟粕”的要求，从中提炼出符合时代发展要求的内容，使之与当代社会相适应、与当代文明相协调。

借鉴和吸收有益的外来文化。实践表明，一种文化只有在与不同文化的碰撞和交流中才能不断获得新鲜血液和发展动力。从一定意义上说，大学是东西方思想文化的汇集地，是吸收和传播有益的外来文化的主阵地。大学可以通过学术讲坛、国际学术会议、互派研究学者等多种形式，与各个国家和各类学术机构开展广泛的交流合作，既努力推动中华文化“走出去”，扩大中华文化在全世界的影响力；又积极接触新思想、新知识、新

* 本节主要内容曾发表于《人民日报》2010 年 5 月 7 日第 7 版，题为“大学：提高国家文化软实力的重要阵地”。

观点，加大对外来有益文化的吸收力度，汲取不同文化的优点与精髓，使中华文化更加适应世界发展与进步的潮流。

创新和发展社会主义先进文化。创新是永葆文化生机的不竭动力。大学宽松自由的学习环境、追求真理的学术氛围、科学民主的管理制度，为文化创新提供了重要条件。大学师生是一个思想活跃、富有创新精神和创造能力的群体。他们坚持独立思考、强调独立判断，对新知识、新事物具有敏锐的判断能力，对社会的发展趋势具有比较深刻的洞察力。因此，大学可以从自身独特的视角把握我国文化发展的历史方位，不断深化对文化的地位作用、发展方向、发展动力、发展思路、发展格局的认识，推动中国特色社会主义先进文化的繁荣发展。

二 推动文化事业的发展

发展文化事业是提高国家文化软实力的重要组成部分。发展文化事业，就是通过一定的机构和载体，使先进的物质文化、精神文化、制度文化等为广大人民群众所理解和掌握，不断丰富人们的精神文化生活，保障人们的基本文化权益，提升人们的精神境界。对于大学而言，为社会提供优秀人才、树立道德标杆是其推动文化事业发展的重要体现。

培育有理想、有道德、有知识的高素质人才。大学推动文化事业发展的一个重要体现，就是从自身实际出发，为社会培养有理想、有道德、有知识的高素质人才。大学教育不仅是知识的传授和学习，而且是文化教化与文化启蒙。它把先进的文化与价值理念通过各类教育形式传授给大学生，使之具备基本的科学精神与人文素养，确立对人与人、人与社会、人与自然等关系的正确理解。因此，大学教育的最终目的是培养具有科学精神和人文精神、自由而全面发展的人才。伴随着一批又一批大学毕业生踏入社会，大学所培育的科学精神和人文精神也扩散至社会的各个方面。大学所倡导的文化与价值理念由大学生直接或间接地扩散到周围人群中，能够在一定程度上提高整个社会的文化素养和道德水平，从而有力地推动文化事业的发展。

发挥对全社会的道德示范和导向作用。为全社会的思想道德建设提供示范和导向，促进社会道德水平的提升，是大学推动文化事业发展、发挥文化引领作用的重要体现。大学师生良好的道德风尚、精神风貌、行为习惯、生活方式能够不断影响和辐射全社会，对推动社会道德水平的提升具有积极作用。同时，大学在学习、践行、传播社会主义核心价值体系方面也具有巨大优势：大学师生对马克思主义指导思想、中国特色社会主义共同理想、民族精神和时代精神以及社会主义荣辱观的理解度和认同度都较高，大学有一大批政治立场坚定、理论功底深厚、熟悉宣传规律的专家学者，可以在建设社会主义核心价值体系中发挥重要的导向、宣传和促进作用。

三　促进文化产业繁荣

一国文化产业的发展水平，在很大程度上决定其文化在世界范围内的传播力、影响力和竞争力。因此，繁荣和发展文化产业就成为提高国家文化软实力不可或缺的重要环节。文化产业是文化与科技、信息、经济等相互渗透、相互交融、互为条件的经济发展形式。大学集合了知识、人才、科技等高端元素，在推动文化产业发展中可以发挥重要作用。

在文化和科技等方面具有丰富资源。发展文化产业，即以文化和科技为依托发展经济，把丰富的人文资源、科技资源变成新的经济增长点。大学具有深厚的文化底蕴和丰富的科技资源，能为文化产业的繁荣发展提供源源不断的动力。同时，大学学科布局完整、学科门类齐全，特别是一些重点大学具有产学研相结合的独特优势，这些都是发展文化产业的重要基础。通过产学研结合，大学能够把智力资源与科技成果及时转移到企业，帮助企业加快技术创新。另外，大学依托在自然科学、人文社会科学领域的科技资源和学术资源，依托学校的品牌优势和大学科技园的平台优势，可以建设一批高水平的文化产业创新基地和文化创意产品孵化基地等，发挥文化产业领跑者的作用。

为文化产业发展提供人才支撑。培养大批创新型人才，是文化产业繁荣发展的关键。大学是一个智力密集、人才集中、科研力量雄厚的专家库，汇聚了一大批文化产业人才特别是高端管理人才、复合型数字艺术人才、营销人才。世界文化产业发达国家和地区的经验表明，在人才集中的地区特别是大学周围，比较容易形成各种创意个体乃至创意群。目前，我国也有一些城市依托大学科技园区等创意人才基地，充分利用其创新人才和创意人才资源，为当地文化产业快速发展提供了强大的智力支持。

第三节　服务军民融合发展是大学的重要职责*

习近平同志指出："安享和平是人民之福，保卫和平是人民军队之责。天下并不太平，和平需要保卫。今天，我们比历史上任何时期都更接近中华民族伟大复兴的目标，比历史上任何时期都更需要建设一支强大的人民军队。"和平时期需要备战，而国际军事力量竞争归根结底是国家整体实力的比拼，其中一个重要的深层次因素是大学所表征的文化科技水平和民族文化素养。今天的中国大学，应坚守服务国家战略的文化使命，主动服务军民融合发展，为实现中国梦强军梦贡献智慧和力量。

一　服务国家战略是现代大学的文化使命

现代大学直接参与了现代民族国家发展，是现代民族国家发展的重要内容和有力支撑。服务国家战略，是现代大学在诞生之初就自觉肩负的文化使命。被称为现代大学之母的德国柏林洪堡大学诞生于普法战争的炮火中，后来成为其首任校长的著名哲学家费希特当年就站在城市广场上向市民呼吁，只有重建普鲁士国家的教育和大学，唤醒和重铸德意志的民族精神，才能挽救民族和国家于危亡之中。就中国来说，以北京大学、南开大学、清华大学等为代表的中国现代大学同样诞生于中华民族多灾多难之秋，为挽救民族危亡做出了卓越贡献。例如，北京大学努力把民主和科学的精神植入中华文化，积极推进文化救国。1920 年，在这里成立了中国共产党的早期组织，成为中国共产党的摇篮之一。当代，人们越发认识到大学与国家发展的紧密关联。正是由于大学提供了不竭的智力支撑，国家发展才会生生不息。当前，推动军民融合发展，事关国家改革发展利益和国家安全，是实现中华民族伟大复兴中国梦的重要保障。因而，服务军民融合发展就成为大学重要的职责使命。

二　大学服务军民融合发展具有深厚基础

文化技术是一个国家凝聚力、生命力之所在，也是一支军队能打胜仗

---

* 本节主要内容曾发表于《人民日报》2017 年 9 月 20 日第 7 版，题为"服务军民融合发展是大学的职责使命"。

的重要保障。文化技术对国家和军队的重要价值是大学发展和军队建设相融合的基础。毛泽东同志指出："没有文化的军队是愚蠢的军队，而愚蠢的军队是不能战胜敌人的。"在抗日战争时期，中国大学积极服务全民抗战大局，高扬文化抗战旗帜，坚守文化堡垒，不断向战场输送人才和技术。大学维持中国文化自信于不倒，军队在战场上的胜利则使这一文化自信成为现实的精神因素。大学还着眼于未来，为战争胜利后的新中国建设培养了大批高级文化技术人才，其中就包括为"两弹一星"做出卓越贡献的功勋级科学家。"两弹一星"的成功研发，不仅增强了中国的国防军事力量，而且有力地捍卫了中国人的文化自信，彰显了中华民族的创造力和生命力，成为中华民族屹立于世界民族之林的重要基石。百年耻辱一朝雪，背后的推动力量之一正是大学和科研院所与军事领域的融合发展。

三　实施文化国防教育，积极推动军民融合发展

在新形势下，大学应跟上时代的节拍、担负起职责与使命，主动服务军民融合发展。首先，树立文化国防的大教育观，大力普及和广泛传播大学与国防相互需要的国防教育理念，倡导建立国防社团，促进高等教育体系与国防体系互动融合。积极普及文化安全意识，为军民融合发展厚植文化土壤。其次，积极探索军民融合的新形式新途径。例如，努力把服务地方发展的技术研发转变为服务军地两用的技术革新，让先进技术既发挥推动经济社会发展的作用，又起到强化军事力量的作用。最后，与军事单位共同建立实用人才培养、信息技术研发、组织管理创新、军地技术转化等各个层面的协同创新平台，助力军事领域的现代化、信息化，推动国防经济和社会经济、军用技术和民用技术统筹协调发展，走好科技强军、文化强军之路。

第十一章

大学服务乡村振兴战略

习近平同志在党的二十大报告中指出，全面推进乡村振兴，坚持农业农村优先发展，巩固拓展脱贫攻坚成果，加快建设农业强国，扎实推动乡村产业、人才、文化、生态、组织振兴。当前，我们已经完成全面建成小康社会的历史任务，大学生应该继续自觉肩负起服务经济社会发展的崇高使命，为实现中华民族伟大复兴的中国梦贡献智慧和力量。

促进社会全面发展是现代大学的重要职责和使命，社会实践与大学发展相互促进是现代社会发展的重要特征。国内国际的实践表明，大学的专业发展和学科建设要紧紧围绕本国、本地区经济社会发展的实际需要。国家和地方发展需要什么样的人才和技术，大学就应侧重发展、建设这样的学科、培养这样的人才，并紧紧围绕经济社会发展的实际问题进行科学研究。

本章从历史逻辑、价值逻辑、理论逻辑三个维度，进一步论证中国地方大学服务乡村振兴战略应成其义不容辞的新使命和新职责。历史逻辑要求我们从“威斯康星理念”的产生和“晏阳初平民教育思想和中国乡村建设学院的实践”方面追寻我们的“根”；价值逻辑要求我们应以“心系民族复兴、走向共同富裕”为职责和使命；理论逻辑要求我们从共产党领导的思想和大学的本质属性方面论证大学应当全面服务乡村振兴战略。

第一节　地方大学服务乡村振兴战略的历史逻辑

服务社会是大学五大职能之一，也是大学的重要传统职能。这个职能的完整形成，学界将其归属于美国的威斯康星大学。

一　威斯康星理念与大学服务社会职能

1848 年，威斯康星成为美利坚合众国的一个州，同年，威斯康星大学成立，与其他赠地学院一样，威斯康星大学注重农业和机械工艺，在《莫雷尔法案》通过后，威斯康星大学进入高速发展期。威斯康星大学借鉴和吸收康奈尔大学的模式，对康奈尔大学服务社会的思想进行了很大程度的发展，从而将服务社会作为大学的一种职能确定下来，这就是“威斯康星理念”。

“威斯康星理念”经过几代人的发展最终在范·海斯担任威斯康星大学校长时期定型。“威斯康星理念”最早可追溯到约翰·巴斯科姆[①]（1874—1887）。巴斯科姆的思想主要表现在三个方面：首先，州立大学必须加强社会的“精神进步资源”；其次，州立大学要对州提供帮助；最后，建立以州立大学为核心的公共教育体系。巴斯科姆是个神学家，他强调物质与精神的统一，认为世界的变化源于神的启示，但启示是会变的，因而人的道德要求也是会变的，道德的发展要通过政府、学校等社会组织机构来完成。他清楚地认识到州立大学与州之间的关联，肯定了州立大学要通过教育来满足州的发展要求的目的。威斯康星大学第六任校长托马斯·钱柏林指出：州立大学是州共同体的福祉；州立大学要提供一种普遍的影响；州立大学的教育要适应人民的要求。钱柏林思想是对巴斯科姆思想的进一步深化。州立大学与州有联系：钱柏林认为，这种联系是指州立大学是全州人民的共同福祉；州立大学要对州提供帮助：钱柏林认为，要提供一种普遍的影响，包括一般的心智训练、职业领域的学术性训练、训练学生掌握从事调查活动的基本技能；建立以州立大学为核心的公共教育体系：钱柏林认为，这种教育体系要满足人民的需求，大学要积累、保存和发展知识，继而根据各个社会生产部门劳动者的特性传播知识，以满足多方面的需要。第八任校长范·海斯[②]指出：州立大学必须服务于州；大学

---

① 威斯康星大学第五任校长。

② 范·海斯（Charles R. Van Hise，1857—1918）于 1876 年进入威斯康星州立大学读书，1880 年获自然科学学士学位，1882 年获硕士学位，1892 年获博士学位，是威斯康星州立大学获得博士学位的第一人。1892—1903 年，曾作为芝加哥大学的客座教授，讲授构造地理学。从 1903 年起，担任威斯康星州立大学校长，直到 1917 年。

应加强创造性工作；大学要把知识带给人民。大学服务于州的每一个人，为人类努力的多方面提供培训机会，这种服务理念贯彻了州立大学是州共同体福祉的思想。大学加强创造性工作是指大学坚持发展知识、发现真理，这是大学的责任；大学要追随真理、反映时代精神，这是大学不屈的灵魂；大学要促进调查研究，强调调查研究的潜在价值。大学要把知识带给人民，以满足人们终身教育的需要、保证人们平等、民主的教育机会，充分发展人的天赋才能。

范·海斯将他的思想理念运用到威斯康星大学的改革实践中。首先，范·海斯把传播知识、推广技术、提供信息视为威斯康星大学为本州经济、文化发展服务的主要途径。“威斯康星大学发展了把大学教育和普及性教育相结合的综合化教育体系——大学推广部。通过大学推广部在各地区建立推广教育中心来提供各种短期实用的课程。”① 其次，“范·海斯极力主张效法德国大学利用大学教师所拥有的知识财富来解决政府的各种问题。专家服务就是指发动大学专家教授服务于州政府……到 1910 年，威斯康星大学有 35 位教授在本州的各种委员会兼职”②。大学教授在服务社会的过程中，把科研、教学与基层社会的需要结合起来，在服务州人民的同时培养了大批的实用人才。范·海斯的理念与实践模式构成了完整的“威斯康星理念”，这一理念公开提出了大学服务社会的第三职能，从而昭示着知识社会的到来，大学从边缘走向了社会的中心。

美国第 33 任总统杜鲁门于 1952 年曾经指出：“威斯康星思想是美国 20 世纪颇有创造性的思想之一。”

二 晏阳初的平民教育思想与中国乡村建设学院实践

（一）晏阳初简况

晏阳初，世界平民教育之父，20 世纪最具革命性贡献的世界十大伟人之一，中国近现代史上最具国际影响的伟大教育家和乡村建设与改造的杰出贡献者。晏阳初 1890 年 10 月 26 日出生在四川省巴中市巴州区县城内一个书香门第之家，自幼随父入私塾读书，受儒家文化熏陶，随其二哥练习武术，养成好学爱体强身的习惯。他先后在巴中、阆中、成都等地读书，

① 王廷芳：《美国高等教育史》，福建教育出版社 1995 年版，第 141 页。

② 王廷芳：《美国高等教育史》，第 142 页。

在成都与史梯瓦特合办辅仁学社，曾在巴中中学教授过外语。1912 年夏天从巴中回到成都，当年冬天，在英国青年传教士史文轩的帮助下，赴香港圣保罗书院（即今天的香港大学）求学，专攻政治学，寻求救国强国，育民富民之道。在该院毕业后，于 1916 年夏赴美国耶鲁大学政治系学习。他与在校任教的美国第二十七任总统之子查理和美国石油大亨约翰·洛克菲勒、威廉·霍华德·塔夫脱之子威廉是同窗好友。在求学中特别是在美国期间，他既切身感受到西方教育科技的进步，又认识到中国的贫穷落后。他说："我不忍想象在中国土地上再出现香港这样的殖民地，苦难的中国需人解放，我立志贡献己力。"从而立下了"教育救国"的理念。1917 年 10 月，他被选为耶鲁华人协会之长。1918 年 6 月初，在耶鲁大学毕业的第二天，便响应北美基督教青年会的动员，奔赴法国为第一次世界大战欧洲战场充当劳工的华工服务，给他们代读代写家信，开展常识教育，还编写了千字课本，专供劳工认读。1919 年 4 月 1 日，晏阳初在巴黎举行的民主法华工青年大会上提出的在华工中普遍推行平民教育的议案获得通过。1919 年 6 月 9 日离法赴美入普林斯顿大学研究院攻读硕士学位，主修历史学。1920 年夏季当选为北美基督教中国学生会会长，6 月获普林斯顿大学硕士学位。1920 年 7 月底离开美国回国，8 月 4 日抵达上海，从此，他就以满腔热血和勃勃雄心投身于开发"脑矿"、开发人矿、开发人智、开发民力的"除文盲、作新民"的神圣事业。1923 年 8 月 26 日，中华平民促进总会在北京成立，晏阳初出任总干事。1925 年 7 月，晏阳初以中国代表团成员身份，出席了在美国檀香山举行的首届太平洋国民会议，他针对一些制造中国衰败的言论和氛围，发表了题为"中国的新生力量——平民教育"的演讲，引起了轰动，受到各国代表的注意和赞扬，大会主席在总结时指出："此次会议最使人感动的而又与太平洋沿岸各国及世界前途极为有关的，当首推中国的平民教育运动。"在城市平民教育方面取得成绩之后的 1926 年，他又把工作重点转移到了农村。在河北定县开展了长达十年之久的乡村教育和乡村建设实验，既有力地推动了 20 世纪前半叶中国的乡村教育与乡村建设，又成功地向全国和学术界推出了震撼力大、影响深远的定县模式。1934 年，一本英文版著作《定县实验》在学界广为流传。晏阳初的思想和实验传播到了学界。1933 年日本军侵入山海关内，河北和全国局势更加严重，晏阳初忧国忧民、爱国为民，全身心地投入了伟大的抗日救国斗争中。

（二）晏阳初的主要功绩[①]

1920 年 8 月晏阳初从美国回到祖国，一不当官，二不发财，以满腔热血和雄才大略投身于开发“脑矿”，开发人矿，开发人智，开发民力的平民教育和乡村建设与改造的伟大事业中。从在中国汲取成功经验，到在世界上干，将中国经验推广到全世界落地生根开花，结下了丰硕成果，一直奋斗了 72 年，因为人类点燃了一盏明灯而为世人所称颂。他的卓越成就和杰出贡献是多方面的，主要可以凝结为以下五点。

第一，一个重大发现。就是他于 1913 年在法国战地为华工服务，在举办识字班的过程中，不仅发现了“苦力”的“苦”，而且重要的是发现了“苦力”的“力”，“苦力”的潜伏力，他们中蕴藏着无穷无尽的智慧、才能和力量。由于他们没有接受教育的机会，他们的智慧、才能和力量得不到发挥，在无形中被埋没掉，许多像国外的林肯、爱迪生、杜威这样的英雄豪杰被埋没了。考古学家发现了“北京人”，那是若干万年前的死人，他发现的是活人，这是世界上有史以来的最大发现。世界上三分之二的人都是苦力，整个非洲、中南美洲、亚洲 90% 以上的皆是苦力。所以，他一生孜孜不倦地办“苦力”教育，把开发“苦力”的教育和育人才的事业称为开发“脑矿”和“人矿”。

第二，两个重大发明。一是他为开发中国这个巨大的“脑矿”，在创新创造创业的实践、实验、实干中发明和形成了一套套简便易行、经济实惠、成效显著的办法、方式、学术和理论，即晏阳初式的平民运动。这就是文字教育、生计教育及公民教育并举，力求使每个平民都成为具备知识力、生产力及公德心的整个人教育，既从理论上科学地阐明了平民教育的对象、性质、宗旨、目的和最后的使命，又从学术上创造性地解决了包括教育的内容、工具、方法、人才及组织等在内的一套套推广平民教育的实际问题。二是他在大力开展平民教育运动中特别是在河北定县经过十年教育实验[②]的基础上，形成了一整套体系，即进行乡村建设和改造的方案暨

---

① 参见唐志成、冯敏主编《世界伟人晏阳初》，四川师范大学电子出版社 2019 年版，第 1—5 页。

② 习近平总书记指出：“我在河北正定县工作时，对晏阳初的实验就做了深入了解。晏阳初在乡村开办平民学校、推广合作组织、创建实验农场、传授农业科技、改良动植物品种、改善公共卫生等，取得了一些积极效果。”（参见苗勇《晏阳初》，人民东方出版传媒东方出版社 2021 年版，扉页。）

其所构建的这项庞大工程。这是以“造人”培育“新民”为目标，采用学校式、社会式、家庭式三大方式，连锁推行文字、生计、卫生、公民四大教育，开启乡村文化、经济、卫生、政治、社会五大建设，以治农民愚贫弱私，培养新民的重点是使其成为具备知识力、生产力、强健力和团结力的“新民”，以充分发挥他们的潜伏力，把农民教育与乡村建设和改造紧密结合起来，这种方案和工程的特点及实质是：一个中心，以“造人”，培养“新民”为中心；一个着力点，就是一切工作以“发现、发明、发扬”为原则，以教育为方法，为引导，为动力，使所有平民都运用自身的潜伏力去改造创新自己的生活；七个结合，即教育与农民生活、与乡村建设改造相结合，理论与实践相结合，科学与农村相结合，物质文明建设与精神文明建设相结合，个人与集体相结合，实验与推广相结合，知识与农民、人民、大众相结合。

第三，根本思想和根本理论。这就是他运用中国“民为邦本，本固邦宁”的古训反复阐明的“人民是国家的根本，本不固则邦不宁”，任何一个国家都不可能超越其民众而强盛发达起来，而且，一个国家的自由平等，必须建筑在人民的教育程度上。因此众多的落后和发展中国家都需要因时因地因人制宜地运用平民教育与乡村建设改造的模式，培养广大的平民群众。尤其是广大的农民，成为“四力”兼备的“新民”和“现代化的仆人”。这是一项使之成为现代化民主国家不可缺少的奠基工作，也是世界和平、建设、发展的奠基工程。这个根本思想和理论居于统帅地位，是他全部工作的灵魂，也是他创造出惊天动地伟业的动力、真谛和根本精神之所在。

第四，提出“免于愚昧无知的自由”。努力推进中国和美国及其他国家的文化交流，不断推进世界平民教育和乡村建设与改造。在第二次世界大战期间，晏阳初为了世界民主、世界和平、世界建设，针对美国总统罗斯福的“四大自由”，提出了“免于愚昧无知的自由”，在世界上开拓广大的乡村实验的四大教育，而使之成为世界和平与民主基础的正确主张。在美国和全世界都获得非常热烈的反响，因而载入史册，并致力于增进中美文化关系和扩大交流，协助联合国文教组织推动基础教育，不断发展世界平民教育和乡村建设与改造的伟大事业。

第五，爱国爱乡，理想崇高。晏阳初在去香港求学时，不为改变国籍成为英国公民领取奖学金而卑躬屈膝。他说："我不忍想象在中国土地上再出现香港这样的殖民地。苦难的中国需人解放，我立志贡献己力。"从而坚定了"教育救国，教育强国"的理念。在美国完成学业后，晏阳初立即回国投身于"除文盲，作新民"的事业，在抗日战争中他积极主张持久战与全面战，为之呕心沥血，全身心地投身于抗日战争，在侨居国外时他说："多年来，祖国、故乡时在念中，举头望明月，低头思故乡。多年来，望能在有生之年，为祖国建设事业尽自己的绵薄之力。"他倡导和推广的国际平民教育运动的宗旨是"除天下文盲，作世界新民"，以实现"天下一家"的最高理想。他活了百岁，在与世长辞后，坚持将骨灰送归故里——回到家乡巴中安葬。

晏阳初被膺选为现代世界最具革命性贡献的伟人。鉴于晏阳初在中国推行平民教育和乡村建设所取得的重大成就，1943 年 5 月全美纪念哥白尼逝去 400 周年纪念委员会决定，他与爱因斯坦、杜威、福特等十人被膺选为现代世界上深具革命性贡献的伟人。[①] 在他的表扬状上写道："杰出的发明者：使中国几千年的文字简化且容易读，将书本上的知识开放给以前万千不识字的人，涵育其心智，又是他的伟大人民的领导者：应用科学方法，肥沃他们的田土，增加他们辛劳的果实。"他不仅在中国现代史、教育史上是一位有杰出贡献的教育家，在海外、在国际上他更是一位享有盛誉的伟人，被人们尊称为"世界平民教育之父""真正的哲学家与人道主义者，是一位具有坚定信仰和丰富想象力的英勇学者，是劳苦平民心智与精神的解放者"。

1955 年美国《展望》评选晏阳初为当前世界上重要的百名人物之一，1983 年人民国际授予他"艾森豪威尔大奖章"，表彰他对世界和平与互相理解所做出的特殊贡献。1987 年美国总统里根为他颁发"杜绝饥饿终生成就奖"，并于 1988 年称颂他："您为免除人类的愚昧所做出的贡献是您赐予未来一代最宝贵的财富。"1989 年美国总统布什赞颂他："您重申了人的尊严与价值……您是我们人类的颂歌。"2000 年中央电视台播出的大型历史人物专题片《中国百年人物》中有孙中山、毛泽东共 30 人。晏阳初的一生确实是世界人民之福，是中国的骄傲，是四川的荣耀，是巴中的

① 该委员会的遴选标准是"我们时代里具有哥白尼的革命精神"和"在处理问题的思想和方法上做出或正在做出具革命性意义的贡献"。（参见苗勇《晏阳初》，人民东方出版传媒东方出版社 2021 年版，第 3 页。）

自豪。

（三）中国乡村建设学院的办学特色*

1940 年在北碚歇马乡创办了专门为建设农村、发展农业、造福农民的高级专家人才的新型大学——中国乡村建设学院。从 1940 年开办以来到 1951 年，共招收学生 1180 人，后来大都成为国家栋梁之材，其中 245 人获本科毕业证书、134 人获专修科毕业证书。晏阳初坚持从中国国情出发，专门举办为建设农村、发展农业、造福农民服务的专门人才的新型大学，这是真正开创了中国有史以来教育革命的先河。

他说："中国的问题是什么呢？中国就是没有所用的人才，我们办这样的大学就是造就适应时代的合乎社会要求的建设乡村的有用的人才，就是培养有劳动者的体力，专门的方法，教育者的态度，科学家的头脑，创造者的气魄的精神的有用人才，就是要解决人才荒的问题。"从而打破了中国教育向来不大关注农村、农业、农民需要的局面，真正开创了中国有史以来教育革命的先例。这个学院具有以下八大特色：

其一，选址在农村，校舍与肥沃碧绿的田野和引人注目的农舍融为一体，拼成一幅美丽的风景画面，成为一所特色独具的高等学府。晏阳初说："唯有走进田野当中，走进农民当中，认识农村，服务农民，帮助他们挺立起来，才是我们彷徨中唯一的出路。也就是我们中华民族的唯一出路。"

其二，学院宗旨，"实现民主政治的广义的教育""培养领导民治的领袖人才""要在国内国际造起民主政治的运动"。平民教育和乡村建设是改造乡村、改造社会的政治设计。学院坚持"人民生计为本，互助合作为纲，多元文化为根"的行动原则，以推动中国乡村建设快速可持续发展，实现劳动者免费就学。

其三，坚持扩大教育开放合作，强化内外交流，引进优质教育资源，不断吸收学界优秀文明成果，提高国际化水平。

其四，培养人才的目标明确，努力为强国富民服务，让学生成为乡村建设与改造的高级综合型人才。

其五，课程设置，根据国家、社会和人民群众的实际需要安排，不完

* 根据四川省晏阳初研究会原会长扈远任在四川理工学院举行的"晏阳初中国乡村建设学院"揭牌仪式上的讲话稿整理，并在征求扈远任的同意后予以收录。

全按照教育部颁布的标准进行。

其六，学院教育实行理论与实践相结合，与农村、农业、农民实际相结合，与人民群众需要相结合，与乡村建设相结合，与解决社会实际问题相结合，物质文明与精神文明相结合。

其七，学院倡导并实行科学民主、学术自由，把学生会改成“四自会”，即自治、自习、自给、自强。自治是为了培养学生的纪律性和战斗力，自习是为了培养学生的知识力，自给是为了培养学生的生产力，自强是为了培养学生的健康力。四自会的干部由学生选举产生，他们在协助学院工作和为学生服务的过程中得到了锻炼，增长了才干，在学生中有很高的威信。

其八，学院坚持教学、科研和实验为一体，大力开展农村综合发展实验，强化教育教学实验基地建设。

晏阳初在《平民教育运动简史》一文中写道：

> 国际上的影响——定县工作为洛氏基金团副主任塞斯卡·迈克尔·冈恩[①]（Selskar Michael Gunn，1883 年 5 月 25 日至 1944 年 8 月 2 日）参观之后，大受感动，他把定县的实验办法介绍到美国，于是哈佛、威斯康星、密歇根等几个有名的大学都改变了它们的课程计划，也在注意实际研究，并且它们的进展很快。我希望已往是我们影响他们，今后，我们也可以有教授和学生去参观他们的工作，作我们的参考。[②]

从这段话来看，晏阳初的定县实验不仅不是受威斯康星（包括范·海斯）理念的影响，倒是定县实验影响了威斯康星大学的办学。洛氏基金团

① 冈恩是一位公共卫生专家，多年来一直担任洛克菲勒基金会副主席。他因基金会在中国的创新项目而闻名，该项目将改善农村地区的农业、教育和医药结合起来。他出生于英国伦敦。1900 年，他前往美国麻省理工学院（MIT）学习，是麻省理工学院威廉·汤普森·塞奇威克（William Thompson Sedgwick）的学生。1905 年，他以细菌学家的身份毕业，获得理学学士学位。1932 年，冈恩当选为洛克菲勒基金会副主席。他访问过中国，成为基金会资助中国项目的一支推动力量。1933 年，他与女演员卡罗尔·麦科马斯（Carroll McComas）结婚。经过一番波折，他的中国项目获得批准，从 1935 年 7 月开始，为期三年的试验费用为 100 万美元。该项目的目的是提高中国农村人民的教育、社会和经济水平。

② 宋恩荣主编：《晏阳初全集（1937—1949）》（第 2 卷），天津教育出版社 2013 年版，第 372 页。

副主任塞斯卡·迈克尔·冈恩在参观定县实验后，把定县的做法引到了美国，改造了威斯康星大学的课程计划。晏阳初的平民教育思想和乡村建设思想是他自己创立的，定县实验具有原创性。正如他自己所说，他“穷干、苦干、硬干”了一辈子，“从中国干到世界上去”。面对这种赞扬与质疑，他如此“自剖”道：

> 我是怎么样一个人呢？我是中华文化与西方民主思想相结合的一个产儿。我的确有使命感和救世观；我是一个传教士，传的是平民教育，出发点是仁和爱。我是革命者，想以教育革除恶习败俗，去旧创新，却不注重以暴易暴，杀人放火。如果社会主义定义是平等主义——机会和权益的平等，我也可以算是一个社会主义者，但我希望人类以和平的方式解决问题，故不赞成斗争，也不相信阶级决定人性。我相信，“人皆可以为舜尧”。圣奥古斯丁说：“在每一个人的灵魂深处，都有圣神之物。”人类良知普遍存在，也是我深信不疑的。

由此可见，只有对人性、人类以及社会有自己深刻独到的认知，再有“穷干、苦干、硬干”一辈子的决心和信念，才能创立属于自己的深刻的思想和理论。

晏阳初亲自创立的中国乡村建设学院与早期的川北农工学院、西山书院一起构成了四川师范大学的重要源头，在全面实施乡村振兴战略的今天，作为省属重点大学，学习传承创新晏阳初的平民教育思想和乡村建设理论具有重大的现实意义，也为我们“扎根中国大地办大学”的生动实践提供了源头活水，晏阳初研究所、四川乡村振兴研究院以及相对独立办学的四川乡村振兴学院将成为我们的创新实践平台。

三 当代大学服务乡村建设的历程

循着大学服务乡村的历史车轮，可以发现当代中国高校与乡村之间的互动关系大体经过了“改革开放—新农村建设—乡村振兴”三个阶段的演进历程。通过对文献的整理，以20世纪80年代为起点，以国家开启新农村建设的节点（2005年）划分一、二阶段，以2017年开启乡村振兴战略的另一节点划分二、三阶段，本节拟根据各阶段大学服务乡村的形式分类

呈现大学服务乡村的样态

（一）1980—2004 年：开展“三下乡”的高校实践

“三下乡”是指以青年大学生为主体，深入农村，传播先进科技文化，体验和调研基层农民生活现状，从而提高大学生的社会实践能力和服务意识的志愿服务活动。① “三下乡”中的“三”指的是“文化、科技、卫生”。大学生“三下乡”社会实践源起于一个号召，即 1983 年为了纪念“一二·九”运动 48 周年，全国高校相继参与了“社会实践活动周”的活动。其中特别提到“开展各种具有知识性、思想性的服务活动，如艺术院校的学生深入农村演出健康向上的文艺节目，体育院校的学生进行示范表演，医学院校的学生义务出诊，农业院校的学生为农民传授农科知识”等。

“文化下乡”。“文化下乡”活动最早包括送书下乡、送报刊下乡、送戏下乡、科技下乡、卫生下乡，电影、电视下乡，开展群众性文化活动等。关于送书下乡，最早提出于 1958 年。国家图书馆为了解决贫困地区农民看书难、基层政府财政紧缺、图书室读者稀少的问题提出了送书工程，下乡的书籍涉及农村政治、经济、法律等方面，在一定程度上满足农民对书籍的要求，农民的文化素质也获得了提高。1982 年，在我国开展的第一个“文明礼貌月”活动期间，北京、上海、辽宁等地大学的大学生纷纷走上街头为人民“献知识”。同年，以北京大学牵头的各院校 155 名家在农村的大学生进行“百村调查”，详细了解实行家庭联产承包责任制以来各方面的情况，共写出调查报告 157 篇。

送戏下乡是文化下乡的重头戏，国家于 2005 年开始实施流动舞台车工程。以“流动演出”“特场演出”等形式向农民群众渗透文化教育。为满足群众的多样化需求，常规的节目是戏曲类、小品类、舞蹈类和音乐类等的组合比例大致相当，并融合了“禁毒”“计划生育”等内容，使群众了解党和国家的政策方针。

“科技下乡”。“科技下乡”就是科技人员通过下乡活动，为农民送技术以普及科学技术知识、为农民提供技术服务，具体指导农民的种、养、收获、加工等问题。“科技下乡”包括科技人员下乡、科技信息下乡、科

① 王一钦、葛士新主编：《行走三下乡 聚力青春路：大学生社会实践工作管理与研究》，光明日报出版社 2020 年版，第 35 页。

普活动下乡等形式。高校助力“科技下乡”的着力点主要包括以下三点：一是科技助农，为农业增产增收提供科学指导。例如福建农林大学资源与环境学院师生走进蜜柚产区平和县五星村，通过指导农民合理调节施肥用量、实施科学种植管理方案，既增加了果树产量，减少了生产成本，又保护了水源和生态环境，取得良好的经济和社会效益，因而吸引了千余名果农加盟试验。二是科技兴农，促进农村产业向绿色、创新、智能方向发展。例如河南科技大学“中原薯光”团队以“特色甘薯产业赋能乡村振兴”为主题，通过技术培训将新品种、新技术、新信息及相关政策传递给薯农，同时充分利用区域优势资源，助力优化甘薯产业化区域布局，形成优势产业链，为乡村振兴注入科研创新的内生动力。三是科技富农，加快农业相关科技成果转化，多渠道增加农民收入。例如南昌大学“稻渔工程”团队将课堂所学、实验室所研与农业生产所需结合起来，用6年时间将单一的“稻鱼”变成多样化养殖的新型“稻渔”综合种养新模式，帮助农民增收、企业增效。

“卫生下乡”。“卫生下乡”是在政府主导下进行的，城市卫生资源主动援助农村医疗卫生服务，“卫生下乡”包括医务人员下乡、扶持乡村卫生组织、培训农村卫生人员、参与和推动当地合作医疗事业发展等。高校“卫生下乡”最常见的活动形式是进村义诊，例如上海交通大学医学院、上海中医药大学“博导带教”实践团师生在山西临汾永和县索驼村举行中西医联合义诊，导师与博士生发挥专业特长，为近百名村民患者把脉问诊、开立处方、针灸推拿，并与当地乡医、村医展开座谈，将一线城市的医疗经验带到乡村，助推当地医疗卫生发展。

“授人以鱼”更要“授人以渔”，在短期的下乡义诊之外，医科院校还可以发挥医疗卫生人才培养专长，探索建立乡村基层医生培训培养的长效机制。上海中医药大学继续教育学院乡村医生培训项目就是一个很典型的案例，该项目通过深入基层调研走访，结合当地群众的多发病常见病与乡村医生的实际情况，有针对性地进行课程设计与项目设计，线下授课与线上网络直播学习相结合，打造出因地制宜、全额免费的中医药适宜技术扶贫培训。例如，针对云南当地群众以“头顶”方式负重的特点，设计了《颈肩疼痛的诊断与治疗》课程；基于当地所生长的中草药种类设计《草药辨识》课程，教授乡村医生如何辨识、种植与炮制药材；在课程中加入德育内容，培训班成立临时党支部，弘扬爱国主义精神，坚定为人民服务的宗旨信念，进一步鼓励和帮助乡村医生扎根乡村，提高基层医疗人才的保有率。该项目相关工作已被云南省纳入常规工作项目，获得了中央转移支付的专项支持。

（二）2005—2017 年：开展教育扶智和政策咨询的高校实践

2005 年，团中央、教育部制定了《关于进一步加强和改进大学生社会实践的意见》，该文件提出“文化、科技、卫生‘三下乡’和科教、文体、法律、卫生‘四进社区’活动，是新形势下大学生参加社会实践的有效载体”。由此，大学生社会实践活动在丰富社会实践的内容和形式、注重社会实践的实效性方面取得成果，推动了大学生社会实践的规范化发展。

“教育下乡”。乡村振兴，教育先行。中国乡村有着“耕读传家久，诗书继世长”的优良传统，但欠发达地区农村仍然面临着优质教育资源缺乏的现实问题，“教育下乡”就成为高校助力乡村振兴的又一着力点。2006 年，中组部、国家人事部、教育部等八部门联合发布《关于组织开展高校毕业生到农村基层从事支教、支农、支医和扶贫工作的通知》，将“支教”作为“三支一扶”的重要组成部分。高校推动“教育下乡”有很多较为成功的路径方法：一是面对面与点对点相结合，在积极参与省市地区教育人才“组团式”帮扶活动的同时，建立自身教育支援的定点联系地区与单位。二是师资输入与师资培训相结合，一方面，高校附属中小学是支教师资的重要来源，另一方面，师范类院校可积极开展乡村学校骨干教师培训，培养出自本乡本土的优秀师资。例如，华东师范大学师生团队深入“三区三州”，结合线上线下各类培训模式，10 年间中西部地区培训了 70 万名教师。三是扶智与扶志相结合，既要传递科学文化知识，又要帮助乡村少年儿童树立“知识改变命运”的意愿和信心。

“政策咨询下乡”。习近平总书记指出，要建立健全党委领导、政府负责、社会协同、公众参与、法治保障的现代乡村社会治理体制，确保乡村社会充满活力、安定有序。在新形势下，送“政策咨询下乡”，解决乡村治理体系建设中所遇到的复杂问题，是高校深度参与乡村振兴、创新乡村治理方式、提高乡村善治水平的重要途径。例如，华东理工大学社会与公共管理学院扎根云南寻甸，连续多年组织学院教授、师生开展实地调研，为脱贫攻坚和乡村振兴梳理工作思路，提供行动框架和专业助力；该学院与寻甸县委县政府签订了围绕“社会建设与乡村振兴”工作的合作框架协议，先后在村镇揭牌建立四个研究实践基地，多名教授受聘成为寻甸乡村振兴智库专家，助力脱贫成效巩固和乡村振兴有效衔接，为脱贫之后的乡村振兴工作贡献高校专业力量。

（三）2018 年至今：建立乡村振兴人才供给的高校模式

2021 年，中共中央办公厅、国务院办公厅发布的《关于加快推进乡村人才振兴的意见》强调坚持把乡村人力资本开发放在首要位置，吸引各类人才在乡村振兴中建功立业。高校作为人才培养的前沿阵地，有能力也有责任进一步建立健全乡村振兴人才持续供给的高校模式。

促进涉农学科专业发展建设。高校发挥学科综合优势，加强涉农学科与生命、信息、新能源、新材料及社会科学的深入交叉融合，加快发展新兴涉农学科专业，强化农业领域的基础理论研究和核心技术攻关，建设高校乡村振兴战略研究高端智库。

提升“三农”人才培养质量。高校围绕乡村振兴人才需求及“双一流”建设人才培养目标，推动科教结合、产教融合协同育人的模式创新，构建校内教学与校外实习相结合的人才培养基地，并对新型职业农民、农业技术人才、农村实用人才等开展常态化培训，提升专业技能和综合素质。

开展乡村基层就业引导活动。高校鼓励引导广大青年学生将个人职业发展融入乡村振兴事业，在广阔天地践行成才报国理想。一方面大力拓展“三支一扶”“到村任职”等基层项目，另一方面将“送下乡”与“返家乡”相结合，组织学生回乡从事社会实践、就业创业，让更多毕业生成为农业生产经营人才、乡村公共服务人才和乡村治理人才。

健全助力乡村振兴激励机制。高校加大资源投入力度，支持、鼓励师生开展农业农村领域创新创业实践，推动科研成果产业应用，落实成果转化及农业科技创新激励政策；建立健全专家学者驻村服务方法，支持院士、教授、博士后等智力资源在乡村基层建设联系点、工作站，鼓励更多科研人员在乡村一线开展科研技术服务。

第二节　地方大学服务乡村振兴战略的价值逻辑

为使服务乡村前行的力量更强大，必须明确中国大学愿景和使命即

“魂”。“魂”，是愿景和使命，彰显为何要远行，揭示地方大学服务乡村振兴战略的价值逻辑，这一逻辑要求我们应以“心系民族复兴、走向共同富裕”为职责和使命。当前，我国实现共同富裕的短板依然在乡村，民族要复兴，乡村必振兴，因为实现人民的共同富裕是社会主义的本质要求，也必然成为中国特色的社会主义大学之道的内涵和中国地方大学的价值追求。

一　大学服务乡村振兴战略的价值向度

根据2021年教育事业统计数据结果，2021年，全国共有高等学校3012所，各种形式的高等教育在学总规模4430万人，在2020年度国家科学技术奖励中高校获奖占62.5%。大学具有的人才优势、科技优势、智力优势是促进乡村振兴可持续发展的重要力量，在服务乡村振兴过程中有力地彰显着自身的时代旨趣与价值意蕴。需要强调的是，大学服务乡村振兴战略的价值体现在彼此耦合的两个方面。一方面体现为大学对乡村发展的助力，如推动乡村经济发展、服务乡村社会建设、负载乡村文明传承；另一方面体现为对大学本身发展所起到的积极影响，主要表现为促进大学内部革新。概言之，大学在服务乡村振兴战略的实践中促进了乡村与大学的协同发展。

（一）经济向度：推动乡村经济发展

教育具有经济价值，教育的经济价值是指依靠教育力量对经济发展起到推动作用，大学作为高等教育的实施机构自然与经济有着密切联系。

美国著名经济学家西奥多·舒尔茨（Theodore W. Schultz）曾说：发展中国家在经济发展过程中所面临的首要问题就是劳动人才素质较低与技术型人才短缺。这一问题在我国乡村振兴过程中依然存在，而大学因其独特的智力，知识与技能优势能够有针对性地为乡村的经济发展提供有力支撑。

一方面，通过大学培养综合素质较高、具备专业知识技能、具有投身乡村建设热情的劳动者，能够对乡村现有资源进行最大化利用，并不断对新的资源及领域进行探索、开发，助推乡村经济发展。首先，大学通过教师的教育教学将知识、技能传递给受教育者，持续为其赋能，使受教育者这样的潜在劳动力转化为现实劳动力，为乡村经济建设输出充足“人力”

资本，促进乡村经济的快速发展。其次，在大学中，受教育者不仅能够学到知识与技能，还能提升自身能力，如学习能力、创新能力、掌握先进技术的能力等。由此一来，在人力资本的“量”得到保障的基础上实现了人力资本“质”的提升，劳动力的综合素质得到提升，劳动生产效率得以提高，甚而促进乡村经济的更好发展。最后，即使乡村人力资本的数量及质量都得到满足，劳动者若是没有服务乡村的意愿与热情也将会对乡村发展形成巨大阻力，大学通过对受教育者进行思想政治教育、实施必要且具合力的激励措施等方式，充分激发其爱国热情、奉献精神与服务意识，使其以饱满的热情主动投身乡村振兴建设，促使乡村经济的可持续发展。

另一方面，通过大学优化生产要素配置，推动乡村经济发展。首先，有利于生产要素的引进。例如，以引进技能型人才补足人才架构缺口，若是引进一批在大学中受过专业营销训练的学生，帮助农民销售当地农副产品，会产生较为可观的经济效益。其次，以转移剩余劳动力推动经济增长，当前我国仍存在大量剩余劳动力，大学通过有针对性的培训实现劳动力的地理转移，与当地的生产资料有效结合，推动其经济发展。

（二）社会向度：服务乡村社会建设

乡村振兴战略是在一定区域范围内实现乡村空间重构、乡村转型发展、乡村功能提升的系统过程，大学作为服务乡村振兴战略的中坚力量具有调节乡村社会建设的功能。[①] 大学服务乡村振兴战略的社会价值主要指依靠大学力量为乡村社会建设奠定基础，推动乡村社会建设稳步前行。

相比于使用较为强硬的政策进行外部驱动，教育往往表现出触动心灵的巨大力量，发挥出一种驱动内部调节的独特价值来服务乡村社会建设。一方面，通过大学生产的社会资本能够更好地调节社会资源，服务乡村社会建设。社会资本理论认为，“一个依赖于普遍互惠的社会比一个没有信任的社会更有效率”[②]，而大学可以通过教师教育教学生成社会资本，为当地居民社会资本的积累发挥积极作用，使他们之间形成一种“互惠”格局，彼此间产生互助感、信任感、依赖感，在建立起的合作与互助的乡村社会网络中，以人们之间的向心力、凝聚力为抓手，调节乡村社会建设。另一方面，通过大学促进脱贫攻坚与乡村振兴的有效衔接，能够满足农民

---

① 刘彦随：《新时代乡村振兴地理学研究》，《地理研究》2019 年第 3 期。

② 殷德生：《社会资本与经济发展：一个理论综述》，《南京社会科学》2001 年第 7 期。

及农村更高层次的需要，更好地服务乡村社会建设。当前，我国正处在两大战略的政策叠加期与历史交汇期，脱贫攻坚为乡村振兴奠定了坚实的政治基础、经济基础与发展基础，乡村振兴是在与脱贫攻坚同向而行的道路基础上追求更高层次、更高水平、更高质量的发展。在此重要时期，大学不断贡献自身的力量与智慧，成为激发乡村社会发展的内生动力。大学在深度参与精准扶贫的工程中，积累了大量服务农村、农业、农民问题的有效经验，这些经验虽然可以运用于乡村振兴实践当中，但却不能被视为“万能钥匙”，因为乡村振兴的关键在“振兴”，而振兴则意味着“发展”，也就是说对比脱贫攻坚来说，乡村振兴对人才、科学技术等因素的依赖程度更高，大学以发展的眼光谋划、布局，为农村带来更加先进的科技、更优质的人力资源等要素供给，满足乡村持续增长的多方需求，为乡村社会建设注入发展的血液。

（三）文化向度：负载乡村文明传承

文化生态系统与教育是相互适应的，一定的文化生态系统总是有与之相适应的教育。[①] 大学作为实施高等教育的场域具有“教育文化力”，在服务乡村振兴战略的背景下，与乡村文化生态系统互相适应。

大学依靠所拥有的“文化基因”及人才、科技优势在乡村振兴中发挥其独特的价值。文化的传承与再造是乡村文明建设的灵魂，因此，大学服务乡村振兴战略在文化向度上的价值体现在两个方面。

一方面体现在大学对乡村文化的传承与创新上。首先，大学能够为乡村文化传承提供支持。其一，大学为乡村文化传承提供人才支持。大学通过各类教育形式，将乡村文化要素进行普及与传播，不仅让更多的人了解乡村文化、认识乡村文化、热爱乡村文化，还帮助广大农民建立起文化自信，提升其内在精神力量，为建设家乡贡献更多力量。其二，大学为乡村文化传承提供科技支撑。乡村文化不仅内容多样，它还是一种“有根”的文化，大学运用科学技术手段将乡村文化要素“记下来”“传下去”具有重要意义，例如为乡村文化建立数据库，再如利用 VR 技术再现、还原乡村文化资源等方法助力乡村文化传承。其三，大学能够为乡村文化创新提供支持。随着时代的变迁以及人们需求的发展，大学充分与时代接轨，紧

---

① 张诗亚：《西南民族教育文化溯源》，上海教育出版社 1994 年版，第 9 页。

密联系实际，不断为乡村文化发展指引新的路向，使乡村文化资源、成果实现创新发展。

另一方面文化价值体现在大学对乡村文明传承与发展提供赋能驱动上。在当前我国城市化快速发展的背景下推动乡村文明建设是一项重要任务。大学在发展乡村文明的实践中起着不可替代的作用，大学为乡村文明建设提供物质支持、科技支撑、智慧引领，并且在实践中协调、调动多方资源，为乡村文明建设提供一个综合性服务平台，推动乡村“五个文明”的协同发展。

（四）教育向度：促进大学内部革新

在服务乡村振兴战略的过程中，大学既是“要素供给方”，也是“获益方”，即乡村振兴战略的推进以及乡村的不断发展倒逼着大学不断改革探索、进行实践创新，通过调整办学思路、优化人才培养等措施来适应乡村新的发展面貌，这是大学服务乡村振兴价值的另一维度的体现。

大学服务乡村振兴战略对自身发展的教育价值具体表现在以下方面。

其一，优化人才培养体系。随着大学的助力日渐深入，乡村发展状况随之呈现出动态变化，为适应并准确把握乡村社会演变态势和发展趋势，满足乡村居民对美好生活的期待，大学自觉调整专业分布、重构专业知识、优化课程体系、强化技能训练，持续为乡村建设输入所需专业型人才。

其二，进一步加强科学研究。乡村的发展对科技提出了更高的要求，大学唯有不断提升科学研究水平，才能够满足乡村不同阶段的发展需求。一方面，促使大学提升前沿科技水平。科技创新驱动农业发展，大学围绕农业科技前沿和农业发展需求，提升农业科技原始创新能力，强化农业科技创新源头供给。另一方面，促进学科交叉与融合。完成农业强、农村美、农民富的目标所需的科技支撑往往涉及多学科领域，例如信息技术、新材料技术、生物技术等。因此，大学服务乡村振兴战略的过程实则给予其各学科交流、融合的机会，使多学科形成合力，强化大学的科技竞争力。

其三，完善优化了创新创业教育。大学创新创业教育致力于培养学生的创业意识、创新精神、创新创业能力。一方面，通过创新创业教育孵化出的人才与项目与乡村振兴的需求点相结合，有效促进乡村发展。另一方面，乡村振兴战略的实施为学生创业实践提供了良好平台，也促使大学不断优化创新创业教育体系为学生及乡村振兴提供更优质的服务，最终实现大学、学生、乡村振兴的“三赢”局面。

二　大学服务乡村振兴战略的职能定位

服务乡村振兴战略是大学的使命与担当。习近平总书记强调：“我国高等教育发展方向要同我国发展的现实目标和未来方向紧密联系在一起，为人民服务，为中国共产党治国理政服务，为巩固和发展中国特色社会主义制度服务，为改革开放和社会主义现代化建设服务。”大学应与国家发展实现同频共振，在乡村振兴的主战场上，大学应突出其服务乡村振兴战略的“职能定位”，为乡村振兴注入“大学动能”。

（一）对接产业振兴，大学是引领乡村科技创新的生力军

农业发展实践表明，农业的发展与科技发展呈正相关。科学技术是第一生产力，乡村因科技力量的注入而焕发出更加蓬勃的生命力，逐步走向创新驱动之路。当前，大学已经成为知识创新的中心和推动科技成果向现实生产力转化的重要力量。[①] 因此，大学应发挥引领乡村科技创新的功能，扮演好科技创新的主阵地、核心技术的催化剂、创新型企业的孵化器等多元角色，打破科学与技术间的壁垒，冲破各学科间的界限，产出更具竞争力的科学研究及成果，为乡村振兴提供强有力的科学技术支撑，助力产业振兴。

大学是引领乡村科技创新的生力军。其一，科学研究支撑产业振兴。科技支撑具有精准对接的优势，大学依靠科学研究服务乡村振兴战略，其本质在于通过对农业领域及其他相关领域的基础理论研究对接农业高质量发展中所面临的理论问题。例如，围绕农产品供给保障水平、农产品质量安全、农业可持续发展、农业生产经营效益，重点解决农业生物遗传与基因编辑、农艺性状与生境互作、重要病虫害和疫病致病机理、动植物优良种质资源挖掘、作物高光效机理、农业资源演进与利用、气候与生态农业、农产品质量安全等方面的重大理论问题，通过前沿科学理论推动农业产业链的全面升级。其二，技术扶持与创新。大学能够针对乡村产业发展

---

① 顾建民：《大学职能的分析及其结构意义》，《全球教育展望》2001 年第 8 期。

过程中的技术瓶颈给予有力支持。为适应乡村快速发展，大学不断加强如大数据、新型材料技术、生物技术等核心技术创新，并加强关键技术与农业产业的融合，将最先进、最精准的技术带到乡村，围绕影响现代农业产业核心竞争力的重大问题，加快高效育种、农业生物制造、农业标准化、农业大数据等农业产业链技术创新系统的部署，全方位激活乡村生产要素，为现代农业高质量发展提供有力保障，帮助农民实现产业增值。此外，大学的技术支持有效延长了乡村产业链，促使传统农产品向新型农产品的转化，实现产业的现代化、精细化、高效化发展，通过农产品的深加工引领乡村特色农业发展，为乡村全面振兴奠定坚实的物质基础。

（二）对接人才振兴，大学是培养乡村振兴人才的主阵地

乡村人才振兴的关键是人的发展，只有让乡村有人才，农民有智慧，才能逐步推进乡村振兴。人才培养是大学最根本、最关键的职能，也是大学服务乡村振兴最为显著的功能优势。面对中华民族伟大复兴的战略全局和世界百年未有之大变局，“我们对卓越人才和科学知识的渴求比以往任何时候都更加迫切，对高等教育的需要比以往任何时候都更加强烈”①。在实施乡村振兴战略的背景下，大学应发挥其“育人”功能，源源不断地为乡村建设培养与输送“建设者”。

大学是培养乡村振兴人才的主阵地。其一，为乡村打造专业人才。要实现乡村振兴，关键在人。马克思指出：“教育会生产劳动能力。”② 在乡村振兴的背景下，乡村专业人才是乡村人才支撑体系的中坚力量，能够促进乡村生产以及经营方式的发展，帮助农民树立新理念，还能为乡村和企业之间建立起沟通桥梁，为促进城乡融合贡献力量。大学依托其学科优势，结合乡村实际发展需求，持续为乡村输送优质、精准的专业人才，如技能类专业人才、营销类专业人才、社会服务类专业人才等，通过人才下乡、校企合作等方式将人才资源统整起来发挥其各自能量，为乡村由第一产业逐步向第二、三产业拓展提供人才支撑。其二，为乡村输送科技人才。现代农业以广泛运用科学技术为显著特征，使农业生产技术由经验转向科学，并集合了人才、科技、管理等多维要素，农业现代化水平直接影

---

① 习近平：《做党和人民满意的好老师——同北京师范大学师生代表座谈时的讲话》，《人民日报》2014 年 9 月 10 日第 2 版。

② 《马克思恩格斯全集》（第 26 卷第 1 册），人民出版社 2016 年版，第 210 页。

响并决定了乡村振兴战略的实施效率。现代化农业发展的核心是人才，2020年3月，农业农村部办公厅印发《农业农村部2020年人才工作要点》，指出要加强农业科技人才队伍建设，做好农业科技人才推荐服务与依托项目、平台培养高层次农业科技人才。[①] 大学是为乡村输送科技人才的主力军，科技人才具有专门的知识和技能，拥有较高的创造力，一方面为乡村带去先进的科学技术，如先进的灌溉技术、育种技术、农业信息化技术等，这些技术的运用能够促进粮食增收、农业转型与升级，物化为物质财富。另一方面，这些科技人才所具有的探索精神、创新精神等优秀品质又直接影响着广大农民，是一种精神财富的供给，促进其精神文明的进步。其三，培育现代化农民。农民是乡村振兴的主体，只有农民的综合素质不断加强，才能有序推进乡村振兴。大学在培养现代化农民的实践中发挥着重要作用。大学通过社会培训、一对一帮扶等服务广大农民，向他们普及农业生产知识、现代管理理念、与农业相关的科技知识，提升他们的学习能力、动手能力、创新能力，“培养造就有文化、懂技术、会经营”的新型农民[②]，促进农业供给侧结构性改革，助力农业现代产业发展。

（三）对接文化振兴，大学是传承创新乡村文化的策源地

在乡村振兴的目标体系中，乡村文化振兴尤为重要，这是因为文化建设本身就是党的十八大所提出的新时代“五位一体”总体布局的重要组成部分，是社会发展的重要方面，反映出人民群众精神生活质量不断提高的内在要求。[③] 乡村文化振兴的本质是通过提高乡村居民的文化修养，充实其精神生活来驱动乡村文化事业的发展，这与大学的文化传承功能相契合，因此，大学通过“以文化人”及“以文育人”推动乡村文化振兴。

大学是传承创新乡村文化的策源地。其一，为乡村培养乡贤人才。文化的产生总是伴随着某种内在价值的生成，因此乡村文化振兴的核心其实就在于价值观的重塑。习近平总书记指出：

---

① 农业农村部办公厅：《关于印发〈农业农村部2020年人才工作要点〉的通知》，农办人［2020］3号，2020年3月4日，http：//www.moa.gov.cn/ztzl/2020gzzd/gsjgzyd/202003/t20200326_6339984.htm。

② 中共中央国务院：《关于“三农”工作的一号文件汇编》，人民出版社2014年版，第126页。

③ 冯庆：《高校参与乡村文化振兴的路径研究》，《四川师范大学学报》（社会科学版）2022年第3期。

> 要推动乡村文化振兴，加强农村思想道德建设和公共文化建设，以社会主义核心价值观为引领，深入挖掘优秀传统农耕文化蕴含的思想观念、人文精神、道德规范，培育挖掘乡土文化人才，弘扬主旋律和社会正气，培育文明乡风、良好家风、淳朴民风，改善农民精神风貌，提高乡村社会文明程度，焕发乡村文明新气象。

乡村文化振兴以乡风文明为基本表征，其核心就是传承优秀的文化。而大学的教育内容中涵盖伦理道德、民族精神、乡村公序良俗，经过这些教学内容熏陶的学生便成为传承乡村优秀文化的潜在力量，他们深入乡村，在和乡村有关文化部门的协同努力下，充分挖掘当地文化的精髓，传递优秀文化价值观，在助力乡村文化振兴的实践中贡献特有力量。

其二，帮助乡村拓宽、丰富文化空间。文化空间包含物理空间和精神空间两个向度。[①] 一方面，大学在拓宽乡村文化的物理空间上发挥功能。比如，大学建立乡村文化站、农家书屋、乡村体育健身和电影放映场所等公共文化场所，或依托数字化技术，建立数字文化展示场景，拓宽文化的物理空间，焕发乡村公共文化空间生机，点亮乡村文化新风。另一方面，大学在丰富乡村文化的精神空间上发挥功能。大学通过在乡村举办传统文化节日、开展乡村文艺汇演等活动充实农民的精神文化生活，提升其道德素质、文化修养，满足农民不断增长的精神文化需求，促进乡村协调发展。

（四）对接生态振兴，大学是实现乡村绿色发展的新智库

乡村振兴，生态宜居是关键。良好的生态环境是农民安居乐业的前提，也是农村的宝贵财富。乡村生态振兴的关键是走乡村绿色发展之路，坚持人与自然和谐共生，让美好的生态环境成为乡村振兴的支点。大学的生态功能主要以推进科技环保、向农民普及生态知识、提高他们的环保意识为发力点，持续优化乡村生态环境，助力解决乡村环境污染、资源浪费等生态问题，充分发挥大学对乡村生态振兴的教育促进作用。

大学是实现乡村绿色发展的新智库。其一，推进科技环保。推进科技环保主要以绿色生态技术为载体，大学通过农科教结合项目，为乡村生态

---

① 熊晴、朱德全：《民族地区职业教育服务乡村振兴的教育逻辑：耦合机理与价值路向》，《教育与经济》2021 年第 3 期。

治理带来前沿科学技术、引进新产品，例如通过膜处理技术、水生态处理技术、空气净化技术等先进科技手段对乡村生态进行整治，通过新型材料的使用减少污染、节约天然资源，通过新型农业技术实现农业生产方式由传统粗放型向环保集约型转型升级，有效解决农业生产所带来的环境污染整治问题。其二，强化对农民的环保教育。通过对农民进行生态知识及技术培训，如开展生活污水排放、农药的科学使用、秸秆的循环使用方式等专题讲座，唤醒农民的生态保护意识，养成其绿色健康的生活生产方式，提升其利用科学技术保护生态的能力，使之主动肩负起保护家乡生态环境的责任，成为既有农业情怀又有绿色发展理念的“田秀才”和“土专家”①，助力乡村绿色生产方式的形成，有利于乡村农业的可持续发展及乡村生态的振兴。

（五）对接组织振兴，大学是提升乡村治理水平的主渠道

组织振兴是乡村振兴的保障条件，对乡村振兴战略的顺利推进起到了不可忽视的决定性作用。组织振兴主要依靠一批强大的乡村基层治理人才，建立更加有效、充满活力的乡村治理机制。大学在党组织的引领下，通过文化、人才、技术等要素供给服务乡村组织振兴，着力化解乡村治理过程中所面临的突出问题，为乡村培养优秀治理人才，完善乡村法制教育，让乡村治理手段更科学、更多元、更完善。组织振兴规范了乡村秩序，保证了乡村社会的安定团结、健康发展，进一步提升了公共服务、公共管理以及公共安全保障水平。

大学是提升乡村治理水平的主渠道。其一，强化党组织建设。党的基层组织是党全部工作和战斗力的中坚力量，是推进乡村组织振兴的力量源泉，乡村基层党组织各项能力的综合具备情况直接决定了该地区乡村振兴工作的效率及成效。大学服务乡村组织振兴，应充分发挥其教育功能，对村支部书记、村委会主任、乡村党员等展开综合素质培训，培育有能力、有干劲、有作为的乡村基层党组织工作人员，充分发挥基层党组织的战斗堡垒作用及政治优势、组织优势和领导优势，使其成为推动乡村振兴的内生动力。其二，为乡村基层治理提供人才保障。大学服务乡村组织振兴，一方面依托先进人才的输送，让一大批具有一定管理经验的先进党员深入

① 曾欢、朱德全：《新时代民族地区职业教育服务乡村人才振兴的逻辑向度》，《民族教育研究》2021 年第 1 期。

乡村一线，发挥带头作用，传授他们在乡村治理方面的经验与心得，为组织振兴提供新思路、新方法。另一方面为乡村孵化基层乡村治理人才。大学通过调动多方资源，对有返乡发展意愿的大学生、农民工、回乡创业人士等进行有针对性的培训及指导，着力打造一批有知识、有文化、有情怀的基层乡村治理人才。其三，完善乡村法治教育。法治乡村是乡村治理体系的稳固基石，构建法治乡村主要依靠在乡村普及法制教育，增加农民法律知识、增强其法律意识、法治观念。大学通过开展法治宣讲、举办普法活动等方式进行法治教育，规范农民日常行为，营造安定、有序的生活氛围。此外，通过对农民进行法治教育，还能够提升其自治素养，通过村民自治，促使他们实现自我管理、自我教育、自我服务、自我约束，让农民为自己发声、为自己做事，发挥他们的主人翁意识，鼓励其共建美好家园，实现组织方式的创新与完善，形成多主体共同推动组织振兴的良好局面。

第三节 地方大学服务乡村振兴战略的理论逻辑

乡村振兴的关键在于乡村教育振兴，而乡村教育振兴的关键则在于高水平乡村教师队伍建设。地方师范大学作为区域教师教育体系的排头兵，在服务本地区师资队伍建设中占据主体地位。地方师范大学以其大学职能的公共属性、培养人才的教育本质和科研成果的创造特质决定了它在助力乡村振兴中担当着重要角色，发挥着关键作用。

一 大学职能的公共性是地方师范大学服务乡村振兴战略的内在要求

2017 年 2 月，中共中央、国务院印发的《关于加强和改进新形势下高校思想政治工作的意见》明确指出：高校肩负着人才培养、科学研究、社会服务、文化传承与创新和国际交流合作的重要使命。[①] 随着大学职能的发展也拓展了大学教学职能和科研职能的实现路径，使人才培养和科学研究突破“象牙塔”的局限，让大学成为主动服务社会、改造社会的强大“助推器”。这五大重要职能促使现代大学从社会边缘走向社会中心，积极

① 中共中央国务院：《关于加强和改进新形势下高校思想政治工作的意见》，2017 年 2 月 27 日，http：//www.gov.cn/xinwen/2017－02/27/content_ 5182502.htm。

参与社会治理与发展，是大学社会公共性的进一步呈现。根据公共产品理论：作为一个学术组织，现代大学是传播公共知识、生产公共产品、推动文化传承创新和人类文明发展进步的公共机构，因而它是一个典型的公共组织，具有高度的公共属性。[①] 高等教育的公共性通过其正外部性作用体现出来，主要表现在增强个体在劳动力市场上的竞争力来促进社会经济的增长、缓解社会矛盾、维护社会稳定、确保国家富强等。因此，从大学职能的公共性上说，地方师范院校本身就是为了社会发展而服务的。

促进社会全面发展是现代大学的重要职责与使命，地方师范大学日益成为区域创新系统中的创新主体，这同时也体现了威斯康星理念边界的进一步拓展。威斯康星理念强调高等教育要与社会实践相结合，大学应作为公共事业的基本工具参与社会改造活动。[②] 社会实践与大学发展相互促进是现代社会发展的重要特征。国内国际的实践表明，大学的专业发展和学科建设要紧紧围绕本国和本地区经济社会发展的实际需要。国家和地方发展需要什么样的人才和技术，大学就应侧重发展建设这样的专业、培养这样的人才，并紧紧围绕经济社会发展的实际问题进行科学研究。[③] 因此，衡量一所大学的标准，一方面要关注在人才培养、学科建设、科学研究等方面所体现出的办学实力和核心竞争力，另一方面更要关注大学主动服务国家和区域经济社会发展所彰显的社会贡献率和影响力。

二 培养人才的教育性是地方师范大学服务乡村振兴战略的社会担当

自大学产生之日起，其首要目的就是为国家发展培养先进人才，可以说中国大学的发展史就是一部人才培养史。[④] 高等教育法明确规定：高等教育的任务是培养具有社会责任感、创新精神和实践能力的高级专门人才，发展科学文化技术，促进社会主义现代化建设。舒尔茨的人力资本理论认为，通过对人进行投资，改善人的能力和素质，提高人的生产率。人

---

① 李四平：《大学的公共性与我国大学的共同治理》，《北京工业大学学报》（社会科学版）2017 年第 2 期。

② 杨艳蕾：《超越大学的围墙“威斯康星理念”研究》，中国社会科学出版社 2015 年版，第 180—184 页。

③ 丁任重、汪明义：《四川新农村建设学院——C5 联盟 2 期行动纪实》，四川师范大学出版社 2018 年版，第 87 页。

④ 王玉生：《蔡元培大学职能思想探析》，中国社会科学出版社 2012 年版，第 28 页。

力资本是经济增长的重要因素，与非人力资本（物质资本）具有同样重要的作用。高等教育作为国家和个人教育投资的一个重要方面，对改善人力资本、促进经济发展具有重要作用。现代大学通过开展专业知识教育、鼓励从事学生科学研究、支持学生进行实习锻炼、培养学生的创业素质与技能以及开展社会实践活动等多种方式来培养学生深度学习能力、综合分析能力、科学思维能力、规划组织能力、人际协调能力、问题解决能力、实践创新能力等，以提升其在人力市场上的发展潜力，从而增强个体的竞争资本、提升个人生产效率和推动国民经济增长。地方师范大学作为区域发展中的重要人才供给站，理应以教师教育事业为己任，突出师范教育的本色，致力于提升区域教育质量，推动区域经济社会发展。

实施乡村振兴战略，人是第一要素。实施乡村振兴战略，需要培养造就一支懂农业、爱农村、爱农民的“三农”工作队伍。习近平总书记强调：“乡村振兴，关键在人、关键在干。必须建设一支政治过硬、本领过硬、作风过硬的乡村振兴干部队伍。”因此，地方师范大学理应主动响应实施乡村振兴战略的号召，以强烈的政治责任感和深厚的为民情怀，主动担当社会责任，积极投身脱贫攻坚伟大实践，致力在教育扶贫、扶贫扶智、文化扶贫等方面深耕细作、务实有作为，彰显高水平综合性师范大学的使命担当。在振兴乡村的人才培养方面，地方性师范大学可以从培养五个领域的人才着手，包括培养优秀的乡村学校校长和优秀教师、培养乡村治理的专门人才、培养能促进乡村产业发展的专门人才、培养能对广大农民开展人文艺术教育的专门人才以及培养能给农村居民卫生健康提供保障和提供良好教育的人才。通过向乡村输送优秀的人才队伍，指导和完善当地的各方面工作，同时采取各种方式同社会进行广泛联系，尽可能帮助解决社会在发展中所遇到的种种理论和实际问题，为我国教育扶贫之路贡献智慧和力量。

三　科研成果的创造性是地方师范大学服务乡村振兴战略的持续保障

2022 年 1 月，重新修订的《中华人民共和国科学技术进步法》正式实施，将科技成果转化摆在更加重要的位置进行突出强调。习近平总书记指出：“推进产学研协同创新，积极投身实施创新驱动发展战略，着重培养创新型、复合型、应用型人才。”高校作为国家高科技人才和高新技术的

“孵化园”，在创新基础理论、创造科研成果和攻克技术难关等方面起着举足轻重的作用，是服务国家战略需求、提高科研成果价值产出和推动社会经济发展的策源地。产学研合作理论认为，高校是科技创新的思想库，是推动区域经济发展的重要一环，其科技成果质量与转化效率对国家社会的经济发展和新兴企业的成长都具有重要影响。高校的产学研合作不仅关系着高校的科技成果转化，而且是国家技术创新体系建立的突破口。

2019 年 1 月，教育部印发《高等学校乡村振兴科技创新行动计划（2018—2022 年）》，旨在使高校成为乡村振兴战略科技创新和成果供给的重要力量、高层次人才培养集聚的高地、体制机制改革的试验田以及政策咨询研究的高端智库。① 地方师范大学作为区域教育科研成果的重要产出地，其科研成果的创造性产出和有效性转化是服务乡村产业振兴，支持区域经济持续发展有力的人才和资源保障。在实际操作上，地方师范大学应积极推进乡村脱贫攻坚理论和实践研究，就脱贫攻坚一些重点领域、关键环节、重大问题进行深入的调研，把地方发展的难题变为师生研究的课题，从理论到实践探索研究教育扶贫的新路径，提供一些有价值、接地气的研究成果。

---

① 教育部：《关于印发〈高等学校乡村振兴科技创新行动计划（2018—2022 年）〉的通知》，教技［2018］15 号，2018 年 12 月 29 日，http://www.moe.gov.cn/srcsite/A16/moe_784/201901/t20190103_365858.html。

第十二章

大学助推人类命运共同体的构建*

随着政治多极化、经济全球化、社会信息化、文化多元化的深入，世界各国越来越成为一个"你中有我、我中有你"的整体，人类只有一个地球，各国共处一个世界。人类既面临共同的发展机遇，也面临共同的危险挑战。因此，为了更好地面向未来，人类应当建立起一种新的价值观，在这种价值观的指导下，世界各国在追求本国利益时兼顾他国合理关切，在谋求本国发展中促进各国共同发展。这种价值观包括国际权力观、共同利益观、可持续发展观、全球治理观。我们把由这种新价值观引领的世界称为"人类命运共同体"。

当今世界依然是一个不安宁的世界，面对纷繁复杂、矛盾尖锐的世界，习近平总书记以一个负责任的马克思主义政党领导人的世界胸怀和文明大国领导人的时代担当，对"建设一个什么样的世界"以及"怎样建设这样的世界"进行了科学而全面的研判，旗帜鲜明地提出"构建人类命运共同体"理念，为人类建设一个"持久和平、普遍安全、共同繁荣、开放包容、清洁美丽"的世界贡献了中国智慧。这充分展示了中国共产党的使命，即既要为中国人民谋幸福、中华民族谋复兴，也要为人类文明谋进步。正因为"构建人类命运共同体"的理念体现了世界各国人民走向未来的最大公约数，凝结着人类生命共性的核心密码，从而赢得了世界上大多数国家的拥护和全世界人民的高度赞扬，这是人类思想史上的又一次"壮丽日出"。

当然，在构建人类命运共同体的漫漫征途中，一定会面临各种各样的

---

* 本章主要内容曾发表于《中国高等教育》2018 年第 15、16 期，题为"发挥大学在构建人类命运共同体中的使命与担当"。

问题和考验：一是受国家利益观的阻碍，互惠互利观念难以在短时间内形成；二是受国家实力的限制，能主导世界公平正义的力量还需要长期汇聚；三是受多元意识形态纷争的影响，“各美其美、美美与共”的共识尚未取得；四是受治理体系和治理能力的束缚，《联合国宪章》的宗旨难以得到忠实维护；五是受历史因素的纠缠，现实的隔阂和长期的误解难以在短时间内打破和消除。面临如此多的困惑和挑战，当今中国应该在“人类命运共同体”理念的指引下，以宽广宏大的视野，以顽强卓越的意志力，以能充分发挥各方面主动性、能动性和创造性的优势，智慧地将“中国问题”与“世界问题”相嫁接，将中国梦与和平繁荣的世界梦并联起来，为实现中国梦聚力，为实现世界梦导航。

要准确把握大学在构建人类命运共同体中的使命与担当，就要对“人类命运共同体”的概念进行梳理与分析。根据《现代汉语大词典》的解释，共同体的定义分为两种：人们在共同条件下结成的集体；由若干国家在某一方面组成的集体组织。学者阿德勒和巴内特认为，共同体具有三个特征：共同体内各成员国拥有共同的认同和价值观；成员国之间能够进行多方位的直接互动；共同体表现出一定程度的互惠和利他主义。因此，构建人类命运共同体，需要从人类共同的利益诉求和共同的价值认同两个视角着力。

大学作为人类创立的一类特殊的社会组织，已经历近 1000 年的发展。从最初只是被动地适应社会的行会组织或独立机构，到主动满足社会发展需要的新兴大学，继而成为积极引领社会发展进步的近现代社会的“轴心组织”和“人类社会的动力站”。在这样一种角色的漫长演变进程中，大学获得了越来越多的美誉，她被誉为是人类智慧的花朵、道德的高地、良心的堡垒、创新的活水、真理的福地等。在本章里，作者选择从多个视角论证大学既是构建人类命运共同体的思想者、创新者和奋斗者，也是人类命运共同体构建的实践者、贡献者和先行者。

第一节　人类命运共同体视野中的世界一流大学建设*

现代意义上的大学自诞生时起就被赋予了世界主义视野和愿景：“大

* 本节三要内容曾发表于《光明日报》2018 年 8 月 14 日第 13 版，题为“以人类命运共同体视野看世界一流大学建设”。这也是作者对该问题的最早思考。

学”从 University 一词翻译而来，其词根 Universus 之“普遍”“整个”“世界”“宇宙”等本义，展示出 University 的超时空取向和普遍性诉求。因此，大学既是培养本国创新人才的基地，也是培养人类进步事业积极参与者的摇篮；既是人类重大难题解决方案的提供者，也是服务国家重大战略和服务全球治理的思想库；既是各国经典文化与本民族优秀文化交融互汇的平台，也是国与国之间开展国际交流与合作的前沿阵地。因此，用“人类命运共同体”的理念来建设世界一流大学，既是中国大学理性的选择，更是中国大学的时代担当。

一　启迪智慧，培养人类进步事业的积极参与者

改革开放以来的中国大学专注于国内社会主义现代化建设事业的需要，努力培养其所需要的各级各类优秀人才，他们成了民族复兴的重要力量。当前，和平与发展仍是世界发展的主题，一切困难和挑战都将会在和平发展中得以有效解决。新时代中国大学当以更加负责任的理性态度积极回应这一时代所赋予的历史重托，发挥大学人才培养的优势，把人才培养的目标教学设计向外扩展，着力培养拥有全球伦理和责任意识，能够承担世界健康和谐发展之大任的优秀人才。

二　探求新知，解决人类发展进程中的难题

学术活动是大学立身之根本，是民族文化进步之根源。以学术创造和学术成果应用为基础，大学致力于人才培养和真理的发现与传播，以服务国家和人类。一国之大学在服务其国家繁荣昌盛中赢得世界之声誉，固然是世界一流大学概念之一种。然而，一国之大学如能在服务人类命运共同体建构的过程中做出重大贡献，当是世界一流大学之另一义，必将赢得世界的尊重和赞赏，引领世界文明之未来发展。当然，这种引领需立足于本国历史文化实践和文化创造基础之上。知识的无国界性，以及人类实践问题的全球化性质，客观上要求大学超越学术活动的民族边界，着眼于人类发展进程中的共同难题和共有之困境，把新的文化知识创新立于全球实践的基点上，为其贡献智慧，以引领人类世界不断向至善至美之境演进。作为当今正在建设的中国特色世界一流大学，无疑应站在世界科学革命和技术革命的前沿，为人类科学的繁荣和技术的进步提供中国方案、贡献中国智慧。

三　服务国际社会，提供良好的全球治理方案

服务人类社会发展一直是大学最为高远的真理性追求。中世纪大学尚没有民族国家的概念，它们在自觉地为现实社会培养所需的文职人员、律师、牧师和医生等高级专门人才的同时，主动进行普遍知识的探索，努力为人类社会发展提供新的知识、观念和技术。近现代大学是随着民族国家一起发展壮大起来的，服务民族国家和国际视野一同进入大学的行动意识里。一方面，大学意识到没有民族智识的积累，国家终将在国际竞争中处于劣势，落入被淘汰的历史宿命，故而它们努力服务民族国家的战略定位和现实发展需要，为其繁荣强盛提供文化的软实力和解决问题的智慧方案。另一方面，它们又在知识发展自身惯性的推动下，承续和发展大学自其诞生时起就带有的人类关怀精神，主动面向国际社会，展开科学的探索和新知识的创造，为人类未来的大同世界福祉积累所需的智识资源。在这样的过程中，产生了一批世界一流大学。当今时代，世界一流大学与其所属民族国家已结成了休戚与共的命运共同体，这一共同体又当然地成了人类命运共同体的一分子，阐释了更大也更广泛的人类命运图景。面对更加纷繁复杂的国际环境，中国大学要主动承担服务国际社会发展的时代责任，在“人类命运共同体”理念的指引下，联合世界顶尖级的大学，促进全球社会发展，为人类文明发展提供方案。

四　传承中华文明，倡导美美与共

中国大学虽然在其产生之初曾得益于世界一流大学模式及其办学经验，但是它的建设和发展同时又是对中华文化自身文教传统的继承和延续。中国优秀传统文化不但在彼时滋养了清华、北大等中国著名学府的旺盛生命力，立下了其走向卓越的文化规模和文化气象，这些学府也在吸收其历史文化精华的同时创新了中华文化，培育了一批批新中国发展所急需的各行各业的优秀人才，成为社会主义文化产生和发展的腹地，把中华文化推进到一个新的文明高度。当前，在习近平新时代中国特色社会主义思想的引领下，中国教育又迎来了一个新的发展春天。新时代的中国大学更需要发扬优良传统，一方面要把其强大的文化生命力集中到人类命运共同体建设的伟大事业中去，彰显中华文化中“民胞物与”“天下为公”“大

同世界”等优秀元素，赋予其新时代内涵，在世界新文明的塑造中走向新的卓越之境。另一方面，作为文化化身的大学自然要在立足本土文化的基础上，把其文化的筋脉伸展到全球社区的天空中，超越文明隔阂、文明冲突和“文明优越”等文化论调，倡导一种“各美其美、美美与共”的和谐共存的文化发展观，联合世界各国优秀的大学致力于建设人类文化命运共同体，从而在服务世界文化建设的大道上走向世界一流。

五　提升文化自信，加大国际文化交流合作

中华优秀传统文化是中华民族五千余年实践经验的结晶，里面不但有我们民族智慧的结晶，还包含了我们先民可歌可泣的情感积淀，更注入了我们民族自强不息、坚不可摧的生命意志力。这些智慧、情感和意志的文化基因绵延不绝，流淌在中华民族的血脉里，成为中国大学人自由创造，建设中国特色世界一流大学，肩负世界发展之时代责任的动力之源。文化自信也是在文明的比较中凸显出来的。开放、包容、共存和互益是现代文化的重要特征，中华文明与世界各国文明一样，是世界文明的有益组成部分。同为地球居民之一的中华民族，与其他民族一样，自然成了人类命运共同体建构的重要成员，其五千余年绵延不绝的中华文化之优秀因素自然也成了人类命运共同体文化的有效构成分子。中国大学需要充分发挥文化使者的角色和意识作用，以我为主，健康自强，自主自信，发扬中华文明“和而不同”“万物并育而不相害，道并行而不相悖”的精神，积极开展国际文化教育实践，“尊重世界文明的多样性”，以文明交流、文明互鉴和文明共存的包容开放姿态，将走出去与引进来两条路径并举，与世界各国大学在教育、科研和服务社会中协同合作，共同致力于建设一个诗意宜居的人类命运共同体。

第二节　大学理应成为构建人类命运共同体的中流砥柱*

大学是人类进步的象征，她诞生于人类中世纪文明，发展了人类近现

---

* 本节主要内容曾发表于《探索与争鸣》2019 年第 9 期，题为“大学理应成为构建人类命运共同体的中流砥柱”，该文被人大复印报刊资料 2020 年第 1 期全文转载。

代文明，必然与人类未来文明共命运，这是大学成为建构人类命运共同体中流砥柱的前设条件。

一 构建人类命运共同体的时代价值

“世界正在从崩溃中迅速地出现新的价值观和社会准则，出现新的技术，新的地理政治关系，新的生活方式和新的传播交往方式的冲突，需要崭新的思想和推理，新的分类方式和新的观念。我们不能把昨天的陈规惯例，沿袭的传统态度和保守的程式，硬塞到明天世界的胚胎中。”①

著名未来社会学家阿尔文·托夫勒在20世纪80年代对世界的预言，今天正在变成现实，那就是工业文明发展到最后阶段，必然推动国家突破地缘模式走向全球化这一进程，为扼制不断扩散的“世界风险社会”，也为从根本上消解加速恶化的由人口、资源、环境、气候、生物技术以及军备竞赛等因素整合生成的全球危机，整个世界迫切“需要崭新的思想和推理、新的分类方式和新的观念”，这要求彻底抛弃“昨天的陈规惯例、沿袭的传统态度和保守的程式”，总揽世界、把握全球、设计未来，创造重建人类共同体的认知指南和行动方案。

2012年，党的十八大报告正式提出“倡导人类命运共同体意识”，并绘制了“人类命运共同体”的蓝图。尔后，习近平主席在国内外多个场合深刻诠释“人类命运共同体”的内涵。特别是2015年9月，在联合国成立70周年系列峰会上，习近平主席全面阐述了打造人类命运共同体的核心内涵——建立平等相待、互商互谅的伙伴关系，营造公道正义、共建共享的安全格局，谋求开放创新、包容互惠的发展前景，促进和而不同、兼收并蓄的文明交流，构筑尊崇自然、绿色发展的生态体系。

党和国家领导人多方位地诠释的“人类命运共同体”理念，主要由“人类共同”精神、“人类共同价值”准则和“人类共同利益”愿景三部分构成。人类共同精神，是指民族与民族、国家与国家之间的“平等互信、包容互鉴、合作共赢的精神”；人类共同价值准则，即指国际社会“和平、发展、合作、共赢”的原则；人类共同利益愿景，被描绘为共同建设一个“持久和平、普遍安全、共同繁荣、开放包容、清洁美丽”的世

① ［美］阿尔温·托夫勒：《第三次浪潮》，朱志焱等译，生活·读书·新知三联书店1984年版，第47页。

界。“人类命运共同体”理念，从根本上体现了世界各国人民走向未来的最大公约数，凝结着人类生命共性的核心密码；从根本上体现了马克思主义政党领导人的天下情怀，凝结着共产主义者不懈奋斗的使命文化；从根本上体现了中华优秀传统文化的时代价值，凝结着中华民族血脉深处的文化基因；从根本上体现了实现中华民族伟大复兴中国梦的战略选择，凝结着中国共产党人将“中国问题”即实现中华民族的伟大复兴与“世界问题”即实现共产主义的远大理想相统一的政治智慧。这一主张为风云变幻的当代人类向新文明前行指明了正确方向，中国智慧再次耀眼世界。

二　大学何以能助推人类命运共同体的构建

人类命运共同体理念，要真正化为当代人类的“壮丽日出”，必须突破来自国家利益冲突和意识形态纷争等方面的坚冰，化解国家间在历史上留下的各种恩怨，全面提升我国综合实力、国家治理能力和引领世界各国积极参与共同治理与合作治理的能力。这需要大学明确责任、担当使命，以积聚的强大能量推动人类命运共同体建设。

大学之所以能够成为构建人类命运共同体的中流砥柱，不仅因为时代赋予其责任和使命，而且从根本上看是大学的本性使然。

（一）大学的世界视野

“大学”从诞生时起就赋予其自身超越和普遍的精神气质，更赋予其世界主义视野和愿景，所以，超越性和普遍主义构成大学的内在精神气质；大学这一内在精神气质向外释放，就必然要生成世界性、全球性和国际性的人类视野和人类愿景。

大学的世界性，是指大学虽然总是诞生于某一地域和国家，但它必须以世界性方式存在。这成为“大学者‘囊括大典，网罗众家’之学府也”（蔡元培语）的最终解释依据。大学的世界性存在方式，决定了她必须超越地域限制走向普遍主义而获得全球性品质；大学的全球性品质，要求她必须超越民族、国家、文化的限制，实践其普遍主义并提升其普遍主义，这就形成了大学的国际性。大学国际性的实践方式，展示出大学的成长和大学的功能发挥不受国籍的限制，形成学生与教师、教学和研究的跨国性，形成跨国“游学”“游教”和“游研”的大学人类学风景。大学的“三游”方式，既从不止息地创造了大学的流动性、生成性和创造性，更是以日常之姿实现了大学的世界性、全球性和国际性，贯通了超越性和普遍主义。这是大学能成为肩负构建人类命运共同体使命，并担当其“中流砥柱”重任的内驱动力。

（二）大学共同的职能

无论东方的大学，还是西方的大学，其根本职能是培养人，并且其职能演变由早期单一的培养人向培养人和人才、科学研究并重再到培养人和人才、科学研究、服务社会三位一体方向展开。直到今天，大学肩负的文化传承创新、国际交流与合作的职能更加强大，并且愈来愈受到世界各级政府组织和非政府组织的高度认可：人才培养、科学研究、文化传承创新、国际交流合作等构成世界大学的统一职能，成为大学推动人类命运共同体建设的现实条件。

（三）大学共同的认知基础

诞生于中世纪的大学，为自身设定了直到今天仍然贯彻其中的奠基性知识体系，即“文法、修辞、逻辑、算术、几何、天文、音乐”七科，史称“文理七科”，亦曰“自由七艺”，这是培养人站立为人（即绅士）的基本知识体系，也是现代大学教育的奠基性知识内容。与此相对应，中国官学（亦包括书院）为培养社会精英（即“君子”），也建立起相对完整的知识—技艺系统，这就是“四书五经”（即《大学》《中庸》《论语》《孟子》和《诗经》《尚书》《礼记》《周易》《春秋》）以及礼、乐、射、御、书、数“六艺”。这一知识—技艺系统可以概括为“文史哲艺”四科，它仍然贯穿于中国近现代大学教育之中。由此不难发现，无论是西方大学教育的奠基性知识体系，还是中国大学教育的奠基性知识—技艺系统，都从不同方面体现了大学教育的基础主义和普遍主义。而这一基础主义和普遍主义恰恰是大学成为构建人类命运共同体之“中流砥柱”的知识土壤和认知基础。

（四）共同的发展历程

无论是西方的大学还是东方的大学，都经历了由小到大的过程。这一过程展开为纽曼所描述的居住僧侣的村庄式的大学，弗莱克斯纳所描述的城镇化阶段的大学，克拉克·克尔所描述的多元化巨型大学即都市化大学，以及当今正处于发展进程之中的交互式（interversity）大学。并且，无论是西方的大学还是东方的大学，其发展都经历了从精英教育向大众教育再向普及教育的转换：精英教育，使大学成为少数人享有的特权；大众教育，使大学成了多数人的福利；普及教育，使大学变成服务于每个公民并使之成为世界公民的义务平台。正是如上的发展历程所形成的平台功能的演变，为当代大学能够以“中流砥柱”的方式践履人类命运共同体的使命创造了必需的社会条件。

（五）共同的组织特征

无论是西方的大学还是东方的大学，都具有共同的组织特征。具体地讲，非营利性是大学组织的性质特征，利益相关者是大学组织的产权特征，模糊性是大学组织的目标特征，二元权力结构是大学组织的权力特征，教师的“双重忠诚”（dualloyalties）是大学组织的人员特征，趋同性是大学组织的制度特征，连带性是大学组织的产品特征，复杂性和多样性是大学组织的管理特征，非进步性与成本最大化是大学组织的技术特征，继承与创新相统一是大学组织的文化特征。大学组织的如上特征及其功能诉求，促进大学始终超越实利的羁绊而将服务于人类命运共同体视为己责。

三　大学如何助推人类命运共同体构建

客观地来看，“人类命运共同体”理念为当代社会提供了“平等互信、持久和平、普遍安全、共同繁荣、开放包容、清洁美丽”的人类共和愿景，这一愿景从根本上契合了大学的世界性和人本性，使大学肩负起建构人类命运共同体“中流砥柱”的重任成为可能。然而，可能并非等于实现，大学如何才可全方位地释放自身潜能，将其本性使然的“可能”化为“为人类和平与发展贡献智慧和力量”的当下行动？这需要方向的导航。

教育决定着人类的今天，也决定着人类的未来。人类社会需要通过教育不断培养社会需要的人才，需要通过教育来传授已知、更新旧知、开掘新知、探索未知，从而使人们能够更好地认识世界和改造世界、更好地创造人类的美好未来。今天的世界是由各国组成的命运共同体。战胜人类发展所面临的各种挑战，需要各国人民同舟共济、携手努力。教育应该顺此大势，通过更加密切的互动交流，促进对人类各种知识和文化的认知，对各民族现实奋斗和未来愿景的体认，以促进各国学生增进相互了解、树立世界眼光、激发创新灵感，确立为人类和平与发展贡献智慧和力量的远大志向。①

习近平总书记给清华大学苏世民项目启动仪式所致的贺信，为大学如何为人类和平与发展贡献智慧和力量，提供了明确、坚定的方向指引。

（一）大学应为人类共同愿景打下坚实的精神基础

根据大学世界性和人类性之要求，大学必须为推动人类命运共同体建设而担当起自身的责任，并全面践履自身的使命：大学的不倦责任，就是发现、培养能够站在前人肩膀上开创更为善美的未来世界的人和人才；大学的永恒使命，是勇往直前、义无反顾地探索真理、创造知识。合论之，即无论是西方的大学还是东方的大学，其共同责任和使命是启迪智慧、培育新人；探求真知、追求真理；传承文明、引领社会。为此，大学必须坚守和发展以“客观的依据、理性的怀疑、多元的思考、平权的争论、实践的检验、宽容的激励”为基本内涵的科学精神，必须坚守和发展以“独立存在、自由生存、平等尊重、限度生存、博爱慈悲”为基本内涵的人文精神，将培养人“自由的心灵、自由的意志、自由的思考、自由的探索、自由的表达”作为所有大学人的共同的利益诉求。

（二）大学应着力于人类共同价值观的奠基教育

从大学教育的视角推动人类命运共同体的构建，必须形成全人类共同的价值观，这是人类共存在、同发展的奠基石。为奠定好这块认知和精神的基石，大学实施人类共同体价值观培养的基本任务有四：第一，大学教育应使世界各国的一代一代青年学生深刻地认识到“和平、发展”是人类生存的价值观，是一切价值观形成的基础。因为没有和平，人类将丧失可持续生存的基础，更无法很好地生存下去。所以，和平是世界人民的共同愿望，更是发展的基础和先决条件。第二，大学教育应使世界各国的一代一代青年学生深刻地认识到发展是人类社会要更好生存的必然作为。人类要谋求无阻碍的发展，就必须遵守其共同发展的价值观。人类谋共同发展的价值观，既是经济、社会、环境的协调观，更是人与社会的和谐观和人与自然的共生观。第三，大学教育应使世界各国一代一代的青年人深刻地认识到人类社会要很好地生存和发展，就必须追求公平和正义，这是人类社会的基本价值观，也是世界各国在国际事务中必须遵循的基本规则。这

---

① 《清华大学苏世民学者项目在京举行，习近平和奥巴马致贺信》，《人民日报》（海外版）2013 年 4 月 22 日第 1 版。

里的公平，是指在世界舞台上，国家无论大小，无论强弱，其主权必须一律平等，并且每个国家都应当成为处理全球事务的参与者。这里的正义是指国际正义，它构成处理国与国之间责权利的基本准则。第四，大学教育应使世界各国的一代一代青年人深刻地认识到人类社会要实现天下大同的美好愿景，必然要追求民主和自由，这既是人类社会的政治价值观，又构成人类社会的最高追求。

（三）大学应全面打造人类共同利益准则和全面培养人类共同利益精神

人类共同的发展目标，是建设一个“持久和平、普遍安全、共同繁荣、开放包容、清洁美丽的世界”，这是人类共同的利益所在。当今世界依然是一个不安宁的世界，面临和平、发展、治理、信誉“四大赤字”，其具体表现有五：一是极端的国家权力观依然盛行，霸权主义和强权政治还在世界范围内横行；二是狭隘的国家利益观依然盛行，贸易保护主义和逆全球化势力开始抬头；三是西方文明中心论与文化多元的现实冲突激烈；四是片面的国家安全观依然盛行，以扩张谋求安全和以孤立逃避风险的心态依旧；五是功利的生态观依然盛行，对发展中国家的生态破坏、资源掠夺与生态危机输出未能得到有效遏制。如上各方面的自发整合，必然生成如下世界性难题和挑战：一是在全球安全方面，最为突出的是地区冲突与战争、核武器的生产与扩散、国际恐怖主义、毒品泛滥；二是在国际经济方面，最为突出的是金融危机、南北贫富差距；三是在环境生态方面，最为突出的是水资源污染与浪费、能源资源短缺、全球温室效应、生态破坏；四是在跨国犯罪方面，最为突出的是走私、洗钱、非法移民；五是在基本人权方面，最为突出的是虐待妇女儿童、饥饿贫困、粮食安全；六是在新的领域的挑战，最为突出的是网络安全、外空探索、极地开发等。为有效解决这六个方面的世界性难题，真正消除世界范围内的“四大赤字”，各国大学必须联合起来，对阻碍人类社会共同发展的难题展开协同攻关。各国大学一旦联合起来协同攻关，人类共同利益准则和共同利益精神就会在大学这个世界联盟里落地生根，各国也会因为大学联盟的努力而逐渐凝聚成为一个利益共同体，共同存在、共享发展、共建人类新文明。

总之，大学在近千年的发展历程中，被誉为“人类智慧的花朵”和

"人类精神的家园"。大学作为具有共同体的历史渊源又根植于本民族历史和文化传统的组织，天然地具有推动人类社会沿着共同的目标前行的基础、条件和实力。所以各国的大学理应在构建人类命运共同体的漫漫征途中，当好开路先锋，发挥中流砥柱的作用。

第三节　大学推动人类命运共同体构建的哲学思考及实践方式*

从文明观来看，人类文明发展史就是一部教育探索繁荣史；从大学来看，大学发展史就是一部探索人类命运共同体的创建史。文明与大学、人类文明传承与大学发展，始终唇齿相依、互动共生。构建人类命运共同体离不开大学的贡献，大学的知识创造及教育实践证明了大学是人类命运共同体建设的重要平台和根本推动力量。

一　人类命运共同体建设对大学的要求

"人类命运共同体"理念，是中国共产党立足于当代走向世界而提出的最新国际政治主张，它在2012年11月党的十八大报告中得到最初呈现。面对人类发展不断呈现出来的各种根本性问题和纷繁复杂的国际环境，党中央提出"坚持和平发展道路，推动构建人类命运共同体"的国际政治主张，并将这一国际政治主张作为大国发展的根本国策。以此为出发点，为应对新时代国际体系的深刻变化，习近平总书记从"建设一个什么样的世界"和"怎么建设这个世界"出发，对"人类命运共同体"予以系统阐发，高瞻远瞩地提出"以和平发展为主题、以合作共赢为核心、以共同价值为纽带、以共同利益为动力、以共同安全为基石、以交流互鉴为桥梁"的治理方案，这一全球治理方案在全世界引发广泛反响。

习近平总书记所提出的"推动构建人类命运共同体"的全球治理方案之所以引起广泛的世界反响，就是因为这一全球治理方案的核心理念紧紧围绕人类"合作"和"共同"而展开：人类"合作"，是为了"共同"。对人类来讲，其"合作"是实现"共同"的手段与方式，"共同"是为

* 本节主要内容曾发表于《中国高教研究》2021年第7期，题为"大学推动人类命运共同体构建的使命及实践方式"。

“合作”构建的目标。为了实现“共同”之人类目标，必须合作，并且其合作必须平等：人类实现共同存在的合作，既必须以平等为前提，更必须以平等为依据，还必须以平等为价值尺度。反之，以平等为依据展开合作所实现的“共同”，不是空洞的，必须注入实质内容：人类以平等为导向探求合作而达成“共同”的实质内容有很多，但根本者有三：一是价值，二是利益，三是安全。

“价值”既是一个哲学概念，也是一个经济学概念。作为哲学概念，价值呈现一种关系属性，即呈现客体与主体之间所构成的效用关系，但首先指客体自存在本身所呈现出来的独特性。所以，作为效用关系的价值，是使用价值；作为自存在方式的价值，是存在价值，亦被学界称为“内在价值”。作为经济学概念，价值属于使用价值的范畴，它指客体（如商品、资源、资本）相对主体所呈现出来的有用性，抽象地讲，经济学意义上的价值可看成能够恰当反映商品、服务或金钱等值的总额。

综上所述，价值实际上呈现出三维内涵，即存在价值，一般意义上的效用价值和经济学意义上的效用价值。以此观之，在人类命运共同体中，以平等方式合作所要实现的“共同价值”，也呈现出这样三个方面的内涵：第一，共同的存在价值。如无论作为个体的欧洲人，或亚洲人，或非洲人，还是作为群体存在的不同民族和国家，都拥有内在的存在价值。第二，共同的效用价值。如无论何种肤色的人种，或者不同的民族或国家，甚至不同的政治主张、不同的制度体制以及不同的文化之间，都可以构成平等的生存关系，建立互为主体的生存发展机制。第三，不同地域环境、不同文化背景、不同制度体制背景下的不同民族和国家，都可以在市场、经济、科技、文化、教育等领域建立起经济学意义上的共同效益机制、价值诉求。但是，无论哪种内涵维度的价值，要获得共同性，要凝聚为共同价值，都必须以平等为前提，或者说必须以平等为价值本体。所以，平等才是人类共同的价值本体。

价值始终是存在（个体存在或关系存在，如一个国家就是一个存在，中国与日本、韩国与朝鲜，均是一种关系存在）的抽象形式，价值之所以成为存在的抽象物，是因为存在本身的存在。而存在本身得以存在的前提，却是它具备其存在的条件，在其存在的诸条件中，最为根本的条件就是利益。如山的存在，不仅以泥土、岩石、树木、生物等物质方式形塑自身，而且因为深谷、江河、平原等才使自己获得呈现、突显，前者构成山之为山的自身存在，后者构成山之为山的关系存在，二者的整合，则构成了山之为山的经济学价值。然而，无论是构成山之自身存在的泥土、岩石、树木、生物等物质方式，还是构成山之关系存在的深谷、江河、平原等，都是山之为山的具体利益。抛开这些实实在在的利益，或者说抛弃这些实实在在的构成要素，山将不复存在。由此表明，价值建基于利益，是利益的抽象表达。人类之共同价值，亦必须以共同利益为母体，即人类之共同价值是其共同利益的抽象表达，也是其共同利益生成、取舍、分配的抽象尺度、评价准则。

人是利益的生存者，由人汇聚起来的民族和国家，也是实实在在的利益存在体，人与人之间以及民族和民族、国家与国家之间要通过平等的合作来创造共同利益，必须以共同价值为依据，以实现共同安全为存在目的。所谓共同安全，其正面表述就是无防范之忧惧的共同存在、共同生活、共同发展、共同赢利，并共享祸福，共渡危难；其反面表述就是互不侵犯，互存边界，互为限度，即你的自由止于我鼻尖，我的发展边界就是你的发展。所以，以平等方式合作构建共同价值，创造共同利益，实现共同安全的全过程，贯穿着一个基本的人类生存精神，那就是相对自由精神，即自己在争取和创造自由的同时尊重他者存在的自由精神。这种自由精神的实质，就是边界和限度，包括自为边界和互为边界，自为限度和互为限度。正是这种自为和互为“边界—限度”的相对自由精神，才使共同价值、共同利益、共同安全成为可能。从这个角度观之，人类共同价值、共同利益、共同安全实现的决定性因素，是其自为和互为“边界—限度”的相对自由精神，它的本质规定是平等。

人类以平等方式合作追求共同价值、共同利益、共同安全的实现，既必须以平等为准则自为边界和限度，更必须以平等为准则互为边界和限度。这不是或然的，而是必然的。所谓必然的，是指不以某个人、某个民族、某个国家或者某种文化、思想、主张为转移的那种客观的不可逆存在方式、存在方向、存在力量。如人虽有肤色之分，也有国籍之别，但都要接受性别的规定，并且这种规定在生物人种学意义上，是天赋的，不是人定的。又如民族的存在体现地域特征、文化个性，但不管主观上相融还是不相融，都只能存在于同一个地球上，并接受同一种周期性变换运动的气候调节。这既是由宇宙创化所规定，也是由历史层累地构造所形成。这些因素决定了人类以平等方式谋求合作，既自为边界和限度，又互为边界和限度地建构共同价值、创造共同利益，共享安全，就是一种必然性的“命运”。

这种必然性的共同存在“命运”，当然可以通过全球化、国际政治、市场经济以及科技研发来实现，但仅仅做这些方面的努力还远远不够，因为现代世界“无限度的扩张”和“有组织的不负责”① 的发展，使全球化陷入新的丛林，国家政治、市场经济、科技研发等在这种全球化丛林中变得更加复杂，这种复杂性本身使国际政治、市场经济、科技研发在“推动人类命运共同体建设”方面显得更为有限。正是在这种大背景下，大力推进人类命运共同体建设，对大学提出了要求。教育部前部长陈宝生在2020年中国国际教育研讨会全体大会上的致辞中旗帜鲜明地提出，教育应该且必须“为构建人类命运共同体提供不竭动力”，并指出“教育作为增进各国互信合作、促进各国互利共赢和推进各国交流互鉴的桥梁和纽带，应该在构建人类命运共同体的进程中发挥更大作用。中国愿同世界各国一道，聚焦全球教育发展改革面临的共同问题，合作探索解决办法和方案，推动发展经验互学互鉴，实现全球治理互利互惠。”②

构建人类命运共同体要求教育担负起如此重责，相对教育来讲，这种外部要求能否具备内在回应机制？如果教育自身具有这种回应人类命运共同体的内在机制，那么，教育将如何担当起主动推进构建人类命运共同体的当代责任呢？这是值得深入思考的重要问题。

二　大学肩负着构建人类命运共同体的时代责任

推进构建人类命运共同体，这是一个国际政治实践和人类建设实践的问题。但任何实践要合理、合道、合法并最终卓有成效，都必须有认知的引导。能够引导实践获得合理、合道、合法并卓有成效的认知，必须是真知。所谓真知，就是符合事物本性、符合存在法则、体现存在运动的变化之道的认知、知识。所以，真知的本义是真理，它体现普遍可指涉的理、道、法，所以任何内涵的真知，都需探究得来。在古代，如在古希腊或先

---

① ［德］乌尔里希·贝克：《世界风险社会》，吴英姿、孙淑敏译，南京大学出版社2004年版，第191页。

② 陈宝生：《为构建人类命运共同体提供不竭动力》，《神州学人》2020年11月。

秦时期，专门从事真知探究的人被亚里士多德总结为是那些有特别强烈的“惊诧感”和好奇心，并具备“闲暇”和拥有“自由”条件①的自然人；进入教会时代，探求真知的工作，被教会规训下的僧侣阶层所承传。其后的社会发展，使狭隘的教会和狭窄的僧侣阶层越来越不能担当起探求人类真知的重任，于是孕育出大学。自此至今，大学担当起了为人类探索真知和传播真知的主要责任，由此也使大学在风云突变的当代世界舞台上，必然以探求和传播人类真知的本来方式肩负起为推进构建人类命运共同体提供“不竭动力”的重任。要理解这一点，就必须先理解大学的自身使命和责任如何可以构成推进构建人类命运共同体的不竭动力。

英国著名进化论者和教育家托·亨·赫胥黎（Thomas Henry Huxley）在《科学与教育》中指出：“世界的未来掌握在那些对于自然的解释能够比他们的前辈更进一步的人手里。大学最重要的职责，就在于发现这些人，爱护这些人，并培养他们最大限度地服务于自己事业的能力。”② 发现、培养能够站在前人肩膀上开创更为善美的未来世界的人，构成大学的责任。大学要称职地担当起这一责任的根本前提是探索、创造知识，这成为大学的使命。

探索、创造知识，何以构成大学的使命，这源于“知识”和“大学”的自我规定。

先看知识，它首先是被创造的，而创造知识的思维工具和表达手段是语言：语言构成了知识的形态学方式。其次，以语言为呈现形态的知识，既是文化的本体，也是文明的方法，更构成探索建构人类命运共同体的认知基础和力量来源。最后，知识之如上功能，源于知识的自身规定。知识的自身规定，构成本体意义的知识；对本体意义的知识的探求，才成为大学的使命。

本体意义的“知识”是什么呢？

美国哲学家罗伯特·诺齐克（Robert Nozick）在《哲学的解释》中专门讨论了“知识”概念，最后得出关于“知识”的定义：所谓知识，就是知道，它是知识论（theory of knowledge）或认识论（epistemology）探讨的

---

① ［古希腊］亚里士多德：《形而上学》，吴寿彭译，商务印书馆1959年版，第5页。

② ［英］托·亨·赫胥黎：《科学与教育》，单中惠、平波译，人民教育出版社2005年版，第171页。

对象。什么是“知道”呢？诺齐克又给“知道”下了定义：所谓“知道，就是拥有追踪真理的信念。知识是世界联系的一种特殊方法，拥有与世界的专门的真正现实的联系：追踪它”①。

知识作为持有（“万物都有道理”的）信念对真理的追踪方式，其认知成果既构成人类文化的本体内容，也构成人类教育的本体内容。具体地讲，大学之为大学，其肩负着两个基本任务：第一是探索、创造知识。大学探索、创造知识，就是坚持“万物背后总是有道理的，道理构成万物的本质”的信念，去发现、挖掘、清理出这些道理并证明它，然后用系统的语言（即概念、命题、判断、推理）来呈现它。这一前赴后继的努力，开辟出大学的源头活水，浇灌出更加绚丽灿烂的人类文明，并为人类走出丛林法则，放弃野蛮竞争，走向存在共同体，提供普遍的世界之理、根本之道和普世之法，即为人类如何能够走向平等合作、建构共同价值、创造共同利益、实现共同安全提供真知、真理、方法。第二是向学生传播由探索、创造得来的知识，并使之转化为人的智慧和力量。这是“大学的理想与其说是知识，不如说是力量；大学的目标是把一个孩子的知识转变为成人的力量”②。也是大学“真正有价值的教育是使学生透彻理解一些普遍的原理”③，因为激励学生理解“知识何以如此是”，就是引导学生掌握世界、事物、存在的原理，或可以说“大学的作用是使你摆脱细节去掌握原理”④。所以，“在一个理想的大学教育里，学生不是从最新的观察着手然后回到第一原理，而是从第一原理着手，回到所有那些我们认为对了解这些原理是有意义的最新观察”⑤。

三 大学助推人类命运共同体建设的开放性方式

虽然大学培育了人们共知共享的价值观，建造了人们共存共在的精神宇宙，并积极向纵深推进其自身的国际化实践进程。但是，限于各种经济、政治和文化上的主客观条件，构建人类命运共同体的实践仍然存在很大的现实障碍，有待于大学在认知、思想、观念、方法上的先行探索与解

① R. Nozick, *Philosophical Explanations*, Cambridge: Cambridge University Press, 1981, p. 178.

② ［英］怀特海：《教育的目的》，徐汝舟译，生活·读书·新知三联书店2002年版，第49页。

③ ［英］怀特海：《教育的目的》，徐汝舟译，第48页。

④ ［英］怀特海：《教育的目的》，徐汝舟译，第49页。

⑤ ［美］菲利普·弗兰克：《科学的哲学》，许良英译，上海人民出版社1985年版，第6页。

决。大学开拓创新人类精神宇宙的先行性，实是大学赋予自身的职责：大学以探索、创造知识为使命，以培养学生的知识实践为基本方式弘扬科学精神和人文理性这一根本任务本身决定了大学的世界性、国际性和人类取向。大学的世界性、国际性和人类取向，使大学始终扎根历史、立足现实而诉诸未来。所以，“大学的任务就是创造未来”①。大学需要遵从人类命运共同体构建的历史号召，从人才培养、科学研究、服务社会、文化传承创新和国际交流合作五大职能出发，自觉承担起促进人类命运共同体构建的伟大使命。

（一）以科学精神和人文理性培养人类进步事业的新人

人才培养是大学的基本任务，党的二十大报告提出“要坚持教育优先发展”“办好人民满意的教育”，必须“落实立德树人的根本任务”，其目标是“培养德智体美劳全面发展的社会主义建设者和接班人”。育人的根本在于“立德”，所谓“立德”，就是要求把中国特色社会主义核心价值观及思想灌输给新一代，使富强、民主、文明、和谐的国家价值，自由、平等、公正、法治的社会价值，爱国、敬业、诚信、友善的个人价值内化为年轻人的品质，并引导他们自觉践行人类命运共同体建设。习近平总书记指出：“我们提出的社会主义核心价值观，把涉及国家、社会、公民的价值要求融为一体，既体现了社会主义本质要求，继承了中华优秀传统文化，也吸收了世界文明有益成果，体现了时代精神。”② 中国特色社会主义的核心价值观也可以成为我们建设人类命运共同体价值观的有益要素，为大学培养“社会主义社会有责任感的公民和人类进步事业的积极参与者”③提供了必要的价值来源。

改革开放四十余年的历史成就证明：中国大学专注于社会主义现代化建设事业的需要，努力培养其所需要的各级各类优秀人才。这些优秀人才成为民族复兴大任的主力军，他们既引领中国快速实现了工业化，成为世界第二大经济实体；也引领人们的思想观念发生了重要转变，为中华民族伟大复兴提供了强大的精神动力；更引领了文化前行的方向，推动国家文

---

① ［英］怀特海：《思维方式》，刘放桐译，商务印书馆 2010 年版，第 159 页。

② 《习近平谈治国理政》，外文出版社 2014 年版，第 169 页。

③ 汪明义：《构建中国特色的社会主义大学治理模式》，《国家教育行政学院学报》2017 年第 4 期。

化的软实力和中华文化的影响力大幅度提升，中华文化再一次在影响世界中开始了其伟大复兴的进程。当前，和平与发展仍是世界发展的主题，一切困难和挑战都将会在和平与发展中得以有效解决。同样肩负“创造未来”使命的中国大学，在新时代理当以更加负责任的理性态度积极回应这一时代赋予的历史重托，发挥大学人才培养的优势，把人才培养的教学目标设计向外扩展，着力开展“和平、发展，公平、正义，民主、自由”的共同价值观教育；开展民族、国家多元价值的理解教育；开展全球公民的责任意识教育；开展人与自然和谐共生①的生态文明教育，培养能够承担世界健康和谐发展之大任的优秀人才。

（二）探索、创造新知以解决人类发展进程中的认知难题

探索、创造知识既是大学立身之根本，更是民族文化进步的源泉。因为大学致力于人才培养和真理的发现与传播，以服务国家和人类。国家的繁荣昌盛与世界一流大学的崛起相辅相成，清华大学、北京大学之于现代中国，剑桥大学、牛津大学之于英国，麻省理工学院、哈佛大学之于美国，哥廷根大学、洪堡大学之于德国，都是现实的例证。“一国之大学在服务其国家繁荣昌盛中赢得世界之声誉，固然是世界一流大学概念之一种。然而一国之大学如能在服务人类命运共同体建构的过程中作出更大贡献，当是世界一流大学之另一义，必将更加赢得世界的尊重和赞赏，引领世界文明之未来发展。”② 改革开放以来，中国大学直面社会主义实践中的各种实际问题，自我主张，努力创造，为社会主义现代化建设提供了充足的人力、智力、技术和观念等，取得了举世瞩目的成就，为世界提供了和平发展的成功范例，赢得了世界的关注。

大学探索、创造、传播人类知识，除了必须具有民族国家的抱负外，还应该具有世界的抱负。知识作为“联系世界”和“追踪真理”的根本方式，对它的探索、创造、运用、发展有其自身的规律。由于人的地缘化存在和大学必以民族国家为平台的双重制约，最初知识的发展总是围绕民族国家的发展而发展，其问题聚焦和方法的选择无不打上民族国家现实发展需要的烙印。在大学所创造的知识的哺育下，民族国家渐渐成长和强大，大学与民族国家的抱负随之逐渐增强。进而知识本身发展的无国界性，知

---

① ［英］怀特海：《思维方式》，刘放桐译，商务印书馆2010年版，第159页。

② 冯建军：《迈向人类命运共同体的价值教育》，《高等教育研究》2018年第1期。

识的自我繁殖和增长也开始日益明朗，知识开始突破其现实的地域局限向外界扩展，走向人类的无穷视界。这一知识发展的逻辑不以人的意志为转移，不仅具有客观的必然性，而且突出了知识的功能。知识不仅是民族国家的福祉，也是人类世界的福祉，它经由服务民族国家逐渐扩至服务于全人类的共同发展。知识的这一无国界性发展，客观上要求大学探索、创造知识的学术活动和运用、传播知识的教育活动应该超越民族边界，着眼于人类发展进程中的共同难题和共有困境，把新的文化知识创新立于全球实践的基点上，为其贡献智慧，以引领人类世界向善美之境演进。

（三）以更开放的姿态服务民族国家和人类命运共同体

在大学智力之轮的驱动下，世界正在日益成为一个国际化的社区、一个与全球命运休戚与共的共同体，来自世界各地的居民正在跨越民族和空间的阻隔而生活和工作在一起。但与此同时，霸权主义、军国主义、恐怖主义阴霾不散，并有抬头趋势；核危机、欧债危机、中东难民潮、生态危机等层出不穷，这些都成为世界和平与发展的潜在制约因素，也成为阻碍人类命运共同体形成的因素。站在世界各国共同发展的高度，政治上如何求同存异，和平共处，互利互赢；经济上如何有效平衡全球资源、平等对待发展的权益而不再有剥削和欺诈；文化上如何尊重不同族群的价值观以消弭因伦理差异所引发的冲突，使彼此之间能够和谐相处；教育上如何实现多元化，以及课程教学及评价的公正而不是歧视；生态上如何保持全球自然环境与科技发展的相互增益而使科技闪耀出人文光辉，这许许多多的问题已经不是一个国家单纯根据一方的利益和需要制定单边的方案可以解决的，它需要每一个国家都能够站在人类命运共同体的立场上全面考虑这些问题，共同协商制定发展对策。面对种种世界性难题，曾经形塑、创新和引领了人类文明发展的大学大有可为，中国大学更当有所作为，努力与世界大学一道为这些问题的解决提供可资借鉴，甚至可以直接使用的中国方案。

服务人类社会发展，始终是大学的责任。中世纪大学尚没有民族国家的概念，它在自觉为社会培养所需的文职人员、律师、牧师和医生等高级专门人才的同时，主动进行普遍知识的探索，努力为人类社会发展提供新的知识、观念和技术。近现代大学是随着民族国家一起发展壮大的，服务民族国家和世界性、国际化诉求一同进入大学的行动意识。一方面，大学意识到没有民族智识的积累，国家终将在国际竞争中处于劣势，落入被淘汰的历史宿命，故而其努力服务民族国家的战略定位和现实发展需要，为国家的繁荣强盛提供文化的软实力和解决问题的智慧方案。另一方面，大学又在探索、创造知识和运用、传播知识的过程中，承续和发展体现大学本原性动力的人类关怀精神，主动面向国际社会，展开科学的探索和新知识的创造，为人类未来的大同世界福祉积累所需的智识资源。由此不难发现，在当代进程中，大学已与其所属民族国家结成了休戚与共的命运共同体，这一共同体又当然地成为整个人类命运共同体的一分子，阐释了更大也更广泛的人类命运图景。在这一宏大的时代语境中，中国大学要主动承担服务国际社会发展的时代责任，为当代人类文明的健康发展做出自己的独特贡献。

（四）以返本开新中华文明实现美美与共的卓越

近千年的人类大学发展史表明：大学是民族文化及其精神的化身，大学繁荣发展的根深扎在她所属民族的历史文化土壤中，民族的历史和文化滋养了她的生命，赋予她始终年轻的勃勃生机。习近平总书记指出："越是民族的越是世界的。世界上不会有第二个哈佛、牛津、斯坦福、麻省理工、剑桥，但会有第一个北大、清华、浙大、复旦、南大等中国著名学府。"① 中国大学虽然在其产生之初曾借鉴世界大学模式并得益于其深厚的办学经验，但是它的建设和发展同时又是中华文化自身文教传统的继承和延续。中国著名大学之立校精神，清华大学之"行胜于言"是对中国古典文明之君子敏行慎言、讷言，知行合一，躬行实践的高度凝练，其宁静致远之精神和境界正象征着清华大学致力于培养文理合一之谦谦君子的不懈追求；北京大学之"思想自由、兼容并包"取意于"万物并育而不相害，道并行而不相悖"，其博大的胸怀和视野正象征着北京大学致力于培养能承担中华民族新文化创造之伟大命运的思想者的勇敢担当；南开大学之"允公允能、日新月异"取意中国优秀文教传统的公心、致用和进取精神，其火热的情怀和对民族精神的信仰正象征着南开大学对民族未来命运的忧患和探索。它们所共同承传和阐释的恰是"刚健有为""厚德载物""大道为公"的中国文化大道。

中国优秀传统文化不但在彼时滋养了清华大学、北京大学等中国著名

① 《习近平谈治国理政》，外文出版社 2014 年版，第 174 页。

学府的旺盛生命力，立下了其走向卓越的文化规模和文化气象，清华大学、北京大学等著名学府也在吸收其历史文化精华的同时创新了中华文化，培育了一批批新中国诞生和发展所急需的各行各业的优秀人才，成为社会主义文化创新的母体和思想精神发展的腹地，从不同方面将中华文化推向一个新的文明高度。在当前这个伟大的时代，中国教育迎来了新的发展春天，中国大学更应该发扬优良传统，集聚其强大的文化生命力投入人类命运共同体建设的伟大事业中，发扬光大中华文化“民胞物与”“万有相通”“天下为公”“大同世界”等优秀精神元素，使其在世界新文明的塑造中“贞下起元”，达向卓越之境。同时，作为文化化身的大学自然要在立足本土文化之上，将其文化思想精神的经脉伸展到全球的天空，超越狭隘偏激的“文明冲突”论和“文明优越”论，倡导“各美其美、美美与共”① 的文化发展观，联合世界各国优秀大学致力于建设人类文化命运共同体，在脚踏实地地服务于世界文化建设的大道上走向自我卓越。

（五）以坚定文化自信加大国际文化交流合作

文化自信的含义，首先是对本民族文化的深刻理解、认可和信仰。这一质朴的理解、认可和信仰却是建立在对本民族历史实践经验的尊重、现实实践经验的体认和未来实践经验的把握基础上的。所以，对文化的尊重，本质上是对民族实践活动及其历史的尊重。从根本上讲，深厚的历史文化传统是文化自信的根源。对任何民族国家来讲，文化既是生命，文化也是道路，更是“一个民族、一个国家，必须知道自己是谁，是从哪里来的，要到哪里去”② 的启明灯。以此观之，唯有文化自信，民族自信才会从根基处生发。中华文化是中华民族五千余年向自然学习以及与自然、社会冲突、协调等实践经验的结晶，其中不仅饱含了我们先民可歌可泣的情感积淀，也注入了我们民族自强不息、坚不可摧的生命意志力。这些智慧、情感和意志的文化基因绵延不绝，流淌在中华民族的血脉里，成为中国大学人自由创造，肩负世界发展之时代责任的动力之源。

文化自信也是在文明的比较中凸显出来的。文化自信构成文化、精神和思想展开国际交流的主体前提和心理基础，文化、精神、思想的国际交流，既构成文化自信的呈现方式，又成为文化自信的有机内容，更张扬着

---

① 费孝通：《文化的生与死》，上海人民出版社2009年版，第186页。

② 汪明义：《大学理应成为构建人类命运共同体的中流砥柱》，《探索与争鸣》2019年第9期。

文化自信的必然发展逻辑。以此衡量，开放、包容、共存和互益构成中国文化自信地走向世界的综合指标。中华文明与世界各国文明一样，是世界文明的有机组成部分；并且同为地球居民之一的中华民族与其他民族一样，自然成为人类命运共同体建构的重要成员，其五千余年绵延不绝的中华文化中之优秀因素也自然成为人类命运共同体文化的重要内容。有交流才会有融合和发展，世界各国之文化唯有在交流中才会更加认清自己的特色和优势所在，才会更清楚自己的不足和努力改进的方向，并采取行之有效的方式积极主动借鉴和创新。交流、比较、增损、共享和发展，构成世界文化发展演进的现实逻辑，以共同推进人类文化共同体的建设。基于此，作为中华文化化身的中国大学需要充分发挥世界文化使者的角色，“以我为主，健康自强，自主自信，弘扬中华文明‘和而不同’‘万物并育而不相害，道并行而不相悖’的伟大精神，积极开展国际化的文化教育实践，‘尊重世界文明的多样性’，以‘文明交流’‘文明互鉴’和‘文明共存’的包容开放姿态，走出去与引进来并举，与世界各国大学在教育、科研和服务社会中协同合作，共同致力于建设一个诗意宜居的人类文化命运共同体。”①

第四节　大学推动人类命运共同体建设的三个发展阶段*

党中央提出要“坚持和平发展道路，推动构建人类命运共同体”。以此为出发点，为应对新时代国际体系的深刻变化，习近平总书记从“建设一个什么样的世界，怎么建设这个世界”出发，高瞻远瞩地提出了“以和平发展为主题、以合作共赢为核心、以共同价值为纽带、以共同利益为动力、以共同安全为基石、以交流互鉴为桥梁”② 构建人类命运共同体的全球治理理念和治理方案，在全世界引发广泛反响。近代以来大国振兴的经验证明，国之将兴，必有伟大的大学与之相伴。大学因以人的培养和学术

---

① 汪明义：《大学理应成为构建人类命运共同体的中流砥柱》，《探索与争鸣》2019 年第 9 期。

* 本节主要内容曾发表于《国家教育行政学院学报》2022 年第 1 期，题为“大学推动人类命运共同体建设的三个发展阶段”。

② 《中国共产党第十九次全国代表大会文件汇编》，人民出版社 2017 年版，第 46 页。

研究为根基，服务于国家和人类文明建设而成为大国振兴的文化和教育基础。构建人类命运共同体的伟大事业，也必然有待大学作为重要的推动力量而有所作为。[①] 人类命运共同体虽是一个新时代处理国际关系的核心概念，但是它所昭明的大学与人类存在的关系却是自大学诞生时起就本然地蕴含在大学的实践视阈之中的。随着人类社会历史的发展，这种关系经历了不同的阶段，表现出不同的内涵、特征和价值倾向。根据历史和逻辑相统一的辩证唯物主义的基本原理，从文化史和文化传播学的角度，大学在服务人类命运共同体建设的实践上大体经历了三个历史发展阶段。

一　中世纪大学知识教育的人类学象征

大学诞生于中世纪欧洲的一隅之地，源于独断的宗教文化。经过从宗教哲学家奥古斯丁（Augustine）到阿奎那（Aquinas）几百年的辛勤耕耘，人们将盲从的宗教变成了理性的宗教，大学在这一转变的过程中应运而生。中世纪的大学诞生于宗教的理性化和宗教信仰的学术化与组织化，它追求讲道理、讲普遍规律、讲最终秩序、讲统一的人文理性。中世纪产生的那批最早的大学，如博洛尼亚大学、巴黎大学、牛津大学、剑桥大学等，所从事的同一件事情是寻找上帝创造这个世界时所赋予的规律、规则，探求一种抽象的道理、万物背后的逻各斯。大学诞生之初探究世界、万物、存在之根本知识的这一原初的定位，使大学成为欧洲中世纪文化遗留给现代的最为重要的文明成果和文明形式之一，其影响之深远至于今亦会至于遥远之将来。大学在诞生之初虽仅局限于欧洲这一狭小地区，散落于几个日渐复兴的城市中，但是它已经从目的、语言、知识和方法等诸多方面，经由学术和教育在无意间开启了助推人类文明命运共同体构建的实践进程，显示出世界性的抱负，成为象征意义上的国际社区。

（一）共同的目的

中世纪的大学脱胎于教会组织，它的教师最初有一部分是来自从事牧师工作的神职人员，其栖身之处往往是租借教会的场所或由教会直接提供，它所传授的最为突出和合法的知识是神学知识。这就使得中世纪的大学与教会之间有着千丝万缕的联系。所以，中世纪大学的知识探索和教育

① 汪明义：《大学推动人类命运共同体构建的使命及实践方式》，《中国高教研究》2021 年第 7 期。

追求一种服务上帝的信仰。中世纪初期的大学教师和学生自觉地把知识的探索和创造作为对上帝的知识献祭形式，主动服务于一个统一的上帝，并把这种服务看作自己的荣耀。[①] 正是由于知识献祭于上帝的信仰，中世纪的大学在教育实践中倾向于与世俗的社会之间保持应有的距离，大学成了象牙之塔，研究和教学成了纯粹的精神性事业。随着大学的生长，知识的探索和教育经由上帝的视角悄然转变为知识本身的神圣视角，以及对知识解释世界的神秘感的憧憬和崇敬。这就使得知识服务上帝的目的发生了一种具有世界性普遍化意识的转向。这种转向对其后大学发展的价值和意义突出地表现为两个方面。一方面是通过专业的职业性转化为严谨敬业的职业精神、职业操守和职业能力；另一方面是通过知识的普遍性转化为一种普遍的服务于全体人的世界意识。上帝逐渐退隐，共同存在的意识出现。由是，人类生存于共同的地球之上，人与人之间应该平等友爱、命运与共、休戚相关等价值认同悄然生根。正是经由大学的知识教育和文化传播实践，人与人之间存在的共通感意识在人们的心里逐渐生根并茁壮成长，在世界上传播开来。

（二）共同的语言

诞生于宗教怀抱的大学之所以在探求和创造知识的过程中彰显出世界抱负并形成对国际社区的向往和耕耘，是因为学者拥有可以通用交流的拉丁语。只要掌握了拉丁语，学者之间便可以进行自由地交流。“所有受过教育的人都能说拉丁语，他们就掌握了一种国际的语言，而消除了愚蠢的语言隔阂。”[②] 今天某些世界著名大学如哈佛大学的校训仍然是由拉丁语写成，学生宣誓仍然提倡使用拉丁语，这便是拉丁语作为当时世界通用语言的古典遗迹。海德格尔说，“语言是存在之家”。共同的语言形成学者之间共同的理解，建立起共同的情感和价值追求。

洪堡特对此有过精彩的论述：

> 语言是全部思维和感知活动的认识方式，这种活动自古以来就为

---

① ［美］查尔斯·霍默·哈斯金斯：《大学的兴起》，王建妮译，上海人民出版社 2007 年版，第 22 页。

② ［美］房龙：《人类的故事》，刘缘子、吴维亚、邢惕夫等译，生活·读书·新知三联书店 1988 年版，第 220 页。

一个民族代代相承，它在对该民族产生影响的同时，也必须影响到其语言。①

语言产生自人类的某种内在需要，而不仅仅是出自人类维持共同交往的外部需要，语言发生的真正原因在于人类的本性之中。……所以，我们有必要把每一种语言都看作为了满足上述内在需要而进行的某种尝试。而把全部语言看作为此所做的总的贡献。由此可以认为，人类的语言创造力量始终运行不息，直到它部分或是全部产生出那些能够最大限度和最完美地满足上述内在需求的形式为止。②

所以，按照洪堡特的观点，作为民族思维方式的反映和民族团结的工具的语言是一种类的存在，它植根于人的本性之中，产生于人之内在需要。这种内在需要主要呈现为三个方面：一是人的精神力量需要语言的产生和介入；二是世界观的生成需要语言的产生和介入；三是个体与个体、个体与群体（家庭、家族、宗族、部落、民族、人类）之间思维的联系和类的联系，同样需要语言的产生和语言的介入。此三者构成人类外部生存交往所需要的内在精神基础和心灵平台，才使语言构成共同理解的方式、共同情感的纽带和共同价值的桥梁，才推动大学探索、创造知识和传递知识必须以通用语言为基本工具。

（三）共同的内容和方法

中世纪的大学学者之所以在寻找万物背后的道理和存在世界的逻各斯的过程中能自觉继承古希腊罗马文化，并以其为主要的知识形式和内容，主要是因为两个方面。一方面是因为这些学者能够自觉超越狭隘的城市地域文化之局限性，把古希腊罗马文化作为人类文明的象征编写为教材，以语法、逻辑、修辞、数学、几何、天文、音乐七艺课程形式传授给学生，不断开拓人类知识的边界，并进一步把这些知识提升为人们生存所依赖的思想形式和思想观念，形塑了作为整体的人类是思想和文化的存在者，以及思想和文化是人类福祉的共同价值认识。另一方面，在七艺课程所传授

① ［德］威廉·冯·洪堡特：《论人类语言结构的差异及其对人类精神发展的影响》，姚小平译，商务印书馆1997年版，第43页。

② ［德］威廉·冯·洪堡特：《论人类语言结构的差异及其对人类精神发展的影响》，姚小平译，第24页。

知识内容的基础上，中世纪的大学又进一步按照城市实际的社会职业需求把知识体系划分为法学、神学和医学等不同的专业提供给学习者，学习者可以按照自己的兴趣和实际需要对其加以有选择的学习。法学、神学、医学三大专业具有严密的可以反复验证推广的专业性，也具有科学时代到来之后隐喻意义上客观的科学性。内容的客观性和专业性决定了方法的客观性和普遍性。中世纪学者在大学教育的实践过程中，沉浸于知识教学及其研究，进一步凝练了知识探究和科学研究的方法论体系，使得知识的求索从此具有了可以依存也可以离开具体的知识内容传播的章程，具有了严密的方法论意义上的复杂程式。客观复杂的知识体系与专业研究方法的结合产生了客观化存在的知识世界，这一世界逐渐与现象世界产生了距离，成为相对独立的世界。与客观的知识世界相对应，也产生了人类历史上第一批专业知识分子。方法形塑思维方式，相同的方法形成了相同的真理之真值的价值判断形式，进而建立起具有相同价值的人类学意义上的文化和学术社区，经由大学教育，这些共同的价值进一步普及泛化为人们行动所遵循的共同价值观。

二　近现代大学民主科学的共同价值观形塑

大学诞生于中世纪宗教的一种自我革新活动，借由中世纪有宽博学识和深厚文化造诣的神职人员破茧成蝶，获得了一种知识传播和创新的新组织形式。因此，从历史发展的角度来看，大学的诞生虽然原本是宗教世界为其世俗化、大众化、普世化发展所开辟的一种偶然的可能性，但却为大学自身走向世界确立了现实性，更为世界走向现代提供了知识的基础、认知的来源和前进的动力。

（一）大学人文理性的诞生

诞生于中世纪的大学，之所以具有这种将宗教信仰转换成人文理性、将中世纪迅速切换成近代继而使之产生脱胎换骨为现代的力量，是因为它扎根于深厚的文化土壤并受孕于伟大的思想精神的传统。这个传统就是古希腊—罗马文化。从古希腊到罗马，人类思想经历了一个精神培育的“正→反→合”过程。在古希腊早期，古希腊人基于严酷的存在现实而关切自然，产生以关注自然为中心的自然哲学；对自然的关注达向成熟的临界点必然转向以关注人为中心的人文性哲学，这就是智者运动何以兴起以及催生出苏格拉底道德哲学的原因。其后，从柏拉图到亚里士多德的历史进程中，虽然不同的思想探求各有侧重，但始终呈现出自然与人文并行展开的哲学和文化姿态，最后为罗马文化所吸收和融合：神、上帝统摄起自然和人，世界必然成为神的世界。中世纪的宗教革新，诚然是从神的世界向人的世界的探索，具体表现为信仰向理性的迎合，但背后却有两种力量在推动：一是人在宗教的长久压抑下缓慢苏醒；二是新科学的兴起，自然重新被关注。自然和人缓慢地走到再度联姻的前夜，即宗教革新。宗教革新需要理性的解释，于是就自发地将那个时代的精英集聚在一起，形成了大学。最初诞生的大学自然要披上宗教的外衣，但其身骨、精神和灵魂却已经融会了新兴的科学精神和苏醒的人文个性，由此形成了大学的宗教形式和人文实质。中世纪的大学最初特别热衷于探讨和追问“针尖上能站多少个天使”“上帝可不可以是女人的样子”之类的神学问题，这就在带着宗教神学的痕迹中充分展现了极具现代性的理性精神和人文意蕴。中世纪的大学在与世俗和宗教世界的抗争发展中不断努力向世界澄明：

> 大学一定是并且只能是追寻理性生活的地方，就是讲求道理、明辨是非的地方，就是学习掌握世界法则、宇宙规律、万物根本之智慧和方法的地方。说得更通俗点，大学就是培养人凡事先动脑子掌握根本，然后才按法则和规律行动的能力、品格的地方。换句话讲，大学就是引导我们追求真理和掌握真理，然后运用真理来指导实践和检验实践。①

以新科学和人的觉醒为催化剂，借壳宗教而诞生的大学，必然以探索真理、创造知识为使命和以培育新人为根本责任，这一为之努力的使命和责任本身就为世界迅速突破中世纪的牢笼而走向近代、开创现代开辟了思想精神和知识方法的道路，这条不断敞开的道路实际上同样表现为新一轮“正→反→合”的过程，也即从中世纪宗教统治到近代人文主义思潮向现代社会民主的世界化方向挺进，不断拓展理性发展的新境界。

---

① 唐代兴：《大学：大人之学》，《北大讲座》编委会：《北大讲座》（第16辑），北京大学出版社2007年版，第3页。

（二）塑造科学民主的价值观和世界观

中世纪宗教统治的自我革新开启了向哲学理性求助的自我革新，却也在无意间催生了大学，大学释放出淑世的新科学精神和觉醒的人文风采，孕育了近代科学革命和哲学革命，产生了科学精神和人文理性，此二者既构成造就现代社会的驱动力，更成为现代社会得以立身的灵魂。由于其科学精神和人文理性，大学的诞生既是对中世纪的终结，也是新世界的开启。所以，近现代大学自觉以生产和传播科学与民主的文化及其价值观为己任，不断拓展人类生存境遇的新天地。以科学文化及其价值观生产为特征的大学，以德国洪堡大学为重要代表；以民主文化及其价值观生产为特征的大学，以法国和美国大学为重要代表。而近现代中国大学则是民主科学文化及其价值观的重要传播地和民主科学文化的集大成者，其中最为典型的当属清华大学、北京大学和南开大学，这三所大学在民族危急存亡的艰难时刻联合成立西南联合大学，与西北联合大学一道努力为中华民族的新生贡献新的知识和文化。在这样的发展过程中，大学坚毅地走出欧洲的诞生地，不断向外界扩展，随着民族国家的产生、发展和繁荣，大学所传播的民主和科学的思想观念遍及世界各地。科学价值观随着到德国求学的各地学者向世界传播，民主价值观则由到法国和美国求学的各地学者向世界传播。在中国大学里，则催生了社会主义的民主思想及其价值观念。民主尽管形态各异，但却已然成为整个人类世界的文明之光。科学以其客观的真理性，成为世界所有大学学者之间凝聚探讨的圭臬和交流互商的内容、标准和方法。同时，随着民主和科学知识一同发展起来的是社会学和人文学，语言不再是学者之间的障碍，各种语言之间可以自由互译、转换和对话。任何一个社会的发展和思想的交锋，都会在交流、参照和比较中获得来自对方的启示，世界在大学文化知识之轮的推动下日益成为一个真正的国际社区，借助文化知识的学习和共同价值观的教育，人们之间可以突破种族、文化和地域的阻隔自由来往，在价值的追求上人们日渐求同存异和相互包容，地球日益成为人们共居共存的文明村庄，人们的心灵则在日渐扩大和丰富，成为能够相互包容的巨大空间。

三　大学探索创造人类共存的文化意识宇宙

人类的社会实践活动受人的意识的指导，人的意识也在社会实践活动中得以不断丰富和扩展。由此产生出两个方面的规定性：实践是有意识的实践，意识是实践中的意识。大学教育作为一种重要的社会实践活动，无论是从探索、创造知识方面讲，还是从向学生系统地传递知识使之生成富有创意个性的教学方面论，其根本的功能价值仍然是对人类意识及精神的扩展和丰富。大学在其实践过程中由理性而民主而科学，不断形塑和扩展着人类的意识。以不断扩展的意识为基础，大学也不断地增强着人类对自我生命和世界的理解。在新的时代，经由世界上所有大学的共同努力，人类已然构建起一个从民族文化意识向人类（地球）文化意识不断演进和丰富的文化意识宇宙。它与自然物质的宇宙一起成为人类赖以存续的生活空间和生命发展空间。

文化意识宇宙是牟宗三评价唐君毅一生学术功业时所使用的一个概念。牟宗三认为，唐君毅毕其一生的学术思想和努力集中于探索、承传、拓展并重建了中华民族的文化意识宇宙。牟宗三是从中国文化的“以文化成”精神传统中汲取灵感而创造出此意识感很强的概念的。他说：“所谓‘文化意识’乃即中国固有之‘观乎人文以化成天下’之意识也，此一意识……由《贲卦·彖传》简单辞语作代表，由此意识，吾人即可开辟价值之源，依此价值之源以作道德实践而化成天下，即名曰‘文化意识宇宙’。”[①] 可见，牟宗三的文化意识宇宙概念表达的是与物质的宇宙相对应的人文的宇宙。人文的宇宙是人之意识向世界不断敞开的进程（即时间），并呈现为开放性生成的文化空间。因此，人的意识、人的意识向世界敞开的生成性进程以及所呈现的文化空间，此三者整合生成的精神形态即文化意识宇宙。它既成为人的心灵情感精神的疆界，也构成人类成就极限的标志，更构成大学永无止息地探索、创造知识，不断开辟人类新文化、新文明、新精神的无限可能性之最终主体性依据，还是人类行为的意义创建与文化性格生成的存在论原型。文化意识宇宙是民族化存在的人，基于特定的地缘结构而不断探索建构起来的既在不变中革新变的力量，又在变中保持不变因素的精神实体，这一精神实体融进了个人的、时代的、历史的以及未来向往等方面的所有因素，最终通过民族文化意识和人类文化意识而互为彰显，并发挥其整体驱动功能。

---

① 牟宗三：《道德的理想主义》，台湾学生书局2000年版，第266页。

（一）民族文化意识

大学自身规定了它虽然是世界的，但首先是民族的。大学探索、创造知识和传递知识培育新人的基本努力，就是以其固有的科学精神和人文理性培养人内生世界精神的民族文化意识，这是大学的实践任务，它在大学诞生之时就得到了明确的自我规定。在大学产生的中世纪及至以后很长一段时间里，人类社会尚处于前民族国家时代，是时的国家多是一姓之王朝，人们的行业文化意识、城市文化意识、王朝文化意识等相对较强，一种普遍的民众意义上的民族文化意识尚未扎根于人们的意识之中。作为“想象的共同体”① 的民族之文化意识一般诞生于主权国家争取独立及其之后的历史时期。在这一过程中，大学起到了至关重要的作用。1807 年普法战争时期，大学教授也是后来柏林大学首任校长的费希特回到法军占领地柏林，向民众作了“对德意志民族的演讲”的报告。费希特呼吁国家建立柏林大学，实施德意志民族教育，重建德意志的民族精神，把德意志人培养成为一个整体，不再四分五裂，以形成强大的民族力量。② 从此以后，服务民族精神重铸的大学意识和大学使命经由新建的柏林大学这一现代大学之母在世界各个正在争取独立的民族国家中传播开来。现代中国的新文化运动和五四爱国运动以及中国共产主义运动的重要策源地正是当时的北京大学。经由北京大学师生的共同努力，民主和科学等现代文化精神才深刻地植入了中华民族文化意识的内核，使得古老的中华民族重新焕发出勃勃生机，从而获得新生。③ 一部人类的大学实践史证明，大学既是优秀民族文化之果实，亦是优秀民族文化意识不断丰富和扩展的不竭动力。民族文化意识的澄明是民族国家独立的前提，大学与国家意识联姻，方才使民族文化意识得以凝聚升华，民族国家也才有了存在的合法性证明和合理性依据，从根本上获得独立。清华大学和北京大学之于中华民族的价值正如哈佛大学之于美利坚民族、巴黎大学之于法兰西民族，如此等等。

（二）人类文化意识

文化意识宇宙的地缘取向构成民族文化意识；文化意识宇宙的非地缘

---

① ［美］本尼迪克特·安德森：《想象的共同体：民族主义的起源与散布》，吴叡人译，上海人民出版社 2016 年版，第 45—46 页。

② 黄英杰：《古典书院的终结及其对现代中国大学的影响》，人民出版社 2017 年版，第 61—62 页。

③ 黄英杰：《我们时代的大学转型》，人民出版社 2018 年版，第 258 页。

取向则构成人类文化意识。人类文化意识的大学表达，或者说大学诞生之初内具生成的科学精神和人文理性——具体地讲，也就是凡事讲道理、凡事探究事物存在背后的逻各斯——所形成的无国界的世界视野和跨国性意识，构成了大学的人类文化意识的通俗表达。所以，大学的世界视野和国际意识是大学自诞生时起就拥有的本原性意识。[①] 这一意识在中世纪大学时代只是一种源自知识无边界性生长和知识的世界生成性的隐喻或象征[②]，“学生通常从一所大学游历到另一所大学。他们是一个国际群体，意识到与所住城市的一般居民有别，自己不过是碰巧住在这里而已”[③]。到了民族国家争取独立的时代，受战争和政治意识形态的影响，大学的世界视野和国际意识也只能是一种奢侈品，隐而不发却缓慢生长，积蓄着未来国际化发展的能量。只有在经历了两次世界大战，伴随着冷战的终结，人们进入了相对和平的时代，大学的国际意识才得以逐渐澄明，其重要性也日益凸显。这种凸显从内部来看，主要是大学自身发展的内在要求和必然，从外部来看则是受经济全球化这一外在因素的驱动。经济全球化使得经济资源在全球配置，生产关系在全球流动，文化科技相互交流和使用，政治模式相互理解和借鉴，等等。这一切形成了一种巨大的合力，快速地改变着人们的生产、生活、工作、学习和社会交往的方式和效率，也使得大学国际化发展的内部动力终于形成一种普遍共识的时代浪潮。大学的触角不断地向外界扩展。新的知识观念突破人们旧的意识，科学技术突破外在的障碍，文化则进行综合创造，形成弥漫了整个世界的新精神，内化为人们的性格。于是，当前仍具有一定局限性的民族意识被大学从内外部突破，一种着眼于人类生存整体的文化意识悄然扎根于人们的思想意识之中。地球是我们共同的家园，全世界人们的命运息息相关，休戚与共，这一共同体意识逐渐成为人们的普遍共识，并转化为自觉的全球大学伦理实践。

在新时代，全球大学与外部世界的关系构成了辩证发展的生态进步关系。大学是世界发展和进步的智力引擎，也是世界价值稳定的罗盘。从引

---

① 黄英杰：《地方本科大学在地性国际化的内涵及现实路径》，《四川理工学院学报》（社会科学版）2019 年第 4 期。

② 黄英杰：《地方本科大学在地性国际化的内涵及现实路径》，《四川理工学院学报》（社会科学版）2019 年第 4 期。

③ ［英］彼得·伯克：《知识社会史》上卷《从古登堡到狄德罗》，陈志宏、王婉旎译，浙江大学出版社 2016 年版，第 23 页。

擎的角度而言，大学始终是创新的，它及时地回应世界的挑战，给世界供给先进的科学、技术、文化和观念，用新的文化观念引领世界的前进。在世界遇到如新冠疫情这样的危险时，大学会自觉超越意识形态等的限制，联合起来进行科研攻关，并对各种社会因素进行关联性统计分析，找出对付病毒的最为有效的方案，给人类的存在建立人文科学的有效屏障，并在这一过程中普及和扩大了人类命运共同体意识。从价值稳定的角度而言，大学又是保守的，它坚守着千余年来大学的优秀学术传统，把人类所创造的爱、理解和宽容等有利于人类共同存在的价值观念置于人类一切活动的核心。每当世界出现冲突和不宽容时，大学都会重新澄明这些观念，为人类的和解点亮希望之灯。所以，无论是从创新还是保守的角度来讲，大学都是人类经由知识走向解放的重要凭借。从这个意义上讲，大学是人类的，大学从人类命运共同体意识、价值和能力的培养等方面成为人类命运共同体建设的最为基础的因素。未来的大学如何开启这样一个人类命运共同体的新时代，更加全面地服务于人类现代文明建设，培固人类幸福生活的根基和福祉，还需要进行更加深入的全域性探讨。

第四编　大学的实践

2009年2月，我出任宜宾学院①院长，对这样一所新建的综合性本科院校开展了长达五年半的治理实践。从2014年6月起，我先后担任原四川理工学院院长和党委书记。这是一所创建于1965年的老牌本科院校，被命名为“652工程”，属于高水平应用型大学。2017年5月，我出任四川师范大学校长，这是一所四川省创办的师范教育院校中最早且具有博士学位授予资格的综合性师范大学。

此外，2002年4月至2004年3月，我曾经在四川师范大学原南洋学院②工作，在这短短的两年多时间里，我对民办高等教育的运行机制有所认知，加之曾在大连枫叶国际学校兼职校长一年，因而对民办教育与公办教育各自所拥有的优势就有了较为深刻的感悟。2006年2月至2009年1月，我担任四川音乐学院副院长，分管学校的学科建设、研究生教育并协管新都校区的本科教学工作，其间对艺术院校学科特色及管理工作的特点也有所体会。

鉴于以上实践经历，在此编中，我收集整理了自己在新建本科院校、高水平应用型大学、高水平综合性师范大学方面的研究成果，同时也收集整理了自己早期在艺术院校学科专业建设、民办院校治理等方面的研究论文。在三所不同类型和不同层次的高校担任主要领导，除了对办学实践进行系统的思考和理论概括外，我还进行了大胆的实践创新与改革，形成了一些至今看来依然有思考价值的实践经验，本编也收录了相关案例，并在相应部分予以展示。这些成果展示了我在办学治校实践中如何应用大学治理的理论成果来指导办学实践的生动场景，也从另一个视角展示了中国地方大学对前行轨道的艰辛探索，此即作为“路”的实践逻辑。

---

① 宜宾学院创建于1978年，2001年升格为综合性的本科院校。

② 该学院为南洋教育集团与四川师范大学合作创建的公办民助二级学院，后脱离南洋集团被划归四川师范大学科技开发总公司，并更名为四川师范大学信息技术学院。

第十三章

新建本科院校的治理探索

第一节　宜宾学院跨越式发展战略*

中国的高等教育已经全面迈入了大众化的轨道，同时也融于国际化的大潮中。中国大学的在校生规模已经超过了美国，位居世界第一。规模巨大、功能复杂的现代中国高等教育，如果没有一个清醒的价值目标、崇高的价值理想，其现实的发展就有可能丧失意义和迷失方向，甚至沦为没有灵魂、见物不见人的“高等教育工厂”。因此，我们一定要承担起高等教育在实现中华民族伟大复兴进程中的责任，不辱没这个伟大的时代所赋予的使命，在科学发展观的指导下，建设高等教育强国。作为一所高校，就是要办人民满意的大学：就是要在建设高等教育强国的坐标体系中找准自己的位置并有所作为；就是要在高等教育“质量工程”中身体力行并成绩显著；就是要在建设学习型社会的伟大征程中勇于探索并积极引领。

一　新建本科院校要实现跨越式发展，必须实现办学理念的突破

中外高等教育的发展历史告诉我们，无论是提升一个国家总体高等教育水平，还是一所大学的具体发展，均存在跨越式发展模式。所谓跨越式发展是指原有旧平衡的突破和新格局的形成，一个组织若在旧的平衡中处于劣势地位而在新的格局中处于强势地位，那这个组织就实现了跨越式

---

* 本节三要内容曾发表于《宜宾学院学报》2009 年第 4 期，题为“宜宾学院跨越式发展之路初探”，该文依据作者在学校“3.2.1 工程教师表彰大会”上所做的“担负时代使命，为把宜宾学院建设成为特色鲜明的地方综合性大学而奋斗”报告修改而成。

发展。

从中世纪第一所大学——博洛尼亚（Bologna）大学诞生之日起，国际高等教育中心和科学研究中心就一直在意大利和法国等欧洲大陆国家。18世纪英国的大学在工业革命的浪潮中实现了跨越式发展，在许多方面超过了欧洲的老牌大学。19世纪，德国大学一方面采取了新的教学与科研相结合的洪堡思想（Williamvan Humboldtideal）；另一方面发展了博依特倡导的工科大学模式，使德国的大学实现了跨越式发展，成为其他国家学者所向往的学术高地。以同一时间为起点，美国学者开始了长达六七十年的留学德国的浪潮，为美国高等教育后来的跨越式发展、全面超越欧洲大学奠定了坚实的基础。美国的卡内基·梅隆大学是1967年由两所小学校合并而成的，但到了1985年，就成为一所公认的顶尖级的研究性大学，其根本性变革是在20年内实现的。在芝加哥大学的教师和校友中已有70多位获得诺贝尔奖，这个指标超过了哈佛大学和剑桥大学，但其成为顶尖级大学也是在二战后的20年里实现的。香港科技大学创办于1991年，在短短的10多年间就取得了举世瞩目的成就，堪称中外教育史上的一大奇迹，2008年，在全球顶尖的200所大学排名榜上列第39位。西南联合大学在炮火声中诞生，在艰难的岁月里成长，成为世界高等教育史上的一朵绚丽奇葩。浙江大学在1937年至1946年短短的10年间，就从一个不起眼的地方大学成为“东方剑桥”。

这些经典的大学发展案例告诉我们，新建本科院校也是有可能实现跨越式发展的。这些大学在短时间内发生质的飞跃的经验还告诉我们：大学要实现跨越式发展，就要在办学理念上加以突破。

德国的大学超过欧洲的老牌大学，靠的是“洪堡思想”和“工科大学模式”，这两方面使德国在办学思想上向前跨了一大步，在世界高等教育史上具有非常重要的意义，这就是一种跨越。美国也是一样的，现在几乎没有人不承认当今美国的著名大学是世界上最好的。用任何一种指标体系来评价，美国的大学都位居前列。美国在19世纪，特别是1860年以后，学习德国先进的办学经验，并先于德国的大学建立了强大的研究生院，这就把从德国那里学到的思想制度化了；而这种制度又内化成为美国研究型大学的一种共享的价值观，从而又实现了制度的思想化，这更是一种跨越。芝加哥大学能实现跨越式发展，是它以开放的精神，兼收并蓄地包容了洪堡与纽曼两种不同的大学理念，并结合美国社会的现实，建构了独特而卓越的组织理念、研究理念和教学理念的结果。

跨越式发展在中国高等教育史上也有过先例。北大在20世纪中国的社会历史进程和高等教育发展中，做出了具有重要历史意义的贡献，就是由于北大经历了跨越式发展。从1898年建校到辛亥革命后的一段时间内，北大的发展状况并不乐观，学术气氛沉闷，学术水平很低，而且封建腐朽思想在校内蔓延。1916年蔡元培来到北大后，推动北大进行了一系列重要变革，领导这所大学实现了一个伟大的跨越。他借鉴德国的洪堡思想和世界各国大学的办学经验，强调大学的“学术自由”，主张对不同学派“兼容并包”。1953年建校的华中科技大学能取得今天的地位，离不开改革开放后20年时间里的改革。这期间有三位杰出的领导者，一位是朱九思，他在“文化大革命”刚结束时就提出大学要发展就应将学科建设放在首位的办学理念；第二位是杨叔子，他提出了理工科大学必须加强人文教育的理念；第三位是周济，他极大地推动了“产、学、研相结合”的办学理念。

二　新建本科院校要实现跨越式发展，建设高素质的教师队伍是核心，建设高素质的管理队伍是保障

大学有诸多功能，但人才培养、科学研究和社会服务为其基本功能。人才培养是大学的第一大功能，大学的中心任务是培养青年人的创新意识和创新能力。大学的第二大功能就是科学研究。一方面要培育创新型人才，就必须开展科学研究，因为最高水平的教学只有在浓郁的研究氛围中才能产生，新人的成长与新知识的诞生同步，在新知识的诞生过程中，青年人步入创新的轨道、体会到创新的乐趣。另一方面，现代大学还要直接承担丰富人类知识宝库，为社会的进步、科技和经济的发展提供强力支撑的重任。大学的第三大功能是社会服务，这是20世纪美国威斯康星州立大学对人类做出的重大贡献。这一功能要求大学应充分发挥自身在知识和人才方面的优势，为所在地区经济的发展、社会的进步提供强有力的支撑；要求大学应引领所在地区的文化建设，提升所在地区的人文精神；要求大学有责任向政府部门提供专门知识，为大众提供讲座，从而把大学知识真正送到人民手中。

大学的社会服务职能是靠广大教学科研一线的教师来承担的，他们能够通过运用其所拥有的知识和技术为企业解决各种难题；通过完成自己所承担的各类课题为经济的发展和科技的进步提供直接的支撑；通过发挥自己的思想智慧为各级政府提供决策咨询。

原华中理工学院的校长朱九思之所以能提出办大学应将学科建设放在首位的观点，是因为在“文化大革命”刚结束右派还无人敢接收的时候，他就接收了数百名右派，他们以前分别毕业于北京大学、清华大学和上海交通大学，很多曾是大学教师。香港科技大学之所以能在短时间内实现跨越式发展，是因为它拥有一支来自全球35个国家的教师队伍，各级教授全部拥有博士学位，其中75%的教授是从北美62所一流研究型学府取得博士学位的“海归派”。北京大学的蔡元培深刻地认识到：卓越的办学理念必须落实在可操作的制度上。在用人体制上，他在上任之初就辞掉了很多没有学术才能的人，并在很短的时间内把李大钊请来任图书馆馆长，把陈独秀请来任文科学长，把中国第一个研究相对论物理学的夏元瑮请来任理科学长，还请来如著名科学家李四光等一批杰出学者。陈独秀等人在当时以“民主”“科学”为旗帜。李大钊则是在中国第一个举起马克思主义旗帜并系统地接受、传播和实践马克思主义的人。他在蔡元培的支持下成立北京大学社会主义研究会，宣传进步思想，引导社会潮流。这一步跨越非常重要，从办学理念到管理体制再到用人机制上的跨越，使得北大有了一个很明显的变化，不仅推动了学校的改造，也推动了整个社会的改造与进步，使北大成为当时我国新文化运动的中心、五四运动的策源地和最早在中国传播马克思主义的基地。正如著名学者冯友兰所说：“蔡元培所领导的新北大的出现，好像一座灯塔，使全国的民众看见了光明，认识了前途，看清了道路，获得了希望。”

因此，建设一支师德高尚、业务精湛、富有创新意识和创新能力的高素质教师队伍，是履行大学各项职能的基础和关键，更是实现高校跨越式发展的前提。要充分发挥广大教师的潜能，必须有一个良好的制度环境，在这样的环境中一切创新的源泉充分涌现，创新的愿望得到尊重，创新的才能得到发挥，创新的活动得到支持，创新的成果得到奖励。在这样的环境中，广大教师就会用心想事、用心谋事和用心干事。而制度的建立需要领导层的胸怀和眼光，制度的执行需要管理队伍的素质和理念。因此，建设高素质的管理队伍是我们事业成功的保障。

三　作为现代大学校长应承担的三大责任

在中外高等教育的各个发展阶段，均产生过伟大的大学，在这些伟大的大学背后均有一位教父级的引路人，哈佛大学的艾略特、北京大学的蔡元培、清华大学的梅贻琦、浙江大学的竺可桢、南开大学的张伯苓、复旦大学的马相伯、华中科技大学的朱九思等。这些引路人所具有的共同素质就是懂教育、重人才、负责任、没私心、有魄力。教育部在当今大教育时代也对现代大学的领导提出了明确的要求，那就是具有政治家的智慧和教育家的能耐。因此，大学校长应以科学发展观为指导，以高等教育法为指针，在党委集体领导下，承担起以下三大责任。

（一）以先进的大学理念为指导、深刻洞察社会经济发展趋势，结合所在大学实际，提出属于本校治校的方略，并成为其忠实的推动者和领导者

20 世纪上半叶的清华大学为什么人才辈出，其关键就是因为它曾经拥有一位伟大的引路人——著名教育家梅贻琦。他的大学理念可概述为："知类通达、通重于专，端赖大师、教授治校，兼容并包、学术自由，冲出国门、走向世界。"在培养什么样的人才上，他一直主张通识教育，强调"通识为本、专识为末，社会所需要者，通识为大，而专家次之，以无通识为基础的专才临民，其结果不为新民，而为扰民。"在关于谁来实现大学的目标或实现大学的功能问题上，他主张教师是学校的核心力量。关于教授在大学中的作用，他仿照《孟子》中"所谓故国者，非乔木之谓也，乃重臣之谓也"的说法，说出了他心中的大学之道："大学者，非谓有大楼之谓也，有大师之谓也。"他一再强调，师资是大学的第一要务，并表达自己"知之甚切，图之至急"。正由于有如此的理念，从 1932 年到 1937 年，先后来清华的名师（包括当时在学术界崭露头角的新秀）就有闻一多、刘仙洲、顾毓琇、赵访熊、吴晗、潘光旦、任之恭、陈省身、张岱年以及美国维纳、华敦德和法国阿达玛等六七十位之多。在关于怎样发展学术的问题上，他主张"兼容并包、学术自由"。这一理念不仅反映了弘扬学术的基本原则，而且在他主掌清华大学期间，这一理念在"高深专精"学问的研究上发挥了重要的作用。在办学方向问题上，他主张"冲出国门、走向世界"。他认为清华大学不仅

要在世界范围内聘任人才，自己培养的人才也要走向世界，知识是无国界的，科技在全世界范围内是共享的。

浙江大学起源于1897年创立的求是书院。1936年起由毕业于哈佛大学的竺可桢博士担任校长，直至新中国成立。在他担任浙江大学校长期间，他使一个不起眼的地方大学在10年间迅速崛起，1946年，这所大学就被研究中国科技史的李约瑟博士称为“东方的剑桥”。这些成就的取得与竺可桢的远见卓识和非凡的大学理念是分不开的。他主张的大学理念有：（1）关于大学的目标：培养以天下为己任的领袖人物；（2）关于大学的灵魂：汇聚一批以研究学问为毕生事业、以教育后进为无上职责的教授；（3）关于大学的教学：开展有“求是”精神的通识教育。

（二）营造出能产生学者、引进学者并能使这些学者一心向学、为实现确定的办学理念努力奋斗的制度环境和人文氛围

有了先进的办学理念，就要有为实现理念而奋斗的教师队伍，因为无论人才培养、科学研究还是社会服务等任何一项职能均需要教师去实现。大学应该是培养和造就高素质的创新型人才的摇篮，应该是认识未知世界、探求客观真理、为人类解决所面临的重大课题提供科学依据的前沿，应该是知识创新、推动科学技术成果向现实生产力转化的重要力量，应该是民族优秀文化与世界先进文明成果交流借鉴的桥梁。因此，大学教师应该是学者，能够在他的专业领域与同行进行有说服力的交流。自由是创新的前提，大爱是创新的土壤。要使学者勇于探索、潜心创造，大学校长就必须像当年竺可桢、蔡元培等教育家那样竭尽全力汇聚学者、爱护学者，创造一切条件解除学者的后顾之忧，使他们为增长学生的知识潜心教学，为传播人类的文明身体力行。使那些为提高学校的综合声誉、提高学校的办学质量和办学水平以及增强学校的经济实力做出贡献的教师和管理人员成为学校最受尊重和重视的对象。

（三）广泛而深刻地吸纳各种社会办学资源，充实办学经费，改善办学条件，从而增强办学活力

中国的大学已逐步进入社会的中心，任何大学已经无法回避市场经济对大学的影响。一方面要严格按照高等教育自身发展规律办事，另一方面也要主动地融入社会、根植社会，从社会的各个领域获取宝贵的教育资源，增强自身的办学活力，扩大自身的办学空间，给师生提供更大的施展

才华和抱负的舞台。

四　宜宾学院实现跨越式发展必须坚守的四个理念

宜宾学院在30多年的发展历程中，在历届校领导的带领下，通过全体教职员工的努力已经打下了较为坚实的基础，形成了优良并有特色的传统。我们的责任是既要继承和守护，又要发扬和光大，而开拓和创新更是宜宾学院新一届领导班子的使命和责任。

（一）在办学兴校上，坚持人才强校的理念，把建设高素质、高水平的教师队伍作为首要和根本的战略选择

办教育，教师是主体；办大学，具有高素质的教师更是主体。在建设教师队伍上，既要坚持传统的人才使用观念，也要坚持创新的人才使用理念。引进的教师既可以全职地在本地为学院发展做出贡献，也可以在别的地方，诸如在北京、上海、成都等地全职地或非全职地为宜宾学院做出贡献。这样的人才使用理念可以克服宜宾学院因地域因素在人才引进上的瓶颈。当时（2009年），在我们的在职教师队伍中，具有高级职称的已达261人（其中正高职称58人），具有研究生学历的已达320人（其中21人具有博士学位）。另外还有在读博士37人、在读硕士82人。我们当时规划，在未来8年时间里，通过送出去培养与引进相结合的途径，力争使具有博士学位的教师人数达到专任教师总数的20%以上，副高职称人数达到400人以上，正高职称人数达到100人以上。如果宜宾学院教师队伍达到这个指标，将为学科建设打下坚实的基础。在至少三大学科门类拥有10个以上的硕士学位授权点就是一个完全可以实现的目标；通过努力，拥有省部级以上20项科技成果奖就会成为可以实现的计划；拥有省部级以上的重点实验室和重点学科也会变成现实。如果这样的话，宜宾学院更名为宜宾大学的那一天就会到来。众多宜宾籍学者希望家乡有一所名副其实的综合性大学的美好愿望就能真正变成现实。

（二）在教育教学上，坚持学生为本的理念，把“为学生成功奠定基础”作为办学的宗旨

培养什么样的人才以及怎样培养这样的人才一直是大学讨论的中心话题。时代要求我们坚持以“学生为本、因材施教、给青年人机会”的理念。要认真探讨：是哪些因素在影响一个青年人走向成功？我们将如何为

他们奠定成功的基础？在本科教育中倡导通识教育理念，大一新生进校后按大类进行至少一年的通识教育。所谓通识教育就是坚持“文化素质教育思想”的教育；坚持“科学教育与人文教育并重”的教育。实行通识教育的目的是开阔学生的眼界，打破分门别类的学科壁垒，贯彻人类学问与知识的共同基础，并展示民族文化精神，这对一个民族的学问创新能力具有根基性的意义。同时，实行通识教育更能使学生的思维方式和智力技巧趋于多元并富有灵气。在这个阶段结束后，给学生提供重新选择专业的机会，充分尊重学生的个性和特长。在专业基础和专业课程设置上，也应充分体现通识教育的理念，让学生明白在自己专业领域存在什么知识，这些知识是如何被创造、被应用的，这些知识对自己将来有什么作用，这些领域还有哪些未知的知识。

为了扩大学校的办学空间，我们当时规划，在条件成熟的时候应在成都、北京、上海等地建立实训基地，为有能力、有条件的学生提供到这些基地完成毕业论文、毕业实习和参加研究生考试复习的机会。通过这些措施为学生的全方位发展创造优良的条件。这些基地的建立也将为学校引进高层次人才提供更大和更现实的空间。

在专科教育中，以国家级示范性职业技术学院为参照系，使我们的学科专业有特色、课程设置有特点、毕业生有特长。在教学中强化技能和实践环节，培养出符合企事业单位用人标准的高素质劳动者。

通过这些，我们才能把学生真正培养成为具有“责任心、进取心和好奇心”的现代公民，为他们未来走向各自的成功奠定坚实的基础。

（三）在发展模式上，坚持跨越式发展的理念，把高等教育的国际化和大众化作为跨越式发展的重要契机

宜宾学院虽然是新建本科院校，但当时已经有了 30 年办学积累，对“大学是什么、大学干什么以及大学怎么干”等哲学层面的问题容易达成共识，这是实现跨越式发展的坚实基础。大学精神和现代大学制度是人类文明的共同产物，一切大学成功的经验以及还在其他大学尝试的人才培养模式和科研管理模式，只要切合宜宾学院的实际均可以借鉴。创造性地借鉴国际国内先进的办学理念，本身就是一个大学实现跨越式发展的必备条件。威斯康星州立大学和斯坦福大学紧密结合地方经济特色创办新型学科，为地方经济服务从而实现跨越式发展的经验就十分值得借鉴。因此，

我们想积极创造条件，开展与国外大学互派管理人员、教师和学生的双赢项目。尽快筹建国际教育学院，使之辐射整个川南地区以及贵州、重庆和云南等相关地区，为这些地区的学子实现教育的中西合璧提供机会。

（四）在管理价值上，坚持行政权力服务于学术权力的现代大学管理理念，把“教师是否卓有成效地教学与科研、教学是否使学生卓有成效地学习与创新”作为检验管理工作成效的标准

如果把教师队伍比喻成硬件的话，那我们的管理队伍和管理制度就是软件。教师的潜力能否得到充分发挥，在很大程度上取决于我们管理队伍的素质和管理制度优良与否。因此，学校管理的终极目标是为学科建设、为教师、为学生服务，使教师更有成效地从事教学和科研，使学生更有成效地学习和创新。要实现以制度为基础的现代大学管理目标，就必须坚持变管理为服务，在服务中实现管理的职能；必须坚持变指挥为示范，在示范中彰显指令的效力；必须坚持变教育为疏导，在疏导中潜移默化地实现教育的功能。

邓小平同志十分强调制度建设，他认为制度问题，关系到党和国家是否改变颜色，必须引起全党的高度重视。一个国家如此，一个组织也是如此，大学作为以学术管理为核心的组织更应该高度重视制度建设，每个部门都明白自身的职权范围，每个人都清楚地知道自己该干什么，奖惩分明。只有在这样的制度环境中，广大教职员工才会将注意力潜心于创造而不是利益的分配，管理才会减少更多的人为因素干扰，从而体现出更高的效率。

五　宜宾学院实现跨越式发展的五项措施

在保持学校安全和稳定的基本前提下，坚持“理念引领、人才支撑、经济基础、制度保障”的治校方略，实施以下五项措施。

（一）重视质量工程，提升学校影响力

加大各级质量工程的建设力度，学校每年评定一次校级质量工程先进单位和个人，并给予奖励。建立教授、博士专业基础课的长效机制，建立校领导为学生开讲座和在某门基础课上每学期至少上一次课的工作制度，加强教学指导委员会的工作，切实做到“抓教学质量从45分钟开始”。

（二）改造传统专业，开办新型本科专业

加强本科专业建设，对一些生源质量多年来不好又无市场前景的专业

进行改造，同时紧密结合地方经济实际，积极申报各类新型的本科专业，开展与各大型企业的深度合作，筹建“矿业学院”“医学院”和“水利水电学院”，使学校在保持师范优势的同时，逐渐向综合性院校迈进。

（三）加强校级重点学科建设，为培养高层次人才奠定基础

学科建设是一个大学最标志性的建设工程，没有了学科就没有了大学。通过30年来的积累，学校在本专科专业建设方面积累了宝贵的经验，这为进一步的学科建设奠定了坚实的基础。申报硕士点的关键是所涉及的二级学科要有2—3个稳定的研究方向，每个方向有学术带头人和良好的学科梯队，其中每位成员都应拥有丰硕的研究成果。因此，要按照各硕士点对队伍的要求来培养和引进教师队伍。按照有利于硕士点申办的原则来聘任特聘教授。我们采取了一个重要措施就是与有关大学建立高层次人才培养基地，使符合条件的教师成为有关高校的硕士研究生和博士研究生导师，逐步构建起川南人才高地。同时，还积极创造条件，申报建立各类高级别的研究基地。在各个重点建设学科，开展各种类别的学术活动，让校外具有影响力的学者了解我们、支持我们。

（四）高度重视科学研究，坚持科研与教学相结合

完善科研管理制度，使制度有利于有能力的教师积极投身到科学研究事业中去，把提高科研质量作为迅速提升学科品质的首要条件。坚持科研促进教学、科研促进人才培养的理念。作为教师应该将本学科的最新思想和动态带入课堂；作为专职科研人员，每学期至少要为学生开设一场学术讲座，让优质的教育资源惠及广大学生；作为应用学科方面的科研课题，要尽可能地吸收本科学生参加；各教学单位要为教师和学生开设与专业相关的学术讲座；学校要坚持不懈地做好“科学与人文”“奋斗者的足迹”两个系列学术讲座，大力营造浓厚的学术氛围。

（五）为地方发展提供支撑，广泛吸纳各类教育资源

完善成人教育和继续教育管理体制，充分调动院系和职能部门利用各种资源扩大办学规模和办学类型的积极性。（1）加强与职业高中和职业中专的合作；（2）与各高校合作建立高层次的人才培养基地；（3）加强与各企业的深度合作，举办各种形式的二级学院；（4）加大国际合作的力度，例如先期可以与马来西亚科技大学合作，建立川南第一个国际教育学院；（5）制定激励机制，积极争取各级政府的各类专项资金。要在“科技、人才、文化和

思想”四个方面为地方发展提供全方位的支撑，实现学校服务地方功能的最大化。通过以上途径，增强学科建设的经济实力，同时也为不断改善教职工的福利待遇，为教职工营造一个安全稳定幸福的家园创造条件。

综上，以宜宾学院为代表的新建地方本科院校要实现跨越式发展，必须坚持以党的国家的教育政策方针为指导，以学科建设为龙头，以人才培养为中心，以深化内部管理体制改革为动力，以广泛吸纳社会资源为抓手，不断提高人才培养的质量、科学研究的水平、社会服务的能力，才能把学校建设成为一所立足当地、服务全省、面向全国、胸怀世界且在省域高等教育界具有重要影响、在国内有一定知名度的地方综合性大学。

第二节　新建本科院校人才培养职能*

改革开放以来，中国的高等教育取得了举世瞩目的成就。但随着社会的飞速发展、时代的变迁，高校的人才培养模式已经表现出无法适应拔尖创新人才的现代培养目标，也不适应经济社会发展的需要。对此，我们需要深入思考这些问题：大学应当坚守什么样的高等教育理念？我们应当创立什么样的人才培养模式？以什么样的课程来支撑人才培养模式？

一　关于高等教育理念更新

“理念”是一个哲学概念，把它移植到教育领域便形成了“教育理念”，再把它限制在高等教育上便是“高等教育理念”。它是在思考和回答高等教育事物究竟是什么、应当怎样、有什么价值、如何更好地实现它的价值等问题过程当中形成的一种判断和看法，具有根本性和坚定性。正因为此，不同的学者、不同的学校以及同一个学校在不同的历史时期对高等教育理念的理解就有所不同。从全球范围来看，古典大学在向现代化发展的进程中在教育理念上就经历了至少两次根本性的变化：从培养“绅士”转变为“培养实干家和能做出成就的人”；从固守古典人文知识到“根植于工商业”。

我国教育理念演变，先后经历了“学而优则仕”、20 世纪三四十年代

---

* 本节主要内容曾发表于《中国高等教育》2011 年第 8 期，题为“关于加快教育理念和人才培养模式转变的探索”。

的“教育独立”、新中国成立后仿效苏联的“整齐划一、分门别类”、“文化大革命”中的“教育必须为无产阶级政治服务”、改革开放后基本上回到了20世纪50年代学习苏联的教育理念等。20世纪80年代，邓小平同志其实已经看到了教育理念上存在的问题，及时地提出“教育要面向现代化、面向世界、面向未来”。随着中国现代化建设进程的加快，建设创新型国家和人力资源强国战略的实施，高等教育更应加快改革的步伐。高校应通过协调和处理好三组关系，来树立现代高等教育理念。

（一）处理好教师与学生的关系是树立现代高等教育理念的前提

在教学过程中是以教师为中心还是以学生为中心，是我国教育中一直存在争论的问题，也成为是坚持传统教育理念还是现代教育理念的分水岭。在大多数高校中，学生进校没有重新选择专业的机会、没有选择教师的权力，无论自己对这个专业喜欢与否、无论教师上课水平高低，学生只能按学校既定的培养方案学下去，因为学生要获得学校为他们设定的学位。要改变这种现状，学校就要树立“以生为本”的理念。在教学过程中，应该以学生为中心开展教学活动。在组织教学过程中，应该重视学生的主体地位，充分发挥学生的主观能动性，引导学生从继承性学习走向探究发现性学习。教师的主要职责就是：在教学过程中以学生为中心，引导学生主动学习，提高学生发现新知识、提出新问题并解决问题的能力。

（二）处理好知识传授与创新能力培养的关系是树立现代高等教育理念的核心

创新精神和创新能力是人所共有的潜能，合理的知识结构和能力结构是创新的基础。知识结构和能力结构是不可分割的，能力只有在合理的知识结构中才具有潜在的创造功能。但大学教师在人才培养上的作用主要应体现在对学生良好的影响上，不在于给学生灌输了多少知识，而在于在对知识的态度、对知识的尊重、对知识的热爱等问题上教师对学生产生了什么样的影响。就知识传授而言，不仅应告诉学生这个领域有什么知识，而且要让学生知道这些知识是如何被创造出来的、是如何被应用的、对学生将来会有什么样的影响，应告诉学生这个领域还有哪些未来的知识，这就是我们非常强调的要营造良好的成长环境的核心内容。有了这样的环境，学生对知识就会有热情、对未知世界就会产生强烈的好奇心，进一步就会产生可持续的进取心，创新意识和创新能力也就可能随之产生。同时，宽松而自由的环境是创新的土壤，因为大学是学者的社团、学者的乐园，正常的状态就是有组织的无序状态。大学与其他社会组织的不同之处在于，大学应该有浓厚的学术氛围，倡导学术自由，实行百花齐放、百家争鸣，培养学生的批判性思维，给师生创造宽松的环境，使师生有用武之地而无后顾之忧，这正是有利于创新的处女地。所以，在处理知识传授和创新能力培养这对关系时，我们更应该重视创新能力的培养，要培养学生的创新意识，高度重视创新环境的培育。

（三）处理好通识教育与专业教育的关系是树立现代高等教育理念的突破口

通识的“通”不仅是共通的“通”，而且是融会贯通的“通”、触类旁通的“通”，很多时候不是以知识的形态表现出来的，而是呈现出一种智慧的形态，是一种思维、一种精神、一种悟性、一种灵气。通识的“识”，不仅是知识的“识”，而且是认识、见识、胆识的“识”。例如，数学知识就是所有理工科专业的学生需要的共同知识，不能说我们开设了数学课就是重视通识教育，但如果我们在教学过程中更强调数学思维，使学生在学习过程中能够领略到数学思维的魅力，能够融会贯通地用数学思维去解决问题，同时还能用数学理论寻找到所有理工科专业的共性，那么这样的教育就属于通识教育的范畴了。自从1952年开展院系调整以来，狭隘的专业教育就成为我国高校普遍存在的问题。在教学上所表现出来的问题是：专业面狭窄、课内学时多、学生负担过重、教学不灵活等。在高度的计划经济时代，这样的专业教育的确发挥了它的过渡性作用，专业知识扎实，专业训练到位，学生毕业后被分配到相关的行业就职，可不经职业培训直接进入角色。但到了市场经济时代，这样的专业教育所表现出来的弊端就十分明显了。这种缺乏通识教育的专业教育使得学生知识面窄、知识结构不合理、适应能力不强、知识更新困难等，由此大大束缚了学生的创新能力；毕业包分配的时代早已过去，毕业生由于专业面窄，必然导致适应能力不强，毕业就失业的现象便由此产生。

二　关于人才培养模式改革

“人才培养模式”是高校在一定的教育理念指引下，对不同的人才需求、基于不同的条件、朝着不同的目标所做出的一种路径选择。在科学发展观学习实践活动中，我们高校就是要解决两个问题："办什么样的大学、怎样办这样的大学"；"培养什么样的人、如何培养这样的人"。对于第一个问题，需要学校从宏观上回答学校的定位问题；对第二个问题，需要学校回答自身在实现大学人才培养这个核心使命时的哲学思考，"培养什么样的人"是人才培养目标定位问题，而"如何培养这样的人"则是模式定位问题。

"人才培养模式"也是我们为实现教育理念而做出的路径选择以及对这个路径的规定性。不同的人才培养模式有不同的个性特征，不能简单地复制，但是可以相互借鉴。人才培养模式应当具有多样性和综合性两个特点。在我国精英教育时期，人才培养的模式是单一的，就是为培养速成专家这个教育理念而设定的。现在，我国的高等教育早已进入大众化时代，人才成长的需求、社会发展的需求都呈现出多元化的状态，我们很难用一种人才培养模式去实现多元的人才培养目标。同时，高校所在区域、高校的层次、高校生源等因素所存在的差异性决定了不同高校应该选择不同的人才培养模式。人才培养模式在我们的大学教育中处于末端，属于操作层面的东西，但它涉及学校的办学理念、管理制度、可用资源等，要转变人才培养模式，就必须提升办学理念、重建管理制度、整合可用资源，由此人才培养模式天然地应当具有综合性。因此，人才培养模式是指在一定的教育理念指导下，按照特定的培养目标和人才规格，以相对稳定的课程体系（包括教学内容、教学方法、管理制度和评估方式）和良好的成长环境，实施人才培养过程的总和。

我国高校教育的弊端主要体现在以下几个方面：政府对高校的管理方式使得许多高校"按通知办学""按文件办事""千校一面"、盲目攀比；高校对教师和学生的管理模式使得学生为学分而学、教师为课时费而教的现象普遍存在；对知识积累过于崇拜的社会文化使得大学教师对照本宣科、填鸭式和注入式等教学模式轻车熟路，极大地排斥新教学方法的接受和运用，这必然导致学生感受不到知识的鲜活性，反而对学习的厌倦情绪有增无减。这种管理高校的模式、这样的教学方法使得相当数量的毕业生"一毕业就失业"，同时他们对"求是创新""社会责任"和"历史使命"等感到生疏而遥远！从这些现象的背后不难发现，相当数量的高校的人才培养面临着三个方面的困惑：

一是就业市场所提供岗位总数和每类职业的岗位数与大学毕业生总数以及各个专业的毕业生数不相吻合。就业市场的高度市场化与高校人才培养的高度计划性之间实际上还存在着巨大反差。

二是大学生按某个专业进入大学校门后，认为自己所要学的专业并不是自己所喜欢的专业，所在大学又无法全部满足学生调换专业的愿望，导致许多学生的几年学习时光就在这种缺乏主动性的情绪中流逝了。在这样的环境中，哪还能培养出学生的创造性思维和创新能力？

三是大学生在自己的专业学习一至两年后，认为自己将来适合于从事应用性的工作，无能力也无兴趣从事学术性的职业，这个时候学生本想修读自己感兴趣、与将来职业需求密切相关的课程，并参加相应的实践锻炼，而大多数高校又没有向学生提供如此的自由空间，所以他们不得不陪那些少数愿意走学术化道路的同学读完所有既定的专业课程，否则就无法毕业。

转变高等教育理念、创新人才培养模式是一个系统工程，按大学的组织特征办事，是我们义不容辞的职责。

三 实施专业核心课程制度*

“培养什么样的人，怎样培养这样的人”是每所高校都必须回答和解决好的根本问题。《教育部关于全面提高高等教育质量的若干意见》提出的“加大应用型、复合型、技能型人才培养力度；鼓励高校开展专业核心课程教授负责制试点”要求，则为我们深化教学改革，不断提高人才培养质量指明了方向。我们认为，从学生职业取向视角，可将人才分为学术性人才和应用性人才两大类；从人才所具有的特质视角，可将人才分为复合型和知识结构单一型两大类。作为一所综合型的地方本科院校，宜宾学院曾适时提出培养“高素质复合型的应用性人才”的培养目标，明确这样的人才应具有“高度的责任心、持续的进取心、强烈的好奇心”；应具备“良好的表达能力、和谐能力、动手能力、创新能力”。学校把建设高水平的课程体系和营造良好的成才环境，作为高素质复合型的应用性人才培养过程中的两个关键性环节，将建立专业核心课程制度作为实现教育理念和

---

* 本小节主要内容曾发表于《中国高等教育》2012 年第 10 期，题为“实施专业核心课程制度培养高素质复合型应用人才”。

人才培养模式转变进程中的一项根本性制度。

（一）什么是专业核心课程制度

实施专业核心课程制度，首先要明确什么是专业核心课程。专业核心课程就是把每个专业中那些最基本、原理性强并且不会随时间推移而有太大变化的知识点抽取出来，整合为若干门优质课程，这些课程可以体现该专业的基本面貌，学生通过对这些课程的学习，可以掌握该专业的核心知识体系，形成具有核心意义的专业素养。我们把这样的课程称为专业核心课程，把其他专业课程则称为专业拓展课程。

专业核心课程绝不是专业课程的简单调整，更不是传统课程体系下的专业基础课。教师在阐述核心课程知识的时候，不仅要说明这些知识的来历，还要阐明其是怎样被应用的，对学生将来的职业取向有什么作用，在这些知识领域还有哪些未知的问题。在阐述知识来历的时候，要求更多地展示创立这些知识的科学家的伟大人格及其成长奋斗历程。这实质上是要求我们将通识教育的理念引入专业教育之中，把成人成才教育融于专业知识的学习之中，改变高校普遍存在的“思想政治教育”空洞形式化的弊端，改变学校教师不重视成人成才教育的现状。专业核心课程应在其相应专业的课程体系中占据核心的地位；对后续的专业拓展课程建设具有引领作用；对学生学完专业核心课程是否继续学习该专业的拓展课程具有启示作用；对实现该专业的人才培养目标具有主导作用。

所谓专业核心课程制度，就是每个专业都必须确立自己的专业核心课程，学生在学习完专业核心课程后，就可以根据自己的人生规划和兴趣爱好，决定是继续学习这个专业的后续拓展课程，还是利用所剩下的学分在全校范围内广泛地涉猎自己感兴趣的课程。如果学生准备将来走学术化的道路，应鼓励学生选择继续学习该专业的后续拓展课程；如果学生准备毕业后就直接参加工作，就可以在全校范围内充分地选择适合自己需要的其他课程。

通过实施该项制度，从人才培养模式创新的角度，希望改变专业教育求深、求难、求全的现状，改变通识教育过度弱化、淡化、边缘化的现状，在专业教育与通识教育之间保持适度的张力，给学生个性化、多元化选课留下足够的空间，使学生知识复合度增强，为其多元化就业和多样化发展提供可能；从教育理念的角度，希望改变长期以来高等教育以教师和管理为中心或称之为“以学科为中心”的局面，真正过渡到以学生成才成长为中心，进而为学生成为有基本素养的复合应用型人才提供可能，为学生的职业选择和职业转变做好准备，为学生的人生发展和更有成效的生活打下基础。

（二）为什么要实施专业核心课程制度

通过课程体系的构建和成才氛围的营造，使学生的个性得以张扬、潜能获得发挥，为学生将来更有效的发展奠定坚实的基础，这是我们实施专业核心课程制度所应坚守的基本教育理念。

实施专业核心课程制度是培养高素质复合应用型人才的需要。现有的课程体系承袭了苏联高等教育的理念，明显带有计划经济的烙印，体现出专业课程体系结构严密、知识专而深、精而窄的特点。这种课程体系不适合培养应用型人才，尤其是不适合培养高素质复合型的应用型人才的需要。在我国高校大量扩招、学生素质参差不齐、社会对应用型人才需求多元化的背景下，这种专业知识精深而知识视野狭窄的课程体系，严重制约了高校对人才培养目标的定位，严重制约了高校人才培养方案的创新，特别是制约了高素质复合型应用性人才培养模式的确立。

实施专业核心课程制度是学生选择职业和转变职业的需要。改革开放以来，国家各方面的发展日新月异。就高校而言，学生就业模式已经发生了根本改变。在计划经济时代，学生只要毕业国家就能分配工作，学校的专业设置、课程设置，学生的知识结构和能力养成等，并不影响学生的就业。同时，学生就业后再次转变职业的机会微乎其微，相当多的人几乎是终生从事与本专业相关的工作。随着市场经济的发展，国家分配的就业模式已经被自主择业、双向选择、多元选择的方式所取代。市场经济环境下的大学毕业生，完全可能从事与所学专业不一致的工作，在一生中完全可能出现多次职业改变。这就需要通过课程设置来引导学生建立复合型的知识结构，以适应就业市场的需求。否则，就会出现一方面社会各组织需要大量应用型人才，另一方面学生因为学非所用而造成毕业就失业的局面。

实施专业核心课程制度是学生人生发展的需要。我国高校现有的课程设置，一方面是专业基础课程过度膨胀，这对少部分希望通过考研走学术道路的学生有益，但是对绝大部分希望毕业后就直接就业的学生极为不利。在传统的课程体系中，由于没有选择的空间，相当部分的学生要陪少数考研学生读完学校规定的全部课程，课堂常常被异化为获取分数的场地而不再是感悟人生的源泉，造成必须完成的课程与自己的兴趣爱好不一致的现象，必然导致知识与能力脱节，独立思考与追求创新的思维苍白，大好的时光就在这种不情愿而又无奈中白白流逝了。另一方面是通识课程边缘化、形式化。专业课程设置的膨胀，必然压缩通识课程设置的空间，必然弱化通识课程教育的效能，使大量对学生人生发展有益的通识课程成为鸡肋，师范类专业中教育学、心理学课程不受重视，人文类专业中自然科学概论等课程无人问津，理工类专业中人文艺术的课程形同虚设，同时思政理论、体育、计算机、外语等课程的教育教学效能不高，有形式化倾向。实践已经证明，这样的课程体系不利于培养出高素质的人才，更不利于学生人生的发展。

实施专业核心课程制度是实现“教师中心向学生中心转移”的需要。在传统的课程体系中，教师对教学过程有着绝对的主宰，驾轻就熟的教材内容，多年不变的教案设计，千篇一律的照本宣科，甚至考试内容每一年都是大同小异，学生只是被动接受，成为课堂的记录者、知识的容器、考试的“分奴”。在这种人才培养模式中，教师轻松、学校职能部门管理方便。从本质上说，实施专业核心课程制度，就是使高等教育从以“教师和管理为中心”转移到了真正的“以学生为中心”，是实现“为学生成功奠定基础”的办学理念的必然要求，也是培养高素质复合型人才的客观需要。因为在学完专业核心课程后，有相当一部分学生完全可能不再选择该专业的后续课程，学校管理部门和二级学院就要为学生提供较为充分的课程资源；就是选择该专业后续课程学习的学生，也完全可以不选择课程质量不高的课程。所以，实施专业核心课程制度是现代“以学生为中心”的教育理念的根本体现。

（三）怎样实施专业核心课程制度

宜宾学院专业核心课程制度从酝酿到正式实施，进行了大大小小几十场讨论，耗时近一年。因为这必然涉及很多部门的观念转变和理念提升，还涉及很多人的既得利益调整。为确保专业核心课程制度的有效实施，提高人才培养的质量，学校积极创新并大力完善专业核心课程管理制度，开展了一系列的实践探索。

确立了每个专业的专业核心课程门数和名称。在原有的培养方案中，专业基础课、专业课、专业选修课的门数均超过20门。由于专业核心课程不是原来简单的专业基础课，而是要对课程知识体系进行重组，所以要遴选出8—10门课程也是一项艰巨的工作。在一个专业所涉及的知识体系中，哪些知识可遴选出来进入专业核心课程，需要每个专业的负责人组织专家进行充分的论证。这一个阶段的工作，每个专业均耗去近半年的时间。

展开了专业核心课程师资的选拔。在确定了每个专业的核心课程门数及课程名称之后，为确保专业核心课程的教学质量，各个二级学院紧接着就开始遴选专业核心课程的负责人。学校要求担任专业核心课程教学任务的领衔教师，具有高级职称或具有博士研究生学历，并要求教艺精湛、教学经验丰富、师德高尚，以此确保专业核心课程的建设水平与质量。

开展了专业核心课程教学资源的评议。实施专业核心课程制度，必须建立起系统的、科学的教学大纲和考试大纲；编写或选用高品质的教材以及完备的教学辅助资料和高水平教案，并配备相应的精美的多媒体课件，建立优质的试题库、优质的实验实训条件等。为此，学校在高等教育研究所设立“教学督导与评估中心”，该中心由学校教学经验丰富、对专业核心课程制度高度认可的老教授组成，该中心的主要任务就是对专业核心课程的教学资源进行评估和确认，确保专业核心课程教学资源的高端品质。

开展了对专业核心课程考核方式的会审。为了有效提高专业核心课程教学质量，学校加大了对专业核心课程考核的改革力度。专业核心课程考试的内容、考试的方式、考试的过程等都应由课程所在教研室组织专家进行会审确认，改变传统考核方式所存在的弊端，新的考核特别注重过程评价、过程考核、考核方式的灵活多样。例如，学生在学完一门专业核心课程后，若能撰写出与该课程密切相关的学习心得体会报告，经教研组集体讨论确有价值，就可以作为该课程的学业成绩。

规定专业核心课程必须进行课外辅导答疑。学校同所有新建本科院校一样，教师资源并不十分丰富，要求每门课程每周安排一次答疑实在有困难。为强化学生与承担专业核心课程的教师间的沟通与交流，帮助学生更好地在专业核心课程学习中获得更多帮助，有效解决课程学习中的疑难问题，学校要求每门专业核心课程每周由相关教学单位安排一节辅导答疑课，从而突显了专业核心课程的重要地位。

实施了对专业核心课程的重点监控。为了确保学校的专业核心课程的各项制度得以贯彻落实，学校加大了对专业核心课程的日常教学秩序、课堂教学质量、课程教学改革等情况的监控力度，定期或不定期将其情况以教学工作简报的形式进行通报，以此强化对专业核心课程的质量监控。这项工作也主要由高等教育研究所的“教学督导与评估中心”来完成，意在实现运动员与裁判员相分离。

启动了专业核心课程的教材撰写工作。课程建设的核心内容是教材建设，按照前面我们对专业核心课程制度及其专业核心课程的诠释，现有的教材很难达到如此要求，尤其能阐述清楚那些关键知识点来源何处、创立这些知识的代表人物的科学精神和人文精神等方面内容的教材更是严重缺乏，而这样的教材对激发学生的潜能、彰显学生的个性又至关重要。我们在综合借鉴现有教材的同时，及时采取专门措施，要求每个专业在 5 年内建立起完整的符合专业核心课程制度要求的教材体系。届时，我们的老师再不是仅仅向学生传授别人写在课本中的内容，而是讲授通过自己深思熟虑后的知识，真正做到为增长学生的知识而旁征博引、为传播人类的文化而身体力行。为了让这项工作落到实处，学校安排了专项资金用于专业核心课程的教材编写工作，每个二级学院根据需要可以在全国范围内聘请对教育教学有专门研究的学者来校担任教学特聘教授，专门按照专业核心课程的要求撰写教材，教材完成后先以讲义形式试用，经反复提炼后学校正式统一出版，完成符合要求的教材的主编与学校撰写 A 类学术论文的第一作者等同对待，真正体现“教学是大学教师的第一学术”的理念。目前，学校数学两个本科专业的核心课程的教材撰写工作取得了成效，正在以讲义形式试用。

为了使专业核心课程制度持之以恒地坚持下去，学校还构建了“文化、理念、制度、实践”四维一体的治校模式，并将其作为办学指导思想，其中的制度就包括“专业核心课程制度”。

第三节　新建本科院校的内涵发展及其内生动力

新建本科院校要实现内涵发展，首先需要凝练并确立自身的办学治校思想体系、人才培养体系和服务地方体系；其次就是凝聚自身发展的内生动力，其内生动力既包括用优秀的大学来引领发展，也包括将创新驱动作为自身发展的根本动力，还包括要走特色发展之路。

一　新建本科院校内涵发展的办学治校体系*

2009 年 3—8 月在全国高校开展的学习实践科学发展观活动中，宜宾学院高度重视关于解放思想的大讨论，围绕中央提出的“办什么样的学、培养什么样的人”这两个属于高等教育哲学层面的基本问题，明确提出“转变观念、提升理念”是解放思想的根本目的。学校高度重视对实践经验的总结和思想成果的提炼，凝练出了符合学校实际的“一二三四五”科学发展的办学思想体系。在办学思想体系中明确提出学校的办学宗旨是“为学生成功奠定基础，为地方发展提供支撑”。为了实现学校的办学宗旨，学校凝练出了“一二三四”人才培养体系和符合需要的“一二三四”服务地方体系。这三个体系旗帜鲜明地回答了“办什么样的大学、怎样办大学”“培养什么样的人、怎样培养人”以及“区域大学的使命是什么、怎样实现使命”等问题。①

（一）办什么样的大学、怎样办这样的大学

凝炼科学发展的办学思想体系，是回答“办什么样的大学以及怎样办这样的大学”的必然要求。宜宾学院是 2001 年组建的一所新建本科院校，学院高度重视高等教育理论的学习，凝练出“一二三四五”办学思想体系。

1. 一个奋斗目标：建设特色鲜明的地方综合性大学

地方高校的发展是指学校规模逐渐增大、教学质量不断提高、办学层次逐渐提升、办学特色更加鲜明等多方面的变化过程。科学定位、改革进取、办出特色、显现优势、形成个性是关键，确保教学科研质量、实现对内对外和谐是基础。宜宾市位于川滇黔接合部，具有特殊的区位优势，拥有 530 万人口，属于川南人口大市，但高等教育资源严重不足，与周边的乐山、自贡相比存在较大的差距。截至 2009 年 9 月，乐山每万人口拥有在校大学生 90 多人，自贡每万人口拥有在校大学生 80 多人，

---

* 本小节主要内容曾发表于《国家教育行政学院学报》2010 年第 4 期，题为“新建本科院校内涵发展探索”。

① 汪明义：《提高办学水平与校长的责任》，《中国高等教育》2009 年第 24 期。

而宜宾不到50人。宜宾与四川的泸州相邻，泸州的本科专业集中在医学门类；宜宾与云南的昭通接壤，昭通地区的高等教育更加缺乏，只有一个急需发展的师专。宜宾学院地处宜宾，2001年在合并升格时教育部就明确地将学校定格为综合性院校。另外，宜宾的矿业、水利水电、交通的快速发展，急需宜宾学院为地方建设培养大量急需的高素质复合型人才。因此，学校明确提出了自己的奋斗目标：建设“特色鲜明的地方综合性大学”。

所谓特色鲜明，就是“根植地方、依靠地方、服务地方”。因此，学校紧密结合地方经济社会发展的需要办学，包括专业设置、所培养人才的规格等均应适应地方党政机关和企事业单位的需要；学校创造条件使企事业单位的高层管理人员和高级技术人员带着丰富的实践经验，愉快地走进大学的讲坛和课堂。这种“既官又学”的教师走进课堂，不仅使培养的人才更适应地方的需要，同时也增强了教师队伍的实力。“特色鲜明的地方综合性大学”建设，需要进一步打造学科专业特色，适当扩大办学规模，抓好本科教育质量，争取硕士学位授予权，提升办学层次，向创建宜宾大学迈出坚实的步伐。

2. 两个办学宗旨：为学生成功奠定基础；为地方发展提供支撑

大学在漫长的发展历程中形成了“人才培养、科学研究和社会服务”的经典功能，同时正在承担起“引领文化建设”的新使命。根据学校的实际，把四个方面的功能归结为两个办学宗旨。“为学生成功奠定基础”，不仅体现了人才培养的功能，也指出了大学必须有好的学术研究氛围。只有在浓郁的探索氛围中才能培养出学生的创新意识和创新能力，而创新意识和创新能力是青年人在未来获得成功的重要基础。育人是高校的根本任务，要求学校全面推进素质教育，形成全员育人、全程育人、全方位育人的局面。同样，“为地方发展提供支撑”，既包括宜宾学院应在社会服务和文化引领方面有所作为，更包含了社会服务必须建立在学校科技成果的转化、解决企业的技术难题之上。作为一所新建的本科院校，坚持科学研究服务于人才培养、科学研究服务于地方经济社会的理念是现实的也是理智的。“为地方发展提供支撑”是宜宾学院作为地方高校对社会服务职能的理念提升，体现了地方高校对社会服务职能的强化，遵循地方高校要适应并促进地方经济社会发展的规律。

3. 检验工作的三项标准：是否有利于提高学校的办学层次和办学质量；是否有利于提高学校的综合声誉；是否有利于为教师发展提供平台

大学是一类复杂的社会组织，其复杂性体现为人员层次和类别的复杂性、功能和扮演角色的多样性、运行权力的多重性、教师和科研人员的多样忠诚性。这就决定了大学所开展工作的多样性。那么，怎样检验我们的工作呢？哪些是我们要大力支持的？哪些是我们不应该支持甚至要反对的？学校层面必须出台大家基本认同的原则。

提高办学质量是高等学校永恒的主题，提高办学质量的核心是提高人才培养的质量，使我们培养的人才不仅具有很强的适应性，而且具有较强的创新意识和创新能力。宜宾市的快速发展急需宜宾学院培养大批高素质甚至高层次的人才，这是宜宾学院应该承担的使命，同时也是宜宾学院加快发展的机会，更是四川省高校按区域布局硕士学位点的需要。要创建硕士学位授权单位，就必须大力加强学科建设，提高科学研究的水平。于是，我们提出了“是否有利于提高学校的办学质量和办学层次”的标准，这不仅是用来检验我们工作的一项标准，也是激励全校干部和师生的一个目标。

一所大学的综合声誉来源于两个方面。一方面是其教师在各种舞台上的卓越表现，包括向学生提供的优质课程、在专业期刊上发表具有影响力的论文、在各种论坛上发表卓有建树的演讲、在各种学术组织中担任重要职务、在传道授业的同时在各个大中型企业和政府机构担任技术指导和政策顾问，还包括由于学校卓越的培育工作而使得毕业生不仅有很高的就业率，还在一些高显示度的指标如研究生考取率、公务员考取率等方面有很好的成绩。另一方面是已毕业的校友在社会各级组织中的杰出表现。校友的杰出表现尽管是体现这所大学过去的人才培养质量，但大学是一类“关联组织”，它对今天的在校生和未来的在校生均会产生不同程度的影响。我们要高度重视校友会的工作，把校友会作为展示学校办学水平和成果的一个窗口；同时还要树立起“重视今天的学生，就是在培养明天杰出校友”的理念。由此可见，把“是否有利于提高学校的综合声誉”作为检验我们工作的一条标准，是符合大学的组织特征的。

大学是师生的共同体，在培养学生的同时还要考虑教师的发展，教师的发展在一定程度上是学校发展的基础和关键。如果教师没有把学校作为自己事业发展的平台、没有把个人价值的实现与学校的发展目标结合起来，那么，这所学校一定不是一所好的学校。所以，任何一所大学都应充分考虑教师的发展，应关注其教师是否做到了人尽其才、是否真正热爱自己的事业、是否有发展的空间和努力的方向、是否获得了应有的人文关怀、其努力工作是否享受到了应有的待遇，等等。

我们提出三个标准来检验学校的一切工作，这不是一种简单的模仿，而是符合学校实际的一种提炼；不是一种权宜之计，而是体现了我们办大学的根本要求；不是一种策略安排，而是展现了我们办大学的价值追求。

4. 治校方略的四个要素：理念引领、人才支撑、经济基础、制度保障

治校方略是指实现大学奋斗目标的路径选择。在大学的发展历程上，并不是历史越长的大学就是水平越高的，世界上有很多大学在较短的时间里超越了一些老牌的大学，从而成为著名学府。这些能实现跨越式发展的大学均是从一开始就拥有了先进的大学理念。所谓大学理念是对大学的理性认识、理想追求及其所形成的教育观念和哲学观点。

拥有了先进的大学理念，还要有一支高水平的教师队伍和一支高素质的管理队伍来为实现理念而奋斗。人才是立校之基、强校之本。高水平的教师队伍主要体现在学历结构、职称结构、敬业精神、学源结构、学术水平和学术成就等指标上。高素质的教师队伍是办好一所大学最重要的条件。成百上千战斗在教育教学第一线的教师是学校的办学主体，是他们为传播人类的文明而身体力行；他们不仅承担着传承知识的天职，而且担负着创新知识的重任；他们为企业解决各种难题、通过完成各类研究课题为经济的发展和科技的进步提供直接的支撑。因此，建设一支师德高尚、业务精湛、富有创新意识和创新能力的高素质教师队伍，是实现大学各项职能的基础和关键，更是实现跨越式发展的前提。

高素质的管理队伍主要体现为管理理念是否先进，是否具有“管理的效力应体现在教师卓有成效的教学和科研、学生卓有成效的学习和成长上”的理念。为了提高管理队伍的素质，我们结合科学发展观的学习实践活动，多次举办提高干部素质和能力的培训班，聘请校内外专家为干部做系列讲座，目的是使学校的管理队伍成为促使学校科学发展、快速发展的强大力量。

在当今世界，没有较强的经济实力的大学，很难引进和留住高水平的教师，很难为教学科研提供良好的工作条件，很难为学生提供优良的成长

环境，也就很难办成一所好的大学。因此，作为市场经济环境中的大学，务必将建立强有力的经济基础作为自己的一项重要任务。为此，通过近一年的努力，我们成功地走上了四川省与宜宾市人民政府共建宜宾学院的新路，开创了省属高校在地市州办学的新模式。

要办好一所大学，还必须建立起一套完整而有效的制度体系。我国改革开放的总设计师邓小平同志就十分强调制度建设，他认为制度问题关系到党和国家是否改变颜色，必须引起全党的高度重视。一个国家如此，大学作为以学术管理为核心的组织更应该高度重视制度建设，让每个部门都明白自己的职权范围，让每个人都清楚地知道自己该干什么，干好了将受到什么奖励，干不好将受到什么处罚。只有在这样的制度环境中，广大教职员工才会潜心于创造而不是利益的分配，管理才会减少更多的人为因素干扰，从而体现出更高的效率。要建立较为完善的制度，就必须通过深化内部管理体制改革来实现。

5. 工作思路的五个着力点

作为一所综合性的本科院校，面临着众多的目标和任务，我们应该从何处出发、怎样做才能纲举目张？我们提炼出五个着力点的工作思路：以学科建设为龙头，是宜宾学院发展的战略选择；以人才培养为中心，是宜宾学院办学的价值取向；以深化内部管理体制改革为动力，是宜宾学院实现科学发展的基本前提；以广泛吸纳社会资源为抓手，是宜宾学院建立强大经济基础的根本要求；以加强党建和思想政治工作为保证，是宜宾学院办学必须履行的政治责任。

（二）培养什么样的人、怎样培养人

著名高等教育家布鲁贝克在《高等教育哲学》一书中将西方学者对高等教育的认识概括为两种不同的哲学观：一种是以认识论为基础，“强调认识论的人在他们的教育哲学中趋向于把‘闲逸的好奇’精神追求知识作为目的，他们力求了解他们所生活的世界，就像做一件好奇的事情一样”[①]；另一种以政治论为基础，认为“人们探索深奥知识不仅出于闲逸的好奇，而且因为它对国家有着深远的影响，过去根据经验就可以解决的政府、企业、农业、劳动、原料、国际关系、教育、卫生等问题，现在则需

① ［美］约翰·S. 布鲁贝克：《高等教育哲学》，王承绪等译，浙江教育出版社2002年版，第15页。

要具有极其深奥的知识才能解决，而获得解决这些问题所需要的知识和人才的最好场所是高等学府”①。因此，从认识论层面上讲，青年人为了自己现在和未来生活得更有成效，生活得更有意义，需要到大学去学习；从政治论层面讲，国家需要大学培养合格的建设者和可靠的接班人，大学就要为实现国家的意志而培养年轻人。

人才培养是大学与生俱来的功能，也是所有大学的核心功能、经典功能。在学校的办学思想体系中，我们把“为学生成功奠定基础”作为办学宗旨之一，为了全面贯彻该办学宗旨，我们凝练出了特色鲜明的“一二三四”人才培养体系。

1. 一个培养目标

“一”就是指一个培养目标，即培养高层次的复合型人才。从专业素养角度来看，人才大致可分为创新型、复合型和技术型三种。对于新建的本科院校而言，确立创新型的人才培养目标不现实，因为生源和师资两方面的条件均不具备，但不排除我们能培养出少数具有很强的创新能力的人。宜宾学院不是一个单科性的本科院校，而是一个综合性的大学，尽管现在的综合性程度还不高，但综合性是学校早就确立的发展类型，学科之间的交叉和融合已经具备了充分的基础，所以提出培养复合型的人才培养目标是客观的。那么什么是高层次的复合型人才呢？国务院原副总理李岚清同志提出：“要注意培养复合型人才，既懂经济贸易，又懂工业农业；既懂经营管理，又懂生产技术。精通一门，兼知其他。”所谓复合型人才，是指具有广泛的专业知识和深厚的文化教养，具有多种能力和发展潜能，以及和谐发展的个性和创造性的人才，俗称一专多能的人才。专家指出，不仅在专业技能方面有突出的经验，还具备较高的相关技能。比如，随着IT技术完全融入银行业、保险业、证券业之中，通晓金融、IT两大领域的金融业人才就是复合型人才，而这类人才在未来几年内将十分抢手。复合型人才就是多功能人才，其特点是多才多艺，能够在很多领域大显身手。复合型人才包括知识复合、能力复合、思维复合等多方面。当今社会的重大特征是学科交叉，知识融合，技术集成。这一特征决定着每个人都要提高自身的综合素质，个人既要拓展知识面又要不断调整心态，变革自己的

---

① ［美］约翰·S. 布鲁贝克：《高等教育哲学》，王承绪等译，第15页。

思维，成为一名“光明思维者”。在社会的各个层面，复合型人才不仅最受欢迎，而且最容易获得成功。我们在复合型人才前面加了“高层次”作为限制，是因为在社会的各个领域均有大量的复合型人才发挥着重要的作用，就是普通工人中也存在复合型人才。作为本科院校理应培养高层次的复合型人才，而不是普通的复合型人才。

2. 两大关键环节

“二”就是指把握好两大关键环节：建设优质的课程体系，营造良好的成才环境。课程体系主要指有计划、有目的、有组织的教育活动，同时有体现教育目的、内容、手段、评价的教学计划、教学大纲、教材等。建设优质的课程体系应该具有合理的课程目标，完善的专业课程、通识课程和公共课程体系，协调的专业教育和普通教育的关系，有效的课程管理，科学的质量评价，还包含给学生传授什么样的知识、谁来传授这些知识、用什么方法传授这些知识、传授知识的手段是什么、效果怎么样、如何保证能达到理想的效果。在传授什么样的知识时应该包括五个层次的内容：让学生明白在自己专业领域存在哪些知识，这些知识是如何被创造出来的，又是如何被应用的，这些知识对学生将来有什么作用，这些领域还有哪些未知的知识。营造良好的成才环境就是要做到以优美健康的校园环境熏陶学生，以良好的思想引导学生，以适当的制度规范学生，以高尚的情感感染学生。这里谈到的良好的成才环境既包括浓郁的学术氛围，还包括由教师高尚的师德、师风、师貌所形成的强大的“磁场”：在这样的磁场中，师生间以及学生间能相互友爱、尊重和信任；在这样的磁场中，一切创造的愿望都能得到尊重、创造的活动能得到支持、创造的成果能获得奖励。

3. 三方面的素质

“三”就是指培育学生三个方面的素质：高度的责任心、持续的进取心、强烈的好奇心。高度的责任心是从道德品质的角度提出要求的。做一个具有高度责任心的人，首先是要对自己负责，这就要具备健康的心理和强健的体魄；其次是要对家庭负责，热爱自己的家庭、尊重自己的家庭成员；最后是要对社会负责，不仅不做对社会有害的事，而且要关注社会公平，匡扶人间正义。持续的进取心是从意志品质的角度提出要求的。做一个具有持续进取心的人，就是要把工作当成事业来追求、把事业当成为理想的实现而奋斗；就是要具有不懈的追求精神。强烈的好奇心是从创新的品质角度提出的。做一个具有强烈好奇心的人，第一要了解自己的专业领域还有哪些未知的知识；第二要探索如何使周围的环境变得更好；第三是密切关注那些制约人类发展的重大难题。这些素质的培养不是哪一门课程或几门课程能够完成的，而是要通过我们的课程体系和育人环境共同作用来实现。

4. 四大基本能力

“四”就是指发展学生四大基本能力：表达能力、动手能力、创新能力、和谐能力。表达能力是指运用语言阐明自己的观点、意见、思想的能力，包括书面表达能力和口头表达能力，最理想的水平是“优美而精准的书面表达能力、清晰而又有说服力的口头表达能力”。“动手能力”就是要能够将所学到的知识应用于实践、同实际的工作结合起来。动手能力其实就是实际操作能力，是智力转化为物质力量的凭借，是专业人员的实践能力。也许一项工作没有上过大学的人也能够干，但一个上了大学的人不仅能干得更好，而且能干得更有品位、更有层次。“创新能力”就是解决未知问题的能力，就是能看出事物表面不一定有关系却具有深刻内在联系的能力，就是能把几种知识或技能综合在一起解决实际疑难问题的能力。创新能力就是提出问题、分析问题、解决问题的能力，包括敏锐的观察力，大胆设想、勇于探索的精神。具有了前面所谈的三种能力，就能保证一所大学的毕业生可以把事情做得很出色，但不能保证他（或她）一定会生活得很快乐、很幸福。而高等教育的目的既要传授好的获取知识的方法，还要培育学生感受美好生活的能力，教会一个人如何在追求幸福的同时给他人带来幸福。和谐能力是指人正确认识和处理个人的身心和谐、人与人和谐、人与社会和谐、人与自然和谐的能力，包括自我调控能力、团队沟通能力、组织协调能力、人际交往能力、自然亲和能力。因此，“和谐能力”是当今世界上十分需要的一种能力之一，它至少应包含三个方面的内容：既能尊重别人又能获得别人的尊重；既能面对冲突又能解决冲突；既具有亲和力又具有正义感。创建和谐社会首先需要很多具有和谐能力的人，人才是生产力中最活跃的因素。大学理应担当起培养一代又一代具有和谐能力的人才的重任。

这套人才培养体系不仅全面、客观，而且具有可操作性，每项指标都可以落实到我们具体的教学工作、管理工作和服务工作中，它不仅成为我们培养人才的理论体系，又成为检验人才培养工作的指标体系。因此，这套人才培养体系既是对学生的要求，更是对学校教师和管理人员的要求。

（三）区域新建本科院校的使命是什么、怎样实现使命

宜宾学院作为一所新建的区域性本科院校，在科学发展观学习实践活动中确立了“为地方发展提供支撑”的办学宗旨，认为“根植地方、依靠地方、服务地方”是宜宾学院必须坚守的特色发展之路。为了更有效地实现这一办学宗旨，学校凝练出“一二三四”服务地方体系。

1. 一个目标

“一二三四”服务地方体系明确了一个目标：全面地服务于地方经济社会发展。服务地方是地方高校发挥高等教育职能、适应高等教育地方化、实现大学与社会相互作用的必然选择，是由高等教育属性和规律决定的，历来是我国高等教育政策法规的要求。地方高校服务地方，就是要充分发挥自身优势，促进地方经济社会的全面发展。地方高校要适应地方经济社会发展，为地方经济社会发展服务，使高校成为地方经济、政治、文化发展的源泉和中心。宜宾学院是宜宾市唯一的本科院校，也是川滇黔接合部唯一的综合性本科院校，因此，宜宾学院的使命和责任就是要全方位地服务于地方经济社会发展的需要。

2. 两个需要

“一二三四”服务地方体系要实现两个需要：宜宾学院发展需要宜宾市，宜宾市需要宜宾学院发展。高等教育与区域互动是经济社会、高等教育发展到一定历史阶段的必然产物，这种互动有着深厚的理论基础与依据。区域竞争力理论、新增长理论、非均衡理论、后发优势理论、城市化有关理论从不同研究角度得出共同的结论：地方高等教育发展和地方经济发展水平是相辅相成的。发展地方经济需要高等教育提供强有力的人才和智力支持，地方高等教育的发展也需要以地方经济实力为基础。一方面，宜宾学院于2001年组建时就确立为省属高校，但宜宾学院远离省会城市，在全省的高校中又属于非重点建设的高校，难以获得快速发展所需要的各种支持；另一方面，宜宾市拥有众多的大型企业如五粮液集团、天元化工集团以及丝利亚集团等国有大型企业，还有众多的大型民营企业。这些企业的快速发展，急切地需要智力支撑和人才保障。

另外，宜宾市无论是 GDP 还是财政收入均在四川省的各市州中列前四位，具有较为雄厚的实力。因此，宜宾学院的快速发展需要宜宾市方方面面的支持，宜宾市也能够给予相应的支持。宜宾学院是宜宾市唯一的本科院校，每年学校的毕业生中有近 30% 在宜宾市范围内就业，为宜宾市的经济社会发展提供了强有力的人才支撑。因此，宜宾市需要宜宾学院发展。为了更好地实现“双需要”，在宜宾学院多方努力下，于 2010 年 3 月 29 日正式签订了“省市共建宜宾学院”的协议，开辟了四川省省市共建省属本科院校的先河。

3. 三个层次

“一二三四”服务地方体系要服务三个层次：政府、企业、个人。国外高校服务地方的模式，无论是以威斯康星大学为代表的高校为地方经济发展提供单向服务为主导的模式、以“硅谷”为代表的产学研三结合模式，还是以“相互作用大学”为代表的地方高校与地方经济共生模式，都反映了高校社会服务途径主要是大学提供设施及人力资源供社区使用；满足社区的各种要求；主动参与研究社区的不同需求；根据社区的需要，分析社区存在的种种问题并提供各种可能的对策；主动向社区提供与身份相符的服务项目。地方高校要在经济建设中发挥积极的作用，就要以积极的态度去寻找与地方共谋利益和发展的生长点，探索与社会共生共荣的途径与方法。宜宾学院认为，凭借其自身的学科实力完全能够从三个方面为地方提供支撑。为各级政府做些什么呢？那就是扮演思想库和智囊团的角色，为各级政府提供决策咨询，全面参与地方各级政府的规划。为此，2009 年 12 月 31 日，学校与翠屏区政府以及其他县政府签署了全面合作的协议。该协议规定：宜宾学院的各类研究机构特别是宜宾学院的政府管理学院要全面参与区县政府的“十二五”规划。为企业做什么呢？为企业解决技术难题和制定战略规划。将企业的技术难题变成教师的课题，变成毕业生论文与设计的题目。同时让教师在企业担任技术顾问，市长研究如何发展产业水平、校长研究如何提升学科实力，市校共建的研究中心就是连接学科与产业间的桥梁。为市民做什么呢？那就是提供学习和再学习机会。一方面学校花大力气去发展成人教育和继续教育，另一方面学校提供了开放学校图书馆、开放学校学术报告厅和周末课堂的制度安排，这种为市民所需而提供各类课程的措施在宜宾获得了良好的社会声誉。

4. 四大支撑

宜宾学院为地方提供四大支撑：人才支撑、技术支撑、文化支撑、思想支撑。地方高校服务地方的种类，可以从不同角度分为超前性服务、滞后性服务和应时性服务（时效）；有偿性服务和无偿性服务（性质）；教师服务和学生服务（主体）；政治服务、经济服务、科研服务、教育服务和文化服务（内容）；政府服务、企业服务、公民服务（层次）；群体服务和个体服务（范围）；教学服务、科技服务、信息服务、装备服务（方式）；文化政治服务、社会经济服务和教育培训服务（形式）等多种类型。地方高校服务地方在本质上是为地方提供智力产品和智力服务，渗透到社会活动、社会生活、社会生产的各个方面，具有服务领域广、服务形式多、范围内容丰富等特征。[①]

宜宾学院每年招收的学生中大约有20%来自宜宾市及其周边地区，毕业生中大约有30%留在宜宾及周边地区就业。从这个角度来看，宜宾学院为地方经济社会的发展提供了强有力的人才支撑。

为向企业提供更有效的技术支撑，学校加强了与地方政府的沟通与合作，成立了与宜宾市共建的“宜宾酒产业酒文化研究中心”“宜宾能源开发与利用研究中心”“宜宾化工与轻纺研究中心”和“宜宾机械电子工程技术研究中心”，目前正在这四个研究中心的基础上，创建宜宾发展研究院，承担宜宾市委和市政府在发展过程中急需解决的重大课题，为市委市政府的决策提供充分的依据，同时也为企业提供更为有效的人才支撑和技术支撑。

学校在服务地方方面尤其重视发挥自身的资源优势，积极挖掘宜宾作为历史文化名城的文化底蕴，主动为地方思想文化建设提供有力服务。早在2000年，学校就成立了“唐君毅研究室”；2001年，更名为“唐君毅研究所”；2004年，学校以唐君毅研究所为基础，成功申报四川省教育厅人文社会科学重点研究基地——四川思想家研究中心；2007年，四川思想家研究中心被升格为四川省人文社会科学重点研究基地。迄今为止，已出版两辑《思想家》和五部“唐学丛书”，举办六期“唐君毅杯学生论文比赛”，建立“四川思想家”和“唐学网”两个专业网站。唐君毅研究所和

① 郭平：《地方高校服务地方的重要使命》，《科技致富向导》2009年第9期。

四川思想家研究中心在传承优秀传统文化、培养新型国学人才等方面做出了积极努力，在“思想家研究”领域走在了四川省高校的前列。为了提升宜宾市民的人文素养，全面参与地方文化建设事业，学校成立了“文学与新闻学院”“音乐与表演艺术学院”“美术与艺术设计学院”。

宜宾学院作为一所新建本科院校，将“世界眼光、中国特色与宜宾实际”进行充分融合，在凝练出的办学思想体系的指引下，全面践行“为学生成功奠定基础、为地方发展提供支撑”的办学宗旨，按照人才培养体系和服务地方体系开展了各项富有成效的探索和创新，这些探索在同类院校中产生了较大的影响。

二　新建本科院校发展的内生动力

（一）创新驱动是新建本科院校发展的根本动力*

四川省委十届三次全会明确将实施创新驱动发展战略列为本省“三大发展战略”之一，以此作为推进四川省“两个跨越”的重要动力。高等学校既是提升一个国家或地区文化软实力的重要阵地，又是人才建设的主力军、科技革命的动力站。也正因如此，无论哪个国家或地区，在实施创新驱动发展战略的伟大进程中，都会把其所在地区的高等学校作为重要依托。高等学校要为实施创新驱动发展战略提供人才支撑、智力支撑、科技支撑、思想支撑和文化支撑，就必须全面深入进行高等学校的综合改革，包括高等学校教育理念的更新、管理体制的改革、人才培养模式的创新，等等。

自意大利诞生世界上最早的大学——博洛尼亚大学起，文艺复兴的航船便从亚平宁半岛出发，科学成为人们认识世界、改造世界的一把利器；自英国拥有当时世界上的高等学府牛津和剑桥起，英国便扛起了引领第一次工业革命的大旗；当现代大学之母——柏林洪堡大学诞生以后，世界科技中心就自然地转移到了德国，德国也成为第二次工业革命最重要的国家；当许许多多的美国人到德国学习创办研究型大学的经验回国后，他们把这些经验和早期从英国人那里移植来的博雅教育的传统紧密结合在一起，孕育形成了属于自己的研究型大学，美国当之无愧成为第三次工业革

---

* 本小节主要内容曾发表于《四川日报》2013年7月18日第6版，题为“实施创新驱动，高校如何作为”。

命最主要的国家。

今天，中国已经是一个名副其实的高等教育大国，但距离高等教育强国还有较大的距离。四川已经是一个名副其实的高等教育大省，但距离高等教育强省同样还有很大的努力空间。今天的高等教育“落伍于经济社会发展需要和创新型人才培养需要”已经是一个不争的事实。从表面上看，我们的高等学校的教学存在着“专业设置偏窄、教学内容偏旧、教育方法偏死”，所培养的人才存在着“人文情怀偏废、创新精神偏离”的“五偏现象”。从更深的层面来看，应该是传统人才培养模式和科研管理体制在高校管理者和教师心中根深蒂固使然。我们的高等学校就如同改革前的国企一样，是政府的具有行政级别的事业单位。高等学校的主要领导往往会按照党政官员的思维模式和行政运行方式来管理高校，至于培养的学生有无创新能力、有无人文精神、有无社会责任感等本来属于大学核心使命的问题，他们往往无暇顾及或者难以顾及。

当前，四川已进入由要素驱动向创新驱动过渡的发展阶段。在这个重要节点上，高等学校如何通过自身的改革来适应党的十八大和四川省委十届三次全会提出的创新驱动发展战略的要求呢？笔者认为应思考以下几个方面的问题。

第一，高等学校的主要领导应具有“政治家的眼光、教育家的能耐、学问家的素质、企业家的意识”。

作为高校主要领导的党委书记和校长，最大的政治任务就是要凝聚力量，把“办人民满意的高等教育”作为自己的理想追求；把全面贯彻实施“人力资源强国战略”和“科技强国战略”作为自己在实现伟大中国梦征程中的政治责任；把为实施创新驱动发展战略提供坚强的“文化支撑、思想支撑、科技支撑和人才支撑”作为自己的神圣使命。

第二，高等学校自身在创新驱动发展战略中要天然地走在各级社会组织的前列。

高等学校的创新包括办学理念创新、内部治理结构创新、教学体制创新、科研体制创新等内容。高等学校创新的目的是保障学校能够进一步弘扬优秀的大学文化、激发教师和学生的潜能、彰显教师和学生的个性，使培养的人才更具有创新意识和创新能力、更具有人文情怀和社会责任感；使取得的研究成果或者更具有原创性，或者更能解决经济社会发展中所遇到的各种重大难题，或者更能使企业提高其产品的竞争力；使教育的思想更能引领社会风尚，从而使高校成为社会的灯塔和道德的高地；使传承和创新的文化更能提升群众的人文精神和科学精神，使大学成为所在地区群众的精神家园。

第三，高等学校还要为所在区域的创新文化营造、创新理念确立、创新制度设计发挥引领和先导作用。

这既是高等学校所具有的天然优势，更是高等学校应有的社会担当。当今，无论是各级政府、各企事业单位，还是普通群众，对创新驱动发展战略的认识还亟须提高，急需从要素驱动的发展思维中尽快走出来。要使整个社会自觉、全面实施创新驱动发展战略，高等学校应当承担如下责任：一是要为社会营造良好的创新文化环境做出自己的努力。在这个环境中，创新得到鼓励、失败得到包容；学术受到敬畏、学者得到尊重；科学民主得到弘扬、追求真理成为风尚。二是要为社会创新理念的确立而身体力行。三是要为社会建立科学的创新激励机制做出自己的贡献。让一切创新的愿望都能得到尊重、创新的活动都能得到支持、创新的成果都能得到奖励、创新的源泉都能汹涌奔流。

第四，高等学校要成为社会创新驱动发展的指南针而不仅仅是社会需求的风向标。

高等学校无论是为社会营造创新文化、树立创新理念，还是创新制度设计，不能仅服务于社会眼前的需求，而要服务于社会的本质和长远需求。要做到这一点，唯有坚守自己的学术理性和使命意识。正如著名教育家弗莱克斯纳所指出的那样："除了大学，在哪里能够分析社会问题和经济问题？在哪里能够传播真理而不顾是否受到欢迎？在哪里能够培养探究和讲授真理的人？在哪里根据我们的意愿改造世界的任务可以尽可能地赋予有意识、有目的和不考虑自身后果的思想者？人类的智慧至今尚未设计出任何可与大学相比的机构。"实施创新驱动发展战略，高校必须动起来。

（二）特色发展是新建本科院校的必由路径*

新建本科院校经过多年的发展，基本实现了校园面积、基础设施、师生规模等方面的迅速扩张，已经成为我国高等教育实现大众化的一支生力

* 本小节主要内容曾发表于《光明日报》2013年5月27日第16版，题为"新建本科院校如何凝聚特色发展的驱动力"。

军。但是，这些院校由于发展历史相对较短、办学特色又不明显，正面临着前所未有的压力：一是来自于老牌本科院校的挤压。新建本科院校与老牌本科院校相比，存在以下问题：还未能形成良好的办学声誉，难以吸引更多优秀生源；无力培养高层次的师资，加之远离中心城市的客观实际，也难以吸引更多高水准的学者加盟；大多为省属院校，既缺少地市州政府强有力的财政支撑，又缺少省级财政力所能及的照顾，办学经费明显短缺；学术理性尚未形成，行政化倾向尤为严重，一心向学、一心向教的发展驱动力明显不足。二是来自于高职院校的追赶。高职院校由于紧贴市场需求进行办学，所培养学生的实践应用能力较强，因而在就业市场上的竞争能力往往强于新建本科院校；高职院校大多是地市州直接管理的高校，地市州的政策优势自然先惠及高职院校而非省属的新建本科院校。

新建本科院校如何有效地深化内部管理体制改革，把全面贯彻落实教育规划纲要精神的内生动力、实现高等教育中国梦篇章的强大引力凝聚起来，成为新建本科院校未来发展必须回答的课题。为此，新建本科院校应着力构建自己“文化、理念、制度”上的特色，使之成为改革发展中强劲的驱动力。

新建本科院校要建立起足够的文化自信，形成强有力的向心力。从大学文化的角度，办学历史不够长的新建本科院校，如果能用优秀的大学文化来引领学校科学发展，往往可以将劣势转化为后发优势。高等教育发展的历史表明，拥有以超拔的大学精神为核心内容的大学文化，是一所院校快速成为优秀大学的核心要素。什么是优秀的大学文化呢？那就是由先进的办学理念、良好的办学制度、富有特色的办学实践凝练而成的以“崇尚学术、发扬民主、追求卓越”为核心内涵和本质属性的大学文化。在这里，崇尚学术是大学的本质特征，是大学组织区别于任何社会组织的典型标志；发扬民主是崇尚学术的必要条件，是保障学术自由、学术繁荣的制度环境；追求卓越是学术研究的根本目的，是大学文化与官文化、商文化的根本区别。三者共同作用体现出大学文化强有力的引导力、向心力。在这样的大学文化熏陶下，新建院校所培养的人才就更具有创新意识和创新能力，当他们进入社会的各级组织后，就能用自己所浸染的大学文化去改良我们的社会现实文化，真正实现大学“新民”的担当；在这样的大学文化熏陶下，新建本科院校的师生在开展科学研究的实践中，就会尽可能地避免“浮躁”“功利”等社会思潮的影响，真正的学术精神，就能在师生的灵魂深处扎根。

新建地方本科院校要形成适应社会需要的办学理念，产生强有力的引导力。大学通过人才培养、科学研究、文化与传承创新来实现社会担当的重任。新建院校大都远离中心城市，成为所在地市州的一所重要的甚至唯一的本科学府，在本地区的可持续发展中具有举足轻重的地位。因此，新建本科院校确立“为地方发展提供支撑”的理念，根植地方、服务地方、依靠地方，在服务中获取发展的空间，在贡献中获得发展的资源，在实践中传承并创新本地区先进的文化，使自己成为本地区一张亮丽的文化名片，成为本地区人们心中的精神家园。

新建本科院校要为实现办学理念而建立切实有效的制度，形成强大的保障力。新建本科院校确立了为地方发展提供支撑的办学理念，就要在人才培养体制上充分体现为地方服务的理念。在专业设置上，要有新观念。新观念就是要破除传统的专业设置的框框束缚，大胆地与地方政府和企事业单位进行密切合作，设置行业发展急需的本科专业，建立共建共管的机制。在师资队伍建设上，要有新思路。师资队伍建设是新建地方本科院校快速发展的巨大瓶颈，除数量不足之外，尤其是知识能力结构严重不合理。为此，需要进一步解放思想，改革用人机制，一方面要有“不求拥有但求所用”和“不求所在但求关注”的新的人才使用理念，通过聘请客座教授、兼职教授等方式，吸引知名学者加盟，指导青年教师成长，营造浓郁的学术氛围；另一方面要充分发挥地方本土人才的作用，将本地区各行业的顶尖人才以兼职的方式引入校园，既可以改变学校的人才结构，又可以加强学校与所在地的企事业单位展开多方面的交流与合作。在教学方式上，要有新举措。新建本科院校要根据自己专业的特点、教师队伍的特点，一些课程的教学要走出传统课堂教学模式的束缚，密切与生产一线的结合，使理论知识的学习与知识的有效应用充分结合起来。在开展科学研究上，要有新机制。新建本科院校应鼓励教师更多地承担企业在发展中亟须解决的技术难题，更多地承担政府在经济社会发展中亟须破解的重大课题，充分体现协同创新的理念。完成这样的科研项目，并取得良好的成果，完全能够克服以往诸多高校为项目而项目、为成果而成果的弊端。这样的成果不仅能够生根，还能开花，更能结果。

新建本科院校要着力打造自己的办学特色，彰显社会影响力。如果新建地方本科院校按常规的方式发展，就不可能体现出后发优势，而且与老牌院校的差距会越来越大。国家教育行政学院原副院长李文长指出：“对于地方高校来说，办学特色最主要的是客观反映所在地经济与社会发展对人才的特殊需求，要充分发掘利用地方特有的办学资源。”新建院校要“顶天立地”凸显办学特色，所谓“顶天”就是办学理念要有前瞻性和先进性，思想观念的改变才是真正的改变，世界高等教育史上不乏后发优势的例子，香港科技大学就是其中的典型；所谓“立地”就是要立足地方需要，有所为有所不为，针对本地区特有行业的特殊需要，调整学科布局和专业设置，确定某些方向加以重点突破，为特定的区域或特定的行业提供特定的科技支撑和人才支撑。

新建地方本科院校在多年来的发展进程中，从外在形式上已经实现了转型，但是内涵发展尚需着力。否则，这一类高校的发展现状，已经制约了我国高等教育整体发展水平的提高。新建地方本科院校现在已经到了必须实施第二次转型的关键时期，我们要从建设高等教育强国、办人民满意的高等教育的高度，凝聚新建地方高校特色发展的向心力、引导力、保障力和影响力，使之成为新建地方本科院校科学发展、快速发展的驱动力。

（三）大学文化是新建本科院校前行的灵魂*

胡锦涛同志在清华大学百年庆典上的讲话中指出：“高等教育是优秀文化传承的重要载体和思想文化创新的重要源泉。”由此可见，文化与教育具有十分密切的关系，而大学文化则被视为先进文化的重要组成部分，高等教育要肩负起整个社会乃至人类优秀文化的传承与思想文化创新的使命。

大学文化是人们对高等教育的本质和规律的主观反映，其要义是回答大学是什么的问题。大学文化不仅包括大学学术传承、创新的过程，还包括大学与社会的交往互动过程。大学文化是自主、自治的文化，是理性主义、理想主义的文化，是与社会保持距离而又对社会具有超越、引领作用的文化，是具有传承、创新功能的文化。从中世纪大学诞生之日起，大学就在实现对自己文化的传承创新过程中肩负起了对整个社会文化传承创新

* 本小节主要内容曾发表于《光明日报》2012 年 11 月 25 日第 7 版，题为“用优秀的大学文化引领地方高校科学发展”。

的使命，并引领社会走向进步。过去 1000 年来的世界发展历史表明，哪里有世界上最好的大学，哪里就能得到较快的发展。

高等教育发展的历史表明，以超拔的大学精神为核心内容的大学文化，是一所院校成为优秀大学的核心要素，没有大学精神的文化不能称其为大学文化。大学应当倡导什么样的大学精神呢？大学文化的本质特征决定了大学精神应当崇尚学术，学术是大学的核心要素。正如哈佛大学第 21 任校长艾略特在治校章程中所指出的那样："人类的希望取决于那些知识先驱者的思维，他们所思考的事情可能超过一般人几年、几代人甚至几个世纪。"优秀大学的重要使命就是培养出这样的知识先驱者，通过创新学术来丰富人类的知识宝库；通过传播这些先驱者的智慧来传承人类文明、培养新人；通过应用学术来直接推动经济社会的发展。

要传承优秀的大学文化，就必须建立先进的大学制度。大学是以学术为核心要素的独特社会组织，政府应按学术的规则来领导和管理大学。当大学实现了自己的办学宗旨的时候就是在更高层面上实现了国家的意志。要传承大学文化，还需要一定的环境，在这个环境中要无处不体现出大学文化的要义。大学是文化的酵母，会给学生打上深深的母校的烙印。一个拥有优秀大学文化的大学，其校徽、校歌、所开展的各种活动都能展示出其对学术的敬仰、对大师的拥戴、对青年人的关怀。

大学文化是大学精神、大学灵魂的载体，而大学文化的传承、创新功能决定着大学的活力与生命力。我们应从大学文化内容层面、大学文化治校理念层面、大学文化制度层面和大学实践运行层面不断完善内部治理结构，确立学术本位的办学指导思想，使优秀的大学文化得以传承，并在传承中创新大学文化，实现自身对优秀大学的追赶与超越。

一要在大学文化内容层面，营造以"崇尚学术、发扬民主、追求卓越"为核心内容的大学文化。崇尚学术是大学的本质特征，发扬民主是崇尚学术的基本要求，追求卓越是学术研究的基本目的，三者构成一个有机的整体，共同体现出大学的学术精神。只有这样，才能使那些为学校发展做出杰出贡献的学者成为学校天然的主角。

二要在大学文化的治校理念层面，坚守"党的权力和行政权力的绩效应当体现在教师更有成效地教学和科研上，体现在学生更有成效地学习和成长上"的理念。高等院校应回归大学的学术本位，实现"大"与"学"

的有机统一，回归“大”与“学”的本真。要构建自己的“大家”“大度”“大雅”“大舞台”“大基业”的理念，着力打造具有自身特色的“学科”“学者”“学问”“学风”“学生”。

三要在大学文化的管理制度层面，完善内部治理结构，形成学术与行政权力协调运行机制。高等院校应抓住制度建设的机遇，不断健全内部管理制度，形成良好的权力运行机制，为院校快速发展提供制度保障。大学章程是大学的顶层设计、内部管理的指针，要认真制定符合本校发展实际与需要的章程，对学术权力与行政权力运行机制做出明确规定，特别要按照高等教育法明确界定“党委、校长、纪委、学术委员会、教职工代表大会、教师、学生与校友”的权力与职责，使得各个利益相关者都能切实行使自己的权力并履行好自己的责任。完善绩效考核制度是实现行政权力与学术权力协调运行的关键，要不断完善绩效考核制度，健全教学、科研激励机制。同时，构建有效的监督机制是行政权力与学术权力良性运行的保障。

四要在大学文化的实践运行层面，强化学术与行政人员工作职责与合作精神，规范学术与行政行为。在完善大学内部管理机制的基础上，需进一步提高教职员工的学术素养，强化其工作职责与学术使命，通过权力重心下移、分层治理、分工协作等形式规范学术与行政行为。校级管理部门与学术组织的主要职责是“制定目标、宏观调控、研究政策、对外联络、监督考核、公共服务”，二级学院（所、中心、重点实验室）具体负责学校决策的执行、活动的开展，成为人才培养、科学研究、服务社会以及文化传承创新的真正主体。只有科学处理权力关系，不断完善内部治理结构，才能让一切创造的愿望得到尊重、创造的活动得到支持、创造的成果获得奖励，才能迎来大学文化的繁荣，取得大学发展的成就。

第四节　宜宾学院的实践创新

【案例一】省市共建宜宾学院

2010 年 3 月 29 日下午，《四川省教育厅、宜宾市人民政府共建宜宾学院协议》签字仪式在宜宾学院硕勋楼 105 会议室举行。协议的成功签署，开启了四川省市共建地方高校的先河，标志着宜宾学院与地方深度合作的开始。副省长黄彦蓉出席签字仪式并发表重要讲话。

黄彦蓉代表省人民政府向协议的签署表示热烈祝贺，向宜宾学院的师生员工表示亲切问候，充分肯定了宜宾学院在30年的办学历程中所取得的可喜成绩和为地方经济社会发展所做出的贡献。

关于省市共建宜宾学院，黄彦蓉说，办好宜宾学院，是省市政府共同的责任。省教育厅和宜宾市政府签署协议共建宜宾学院，充分体现了省委、省政府对四川省高等教育改革发展的高度重视，体现了省市政府办好宜宾学院、促进高等教育为区域经济社会发展服务的坚定决心，也是四川省贯彻实施《国家中长期教育改革和发展规划纲要》的一项具体举措。协议的签署和实施，必将有力推进宜宾学院的改革与发展，进一步提升学校服务地方经济社会发展的能力，为统筹全省高等教育协调发展，提高高等教育办学水平，建设区域创新体系发挥重要的示范作用。

黄彦蓉指出，省市共建协议的签订和实施，是学校建设发展新的里程碑，标志着宜宾学院与地方深度合作的开始。希望省教育厅和宜宾市人民政府认真履行共建协议，切实承担起各自的职责和义务。省教育厅要加强对宜宾学院的指导，按照“改革创新、彰显特色、提高质量”的要求，引导学校合理定位、科学发展、办出特色；希望宜宾市政府进一步加大对学校的支持力度，主动将学校的发展纳入地区发展战略，使其在区域经济建设和社会发展中发挥更重要的作用；希望宜宾学院充分利用省市共建这个重要的平台，抓住机遇，乘势而上，坚持“以服务为宗旨、靠贡献求发展”的办学理念，增强服务性，提高贡献率，紧密结合社会经济发展需要，充分发挥人才培养基地、科研产业基地、文化传承与创新基地的作用，全面提高教育质量和办学水平，把学校发展融入地方经济社会发展的事业中去。

黄彦蓉衷心祝愿省教育厅和宜宾市政府积极推进合作关系，为全省做出示范。

四川省委教育工委书记、省教育厅厅长涂文涛，宜宾市委副书记、市长吴光镭表示，一定会认真按照协议相关条款的具体要求履行好职责，共同推进宜宾学院的建设、改革和发展。在黄彦蓉一行的见证下，涂文涛、吴光镭分别代表省教育厅和宜宾市人民政府，现场签订了《四川省教育厅、宜宾市人民政府共建宜宾学院协议》。

省教育厅副厅长王康主持仪式，宜宾市委市府相关领导，宜宾学院老领导吴永坤、党委书记屈川、院长汪明义及宜宾学院师生代表参加了签字仪式。

据了解，按照双方签署的协议，省教育厅将对宜宾学院的改革、发展、建设等方面给予更多的关注和扶持。省教育厅引导并督促宜宾学院根据宜宾市经济、社会发展的需要，加大教育教学改革力度，提高人才培养质量，加强科技成果转化，为地方产业发展和社会、文化建设发挥更大的作用；省教育厅支持宜宾学院聘用在宜宾市工作的博士作为学校的兼职教授或客座教授，参与学校的教学科研工作。宜宾市人民政府将进一步加大对宜宾学院的支持力度，为学院的改革发展提供更加优越的条件。宜宾市把宜宾学院作为宜宾教育事业发展的重点，纳入全市经济建设和社会发展的整体规划；宜宾市将进一步创新体制机制，整合当地教育、科技资源，以宜宾学院为平台，优化资源配置，深化管理体制改革，提高宜宾教育事业整体发展水平。

【案例二】宜宾学院凝练的大学文化[*]

新建本科院校作为中国高等教育迈向大众化时期的产物，为高等教育的快速发展做出了较大贡献，其发展状况将在一定程度上决定中国高等教育大众化时期的质量。构建“文化、理念、制度、特色”四维一体的新建本科院校办学模式势在必行。

文化与教育具有十分密切的关系，没有教育，文化就无法传承；没有文化，教育就无价值。这是时代赋予高等教育的责任。高等教育要肩负起整个社会乃至人类优秀文化传承与思想文化创新的使命，高等学校要传承自身的优秀大学文化，并在传承中实现对办学理念和办学制度的创新，进而实现大学文化的创新。

大学文化的核心是大学精神，其要义是回答大学究竟是什么。大学文化的内涵也必将以理念、制度和特色的形式彰显。不同的办学理念、办学制度和办学特色必将折射出不同的大学文化。新建本科院校应从大学文化的办学理念、大学文化的制度和大学文化的办学特色等层面着力，完善内

---

* 本案例主要内容曾发表于《教育研究》2013 年第 5 期，题为“论新建本科院校的发展之路——基于大学文化视角”。

部治理结构，确立学术本位的办学指导思想，使优秀的大学文化得以传承，在传承中创新大学文化，实现自身对优秀大学的追赶与超越。

（一）确立“为学生成功奠定基础、为地方发展提供支撑”的办学理念

新建本科院校是我国高等教育迈入大众化阶段的产物，肩负着我国高等教育大众化的历史使命。面对生源均位于各省二本院校末端的实际，将学生培养成为适应经济社会发展需要的高素质复合型人才是新建本科院校的中心任务。在大学文化的办学理念层面，新建本科院校要确立“为学生成功奠定基础、为地方发展提供支撑”的办学理念。决定人成功的核心因素有三个：高度的责任心、持续的进取心和强烈的好奇心。而这些素质能否得到塑造，取决于这个青年拥有什么样的品格。大学不仅是人才培养的知识高地，而且是培育新人的文化酵母，有什么样的大学文化便能塑造出具有什么样文化品格的人才。新建本科院校要确立“为学生成功奠定基础、为地方发展提供支撑”的办学理念。

优秀大学文化的核心是超拔的大学精神，大学精神的主要内容是“崇尚学术、发扬民主、追求卓越”。学术是大学组织的本质特征，崇尚学术自然就成为大学生存和发展的精神根基，也自然成为大学不懈的价值追求。崇尚学术首先就要尊重学者，其基本要求就是尊重学者的劳动和创造，同时还要为学者学术研究和学术创新提供宽松、宽容和宽厚的环境和条件，为新思想的萌芽、成长提供阳光和沃土。崇尚学术还要尊重不同的学术流派、学术观点，要增强学术研究的自由。崇尚学术还表现在对学者个性的尊重，对天才、怪才给予特别的呵护方面，包容他们的“奇谈怪论”，包容他们的“与众不同”，包容他们的“特立独行”。发扬民主是崇尚学术的基本要求。在学术研究中，人们既不服从于学术权威，也不服从于行政权威，只服从于真理。只有发扬民主，才能培养研究者的自主意识，研究者的个性才能得到张扬，潜能才能显露出来，学术精品才有可能产生。追求卓越是学术研究的基本目的，是大学的基本价值追求。因此，崇尚学术、发扬民主、追求卓越三者是一个有机的整体，共同构成先进大学文化的内涵，体现出大学组织与其他社会组织的本质差异。只有在这样的文化氛围中，人们的注意力才会被引向创造而不是引向分配；只有在这样的文化氛围中，那些为大学发展做出过杰出贡献的学者才能成为大学的

主角；只有在这样的氛围中，青年人才能感到自己有大的舞台和发展空间，这所大学才是一所具有旺盛生命力的新型大学。

新建本科院校大多属于远离中心城市的区域性高校，因而其重要使命就是要为其所在区域的发展提供支撑，包括提供思想支撑、文化支撑、人才支撑和科技支撑。新建本科院校只有在有效地服务地方经济社会发展中才能得到地方政府的认可，才能赢得地方政府的支持。首先，新建本科院校要为地方各级政府提供决策咨询。新建本科院校所在地往往是高等教育资源极其匮乏的地区，在这样的地级市往往只有一所本科大学。因而，新建本科院校要紧密结合地方发展的需要，建立相应的学科并成立相应的研究机构，针对地方政府所面临的各类问题进行研究，这样也能减轻地方政府到远离本地的高校去寻求帮助的成本，新建本科院校也能使自己的研究成果很快得到采纳，提高应用学术研究的有效性。其次，新建本科院校要为所在地的企业发展提供全方位的支持，如何使所在地的企业实现生产方式的转变是新建本科院校所要解决的重大课题。大学的研究人员与企业的研发人员可以充分合作，企业的研发人员可以到大学做讲座或开设课程或指导毕业生的论文，使学生在大学所学更能与生产实际相结合；大学研究人员到企业兼职，可以深入了解企业所面临的现实问题，以改进自己的教学内容和教学方法。另外，新建本科院校为地方发展提供支撑还应体现在为所在地的民众提供学习和再学习的机会上。这既可以提高本地市民的文化和科学素质，减少市民到其他地方学习的成本，也可以直接提升新建本科院校在市民中的影响力。如果一所新建本科院校能在上述三个方面有所作为、大有作为，这所院校即使很年轻，也仍可以成为当地民众心中的灯塔，大学文化对社会现实文化的引领作用就能实现。

谁去实现上述理念？教师！新建本科院校最为重要的是为教师发展搭建平台，回归大学的学术本位，实现“大”与“学”的有机统一，回归“大”与“学”的本真。一方面，新建本科院校要构建属于自己的“大家”“大度”“大雅”“大舞台”“大基业”的理念。另一方面，新建本科院校应着力打造具有自身优势的“学科”“学者”“学问”“学风”“学生”。

（二）建立切实可行的制度

新建本科院校要建立实现办学理念的制度，使其成为学校快速健康发展的力量源泉。好的制度是实现办学理念的基础和保障，制度要体现“崇尚学术、发扬民主、追求卓越”的根本宗旨。

颁行大学章程是完善内部治理结构的核心内容。新建本科院校应尽快完成大学章程。大学章程是大学的顶层设计、内部管理的指针，新建本科院校要认真制定符合本校发展实际与需要的章程，对学术权力与行政权力运行机制做出明确规定，特别是要按照共同治理的理念明确地界定“党委、校长、纪委、学术委员会、教职工代表大会、教师、学生与校友”的权力与职责，使得各利益相关者能切实行使自己的权力并履行自己的责任。党委的职责就是确保办学的政治方向并有效地用集体的智慧去弥补校长个人智慧的不足。校长的职责就是带领全校教职工去实现教育抱负，把相当部分的教职工带向他们当前并不想去的地方，而那个地方正是学校十年或者更长时间后所在的位置。纪委的职责就是将各级管理者的脚置于火焰之上，使之时时警觉而又不受伤害。学术委员会的职责就是确保学校的学术工作不偏离大学的办学理念，在学术规范的前提下确保学术自由的理念能在大学深入人心。学术委员会更为重要的责任是创造符合本校人才培养目标的课程制度，因为这是实现“为学生成功奠定基础”理念的核心内容。教职工代表大会的职责就是时常准备议题，组织教职工代表与校长辩论，使得那些不愿跟校长前行的队伍的长度越来越短。教师的职责就是为增长学生的智慧而旁征博引，为传播人类的优秀文化而身体力行，因为大学是一批有经验的长者与一批求知欲极其旺盛的青年人在一起激荡智慧的地方。学生的权利就是要求学校为他们激荡智慧提供环境和条件。校友的职责就是利用自己在校外的声誉和知名度在公众场合为学校辩护。上述这些观点就是建立大学内部治理结构的核心内容，在这样的制度环境中，一切创造的愿望都能得到尊重，一切创新的活动都能得到鼓励，一切创新的成果都能得到奖励，从而使得创新的源泉汹涌奔流！

（三）培育适合自身的办学特色

新建本科院校要努力培育打造适合自身的、鲜明的办学特色。新建本科院校的类别属性是“新”，“新”既意味着好的大学文化底蕴薄弱，也意味着不好的传统恶习少。因此，新建本科院校在培育和打造自身办学特色时应扬长避短，实施错位发展的战略。新建本科院校要高度重视高等教育学这个学科的建设，这个学科的发展将指导其他学科的科学发展。新建本科院校还应在打造自己的教师队伍和管理队伍上着力，这两个队伍的素质将决定新建本科院校能否克服自身之不足而尽快使学校走上快速发展之路。提高素质最好的途径是让他们走出去，让他们深入了解什么样的管理才能体现大学组织的文化特征，什么样的教学才能让学生的潜能彰显出来、个性得到张扬；明晰大学是如何传承优秀大学文化的，是如何变革自身不适应大学发展的、落后的大学文化的，从而实现跨越式发展。新建本科院校要将自己远离中心城市的劣势变为优势，在对本区域社会文化的传承和创新中发挥独特的作用，即为地方的文化建设提供科学的决策咨询、为地方文化建设输送优秀的人才、为地方文化活动开展提供场所，在地方文化建设的事业中发挥引领作用。

总之，新建本科院校作为我国高等教育的一个重要组成部分，在全社会都在呼吁高等教育要“提高质量、实施内涵式发展、办出特色”的今天，务必以优秀的大学文化引领学校科学发展，构建符合本校实际的“文化、理念、制度、特色”的办学模式，为全面实现高等教育大众化的目标做出应有的贡献。

第十四章

高水平应用型大学的治理探索

第一节　四川理工学院的高水平应用型大学建设*

高等教育与实现伟大中国梦的关系是什么？教师队伍建设与大学主要功能实现如何相得益彰？"教师主体"与"学生中心"的观念怎样在现代大学教育中加以充分体现？这些是我们每一个高等教育工作者、广大教师应该深入思考的关键问题。"中国梦归根到底是人民的梦"，"教育梦"是中国梦的重要组成部分。实现中华民族伟大复兴的中国梦，教育是先导和基石。高等教育是教育事业的高端和龙头，作为科技第一生产力和人才第一资源的重要结合点，在我国从教育大国迈向教育强国的过程中发挥着重要的引领作用。

党的十八大报告提出，要"推动高等教育内涵式发展"，反映了党中央对当前我国高等教育改革发展阶段性特征的深刻判断，进一步明确了高等教育改革发展的新方向。要把提高质量作为核心任务，始终贯穿于高等学校人才培养、科学研究、社会服务、文化传承创新各项工作之中，特别要树立好"教师主体、学生中心"的观念，落实好高等学校"立德树人"这一根本任务。

---

* 本节主要内容曾发表于《四川理工学院学报》（社会科学版）2014 年第 5 期，题为"伟大'中国梦'与大学的神圣使命"，该文根据作者 2014 年 9 月在四川理工学院庆祝教师节大会上的演讲内容修改而成。

一 “建设高等教育强国、办人民满意的高等教育”是中华民族在实现伟大中国梦进程中赋予大学的神圣使命

当今世界，大学这类特殊的社会组织已经被视为继立法权、司法权和行政权后的第四大权力机构，因为大学已经成为人类进步的导航仪、成为后工业社会的轴心组织、成为政府决策的思想库、成为经济发展和社会进步的助推器和科技革命的动力站。当今中国，已经把建设创新型国家、建设人力资源强国作为实现中华民族伟大复兴的重要途径。众多实例表明，要实现伟大中国梦，建设高等教育强国是必经之路。

从世界发展史来看，自意大利诞生了世界上最早的博洛尼亚大学，文艺复兴的航船就在意大利半岛起航，最早的城邦资本主义经济也在意大利的威尼斯、热那亚和佛罗伦萨等地产生；自法国巴黎拥有了最强大的大学集团，就为拿破仑的武功文治、革命大业、帝国辉煌提供了思想的、技术的和艺术的支持；自英国拥有了当时最好的牛津大学和剑桥大学，英国就成为领导第一次工业革命的国家；在现代大学之母——柏林洪堡大学诞生以后，世界的科技中心就自然地转移到了德国，德国就成为第二次工业革命最重要的国家；当成千上万的美国人到德国学习创办研究型大学的经验归国后，他们就把这些经验和早期从英国人那里移植的博雅教育传统紧密结合起来，便产生了属于其自身的研究型大学，美国就成为世界上最强大的国家。近一千年世界大国振兴的历史表明：哪儿有最好的大学，哪儿就是世界科技的中心，随后就是一个新的大国的振兴，这已经是一条基本规律了。

从中国现代化建设的宏观层面来看，党中央、国务院高瞻远瞩，在20世纪末21世纪初果断地提出了建设创新型国家和人力资源强国的两大战略。无论是建设创新型国家还是人力资源强国，都与高等教育直接相关，因为高等教育肩负着高层次人才培养、知识创新、服务经济社会发展以及文化传承创新的重任。从中观层面来看，社会上的各级组织要在实现伟大中国梦这个波澜壮阔的进程中实现自己的目标，主要是依靠科技进步、劳动者素质提高和管理创新，因而社会各界强烈呼吁我们的大学能培养越来越多的高素质复合型的人才，以适应经济社会快速发展的需要。从微观层面来看，实现伟大中国梦也必然与实现人的全面发展密切相连。随着民主化进程的推进，当今时代的公民越来越关注自己的全面发展和更好发展，

而接受教育特别是接受良好的高等教育已经被视为实现个人全面发展和更好发展的核心途径。所以，公民个人也在呼唤更多的好大学的出现，以期望自己以及自己的子孙后代能接受优质的高等教育。

由此可见，要实现中华民族伟大复兴的中国梦，无论从宏观、中观还是微观的角度分析，都必须建设高等教育强国。那什么是高等教育强国呢？单就人才培养而言，我们培养的人才要能成为社会主义社会具有责任感的公民，要能成为进步事业的积极参与者。这就要求我们培养的人才不仅具备“三心四能”，而且能实现“五个结合”。

二　高素质的教师队伍是实现大学职能的核心和关键

人才培养是大学的核心功能，也即第一大职能。大学的中心任务是培养青年人的创新意识和创新能力，使他们在未来的岁月里可以生活得更有成就。那么谁来开阔学生的眼界、增长学生的知识、培育学生的创新能力呢？是教师，是成百上千战斗在教育教学第一线的教师！教师为增长学生的知识而旁征博引，教师为传播人类的文明而身体力行。高素质的教师队伍是学生成长成才的呵护者和领路人。

大学的第二大职能是科学研究。一方面要培育创新型人才，就必须开展科学研究，因为最高水平的教学只有在浓郁的研究环境中才能产生，新人的成长与新知识的诞生同步，在新知识的诞生过程中，青年人步入了创新的轨道、体会到了创新的乐趣，从而培养了青年人的创新意识和创新能力；另一方面，现代大学还要直接承担丰富人类知识宝库，为社会的进步、科技和经济的发展提供强大支撑的重任。那么由谁来创新知识呢？是教师！是高水平的教师队伍！教师不仅具有传承知识的天职，更要担负起创新知识的重任，为丰富人类的知识宝库做出贡献，为社会的发展提供支撑。

大学的第三大功能是社会服务，这是20世纪美国威斯康星州立大学对人类做出的重大贡献。这一功能要求大学应充分发挥自己在知识和人才方面的优势，为所在地区经济的发展、社会的进步提供强有力的支撑。这一功能要求大学应引领所在地区的文化建设、提升所在地区的人文精神；这一功能要求大学有责任向政府部门提供专门知识、向大众提供讲座，从而把大学真正送到人民当中。那么，由谁来实现大学的社会服务的职能呢？也是教师！是战斗在一线的广大教师！教师通过所拥有的知识和技术的传授而为企业解决各种难题，通过完成自己所承担的各类课题而为经济的发展和科技的进步提供直接的支撑，通过自己的思想和智慧为各级政府提供决策咨询。教师要用自己高尚的情操、先进的理念率先垂范、身体力行，把大学建设成为引领社会道德的高地、精神追求的家园。

大学还有两个功能是文化传承创新、国际合作交流，中国领导人提出这些命题是有深刻的现实背景和深远的历史意义的。它的内涵包括大学对本民族的优秀文化具有传承，对外国的经典文化具有借鉴，对社会的现实文化具有批判、扬弃和提升的功能，在国际社会中，大学是提高国家文化软实力的重要阵地。与此同时，大学还需要积极主动地与世界各地高校和其他机构组织进行教育、学术、文化交流与合作的活动，更需要高校自觉树立服务国家、贡献世界的使命，通过综合改革探索具有中国特色的发展道路和符合国际标准的现代大学制度。显然，无论从哪一个视角来看，大学在履行其使命时，教师均具有不可替代的作用。

因此，无论践行什么功能使命，均依赖于大学教师，均需要具有高素质高水平的教师队伍。因此，教师在履行大学的功能中发挥着关键和核心的作用，因而其地位崇高、使命伟大、职责光荣！

三　坚守“教师主体，学生中心”的现代教育理念是培养高素质复合型应用人才的重要前提

“教师主体、学生中心”是当代大学最应该坚守的理念。只有真正确立办学以教师为主体、教育以学生为中心的观念，才能在实践中坚守大学的基本观念理性，实现培养高素质复合型应用型人才的目标。

教师是建设一流大学的人力资源保证，是实现大学功能、推动国家社会文明进步与发展的重要力量。一所大学能否产生并保持良好的社会声誉，产生良好的社会影响，并产出高水平的教学科研成果，关键在于是否拥有一流的教师队伍。因此，我们必须树立“教师主体”的办学理念，切实尊重教师的劳动成果，关心教师的发展，广泛确立教师的主体地位。

要确立教师的主体地位，就必须从战略高度重视并采取积极措施加强教师队伍建设。一是转变观念，营造热烈、浓厚、持久的尊师重教氛围；二是改进作风，各职能部门和所有员工都应树立和增强为教师服务、为教学科研服务的意识；三是全面创立实施能彰显教师个性的教师发展制度，

特别是科学有效的职称评审制度和系列奖励制度，为教师实现学术抱负搭建教学和科研平台，使更多的教师能够心无旁骛地从事教学和研究；四是加强教育培养，进一步建立和完善教师培训和轮训制度，不断提高广大教师的学术水平，提高其在同行面前的自信心，使其能与同行展开有说服力的交流；五是加大人才引进力度，要出台各种吸引人才的政策，积极培养和引进一些极具发展潜力的优秀青年学者及高水平的学术团队，发挥人才的群聚效应。

作为教师个人，要加强学习，不断提高自己的学术水平和教学科研能力，要勇于创新，努力改进教学方法和方式，在教学管理过程中，一切“以学生为中心”开展活动，重视学生在学习中的主体地位，充分发挥学生的主观能动性，引导学生从继承性学习走向探究发现性学习。科研对于教师而言，是一种教学方式，对于学生而言，则是一种学习模式。

实践“以学生为中心”的教育理念，重点要抓好两个关键环节。第一个关键是通过实施专业核心课程制度和推行课程实施大纲制度来建立高水平的课程体系。所谓专业核心课程制度，就是把每个专业中那些最基本、最具原理性、不会随时间的推移而发生太大变化的知识抽出来，在阐述这些知识的时候，不仅要说明其来历，还要阐明其是怎样被应用的，对学生将来有什么作用，还有哪些未知的问题等，用8—10门课程实现对这些知识的传授。当学生学习完这些课程后就可以根据自己的兴趣决定是继续学习这些专业的后续课程，还是利用所剩下的学分广泛地涉猎全校范围内自己感兴趣的课程，或者到学校举办的某个职业性的技术学院学习系列的专门课程等。这个制度从本质上讲，就是从以“教师和管理为中心”转移到了真正的“以学生为中心”，是实现“为学生成功奠定基础”使命的必然要求，也是培养高素质复合型人才的客观需要。同时学校要面对学生撰写课程实施大纲。学生通过课程实施大纲，就能了解课程的背景、主要内容等，为学生主动学习提供充足空间。教学型教师、教学科研型教师要晋升职称，必须提供课程实施大纲，使其与论文代表作具有同等重要的位置，因为它既能反映教师的教学水平，更能反映教师的科研能力。第二个关键是营造良好的育人环境。就是要做到以优美健康的校园环境熏陶学生，以良好的思想引导学生，以适应的制度规范学生，以高尚的情感感染学生，特别是要营造以“崇尚学术、发扬民主、追求卓越”为核心的文化氛围，在这样的校园文化氛围中，一切创造的愿望都能得到尊重，一切创造的活动都能得到支持，一切创造的成果都能获得奖励。为此，要在大一、大二学生中全面开展学生健康成长的“十个一”活动，为学生实现学术理想搭建成长的平台，使更多的学生能够心无旁骛地探求新知、追寻梦想。“十个一”活动的主要内容是一次总结，即每个学生每学期在班上进行一次总结；两封书信，即每年为父母、老师撰写两封书信；三个场地，即图书馆、体育场、报告厅，就是在图书馆阅读经典，在体育场地锻炼身体，在报告厅聆听讲座；四项活动，即至少参加一次公益活动、一次社会实践活动、一项创新创业活动、至少加入一个社团。通过“十个一”活动，培养学生高度的责任心、持续的好奇心和顽强的进取心，锻炼学生的表达能力、动手能力、创新能力与和谐能力，让学生的潜能得到发挥、个性得到张扬，从而真正做到为学生成才奠定坚实的基础。

作为高校教师，要带头践行社会主义核心价值观，即“在国家层面倡导富强、民主、文明、和谐，在社会层面倡导自由、平等、公正、法治，对公民个人倡导爱国、敬业、诚信、友善，积极培育社会主义核心价值观”，这是对社会主义核心价值观的最新概括。高校教师在培育践行社会主义核心价值观上应当示范引领，应当成为道德品行的楷模榜样，因为我们的大学是道德的高地、良心的堡垒、精神的家园、社会的灯塔。我们要进一步探索师德建设的长效机制和违反师德行为的有效处理办法，引导教师不但要坚守品德、政治、法律的底线，而且要担当践行社会主义核心价值观的表率，为学生的健康成长做榜样、树标杆。

第二节　高水平应用型大学建设的现实逻辑*

地方本科高校指除中央部委所属院校外的所有高校。在这些地方本科院校中，一类为新建本科院校，即1999年后升格为本科的高校，共计667所。对于这类院校来说，绝大多数已经将其发展方向确立为“应用型本科”，以开展应用型研究、培养应用型人才为己任。另一类为老牌本科院校，即在我国精英高等教育阶段就拥有研究生教育授权点的高校，共计

* 本节主要内容曾发表于《中国高等教育》2014年第8期，题为“对地方本科院校转型发展的思考”。

369所。对于这类院校而言，由于其办学历史较长，不仅办学规模较大，而且办学基础条件较好，除了近年来新办的专业外，不少传统学科的办学水平较高、办学实力较强、社会声誉较好。如果老牌本科院校特别是那些与行业联系紧密的院校能率先实现转型，将在高等教育转型发展中起到很好的示范和引领作用。同时，高等学校为传统产业结构的调整与升级、为战略新型产业的发展提供了强有力的支撑，既是高等教育满足青年大学生就业、创业从而实现全面发展的需要，更是高等教育服务经济社会发展的责任担当。

一　经济增长方式转变迫切要求高等教育转型发展

我国经济所面临的外部环境和实际状况，迫使其增长方式不得不依靠科技进步、管理创新和劳动者素质的提高，从而实现产业结构升级。

世界经济发展正朝着三个方向转变：经济重心回归实体经济，欧美的“再工业化”；经济格局变动正催生新的产业革命；新的产业革命将使经济发展主题锁定在“低碳、绿色增长”上。

中国经济发展状况与世界经济发展的三大趋势存在着明显的不相适应之处。“高端制造业回归欧美，东南亚抢食低端制造业”是我国当前经济面临的外部环境，但“高端制造业缺乏核心竞争力，低端制造业成本优势逐渐丧失”是我国经济存在的客观现实。我国长期以来主要依靠低成本、低附加值、高耗能的经济增长模式，不仅生态平衡破坏严重，难以实现可持续发展，而且因为土地成本、劳动力成本、物流成本快速上升，税负过重，行政干预过多，成本优势丧失，低端制造业正逐渐向成本更低的东南亚国家转移。

面对严峻的现实环境，我国未来产业的发展不得不在两个方面着力：适应需求结构变化趋势，加快推进传统产业技术改造，实现产业结构的转型升级；科学判断未来市场需求变化和技术发展趋势，加快发展战略性新兴产业。

产业结构的升级和战略性新兴产业的发展均需要高层次技术技能人才的支撑，包括数量、层次和结构的多重支撑。亚洲制造业协会首席执行官罗军曾指出，当前中国正处于工业化加速发展期，伴随着工业化进程进一步加快以及产业结构调整和升级的驱动，中国制造业的应用技术和应用技能人才需求将有一个巨大的空间。如果在我们每年毕业的700万大学生中有八成来自高等职业教育，那么中国制造业创新水平和信息化能力至少会提速2倍以上。

然而，我国高层次技术技能人才在数量、层次和结构上与需求均存在较大的差距。一是高层次技术技能人才数量不足。目前我国的技术技能人才队伍与社会需求还有很大的距离。二是技术技能人才培养的学历层次不高。作为高层次技术技能人才培养主要载体的职业教育的层次还停留在专科阶段。三是技术技能人才结构与经济发展不相适应。随着资本密集型和技术密集型产业的发展，由于其以技术装备多且投资量巨大为主要特点，因而对技术技能型人才的需求越来越大，但我国劳动力的素质结构既跟不上资本密集型产业的发展需求，也不适应技术密集型产业的发展趋势。

二 转型发展是高等教育适应经济社会发展的需要

从全球来看，在近1000年的高等教育发展历程中，大学为适应社会发展的需要已经历过多次的转型发展。从大学的功能而言，从早期单一的"人才培养"转型到"人才培养与科学研究"并重，再转型到"人才培养、科学研究、服务社会"三位一体，直至今天的"人才培养、科学研究、服务社会、文化传承创新"四架马车并驱前行的复杂的社会组织。单就人才培养这一功能而言，它也经历了多次转型，经历了以经院哲学为统领、以知识传承为目的的经院式教育，以人文主义哲学为统领、以培养绅士为目的的自由教育，到以理性主义哲学为统领、以培养"完人"为目的的洪堡式教育，再到以实用主义哲学为统领、以培养职业人为目的的专业教育的演变。大学的每一次转型发展既有来自外部的压力，也有来自大学组织自身的诉求。

尽管如此，每一次转型发展都依然经历了十分复杂而曲折的历程。当全世界大学的专业教育正在取缔自由教育，或一味地模仿德国研究型大学模式的时候，著名的英国红衣主教纽曼急切地发出了捍卫自由教育和大学传统功能的呐喊；当全世界的大学都在学习"威斯康星理念"，将自己转变为社会服务站的时候，一大批著名教育家纷纷反思当时高等教育的现状，提出了自己的真知灼见。著名教育家弗莱克斯纳既承认大学应该根据社会发展的需要进行调整，同时认为这种调整应该以一定的理性分析和价值观念为基础，而不是仅仅依赖于习惯去随波逐流，迎合时尚，因为“大学不是风标，不能什么流行就迎合什么。大学必须时常给社会一些它所需要的东西（What the society needs），而不是社会所想要的东西（What the society wants）。否则，大学就会犯荒唐的甚至是灾难性的错误”。正是因为高等教育在每一次转型发展时既变革又坚守，最终在每一次转型发展中都实现了质的提升，高等教育的基本价值取向才得以充分体现。

今天，我国的高等教育无论是总体规模还是在校博士生数均名副其实地位列全球第一，但“高等教育既不适应创新型人才的培养也不适应经济社会发展的需要”已是一个无须争论的命题。这“两个不适应”既源于各级政府管理高等学校的方式问题，也有高等学校自身的无作为或没有有效作为的问题。为此，我国高等教育的转型发展既是民间的诉求，也是国家的意志，更是高等教育适应经济社会发展需要的基本价值取向使然。

三 地方老牌本科院校应成为转型发展的先锋

所谓转型发展就是要求一部分具有行业背景或与区域经济发展联系十分密切的地方高校将建设特色鲜明的“应用型大学”作为自身的发展目标。所谓“应用型大学”是指人才培养目标与区域经济社会发展的现实需求一致，主要培养高素质复合型的应用性人才；教师所从事的科学研究主要面向区域经济社会发展的需要，课题主要来自区域经济社会发展特别是区域产业发展中的难题；高校所开展的社会服务主要是提高区域企事业单位广大劳动者的专业技能和文化素质。

在1036所地方本科高校中，有646所为地方政府投资办学，有390所为民营企业或个人投资举办。对于390所民办本科院校，由于其运行经费基本上来自在校学生的学费，因而生源在一定程度上就决定了学校的命运，为了“进口旺”，就必须做到“出口畅”。绝大多数民办本科院校把面向社会需求作为自己的办学方向，因而毕业生的就业率一般都较高。但由于客观原因，这类本科院校在科学研究上投入的财力、人力和物力均不够，难以为传统产业的结构调整和转型升级等提供强有力的技术支撑。在由各级政府举办的646所地方本科院校中，有277所为新建本科院校，它们相当部分是由“师范专科学校”“农业专科学校”或“地市州教育学院”升格或由“省级本科教育学院转型”而来，先天性地与制造业联系不多，尽管升本后大多数新建本科院校也开办了不少应用型的专业，在应用研究方面也给予了较大的投入，但由于办学历史短，大多还没有举办研究生层次的教育，要在短时间内与大型企业特别是大型的制造业开展实质性的研发工作，还显得力不从心。加之企业和各级政府的组织特性，它们与高校的合作或是希望能带来较大的社会影响力，或是希望能“立竿见影”地解决发展中的难题，往往还很难主动或十分自愿地选择新建本科院校作为自己研发工作的主要合作伙伴。

作为369所地方老牌本科院校，由于办学历史较长，学科积淀较深，社会影响力也较大，又有从事研究生教育的优势，在人才培养上，能满足行业对高层次研发人才的需求；在办学条件上，又能给企业的技术研发人员提供较高水平和较高层次的平台，如国家技术研发中心或省部级重点实验室。所以，这些老牌本科院校特别是那些与行业有着密切联系的老牌本科院校，如能把产业转型与升级中的难题作为教师的研究课题、能把为新型战略性产业发展提供人才支撑作为自己的人才培养目标，就一定能为产业结构调整与升级以及战略性新兴产业的发展提供全方位的支持，也能为新建本科院校的发展与转型发挥引领与示范作用。

四 地方老牌本科高校如何实现转型发展

地方老牌本科院校在转型发展中，必须在办学定位、教育教学观念、服务地方的理念等方面实施变革，通过科学的转型，提升服务产业结构调整与升级的能力，增强对战略性新兴产业发展的引领作用。

（一）明确发展定位

地方老牌本科院校的转型发展首先应体现在学校发展定位与人才培养目标设定上，只有所培养的人才能更加适应产业的结构调整与升级、更加适应战略性新兴产业的发展，才既坚守了“育人为本”的理性，又坚守了“社会担当”的重任。

一个大国的振兴，需要一批顶尖级的研究型大学，在“科学—技术—经济—社会”的链条中，其使命主要处于前端。作为369所地方老牌本科院校，其使命处于链条的中端，即如何将科学的新理论变成新的技术，如何使新的技术与产业的调整与升级、与战略性新兴产业的发展结合起来。因此，在这样的地方高校学科发展中，应将增列“专业硕士”和“专业博士”作为自己的努力方向；在研究工作中，应将应用研究、开发研究作为自己主要的研究领域；在教学中，教师应该将理论的阐述与产业的发展现状结合起来、让学生懂得知识的实际价值，学生应该将产业的难题作为自己毕业论文的选题，使自己在校学习和研究的内容与将来自己的职业生涯需求结合起来。特别值得警惕的是，这些转型高校在履行“社会担当”的重任时，不能回到20世纪30年代苏联为适应当时工业化的需要而建立的“权力高度集中、技术专家治校、按产业链的流程设置专业、按流程的各个环节设置课程”培养“螺丝钉”的老路上去，因为这样的人才虽然实现了“对口”的需要，但不利于为学生奠定职业转变的基础。在当今这个知识和技术更新换代日益频繁的时代，只有培养复合型的应用人才，才能既体现“育人为本”的理念，又实现“社会担当”的责任。

（二）倡导“学术自由”

地方老牌本科院校在坚守“育人为本”和“社会担当”这两个观念理性的同时，还必须坚守“学术自由”的观念理性。

“学术自由”在学校层面，主要表现为发展特色学科和优势学科的自由。在大学发展的历史长河中，不乏一些应用技术性大学如私立的“MIT”和“加州理工”后来发展成为顶尖级的研究型大学的案例。因此，地方老牌本科院校在建设“应用型大学”的同时，也要鼓励其对特色学科、优势学科加大支持力度，使特色更加鲜明、优势更加显著，形成既加强共性指导，又尊重学科个性办学的局面。“学术自由”在教师层面的体现，既要尊重教师对学术研究领域的选择，也要鼓励教师在教学中根据培养目标的需要自主地确定教学内容，拥有了“教的自由”和“研究的自由”，教师才能心无旁骛地从事教学和研究。“学术自由”在学生层面的体现，是指学生要拥有学的自由，实施自由转换专业的制度和在专业最终确立后实施“专业核心课程制度”。

（三）创新培养模式

地方本科院校在转型中必须变革落后的人才培养观念和人才培养模式，实现从“教师中心”的教学观念向“学生中心”的育人观念转变，既是“为学生的成功奠定基础”的办学理念的基本内涵，也是为适应经济社会发展的需要培养人才的客观要求。

大多数地方本科院校特别是老牌的本科院校，人才培养的课程体系大多是由“公共必修课、公共选修课、专业基础课、专业课和专业选修课”构成，所不同的只是公共选修课和专业选修课在整个课程体系中的比例有差异，由于受总学分的控制，这种差异极其细微。要改变“专业基础课、专业课和专业选修课”在整个课程体系中所占的比重十分困难，因为经过多年的发展，大多数老牌的本科院校已经按这种课程体系建立起了相应的教师队伍，后来自然也就变成了“有什么样的教师就开什么样的课”了。我们把这种人才培养的观念称为“教师中心论”。但据调查发现，在老牌本科院校毕业生中大概有20%左右的学生通过考取研究生继续学习或到国外深造，在剩下的大约80%的直接就业学生中，按照其所学专业就业的大约只有40%左右；如果再加上跨专业报考研究生的人数在内，那么毕业后在自己专业领域外就业或在领域外专业继续学习的总人数就会超过60%。造成这一局面的原因主要来自于两方面：高校培养的专业人才与行业需求脱节，这种脱节或源于培养质量不高或源于结构不合理；不少老牌本科院校没能给学生提供自由转换专业的机会，不少学生只好在“情非所愿”的专业中修完学分、拿到学位后再另谋他路。

“育人为本”的观念理性不仅要求高校将主要精力用在培养人才上，更要体现在有效地培养人才上，那就要彻底转变“教师中心”的人才培养观念，把为“学生成功奠定基础”作为高校的基本办学理念，使大多数学生在本科四年里由“情非所愿”变为“心甘情愿”。为此，高校必须给学生提供自由转换专业的机会，同时还要改变现行的课程体系，实施专业核心课程制度，即把每个专业中那些基本的、不会随时间而改变的、又能体现该专业核心理念的知识点找出来，组成该专业的核心课程，数量自然比原来该专业所要求的“专业基础课、专业课、专业选修课”门数要少得多。学生在学完专业核心课程以后，剩余的学分完全由学生自主决定。教师在讲授这些核心课程的时候，不仅要告诉学生有哪些知识，而且要告诉学生这些核心的知识是如何创造出来的、是如何被应用的、对学生将来的职业生涯有什么意义，同时要告诉学生这一专业领域还有哪些未知的问题。这样的教学，就能使原来的“无效教学”变成“有效教学”，这样的教学既能使学生的专业潜能显露出来，也能使得学生在学完专业核心课程之后对自己如何使用剩余的学分做出负责任的选择。

地方本科院校转型发展不是目的，目的在于通过转型发展，提升地方本科院校人才培养的质量和提升教师从事应用研究的能力，从而提升地方本科院校服务于产业结构调整升级、引领战略性新型产业发展的能力。地方本科院校通过将发展目标定位为“应用型大学”，培养一批又一批的高层次的技能型、技术型、知识型的应用人才，为提高我国技术密集型产业在整个产业中的比重提供人才支撑；通过地方本科院校师生的努力，与企业共同建立研发中心，将高校科研成果及时转换成专利或技术，并直接运用于企业新产品的开发，为企业的产业结构调整和升级提供坚强的科技支撑，为战略性新兴产业的发展发挥引领作用。

第三节　应用型大学的本质与高水平应用型大学的创建*

在当前全面深化改革的大背景下，为更好、更全面地服务于技术进步、产业升级、创新驱动的需要，一些地方普通本科院校办学开始向应用技术类高校转型，这既是时代发展的迫切要求，也是重要使命的承载之计。

一　应用型大学的特征和体现

何谓“应用型大学”？其重点应体现在“应用”二字上，要以体现时代精神和社会发展要求的人才观、质量观和教育观为先导，以在新的高等教育形势下构建满足和适应经济与社会发展需要的新的学科方向、专业结构、课程体系，更新教学内容、教学环节、教学方法和教学手段，全面提高教学水平，培养具有较强社会适应能力和竞争能力的高素质应用性人才。要求各专业紧密结合地方特色，注重学生实践能力，培养应用性人才，其核心环节是实践教学。具体来说，应用型大学至少应该有三个方面的体现：

功能上的体现。在人才培养上，要直接为区域发展和产业振兴服务，培养生产一线的应用性人才，其考核指标是就业率和实训中心的总面积。在科学研究方面，要围绕区域主导支柱产业，开展应用型研究，为行业、

* 本节主要内容曾发表于《中国高等教育》2014 年第 21 期，题为“担负时代使命 创建应用型大学”，该文被《新华文摘》2015 年第 3 期论点摘编栏目收录。

企业提供技术服务和智力支持，解决企业发展难题，其考核指标是横向经费总量和应用性的科技获奖成果。在社会服务面向上，开展地方需要的各种服务活动，包括人才培训、文化活动指导、技术咨询、决策咨询等，其考核标准是专利、咨询报告、培训的人数和质量。

办学层次上的体现。夯实应用价值取向的本科教学，坚持在实践中教学和育人。根据条件和需要适度发展研究生教育，尤其是要大力发展面向实践和着眼于应用的专业硕士和专业博士教育，形成从本科到研究生的教育层次，力求每一层次的人才都可以适应社会行业的不同层次需要。

教师队伍建设上的体现。在做好基础研究的同时，要着力加强教学科研的应用性。要始终想着“应用”，应用性人才培养，应用性科学研究。思考什么样的人才有利于培养高质量的应用性人才，什么样的科研及其成果会更有力地推动经济社会发展和地区的产业进步，什么样的学校才是地方政府和人民满意的学校。各个专业都要紧紧围绕专业的应用性和实践转化建平台，兴团队，强学科，造人才。

二　创建应用型大学是地方本科院校谋求发展的战略选择

作为一所立足四川省南部经济区的大学，适应时代要求，结合自身教育传统，转型为应用型大学，是四川理工学院的重大战略抉择。这一转型既适应了高等教育发展的世界潮流，也是中国经济尤其是川南地区经济社会发展的客观需要。

（一）创建应用型大学是中国经济进一步发展的客观要求

2014 年达沃斯论坛勾勒出了当今世界经济发展的四大趋势：一是发达经济体回归全球“引擎”。世界银行 2014 年 1 月发布的《全球经济展望》报告显示，发达经济体年增长率将从 2013 年的 1.3% 提升至 2.2%，美国经济增速将升至 2.8%，欧元区经济将从 -0.4% 升至 1.1%。二是新兴经济体增长节奏“调整”。多个新兴经济体由于自身经济的结构性问题，出现增速放缓、增长难度加大的情况，“调整”成为新兴经济体应对当前经济形势的主题词。三是美欧启动“再工业化”进程。美国总统奥巴马提出美国要回归实体经济，重振美国制造业，调查显示，有超过 1/3 的美国制造商正考虑把工厂从中国迁回美国。欧盟也适时提出要提高创新水平，使欧盟成为全球最具竞争力的经济体等。四是新的产业革命将使经济发展主题锁定在“低碳、绿色增长”上，“天然气革命”对重塑全球能源版图带来深远影响。这些世界经济发展的趋势与变化都对中国提出了严峻挑战。仅就制造业而言，中国“高端制造业缺乏核心竞争力，低端制造业成本优势逐渐丧失”。高端制造业回归欧美，同时东南亚国家抢食低端制造业，使得我国经济所面临的外部环境不容乐观。例如，耐克公司从20世纪80年代开始把它在韩国等的生产基地迁移到中国，2000年中国生产了全球40%的耐克鞋，但2010年越南取代中国成了全球最大的耐克生产基地。

中国经济总量跃升至全球第二位，已经成为全球最大的贸易国和工业品制造国，“今后国与国之间的竞争就是实体经济的竞争”。但与此同时，信贷扩张、过度投资、地方债风险、出口依赖、生态破坏，以及政府的过度干预导致资源配置的不公与低效，也成为经济高速增长的沉重代价。目前中国经济已经走到了一个改革的十字路口，必须适应需求结构变化的趋势，加快推进传统产业技术改造，实现产业结构的转型升级，同时科学判断未来市场需求变化和技术发展趋势，加快发展战略性新兴产业，经济增长方式必须转变为“由主要依靠增加物质资源消耗向主要依靠科技进步、劳动者素质提高、管理创新转变”。要实施创新驱动发展战略，把推动发展的立足点转到提高质量和效益上，经济增长主要依靠科学技术的创新所带来的效益实现集约的增长方式，用技术变革提高生产要素的产出率。这就要求高校充分发挥科技创新优势，成为推动科学发展、推进科技创新的排头兵，走应用型创新之路。经济的转型升级主要依赖于高等教育的引领作用，高校的改革与转型升级也势在必行。四川理工学院作为一所省属地方院校，一直以培养应用性人才、坚持应用研究与应用基础研究为中心，创建应用型大学是学校的必然选择。

（二）创建应用型大学是服务四川省委三大战略、建设川南经济发展区的客观需要

无论是产业结构升级，还是战略性新兴产业发展，均需要高层次技术技能人才的支撑，包括数量、层次和结构的多重支撑。教育是发展科学技术和培养人才的基础，在现代化建设中具有先导性和全局性作用，必须摆在优先发展的战略地位，为培养高素质的人才，要坚持教育创新，深化教育改革，优化教育结构，合理配置教育资源，提高教育质量和管理水平，全面推进素质教育，造就数以亿计的高素质劳动者，数以千万计的专门人

才和一大批拔尖创新人才。创建应用型大学、提供高素质应用性人才是高校责无旁贷的责任，是高校的历史使命和重要任务。

围绕经济结构转型和发展，近年来，四川省委省政府提出了“两化互动、城乡统筹”、多点多极支撑和创新驱动三大发展战略。在此基础上，2014 年 4 月，自贡、泸州、内江与宜宾四市通过《川南经济区联席会议章程》，签订《川南经济区合作发展协议》，川南四市的合作发展进入制度化、常态化、一体化发展新阶段。川南城市群处于川滇黔渝四省（市）接合部，是国家“三纵两横”城镇化战略布局的重要节点，位于成渝经济区、长江经济带两大国家经济战略区的腹心区域，是四川“6 + 5”战略重点实施地，门户地位突出，是四川多点多级支撑战略重点发展的“第二极”。根据《川南城市群规划（2014—2030）》提出的发展目标，未来川南城市群地区生产总值将占四川、成渝经济总量的 25%、20%，人均地区生产总值将达到 9 万元以上，通过构建“产业园区 + 服务聚集区”的产业空间组织模式，重点发展食品饮料、机械装备制造、能源化工、新材料和物流产业集群。三大战略及川南经济区跨越式发展的核心思想是“创新”，没有“创新”就无法“驱动”。在新形势下，四川要实现三大战略目标，必须充分发挥科技和人才对经济发展的贡献与作用，把科技和人才作为经济社会持续发展的恒久动力。四川高等教育肩负着培养高素质人才的重任，是区域经济发展的动力源，能为经济发展提供强大的人才支撑和技术引领，这就要求四川高校必须走应用创新之路，紧密结合经济发展实际，提供人才保障、技术支撑和社会服务。四川理工学院是川南经济区内本科办学历史最长、唯一的应用型综合院校，其轻工、化工、机械、材料、艺术等优势学科与川南产业结构高度契合。建设应用型大学能更好地满足川南地区产业发展对高层次技术人才和高水平科技创新成果的迫切需要，川南经济区的建设和发展更需要高水平的应用型大学。

（三）创建应用型大学是学院发展壮大的历史抉择

教育部 2013 年 12 月发布的《关于完善本科学校设置工作的指导性意见》明确指出，高校要“适应区域经济社会发展和产业结构调整需要……培养高素质应用型、技术技能型、复合型人才”。该指导性意见主要增加了“应用型办学特色”考察项目，主要包括：近三年毕业生总体就业率不低于 95%，就业率和专业对口率被作为衡量学校人才培养水平和质量的重要标准；要提升服务地方经济社会发展能力，学校本科专业中60%以上属于与实体经济、战略性新兴产业和现代服务业相关的工程、技术、管理类等紧缺专业；教师队伍中“双师型”教师应达到40%，来自行业、企业管理人员、专业技术人员和高技能人才的兼职教师不低于专任教师的25%；实训中心面积不低于图书馆面积的2倍，以强化实践环节效果；教学计划规定的实验、实训课开出率应达到100%；理工类院校获得专利数量不低于在校生规模的0.5%，等等。之所以设置这些指标，就是因为要落实《国家中长期教育改革和发展规划纲要（2010—2020年）》做出的“重点扩大应用型、复合型人才培养规模”的部署和要求，贯彻落实党的十八届三中全会关于“创新高校人才培养机制，促进高校办出特色争创一流”的精神，引导高校向应用型转变，以适应深化改革、促进经济社会发展的需要。

原四川轻化工学院在1965年诞生时，就是为了满足国家“三线”建设的需要，就是一所典型的应用型本科院校；2003年四校合并后，实现了由单科性大学向综合性大学的转变。多年来，学校始终坚持面向经济社会需求，主动对接地方产业转型升级，坚持立足自贡、根植川南、服务四川，始终坚持“应用型”办学之路：在办学理念上，坚持应用型办学理念，把自身发展与地方发展紧密结合起来，坚持服务地方经济社会发展、满足行业需求、引领产业升级，坚持产教融合、校企合作；在师资队伍建设上，坚持建设适合于应用性人才培养的“双师”型教师队伍，学校双师型教师或具有工程教育背景的教师占专任教师的25%以上；在人才培养上，坚持人才培养的“应用性”，形成了面向行业、服务基层的“高素质应用性人才”培养模式，在学校71个本科专业中，90%以上的专业设置符合自贡及川南、四川等区域产业发展规划；在科学研究上，坚持立足行业需求，解决技术难题，服务地方发展，坚持应用研究与应用基础研究，学校40%以上的科技研究与川南地区单位合作，65%的项目为面向产业需求的应用研究和应用基础研究项目，成果转化率达到20%。仅就分析测试中心而言，每年为川南地区企事业单位提供样品检测达5000个（次）以上。因此，继续坚持应用型的办学方向也是学校长期办学积淀的必然选择。

三　创建高水平应用大学的内生动力*

我们的时代是一个迫切需要创新的时代，同时也是为创新提供前所未有之机遇和条件的时代。在这个时代，“大众创业、万众创新”已经成为社会各界的基本共识。从全球来看，现代大学在与社会的互动发展中，已经用自身的成就赢得了“科技革命的动力站、社会发展的轴心组织”的美誉。在众创时代，地方高水平应用型大学如何激发自身发展的内生动能呢？

（一）与政府深度合作，建设智慧社区

从世界大学发展实践来看，大学与地方政府之间全方位的合作意识和行为，是在19世纪60年代由美国的大学开始的。1862年美国颁布《莫里尔法案》，拉开了大学与地方政府合作的序幕。当时，政府主要通过赠地的形式鼓励开办服务地区经济社会发展的新型大学，这些大学被称作“赠地大学”。20世纪初期，经由威斯康星大学实践形成了著名的服务区域经济社会发展的“威斯康星理念”。这一理念最终与培养人才、科学研究一起成为现代大学的经典职能之一，并在世界上传播开来，推动了大学与政府合作的观念和实践。二战期间，大学与政府的合作在战争中发挥了巨大威力，使人们普遍意识到，大学一旦和政府联姻，就可以生发出巨大的力量，决定世界的命运，扭转世界的局势。二战以后，大学和科研机构灵活调整姿态，在经济、政治和文化等诸个领域与政府展开了全面合作，并获得相应的报酬和科研经费支持。到了20世纪60年代，时任美国加州大学总校长的克拉克·克尔创造性地提出了“巨型大学”的概念，启动了后来遍及整个世界高等教育实践的“创业型大学浪潮”，大学也迅速成长为嵌入社会发展的“智力之城”。因此，大学与地方政府深度合作，已经不是一种策略安排，而是办好现代大学的重要价值取向，是建设一个真善美的社会和国家的必然选择。当代中国大学的创新创业教育，只有在这样一个世界高等教育发展谱系中，才会更加彰显其实践的合理性和合法性。

（二）创造知识资本，用文化引领社会发展

随着大学创业型浪潮的发展，大学的知识生产越来越关注市场和社会

---

* 本小节主要内容曾发表于《四川日报》2016年2月17日，题为“推动大众创业万众创新，大学如何占位与抢位”。

的需要，越来越关注知识的技术型成果转化，以及建立在这一转化基础上的工厂或公司的盈利。按照学界的理解，在走向创新创业的现代大学里主要有两种形态的知识：一是商品化知识，二是象征性知识。前者着眼于实用和技术，能够获利；后者着眼于道德和审美，无关利润。在现代大学里，商品化知识更加受青睐。在商品化知识的驱动下，知识产权成为重要的权利，大学里的师生把知识产权看成校园里最为重要的东西。作为社会智力中心的大学，它生产的知识和技术具有实用或应用性的一面本来是无可厚非的。即使是围绕个体兴趣创造的知识，不论是从“人是社会的总和”的唯物主义观点，还是从知识的终极意义上讲，知识都具有实用的价值。大学的知识生产也只有在发挥其实用价值的时候才会为人之真理问题的探讨创造物质的条件和保证。因此，知识资本与产业资本嫁接，大型企业与高等学校联姻，是转型发展中后期高校与企业协同发展的必然逻辑。需要注意的是，知识资本是现代大学知识形态的重要特征，但不是唯一特征。知识在与产业、政府等实现转化对接的时候，还需要关注超越利益之外的东西，那就是对人的教育。人文学和社会学知识同样是知识资本，在精神的层面上甚至是更为重要的资本，也可以在服务社会中获得其存在的价值，比如社会主义的民主观、科学精神和人文关怀，等等。这些观念不只对人的发展的价值是巨大的，而且它们决定了知识资本如何使用和分配，进而决定了社会主义社会的基本性质。

（三）培养学生创业能力，力促大学教育公平

大学教育是教育的最高层次，是人们在进入社会之前接受正规教育的最后一个阶段。人们在正规教育中所接受的教育水平不仅决定其未来生活质量的好坏，而且决定了他在未来社会发展中所做贡献的大小。中国社会是社会主义民主社会，它要求每一个人都接受教育，都要在教育的帮助下实现人性的无限丰富，挖掘人之潜力及其禀赋的无限可能性。社会主义的民主社会要求，一个人只要经过教育，对社会做出了贡献，就是有尊严的，理应受到尊重和奖赏，不论他出自何种专业、从事何种职业。实现获取知识渠道的公平，以及建立在这种公平之上的，使每一个人都具有创新创业的潜力、理解社会和平等交流的素养和能力，是现代大学所承担的最为重要的政治责任。知识无贵贱，能力无等级，只要建基于个人禀赋之上又适合社会的创新创业需要，知识都是一样的。建立在知识分类基础上的

大学发展，是不同大学自然选择和后天努力的结果。现代大学需要面向市场和社会需要，自我成长，以业立身，应该努力成为知识生产的基地，个人灵魂的皈依所，创新创业潜力生根的沃土，社会主义民主价值的培育场。正是在这样一个意义上，让学生拥有创新创业的愿望、行动和能力，而不是什么恻隐之心，是现代大学的根本政治责任。

（四）直面企业问题解决，弘扬大学创业使命

大学的利益关乎民族和社会发展的整体利益。在大学的整体利益中，有一种服务于区域经济社会发展的利益，在这个经济利益中又有一种企业的利益。企业以利润生产为核心，需要持续不断地进行技术更新和产品的升级换代，以创造更多的社会财富，满足社会的需要和提高人们的生活水平。没有了技术更新所生产的利润，任何企业在现代市场经济竞争中都会丧失发展的机遇，被社会无情淘汰。一旦一个社会的企业系统失去了活力，这个社会得以运转的秩序和财富将会遭遇挫折。在现代社会，经济系统崩溃所造成的困境并不比战争年代战争失利所造成的困境程度轻，它同样可以导致整个社会行政系统的崩溃。大学当然已经为企业提供了主要的技术和人才的支撑。但是，在现代社会这还远远不够，尤其在进入工业4.0时代，企业的发展对大学提出了更高的要求。以往，从大学发明的科学原理到企业的转化应用之间有一段很大的距离，而今，这一距离在不断地缩小。在工业4.0时代，也即在“智能技术系统”成为新的企业系统的核心支撑的时代，在部分科学研究和产品的开发上，科学原理和技术的企业转化甚至是即时性的，企业和大学正在实现无缝对接，现代大学必须适时调整专业技术生产结构而成为企业发展的原动力。正是在这个意义上，对于现代大学而言，直面企业的难题，让企业的难题成为师生的课题，不是权宜之计。服务工业4.0时代并引领它的健康发展，把其导入服务人类福祉的大道，已经成为现代大学的重要使命。

四　创建应用型大学的整体思路

应用型大学是大学发展的一个较新类型，仍然具有大学的基本属性和普遍特征，它的建设需要遵循高等教育的基本规律和大学这一组织的独特个性。四川理工学院要发展为应用型大学，还必须着眼于学校本身的综合特点，构建符合它自身的办学模式、治校方略以及现代化的大学制度。

（一）确立符合高等教育规律和社会现实需要的办学思想是创建应用型大学的基础

在当今科技信息化和文化多元化的大变革时代，高等教育发展既有千载难逢的机遇，也面临着巨大挑战，为此我们要强化定数、找准参数、把握变数，构建“胸怀一个愿景、牢记两个使命、坚守三个观念、创新四个要素”的办学思想，这是建设应用型大学的理论基础。

胸怀一个愿景，即“立足自贡、根植川南、服务全省、面向全国、胸怀世界，把学校建设成为在高等教育业内具有重要影响、在社会上有相当知名度的应用型的综合性大学”，全面提升学校的知名度、美誉度；全面增强教职工的成就感和幸福感；全面增强在校学生和校友的自豪感和认同感。

牢记两个使命，即“通过学术的传播、创新与应用，为学生成功奠定基础，为地方发展提供支撑”。之所以确立这两个使命，是因为这两点：第一是愿景。成为“在高等教育业内具有重要影响、在社会上有相当知名度的应用型综合性大学”，既源于我们的校友在社会各个舞台上的杰出展示，我们必须为学生将来的成功奠定坚实的基础，使校友深深感知自己的成功与母校给予他们的良好教育密不可分；还源于我们的教师在各个舞台上的杰出展示，只有教师为社会特别是为区域发展提供了坚强支撑，知名度和影响力才会有更大的提升。第二是遵循高等教育的“适应人的全面发展需要、适应经济社会发展需要”的基本规律。

坚守三个观念，即“育人为本、社会担当、学术自由”。育人为本，就是要求学校竭尽全力，通过课程体系的构建和成才氛围的营造，让学生的潜能彰显出来、个性得到张扬，为他们将来更有成效的生活奠定坚实的基础；社会担当，就是要根植地方、服务地方、最终引领地方，成为本区域道德的高地、良心的堡垒和精神的家园；学术自由，就是要教师和青年学生在研究和学习中拥有“自由的心灵、自由的意志、自由的思考、自由的探索和自由的表达”。要实现“为学生成功奠定基础”的使命，就必须坚守“育人为本”和“学术自由”的大学观念理性；要实现“为地方发展提供支撑”，就必须坚守“社会担当”和“学术自由”的大学观念理性。

创新四个要素，即“文化、理念、制度、实践”四维一体。在大学文化上，坚守大学文化的学术属性：发扬“黄岭精神”，营造“崇尚学术、发扬民主、追求卓越”的校园文化。在办学理念上，坚守办学理念的先进性，即坚持“学生中心、教师主体、引领社会”的办学理念。在制度建设上，坚守大学制度的现代性：创立能彰显教师个性的发展制度，特别是科学有效的职称评审制度；创立能激发学生潜能的成才制度，特别是要实施完善的学分制度，从而使“学术自由”的理念在师生层面以制度的形式得以保障。在办学实践上，坚守制度与实践的统一性：为了贯彻“学生中心”的理念，须全面实施专业核心课程制度、教师面对学生撰写课程实施大纲制度，全面开展学生健康成长的“十个一”活动，为学生实现学术理想搭建成长的平台，使更多的学生能够心无旁骛地探求新知、追寻梦想；为贯彻“教师主体”的理念，须全面实施教师发展制度，为教师实现学术抱负搭建教学和科研的平台，使更多的教师能够心无旁骛地从事教学和研究；为实现“引领社会”的理念，就必须构建科学有效的服务地方体系，使各级社会组织的发展难题成为师生的研究课题。“文化、理念、制度、实践”四个要素从形而上到形而下构成了一个有机的整体，学校必须在这四个要素的创新上着力并保持其高度的一致性，从而构建起属于四川理工学院的办学模式。

（二）创新人才培养模式是创建应用型大学的核心

无论是学校 71 个本科专业的教育，还是 34 个二级学科硕士授权点的研究生教育，所存在的主要问题是：缺乏体制和机制让老师去思考哪些课程对人才培养是有效的、哪些教学方法对学生学习是有效的。教师忙于上课、学生忙于听课，老师难得有时间去为企业服务、学生难得有时间和空间去创新创业。为此，学校应在课程体系重建和学生成长环境两个方面着力。

对课程体系的重建而言，是将每个专业中那些属于基础性、原理性的、能体现本专业本质属性的知识点梳理出来，构成该专业的核心课程。对知识点的教学，不仅要让学生学习这些知识，还要让学生知道这些知识点是怎么被创造出来的、是怎么被应用的、对学生将来从事的专业工作或相关研究有什么重要意义、相关学科领域还有哪些未知的知识，以此激发学生的专业激情。对于本科专业，每个专业的核心课程门数大致为 8—10 门。对于本专业的其他相关知识，即构成该专业拓展课程的知识，由学生自主讨论、教师只发挥引导作用。学校工科类本科专业的核心课程更加侧重于“技术方案”和“技术项目的工作原理”的内容，工科类研究生人才的培养将更加侧重于“技术规范”和“技术理论原理”的培养。同时，我们与大型企业和地方政府合作，积极筹建“知识产权学院”“信息安全学院”“城乡建设学院”“酒文化学院”等，为那些立志毕业后从事知识产权的学生、从事信息安全的学生、愿意从村官做起的学生、从事酒营销的学生提供充分的发展机会。

对成长环境的营造而言，学校以学生健康成长“十个一”活动为载体，即“一个总结、两封书信、三个场地、四项活动”，以大力营造良好的育人氛围。“一个总结”要求学生每个学期在自己的班上做一个自我剖析，这既有利于形成相互激励的氛围，又能锻炼学生的口头表达能力和自我认知能力；“两封书信”要求学生每年与自己的亲人和老师以书信的方式进行交流，以此培养学生的感恩情怀和书面表达能力；“三个场地”要求学生每周至少锻炼三次、去一次图书馆、每个月至少听一场学术报告；“四项活动”要求学生在校期间至少参加一个创新创业俱乐部、一项学科竞赛活动、一个学生社团、每学年至少参加一次社会实践或公益活动。

专业核心课程制度的实施和“十个一”活动的开展，为创新四川理工学院的人才培养模式、把学生培养成为具有“三心四能”的高素质复合型的应用性人才奠定了坚实的制度基础和良好的育人环境。

（三）有效构建服务地方的体制和机制是创建应用型大学的关键

为了更好地发挥学校学科对地方产业的支撑作用，四川理工学院成立了“校地合作处”，自贡市委组织部人才办选派两名同志在该处兼职。在此基础上，学校选聘部分积极性高的教师成立“服务地方工作委员会”，主要有两大职责：讨论并审议学校服务地方工作的体制和机制；评审相关的服务地方的课题。这一委员会的建立既使学校出台的服务地方的政策更接地气，也发挥了教师参与学校管理的积极性，符合当代大学“共同治理”的基本理念。同时，成立了由市委市政府领导和学校领导组成的校地合作工作委员会，定期研究校地合作事宜。

（四）搭建服务企业“技术进步、产业升级、创新驱动”的平台是创建应用型大学的路径

“高等学校与大型企业联姻、知识资本与产业资本嫁接”是现代区域

性大学办学的基本理念遵循。鉴于自贡市是四川省两大节能环保装备产业基地之一，也是“国家节能环保装备产业示范基地”，学校与自贡市相关企业联合成立了节能环保装备产业研究院，旨在有效推进传统机械装备制造向节能环保装备转型。该研究院确立了“应用创新研究、产业技术研发和分析监测服务”三个方向。鉴于川南支柱产业之一的食品产业的现状，学校与大型食品企业联合成立了食品研究院。其研究领域涉及“传统酿造食品产业的改造升级、食品安全技术与保障、特色肉食品精深加工技术”等。学校正在积极整合学校学科实力，筹建工业设计研究院。这些机构的设立，将学校拥有的学科平台和研究力量，与政府部门的管理者、企业的研发人员融为一体，以研究院为平台、以项目为纽带，为企业的技术进步、产业转型升级提供强有力的支撑。

第四节　四川理工学院的创新实践*

【案例一】旨在削弱大学行政化的大部制度创造**

过度的行政化是中国大学向一流发展的障碍性因素，如何去除行政化考量着中国大学的智慧。为了协调大学的行政和学术两种力量，彰显大学追求真理的学术优先性，四川理工学院党委积极深化内部综合改革，大胆探索去行政化的路径，着力运行大部制管理模式。学校将所有的管理部门整合为如下七部一委：

党委工作部包括党办、组织部、宣传与文化建设部、统战部、离退休处、工会。

校务部包括行政办、人事处、综合改革与发展规划处、审计处、档案馆。

学生工作部包括招生处、学生处、团委、就业处、校友办。

学术部包括教务处、科技处、社科处、服务地方工作处、研究生处、学报编辑部、大学科技园管理办公室。

---

* 本节主要内容曾发表于《国家教育行政学院学报》2017 年第 4 期，题为“构建中国特色的社会主义大学治理模式”，该文被《新华文摘》2017 年第 15 期论点摘编栏目收录。

** 此为作者担任原四川理工学院党委书记期间的一个创造性尝试。在该方案中，拟将大部内部的每个处变为副处级机构。尽管其初衷和模式还未完全实现，就因个人工作调动而停止，但其所具有的价值理想依然值得借鉴。

资源配置与资产管理部包括计财处、国资与实验室管理处、图书馆、资产经营公司。

国际教育与继续教育部包括国交处、国际教育学院、继续教育学院。

校园建设与后勤保障部包括基建处、保卫处、后勤处以及纪委与监察处。

在制度设计上，每个大部设置一个科级岗位，处室原则上只设置一个科级岗位。要求各部部长的工作不直接对院系也不直接对上级的相应部门负责，而是对院系和对上级的工作依然由各个处室负责。针对大部的具体管理可以有两种模式选择：一种是分管校领导兼任部长，配置一名常务副部长主持部内日常工作；另一种是分管校领导不兼任部长，但参加相应的部务会。这两种模式可以根据学校管理的实际需要灵活选择，以使其更好地发挥大部设置的初衷。各部部长的职责是整合部内各处室间的资源特别是部长有权根据部内处室间工作情况临时调配处室间的工作人员（学校党委赋予大部部长年末考核处室一定的权重）、通过部务会对部内处室需要提交常委会或办公会研究的议题进行充分论证（需要论证而未经论证的不能上会）、研究涉及部内相关工作的上级政策、当好党委书记的参谋助手（部长可兼任校机关总支书记）。

大部制更好地诠释了党委领导下的校长负责制这一中国大学的根本制度，也在一定程度上化解了大学行政化的时代难题，释放了大学学术活力。这主要体现在以下四个方面：第一，党委既统揽全局、协调各方，而又能使校长独立行使权力。在年度行政计划发布后，学校党委书记在一般情况下只通过党委常委和各个部的部长来反馈计划的完成和执行过程中存在的问题，校长及其副校长主要指挥各个行政处长开展工作。第二，机关职能部门的科级干部职数大大减少，机关职员在为教师提供服务时不再以“长官”的面孔出现，而每个处级干部都不得不直接带领职员工作，避免了以前处长将任务布置给副处长和科长、科长再交给职员的（甚至最后只有编外的职员完成了具体任务）模式，管理重心自然下移。第三，部内各个处室彼此间的交流合作与启迪借鉴加强了，无论是物质资源还是智力资源都能得到充分整合。第四，大部制的实施提高了各个处室服务于二级学院的质量，提升了各个处室向上级职能部门提出报告或请示的水平。

通过大部制的实施，行政与学术得以和解。学术与行政之间的矛盾关系是一个世界级的现代大学难题，各个国家的大学根据其自身的文化传统采取了不同的化解方式。学校大部制度的实施，最大限度地减少了行政科级阶层，各处长直接服务于二级学院和校长团队，增加了行政效率，也使得学校的行政阶层更加直接地服务于学校学术的发展；各大部长作为党委的参谋，整合学校发展的相关信息和建议，使得党委对学校的领导落到实处，便于党委熟悉学校发展的现实条件和状况，做出科学合理的学校未来发展战略决策。这样，行政更加富有执行力，教师更加富有学术力，学生更加富有学习力，三力和合，有效化解了大学行政与学术之间的矛盾，走向未来的中国大学将因生发出无限的文化原创力而生生不息。

【案例二】积极传播“中国特色的社会主义大学之道”

2016 年 5 月 18 日，受国家教育行政学院邀请，笔者为参加教育部“千名中西部大学校长海外研修计划”培训的中西部高校 100 余位校级领导做专题报告。笔者为该项目的首期培训学员，2014 年 9 月 23 日在人民大会堂举行了中期成果汇报会，笔者作为全国五个发言人之一，以“践行‘学生中心、教师主体’的办学理念，激发教与学的活力”为题，做了专题汇报。

报告以“与时俱进，积极探索中国特色的社会主义大学之道”为核心内容，围绕“简要回顾、研修建议、几点启示、认识本质、实践成效”20 个字展开。报告的前三部分主要围绕海外研修的相关问题展开。报告的第四部分系统总结了高等教育学界从不同视角对大学本质的七种认识，在此基础上给出所负责的课题组的研究成果即“大学是本民族优秀文化和外国经典文化交融与创新的中心；是本民族现实文化批判与创新的基地；是提高民族国家文化软实力的主阵地；是引领经济社会全面发展的智力引擎和道德内核”。这一定义从文化的视角澄明大学的文化本质，阐明了大学文化本质的内涵，即“文化传承创新是大学文化本质的核心，文化批判是大学文化传承创新的前提，民族文化再造是大学文化传承创新的目标，人类文明的互通是大学文化传承创新的境界”，从而给出了中国特色的社会主义大学之道的内涵，即“弘扬社会主义道德、培养社会主义社会有责任感的公民和人类进步事业的积极参与者、传承创新中华文明”。在全面落实习近平总书记在全国哲学社会科学工作座谈会上讲话精神之际，在我国高等教育界全面构建中国高等教育的世界话语权的大背景下，这些观点具有十分重要的价值，在100余位高校党委书记、校长、副书记和副校长中产生了广泛的影响。

报告的第五部分全面介绍了学校的办学实践探索，学校形成的“拥有一个愿景、牢记两个使命、坚守三个观念、创新四个要素、实施五大战略的办学思想体系”以及“一个中心、两个抓手、三项工程、一个目标”的工作思路，获得这些高校领导的广泛认可，尤其是学校将“大学文化建设工程”作为党委的三大工程之首以及学校抓大学文化建设工程的三个层面的构想更是获得了学员们的高度赞同。

第十五章

高水平综合性师范大学的治理探索

第一节　高水平师范大学的办学治校体系*

拥有明确的愿景和使命，是一所高水平大学的重要标志。师范大学培养的学生要有社会担当意识，积极参与到当代社会实践活动之中。以教学质量工程为抓手，强化内涵建设，提升专业水平。

习近平总书记提出，要在全党开展“不忘初心、牢记使命”主题教育，用党的创新理论武装头脑，推动全党更加自觉地为实现新时代党的历史使命不懈奋斗。为了更好地响应这一号召，四川师范大学立足当前的大学教育状况，从国家战略需求和国际视野的角度，结合学校师范教育的优良传统，从办学思想凝练、人才培养体系构建，以及落实育人为本的办学思想等方面进行了理论探索和实践验证，做出了“胸怀愿景、牢记使命，建设高水平师范大学”的战略部署，初步形成了独具特色的师范大学教育观念体系。

一　确立“24356”办学思想体系**

办学思想要解决的，是“办什么样的师范大学、办师范大学为谁，以及如何办师范大学”等对师范大学发展具有战略指导意义的问题。四川师范大学提出了“24356”的办学思想体系，该体系由包含愿景和使命的大

---

* 本节主要内容曾发表于《中国高等教育》2017 年第 23 期，题为“胸怀愿景牢记使命建设高水平师范大学”，该文发表时正逢四川师范大学接受教育部的本科教学质量审核评估之际，该文在评估专家了解学校的治校理念方面发挥了积极作用。

** 此办学思想体系与作者在四川理工学院提出的治校体系既有区别又有联系，后来在办学实践中将“办学思想体系”更名为“办学治校体系”。

学理想系统与支持大学理想实现的实践操作系统两个部分组成。

（一）愿景与使命：大学的理想

愿景和使命是优良大学思想的核心要素，代表着大学的理想。拥有明确的愿景和使命，是一所高水平大学的重要标志。在大学层面上，大学理想反映着大学的办学定位和行动方向；在师生层面上，大学理想是大家心目中的教育关怀和教育信仰，意味着教育的价值和教育境界。

“2”即胸怀“两个愿景”：立足成都、服务四川、面向全国、关注世界，把学校建设成为在中国教育界有重要影响，在全球有一定知名度的高水平综合性师范大学；不断增强教职工的幸福感和成就感，不断提升在校学生和校友对学校的认同感和自豪感，使学校成为全校师生和校友心中的精神家园。

“4”即肩负“四大使命”：引领区域教师教育，促进区域经济社会发展，服务国家重大需求，传承创新中华文明。为社会培养高水平的师资，是师范大学最为核心的使命。教师是师范大学为社会培养的最为重要的人才，教师可以通过教育，通过他们所培养的优秀人才为经济社会发展服务，再加上师范大学本身的文化知识创新，这种服务便具有了持续的创生性和无限的扩展性。师者必定学高，师范大学日益发展的非师范类学科会以师范类学科所提供的奉献精神和研究精神为指引，促进师生努力于科学创造，为区域经济社会的发展做出更大的贡献。同时，高水平的师范大学也会自觉着眼于国家发展的重大战略需求，精准发力，与各级政府、企事业单位、各类科研院所加强协作，建立和发展各种类型的协同创新科研平台、高级智库，孜孜于科学研究和社会应用，为中华民族的伟大复兴贡献力量。作为大学系统中重要的成员，师范大学需要囊括大典，不拒细流，以博大之胸怀，主动搭建文化交流之平台，兼容并蓄，承担起文化知识创新的历史重任，传承创新中华文明，为构建人类命运共同体贡献中国大学的智慧。

（二）理念、战略与方略：大学的实践

自觉遵循大学的愿景和使命，为教师实现学术抱负搭建平台，使教师可以心无旁骛地潜心于教学与研究；为学生实现学术理想提供机会，使学生能够专心致志地致力于学习和发展，客观上要求有科学的大学理念作为价值引领，制定合理的大学发展战略和治校方略，对大学进行有效治理，实现大学的善治。

“3”即践行“三大理念”：学生中心、教师主体、引领社会。高水平大学有高水平的教师队伍，有了高水平的师资，就会有高水平的学科和高水平的研究，进而吸引高水平的学生，形成高水平的研究团体，成就高水平大学的精神气象。从学科学习的角度而言，大学生是学习的中心，大学的研究和社会服务全部要指向学生的培养和成长。学校的教育实践表明，“学生中心、教师主体”这两者在大学教育实践中是可以也是能够统一起来的。师范大学培养的学生要有社会担当意识，要积极参与到当代社会实践活动之中，在引领社会中把握时代需要和时代精神，把社会理想和实践与自我的学习和研究相融合，从而肩负起社会责任。

“5”即实施“五大战略”：内部治理战略，人才强校战略，校校合作战略，校地合作战略，国际合作战略。内部治理和人才强校战略旨在从大学内部理顺学术、教学和行政之间的关系，激活人才培养和学术研究的中心地带，激发行政管理者队伍干事创业、服务学术的意愿，通过人才强校核心的发展战略，使得学术与行政两者共同服务于大学的学术创新和高水平人才的培养。校校、校地和国际三大合作战略，是内部治理战略的必然延伸，也是大学服务社会职能的必然要求。学校将在重点学科打造和建设中合理融入社会服务的因素，围绕社会服务调整学科布局，引入社会服务指标和对社会的贡献率，科学评价学科成就，促进和繁荣学科和学术。

“6”即实施“六个要素”的治校方略：以人才培养为中心，以学科建设为龙头，以深化内部管理体制改革为动力，以广泛吸纳社会资源为抓手，以基础设施和环境建设为保障，以党的建设和思想政治工作为保证。治校方略是五大战略的具体化。人才培养、学科建设和内部管理对应五大战略的内部方面，吸收社会资源对应五大战略中的外部方面。学科是构成大学的关键性要素，人才则是学科建设的主体。学科因人才而兴，人才因学科而有了存在的价值，两者融合构成了高水平大学之所以具有高水平的要件。学校内部管理体制改革和大学治理的合理性，主要看其服务于人才发展和学科建设的有效性。基础设施和环境建设，也是大学治理的要素。党的建设和思想政治工作，则是上述各项工作得以有序进行的组织保障。

二　构建“五位一体”的人才培养体系

人才培养体系是优秀大学教育思想的重要组成部分，是其在人才培养层面上的具体化。经由人才培养过程的长期探索及成功经验的凝练和提升，学校逐渐形成了“培养目标、教育理念、教学制度、培养模式、评价机制”五大核心要素相统一的、较为成熟的人才培养体系。

培养目标——学校将人才培养的目标概括为具有应用型、复合型、创新型特征的“三心四能五结合”。“三心”指的是我们所培养的人要具有高度的责任心、持续的进取心和强烈的好奇心三种心向。“四能”是指其应具备良好的表达能力、动手能力、创新能力、和谐能力四种能力。“五结合”则要求在人才培养中始终贯彻社会担当与健全人格、职业操守与专业能力、人文情怀与科学精神、历史眼光与全球视野、创新精神与批判精神相结合。

教育理念——学校突破了传统的课程界限，从传统的以教材为主的静态显性课程转变为融入校园环境文化和创新创业实践等动态隐性因素的复合课程形态，确立了“课程制度＋教育环境”的课程理念。学校坚持“通过课程体系的构建与环境的营造，努力使学生潜能彰显出来、个性得到张扬，为他们将来更有成效的生活奠定坚实基础”的教育理念，整体构建“通专融合、理实渗透、递阶推进”的课程体系，营造融合思想引领、校园文化、社会实践、创新创业，保障支持“五维一体”的环境，努力助推学生发展。

教学制度——人才培养的关键是优良的课程和教学制度设计。为此，学校制定实施了专业核心课程和课程实施大纲制度。专业核心课程制度要求教师以学生“思维、情感、意志力”的发展为出发点，以学生的学习资源和学习效果为中心，把每个专业课程中那些最基本的原理性的知识点抽绎出来，整合为主要专业课程供学生学习使用，以便学生能够掌握专业的核心知识体系，形成具有核心意义的专业素养。在教学过程中，要求教师阐述清楚这些核心知识点是如何被创造出来的、是如何被应用的、对学生将来的学术发展有什么影响，同时要阐释清楚这些核心知识的相关领域还有哪些未知的问题。核心课程制度的要义是学生在学习完本专业的核心课程以后，可以根据自己的志向做出完全自由的选择，为实现“激发潜能、彰显个性”的教育理念提供强有力的课程制度保障。课程实施大纲是师生的教学合同、学生的学习工具、师生的沟通桥梁、教学的评价依据。我们明确规定了 14 个基本要素，并要求教师在课程实施大纲中阐明本课程及本学科的历史和文化传统、本课程与经济社会发展的关系、本课程可能涉及的道德和伦理问题、课程的前沿与发展趋势以及对学生的价值。这两项教学制度的融合使用，解决了教学中两个核心问题：核心课程制度解决的是有效的知识体系问题，课程实施大纲制度解决的是有效的传授知识的方法问题。

培养模式——在平衡学生兴趣、社会需要和专业发展卓越的未来潜力等诸多因素的基础上，学校探索形成了“多元培养+个性成长”的人才培养模式。学校有针对性地适时创设了“陶行知班”、卓越培养计划、专业融合引领、国际合作领域拓展等多种教学渠道，努力构建多元化的培养模式，积极推进分类培养、卓越培养、复合培养、国际化培养和应用型人才培养等多种培养形式，引导学生深入了解自己的专业兴趣点和未来可持续发展的学科特长，结合社会发展的未来需要，自主选择，实现个性发展。

评价机制——教学评价是人才培养体系的最后一个环节。为助力学生个性发展和全面发展，学校建立了“过程评价+多元考核”的学生评价考核机制。该机制支持多种考核评价方式，鼓励学生多元成长，主要从以下几个维度设计评价方式：积极加强过程考核，促进学生精力投入；完善综合素质评价制度，促进学生全面发展；增强实践考核的一线参与，促进学生实践能力提升；引入第三方社会评价，探索质量—绩效联动机制，提升学生的社会意识和社会担当精神等。

三　确保本科人才培养的中心地位

四川师范大学的“24356”的办学思想及人才培养体系，把本科生的培养作为其核心。在实践中，学校主要采取了以下三个层面的措施，有力地保障了这一理念的落实。

（一）思想引领

“三大理念”是对学校育人实践的高度凝练和提升，需要广泛的宣传和教育，使之成为全校师生的心理习惯，不被环境所左右，发挥出其应有的影响。为此，学校领导首先躬行实践，在各种大型的教学和学术活动现场讲述和阐释学校的“24356”办学思想，形成了强大的育人为本的教育文化氛围，潜移默化地引领学校的育人实践。学校的行政管理部门利用各种节日庆典活动集中对师生员工讲述师大人的育人故事，通过典型案例形象生动地对其加以描述。各二级学院也广泛开展了“教学和科研为了谁”的研讨活动，从思想上找共识，从认识上找方法，从方法上找效果，把育人为本的理念植入教师内心深处，形成自觉的意识和行为习惯。

（二）制度规范

学校“24356”的办学思想及人才培养体系本身包含着一套严格的制度和政策设计，它已经以制度文本的形式被确立了下来。为此，学校专门成立了制度实施督查小组，监督检查学校的各级管理部门和各级教学单位对制度和政策的落实情况，并配有相应的奖惩措施。经过长期的熏陶和规范，育人为本的大学理念已经成为师大人的教育教学常识，深入师大人的骨髓，从根本上转变其教育行为。

（三）过程监管

学校以教学质量工程为抓手，强化内涵建设，提升专业水平。建设了诸多门类的国家级和省级特色专业、精品课程、在线课程，协同创新教学班和科研平台，努力为学生成长成才储备充足的课程资源。积极倡导改进教学方法，抓好课堂教学。推行团队制、项目制、案例式、信息化等教学方式，明确教学的评价依据，要求学生能够阐明“本课程及本学科的历史和文化传统、与经济社会发展的关系，本课程可能涉及的道德和伦理问题”等，力促“教师中心”向“学生中心”转变。坚持能力导向，强化实践教学。整体构建“三维四段五平台”实践教学体系，努力拓展融“思想引领、社会实践、校园文化、创新创业、支持保障”于一体的环境构建，组织实施“一个总结、两封书信、三个场地、四项活动”的“十个一”养成教育制度，促进学生的全面发展。

第二节　高水平师范大学人才培养的维度与毕业生素养

一　论人才培养体系的维度与实践*

习近平总书记指出：“建设教育强国是中华民族伟大复兴的基础工程，

* 本小节主要内容曾发表于《现代教育管理》2022年第5期，题为“新时代地方高校构建高质量人才培养体系的维度与实践”，该文是与康胜合撰的。该文对“五维一体”的论述较以前更为全面系统，同时将以前的“五位一体”更名为“五维一体”，体现了此一思考逐渐完善的过程。

必须把教育事业放在优先位置，深化教育改革，加快教育现代化，办好人民满意的教育。”在 2021 年 9 月 27 日召开的中央人才工作会议上，习近平总书记又指出：

> 中国拥有世界上规模最大的高等教育体系，有各项事业发展的舞台，完全能够源源不断造就大批优秀人才，完全能够培养出大师。我们要有这样的决心、这样的自信。要走好人才自主培养之路，高校特别是“双一流”大学要发挥培养基础研究人才主力军作用，全方位谋划基础学科人才培养，建设一批一批基础学科培养基地，培养高水平复合型人才。

这些重要论述为高校在新时代履行人才培养的职能指明了方向。立足新阶段、贯彻新理念、构建新格局，要紧紧围绕立德树人根本任务，持续深化教育教学改革，健全和完善培养目标明确、教育理念鲜明、管理制度健全、培养模式优化、评价指标科学的人才培养体系，为培养高水平复合型人才奠定坚实的基础。

（一）地方高校构建人才培养体系的时代背景和价值意蕴

体系，是一定范围内或同类的事物按照一定的秩序和内部联系组合而成的整体。人才培养体系是学校围绕自身定位而构建的以人才培养目标为中心，由人才培养的方案与制度、理念与行动、保障与环境、监督与评价等为有机组成部分的教育教学系统集成。在现代大学人才培养、科学研究、社会服务、文化传承创新、国际交流合作五大职能中，人才培养始终是最为基本和最为主要的职能。在实际工作中，各个高校的人才培养工作自成体系，都有自己的教育教学工作传统、特色和成功经验。当前，高校人才培养体系的构建受到以下三个因素的突出影响。

1. 全球治理体系的深刻变革

国际力量对比的变化引发全球治理体系的深刻变革，世界正经历着百年未有之大变局。面对愈发分化的世界，我们既要集中精力办好自己的事情，也需要尽己所能参与全球治理，推动国际新秩序的重构。随着“一带一路”倡议的深入践行，人类命运共同体构建的推进，共同建设一个“持久和平、普遍安全、共同繁荣、开放包容、清洁美丽”的世界成为越来越多人的共识。[①] 习近平总书记强调，要提高中国参与全球治理的能力，着力增强规则制定能力、议程设置能力、舆论宣传能力、统筹协调能力。参与全球治理需要一大批熟悉党和国家方针政策、了解中国国情、具有全球视野、熟练运用外语、通晓国际规则、精通国际谈判的专业人才。

全球治理体系的变革何以影响人才培养质量？诚如联合国教科文组织发布的《反思教育：向“全球共同利益”的理念转变?》所言：“当今世界风云变幻，各种冲突和矛盾重重，人类面临种种挑战，教育要为未来可持续发展承担责任。”[②] 中国拥有世界上最庞大的高等教育规模，一方面要通过国际交流合作吸纳世界优质教育资源，学习借鉴世界一流大学办学育人的成功经验；另一方面，要充分发挥高校在跨文化交流中的独特作用，促进国际教育合作，增进人类共识和理解，推动全球善治。这是提升中国大学国际地位、扩大中国大学国际影响，发挥中国大学在构建人类命运共同体进程中的知识引领和人才支撑作用的必要手段。[③] 为适应大学国际化的需要，我们要以更宽宏的国际视野，更系统的国际规则，更丰富的国际元素革新人才培养体系，以人类情怀、全球视野和国际事务参与能力为培养目标之一，增加全球治理人才供给，为中国更好地参与全球治理，贡献中国智慧和方案提供有力的人才支撑。

2. 中国高等教育步入普及化阶段

2021 年，中国各类高等教育在学总规模达 4430 万人，高等教育毛入学率达 57.8%，意味着中国已经步入高等教育普及化初级阶段。[④] 这意味着中国高等教育将继续扩大规模、持续推进，在普及化进程中着力解决“不充分、不均衡”和人民群众“不满意”的问题。但不少人仍然以大众化甚至精英化的理念对待普及化，这无疑将有碍于高等教育的现代化发展，更不利于高等教育强国的建设。[⑤] 早在 2018 年，习近平总书记在视察

---

① 汪明义：《大学理应成为构建人类命运共同体的中流砥柱》，《探索与争鸣》2019 年第 9 期。

② 联合国教科文组织编：《反思教育：向“全球共同利益”的理念转变?》，联合国教科文组织总部中文科译，教育科学出版社 2015 年版，第 16—22 页。

③ 眭依凡：《基于推进人类命运共同体构建需要的大学国际化选择》，《探索与争鸣》2019 年第 9 期。

④ 中华人民共和国教育部：《2021 年全国教育事业主要统计结果》，http://www.moe.gov.cn/jyb_xwfb/gzdt/s5987/202203/t20220301_603262.html。

⑤ 潘懋元：《新时代中国高等教育改革与发展：今天、明天与后天》，《高等教育研究》2020 年第 9 期。

北京大学时就强调指出："当前，中国高等教育办学规模和年毕业人数已居世界首位，但规模扩张并不意味着质量和效益增长，走内涵式发展道路是中国高等教育发展的必由之路。"解决好"大而不强"的问题，走好中国高等教育发展道路，要坚持以习近平新时代中国特色社会主义思想为指导，在保证数量供给的同时，以提高人才培养质量为旨归，持续推进内在制度体系完备、治理能力和治理水平现代化，持续提升外在社会公平性和对经济社会发展的贡献度，从而实现从超大体量到超强实力的跨越。同时，扎根中国大地办大学，也将对世界高等教育发展做出更大的贡献，提供更多的启发和借鉴。

高等教育普及化阶段的高校教育教学，需要标准化、定制化、系统化、信息化的教育管理作为支撑。与此同时，超大规模招生数量，意味着学生同质性弱化，社会文化背景差异增大，学生选择性增强，发展需求更加多元，培养模式也必然多样化。[①] 在中国高校普及化进程中，地方高校在满足"上大学"需求方面贡献巨大，但规模的扩张必然导致高校毕业生就业市场的竞争日趋激烈，社会对高等教育人才培养质量的隐忧，引发了公众对于大学文凭"含金量"的质疑。能否通过人才培养体系的完善，适应和满足学生个性化需求，化解高校毕业生就业结构化矛盾，增强社会公众对高等教育质量的信心，是每一所大学尤其是地方大学都面临和必须回答的时代之问。

3. 世纪疫情加速推动信息技术与教育教学的深度融合

当前，新一轮科技革命和产业革命正在孕育兴起，重大科技创新正在引领社会生产方式的新变革。大数据、人工智能、区块链、云计算等新兴科技在社会各领域的日益广泛应用，在深刻地改变人们的生活方式的同时，也重塑着教育形态，使学校教育教学的内涵和外延都发生了明显的变化。MOOC、雨课堂、云课堂等成为新的教学资源平台，微课程、开放式课堂、翻转课堂、线上线下混合等成为新的教学模式，探究式学习、移动学习、交互式远程学习、项目式学习、碎片化学习、STEAM 学习等成为新的学习方式。信息技术与教育教学的深度融合，促进了优质教学资源的共享，促进了"教师"向"教练"的身份转变，推动了以"教"为主向以

① 谢维和：《课程与学程——普及化阶段大学教学改革之一》，《中国高教研究》2022 年第 2 期。

“学”为中心的教学方式变革，师生关系随之向学习共同体、发展共同体方面调整。①

肆虐全球的新冠疫情引发各地纷纷“封关”“封城”“封校”，导致数以十亿计的学生无法正常学习，教育国际交流合作按下“暂停键”。当线上教育资源逐渐丰富，远程教学推进了复学复课。随着疫情防控进入常态化，世纪疫情在客观上进一步加速了信息技术在教育教学中的推广应用，促进了高校管理秩序、专业设置、教育内容的变革与调整，也改变了高等教育国际交流合作方式，催生了“在地留学”的发展，在某种意义上促进了留学的便利化，尤其是办学资源较为欠缺的地方高校迎来了国际交流与合作的良好机遇。

普及化阶段的高等教育如何在满足经济社会与个体发展需求的同时，保持应对未来社会复杂性与不确定性的预判和应变能力，成为后疫情时期中国高等教育改革与发展需要深入研究的重大命题。② 近年来，因应内外环境的变化，中国高等教育着力提升治理现代化水平，持续推动人才培养体系的变革。全面深入推进“四新”建设，推动学科专业深度交叉融合；提出“四个回归”要求，实施“强基计划”“双万计划”，引导专业、课程、教学改革方向；深化书院制、导师制、学分制改革，“双创”教育融入人才培养全过程；发布《深化新时代教育评价改革总体方案》，引导不同类型高校科学定位，办出特色和水平，改进本科教育教学评估、学科评估和经费使用绩效评价、国际交流合作评价，推进人才培养评价“破五唯”。尤其是新冠疫情发生以来，中国高等教育准确识变、主动应变、积极求变，正在发生格局性变化，取得历史性成就。与此同时，由于体制机制等多方面原因，地方高校在人才培养改革上仍然存在改革滞后现象，在“培养什么人”和“为谁培养人”方面，比较普遍地存在着人才培养定位的时代性不强、清晰度不高等问题；在“如何培养人”方面，比较普遍存在着人才培养的符合度、支撑度、保障度不够等问题；在“培养得怎么样”方面，比较普遍存在着教学评价难、评价结果运用不当等问题。因此，优化新时代人才培养顶层设计，构建完善系统完备、科学规范、运行有效的人才培养体系成为高校教育教学改革创新的重要课题。

---

① 郭英剑：《信息技术应用对当代教育的变革与挑战》，《高校教育管理》2016 年第 2 期。

② 钟秉林、南晓鹏：《后疫情时代我国高等教育发展的宏观思考》，《教育研究》2021 年第 5 期。

（二）地方高校构建高质量人才培养体系的基本维度

作为一个系统集成，人才培养体系的构成是多方面的。国家三部门印发的《关于高等学校加快“双一流”建设的指导意见》提出，高水平人才培养体系包括学科体系、教学体系、技术支持体系、教材体系、管理体系、学生奖助体系，思想政治工作贯穿人才培养全体系。构建人才培养体系，要坚守立德树人根本任务，紧紧围绕人才培养中心工作，坚持大学以教学为中心，教学以学生为中心的理念。① 在此仅从高校教育教学改革的角度探讨人才培养体系构建问题，即围绕人才培养目标，健全完善教育理念、教学制度、培养模式、教学评价等构建的人才培养体系。

1. 培养目标

培养目标是高等教育价值取向的体现，是高校对于“培养什么样的人”的顶层设计，对于学校办学治校具有牵引带动作用，对学校师生具有感染激励作用，也是学校人才培养个性化的标志。《教育部关于“十三五”时期高等学校设置工作的意见》从人才培养角度把中国高校分为研究型、应用型和职业技能型三大类型。研究型高校一般为高水平大学，主要以培养学术研究的创新型人才为主。应用型高校一般为地方本科高校，主要培养从事服务经济社会发展的本科以上层次应用型人才。职业技能型高校一般为高职院校，也包括部分地方本科高校，主要培养从事生产管理服务一线的专科层次技能型人才。② 分析众多高校培养目标可以发现，中国高校的培养目标除了一定程度上体现行业、职业特性外，比较普遍强调的特质包括民族性、世界性、创新性、应用性和综合素质，存在人才培养定位空洞与虚高、模糊和雷同，忽视学生个性心理品质和过于强调区域性等现象。

确立高等教育培养目标，要坚持“文化人”的视角，摒弃“工具人”定位，将培养大学生核心素养作为人才培养目标的核心。③ 地方高校在人才培养定位上，必须面向高等教育所面临的时代背景和应当肩负起的历史使命，立足高校自身办学历史和办学传统，科学确立民族复兴所需、社会

---

① 王松婵、林杰：《大学本科人才培养体系改革基本理念：争论、反思及超越》，《现代教育管理》2018 年第 10 期。

② 中华人民共和国教育部：《教育部关于“十三五”时期高等学校设置工作的意见》，http://www.moe.gov.cn/srcsite/A03/s181/201702/t20170217_296529.html。

③ 张应强、黄捷扬：《培养大学生核心素养与深化高等教育评价改革》，《厦门大学学报》2021 年第 6 期。

发展所求、学校能力可行、学生成长可为的目标。

2. 教育理念

理念是行动的先导。教育理念是哲学上“理念”在教育这一社会实践上的移植发展。这里所讨论的教育理念是关于教育方法的观念，是契合学校人才培养目标所采用的教育方法的观念，是人才培养体系中的动力系统。英国高等教育思想家罗纳德·巴尼特（Ronald Bamett）审视了传统高等教育的认识论基础和社会学基础，重新界定当代高等教育的本质，认为其在于学生个体的心智发展，提出“当今高等教育的任务主要不在于把学生打造为智者，甚或是批判性的思想家那样的学生，也不在于把他们造就为行者，而在于更多地把他们造就为人，使他们在变幻不定的世界中能够深谋远虑，历经考验”①。党的十八届五中全会提出了“创新、协调、绿色、开放、共享”的新发展理念。在世界百年未有之大变局和疫情交织的背景下，大学应贯彻新发展理念，倡导以学生学习和学生发展为中心的教育理念，遵循人才成长规律，从学生特点出发，从知识传授、能力培养、价值观养成等方面采用适宜的科学的教育教学方法。

3. 教学制度

制度体现一所学校特有的管理理念、人文精神和运行效度②，隐含大学的精神与价值追求，体现大学办学治校活动的历史传统、现行规程和改革方向，对师生和员工都具有激励和约束作用，其本身就具有丰富的教育意义。教学是教育的核心环节。教学制度是教育教学实践活动的参与各方都应遵循的办事规程与行动准则，是协调教育教学组织机构、教学活动参与各方关系，保证学校教育理念得以贯彻落实的相对稳定的系列规章体系。教学制度与保证教学活动的硬件资源一起，构成人才培养体系的支持系统。

当前，中国高等教育正以完善现代大学制度为目标，建立以大学章程为核心的制度体系。在教学制度设计与完善的过程中，高校要紧紧围绕立德树人根本任务，克服惯性思维和路径依赖，促进教育教学改革，持续加强教学制度建设，营造良好的教育教学人文环境，有效激励约束教师、学生、教学组织及教学管理者行为，有力促进教育教学活动的开展，实现教与学的双向促进、共同发展。一是激励引导广大教师明师德、正师风、强

① ［英］罗纳德·巴尼特：《高等教育理念》，蓝劲松译，北京大学出版社2012年版，第3页。

② 史根林：《学校制度文化的现时缺失与建设取向》，《中国教育学刊》2007年第11期。

师能、铸师魂，钻研教学学术，潜心教书育人，做“四有”好老师、“大先生”；二是促进学生激发其内生动力，增强学习的主动性、积极性和创造性，不断丰富知识、提升能力、强化素养；三是促进教学组织和教学管理权责统一、提升管理服务效能。

4. 培养模式

培养模式，“就是按照一定的教育思想并根据社会需要所确定的人才培养的总体样式”①，是在学校特定的教育理念、教学理论的指引和教学制度的保证支持下，适应学生群体现状、指向学生群体发展目标的不同课程结构、管理方式、教学方式等教育实践形式，是人才培养体系中的行动系统。培养模式是理念与行动的统一，也是大学教育理念的具体化成果，是大学人才培养的个性化策略与举措。囿于固有教育理念的束缚、教育条件的制约，中国高校人才培养模式创新的成效尚不明显，尤其是部分地方高校培养模式僵化，不能与时俱进，简单移植借鉴高水平大学培养模式，缺乏创新与活力，办学条件无法支撑培养模式，培养模式无法培养应用型创新性人才。

中共中央、国务院印发的《中国教育现代化 2035》和中共中央办公厅、国务院办公厅印发的《加快推进教育现代化实施方案（2018—2022年）》提出了实现教育现代化、建设教育强国的目标，要求将体制机制创新作为教育现代化的根本动力。高校要善于运用新机制、新模式、新技术激发教育发展活力，加强顶层设计、整合教育资源、凝聚育人共识，推进人才培养模式的革新。地方高校人才培养模式改革要契合高等教育发展趋势，突出尊重学生主体性和差异性，拓展学生选择面，创设浸润式学习环境，切实尊重学生成人成才的教育规律和个性化要求，真正将选择权还给学生。②

5. 教学评价

教学评价是对人才培养目标达成度、契合度的审视，是对教育教学过程、方法、结果的检验，也是高校教育教学质量监控的重要管理手段。教学评价是以促进大学教师与学生发展为核心价值取向，以本校教育教学改革的特定目标和主要实践为参照系，以调整和改进大学的教育教学工作为

① 王伟廉：《高等学校课程研究导论》，广东高等教育出版社 2008 年版，第 82—83 页。

② 田建荣：《古代书院因材施教与现代高等教育个性化》，《大学教育科学》2020 年第 6 期。

主要手段，在系统、持续、开放、民主的协商评价过程中实施的以学校内部评鉴为主并兼具外部评鉴的自主型教学评价模式。[①] 教学评价本身也是对教学目标的进一步细化[②]，具有理性审视和思考的意义，是人才培养体系中的监督反馈系统。教学评价的方式方法有很多，但终究只是一种手段而非目的。在实际工作中，高校教学评价存在对教学学术的重视和肯定不足、评价标准单一、评价方式简单、评价手段粗放、评价主体不适格等问题。2020 年 10 月，中共中央、国务院印发《深化新时代教育评价改革总体方案》，对新时代教育评价改革的工作目标和重点任务做出详细规定[③]，是新时代深化教育评价改革的纲领性文件。高校要坚持以立德树人为主线，以破“五唯”为导向，以更新教学考核和教师评价、学生评价方法，研制契合培养目标、教育理念、教学制度和培养模式的教学评价系统。

培养目标、教育理念、教学制度、培养模式、教学评价共同构成“五维一体”人才培养体系，其中，培养目标是“本”，教育理念是“魂”，教学制度是“基”，培养模式是“纲”，教学评价是“要”。如此构建的“五维一体”人才培养模式，是基于对高等教育发展规律、教书育人规律、学生成长规律的认识和把握，体现了“培养什么样的人”“怎么样培养这样的人”以及“人培养得怎么样”的基本逻辑。地方高校要在坚持社会主义办学方向、把握高等教育发展大势的基本前提下，立足区域经济社会发展实际和自身办学传统与成功经验，科学确立人才培养规格和目标，更新凝练教育理念，完善教学制度，革新培养模式，深化教育评价改革，构建适应和满足学生成长诉求、时代发展要求、社会进步需求的人才培养体系。

（三）地方高校“五维一体”人才培养体系构建的实践

近年来，作为省属重点高校的四川师范大学基于当今高等教育所面临的全球治理体系深刻变革的社会背景、信息革命与教育教学深度融合的技术背景以及中国高等教育步入普及化阶段的现实环境，秉持“学生中心、教师主体、引领社会”办学理念，紧扣时代新人的内涵特征演化，持续优

---

① 李卯、何青青：《基于创新力导向的大学校本教学评价模式构建》，《现代教育管理》2014 年第 8 期。

② 郭文革：《高等教育质量控制的三个环节：教学大纲、教学活动和教学评价》，《中国高教研究》2016 年第 11 期。

③ 中共中央、国务院：《深化新时代教育评价改革总体方案》，《人民日报》2020 年 10 月 14 日第 13 版。

化人才培养改革思路，从“心理品质、行动能力、核心素养”三维度，确立“三心四能五结合”培养目标，落实“课程体系 + 成长环境”教育理念，践行“多元培养 + 个性成长”培养模式，健全“教学相长 + 内生发展”教学制度，推进“过程监控 + 多元评价”教学评价，从而构建了“培养目标·教育理念·教学制度·培养模式·教学评价”五维一体的人才培养体系，取得了良好的人才培养成效。

1. 厘清“时代新人”内涵，确立“三心四能五结合”培养目标

学校秉持本质论、要素论和系统观，遵循教育规律和学生成长规律，析出人才培养目标的核心要素，提出了“三心四能五结合”的人才培养目标。“三心”指心理品质即高度的责任心、持续的进取心、强烈的好奇心；“四能”指行动能力即表达能力、和谐能力、创新能力、实践能力；“五结合”指核心素养即专业技能与职业操守相结合、社会担当与健全人格相结合、创新实践与批判性思维相结合、科学精神与人文情怀相结合、历史眼光与全球视野相结合。这个目标定位回归教育的本质，把培养学生的核心素养作为教育教学目标，上鼎国家战略和大学使命，明确“时代新人”应是“民族复兴重任的担当者和人类进步事业的积极参与者”；这个培养目标体现了培养具有全球责任意识及能力的人才，这样的人才能肩负起“引领区域教师教育，促进区域经济社会发展，服务国家重大需求，传承创新中华文明”的时代使命；这个培养目标下立区域需求和学生特质，基于办校 76 年为党育人、为国育才的经验；这个培养目标从“心理品质、行动能力、核心素养”三维度，进一步区分师范类、非师范普通类、艺术类的分类人才培养要求。为此，全校 80 个本科专业均以此绘制出“核心素养 + 专业能力”的专业人才培养目标矩阵，形成学校人才培养目标全景图。各专业循此制定人才培养方案，以“结构均衡、动态优化、实践导向”为准则，持续优化培养方案，确保人才培养目标在培养方案中落细落实。

2. 秉持“大教育观”，落实“课程体系 + 成长环境”素质教育理念

学校秉持“时时皆教育”“处处皆教育”的大教育观，营造“在时间上贯穿于人生全程”“在空间上充注于人生各处”的“课程体系 + 成长环境的“育人观”，全面彰显“课程”和“环境”对学生成长的影响力。在课程体系上，以“素专融合、理实渗透、递阶推进”为原则，形成了以

“核心课程理念”为轴心[①]，横切面为三大模块即“素质教育课程、学科专业课程、专业发展课程”组成的课程结构，纵贯线为“三大课程模块”的“必修＋选修”共六个板块的核心课程串联构成的进阶挑战型核心课程群。学校将师范大学应该具有以“学之楷模”为标志的高水平特征和培养“世之表率”为使命的教育追求作为全校学生的培养底色，将师范生训练体系迭代升级为适合所有学生的综合素质提升体系，使得所有课程都体现出师范性。途径是通过全校学生共读教育经典名著、非师范生选修教师教育类课程、学生参与教师教育社会实践等浸润式课程实施方式，让师范生“师”味更浓，非师范生也有“师”范儿。学校在课程体系上创造性地镌刻形成“川师品牌”。

在成长环境建设上，学校坚守学生既是“环境的享有者”，又是“环境的创造者”的基本认知，一方面致力于营造融合“思想引领、校园文化、社会实践、创新创业、保障支持”的适宜学生终身可持续的成长环境，另一方面鼓励学生积极参与到环境的改造、创造中，引导学生增强社会责任感、时代使命感，进而使学生潜能显现、个性张扬，促其成长为“民族复兴重任的担当者和人类进步事业的积极参与者”。通过多年环境营造的创新实践，形成了具有校本特色的素质教育核心课程“十个一养成教育”[②]。该课程主要内容为“一个总结（每学期在班上自我总结）、两封书信（每学期与亲人和老师书信沟通）、三个场地（以图书馆为标识的阅读场地、以运动场为标识的锻炼场地、以学术报告厅为标识的学术交流场地）、四项活动”（社团活动、社会实践活动、公益活动、科技活动），以课堂活动课程化的形式，通过学生自我设计、自主安排和目标自定、环境自设，实现了学生身体与心理、沟通与表达、知识与能力、理论与实践、情感表达与价值观塑造的融会贯通。

3. 着眼“内驱动力”生成，健全“教学相长＋内生发展”教学制度

学校进一步明确了教学中“学生中心、教师主体”的共生关系，以“教学相长＋内生发展”为宗旨，不断健全激发师生内驱力的系列教学制

---

① 汪明义：《实施专业核心课程制度培养高素质复合型应用人才》，《中国高等教育》2012年第10期。

② 汪明义主编：《“如何度过大学时光”——四川师范大学“十个一”养成教育指南》，四川师范大学出版社2022年版。

度。从教学相长角度来看，一是体现全程性，制定并实施人才培养管理办法《教师与学生一本通》，组织师生学习教与学的基本流程与规范，明确教与学的政策依据和行动准则。二是聚焦关键点，制定并实施《混合式课程建设方案》《教师教学能力提升实施办法》等制度，对教与学的提升路径提供全方位全过程的方案指导。其中两大关键举措，有效促进了教学相长：一是全面推进核心课程制度。制定《四川师范大学核心课程建设方案》，在全校80个专业中遴选、整合出550余门核心课程，编拟出台《核心课程建设规范》，指导、规范核心课程切实体现“两性一度”要求。二是全面推行课程实施大纲制度。编制了涵盖14个指标42个观测点的课程实施大纲，出台《课程实施大纲“写—用—评”一体化指南》，并将《课程思政建设方案》的各个要素深度融入课程实施大纲编撰之中。目前已经在全校2000余门理论课程中开始使用课程实施大纲。

在促进教师发展方面，学校加强对教师教学内生动力的激励。坚持教学学术为大学教师的第一学术，持续打造“回归本位”的教学学术文化，制定并实施促进教师站好课堂主阵地的制度。如以课程实施大纲制度为抓手，强化14个课程要素的校内外多维评价。将教师参加教学类改革、指导学生参与教学竞赛、指导学生毕业论文等纳入教学学术业绩考核范围；将教学学术业绩和课程实施大纲评价结果作为职称晋升前置条件纳入职称评审制度，在这项制度中明确规定，课程实施大纲评价排名后20%的被直接淘汰。将教育人杰出贡献奖、人才培养卓越表现奖、人才培养新秀奖、在线教学之星、人才培养先进单位等作为教书育人的制度性奖励政策。全校上下已形成对教学学术的文化认同。

在促进学生发展方面，学校加强激发学生勤奋学习的内生动力。制定了涵盖思想引导、学业指导、心理疏导和发展辅导的学习质量保障系列制度，确定了大一认知教育，大二职业生涯教育，大三专业发展教育，大四职业发展教育的具体内容和形式；制定学生参加学科竞赛、参与科研项目、参加创新创业大赛等对应课程的学分转换与认定制度；将“十个一”养成教育作为核心课程纳入学分管理，学生的综合素质得到显著增强。

4. 尊重“差异自洽”发展，推行“多元培养＋个性成长”培养模式

学校视学生差异为人才培养的重要依据和宝贵资源，从“多元类型”的培养方式和“个性选择”的学习路径，构建让个体能自洽发展的学习支

持系统。在“类”上根据生源特点，制定小容量专业集合的“大类招生、二次选拔”的学科方案，经生物科学类、数学类、电子信息类、计算机类和地理类等学科的4年实践，完善了大类招生、大类培养、大类管理的联动机制。从“型”上立足人才培养和时代契合、区域融合的整体“合需要性”，创建新文科实验班、陶行知创新实验班、拔尖创新人才实验班、4+2教育硕士贯通培养、4+2+3本硕博贯通培养、“辅修专业”“第二学士学位”和“双学位”等培养模式，为学生个性化成长提供广阔的平台和空间。在促进个性成长方面，为学生个性化选择畅通机制、提供海量资源、打造丰富平台。学生既可以在本专业进行纵向深入学习，修读本科荣誉项目课程、顶点课程或各类卓越培养计划，强化学术训练，实现本研衔接培养；也可以开展跨学科横向学习，或参与各类创新创业实践等，接受交叉融合培养，为成为复合型人才奠定基础。开设素质教育选修课200余门，放宽10—20个学分跨学科专业课选择权限，指导学生在学校的课程上定制个人学习地图。依托师范生训练国家级示范中心、脑科学实验室等实体空间和异地同步课堂、虚拟仿真实验室、在线课程平台等虚拟空间，为学生提供充足的学习资源和体验场域。此外还举办多类高端论坛，如举办“诺奖进川师讲堂”“复旦川师讲堂”“浙大川师讲堂”（即与复旦大学和浙江大学四川校友会合作，邀请这两所大学的著名学者来川师大为这两个学校的四川校友和川师大的在校学生举办高水平的学术讲座）、“川师大讲堂”；与韩国、巴基斯坦等高校联合成立SKY联盟，举办大学如何推动人类命运共同体构建的高端论坛；承办每年的“亚洲教育论坛”等，致力打造高端学术引领学生成才的人才培养模式。

5. 形塑“学为中心”文化，推进“过程监控+多元评价”教学评价

学校确立“以学生发展、学生学习、学习效果为中心”的教学评价取向，探索技术推动下的“过程监控+多元评价”教学评价创新实践。强化过程评价，设立“基于大数据的课程教学质量监测体系构建”等质量工程项目，探索通过基于技术的数据采集和分析，将评价渗透到教学环节中，逐步实现基于数据分析证据的差异化和适应性教学，提供教育数据的全过程采集和教育效果的及时反馈，循此完善并执行《学业预警制度》《专业动态调整与预警制度》。

健全综合评价，一是评价指标多元，构建以学为中心的学习动机、学

习投入、学习策略、学习收获等数据采集和监测体系，对学生实现全面画像；二是评价主体多元，将家长评价、社会评价甚至机器评价结果纳入评价数据中；三是评价方法多元，全校出台《四川师范大学本科生课程考核管理办法》，推行教考分离和非标准化考试，出台《本科课程目标达成度评价实施办法》对课程进行目标达成度评价，推进教学持续改进。

在教育教学实践中，"五维一体"人才培养体系产生了良好的教育教学成效。四川师范大学50%以上的专业入选国家和省级专业项目，23个专业入选国家一流专业建设点。学生创新创业能力不断增强，深造率稳步提升，学科竞赛成绩不断提高。人才培养改革部分举措被写入四川省政策文件并在全省推广。学校被评为全国深化创新创业教育改革示范高校、全国教师考核评价改革示范高校，承担首批教育部"推进实施卓越中学教师培养"、首批教育部新工科研究与实践项目、首批教育部体育美育浸润计划、首批教育部新文科研究项目等。

二　论高水平师范大学师范毕业生的四大素养*

国之大计，教育为本。教育大计，教师为要。国之强盛，必尊师而重教。民族之伟大复兴，应把教师置于崇高的政治、社会和职业的地位之上。以习近平同志为核心的党中央立足全球视野，审时度势，从新时代中国特色社会主义发展的战略高度，做出了优先发展教育事业、加快教育现代化、建设教育强国的重大部署。实现教育强国梦，有一支好的教师队伍是关键、是基础。好教师的培养任重而道远，培养一批又一批的好教师既需要政府层面建立良好的制度环境，更需要师范大学的作为与担当。为好教师的成长奠定坚实的基础是师范大学的根本任务，是师范大学的初心，为此，高水平师范大学的毕业生除了要具备"三心四能五结合"培养目标的共性之外，还需要在四个方面予以强化，即新时代师范大学需要着力强化师范生的学科素养、教育素养、社会素养和国际素养培育。

（一）锤炼学科素养，打造专业本领

韩愈说："师者，所以传道授业解惑也。"现代社会把"学高为师、身

* 本小节主要内容曾发表于《中国高等教育》2019年第3、4期，题为"实现教育强国梦师范大学有担当"，该文所论述的四大素养是在"三心四能五结合"目标基础上，专门针对师范毕业生提出的。

正为范”确立为师范教育的第一原则。习近平总书记谆谆告诫道：“教师要做学生学习知识的领路人。”可见，知识的授受是现代教育的主要途径。在现代教育实践里，知识存在于学科和专业。师者的责任就是要以伟大的人类实践为背景，用科学的教育方法把打开知识宇宙的钥匙递交给新生的一代，使其能够在新的知识实践中丰富和发展之，保证知识文明的生生不息，保证人类自身的繁衍发展以至于无穷。因此，具有现代学科知识素养和专业本领是好教师的关键。为此，新时代的师范教育需要建设并实施专业核心课程制度、跨专业选修制度和课程实施大纲制度，借助人工智能的先进成果，打造学科交叉学习的个性化知识平台，引领师范生经由学科知识的学习，知晓核心的学科知识是如何产生的、是如何被应用的、对自己将来发展有什么作用、与此相关的领域还有哪些未知的问题等，熟悉学科知识在整个知识宇宙中的位序和独特价值，掌握打开知识宇宙的钥匙，知识化自身的生命和行为，成长为现代学科知识和科学真理的真正掌握者。当师范生通过大学教育具备了这样的学科素养后，他们将来在中小学的知识教学中，就不会仅仅依靠简单地灌输，而是会采用科学合理的教育方式，阐释这些知识的产生过程及其价值，激发青少年的好奇心和想象力。

（二）陶冶教育素养，激扬教育情怀

具备精深宽广的学科知识和专业造诣，是成为一名好教师的必要条件。习近平总书记指出，好的教师要具备四种品质，即理想信念、道德情操、扎实学识、仁爱之心。这其中的理想信念、道德情操和仁爱之心，就集中表现为教育情怀。教育情怀是教育素养陶冶的结果。新时代的师范教育需要从教育素养的陶冶入手，引领师范生养成深沉的教育情怀，拥有教书育人的激情。为此，新时代师范教育至少需要构筑现代教育理论、文化知识和教育实践三个相互统一的课程学习体系。现代教育理论及其规律是教育情怀的内核，它所解答的是，什么是好的教育、教育有什么价值、如何评价教育等。有了教育理论，教育情怀才会生发出科学性和严谨性，有了教育情怀，师范生才会自觉地追求教育理论，这是一个相互循环增值的过程。教育理论所归属的教育文化是更广大文化形态的一部分，教育理论的全面理解与认识需要把教育文化放置到完整的文化知识体系中。新时代师范教育要自觉引领师范生从整体文化视野的高度把握教育的文化价值位序，这一把握是向深层次教育情怀的拓展与固化。教育理论与文化的和合互生又会进一步激发未来的教师把情怀和目光自觉地扩展到现实的教育实践中，从而促使他们关注教育实践，以及教育实践中人的生成。有了文化和实践的融入，教育情怀就会成为教育变革与发展的不竭动力。一个有教育情怀的教师在实践中所表现出来的品质就是“视教育若性命、视学校若家庭、视学生若子弟”的师魂。

（三）润化社会素养，增强使命担当

教育是社会改造的有益工具，教师是教育的重要主体和引领者，这就意味着教师的社会素养是好教师的应有之义。传统的师范生培养主要是在学校里进行，它以教师教育学科知识的习得为主要内容，辅之以有限的实践实习教学活动，其实践实习主要被划在了各级各类学校里。在现代教师资格证制度建立以后，学生也主要是以修习教育类课程和专业化课程为主，辅之以标准化的考试等，其训练内容里仍然缺乏广泛的社会实践内容。好教师的职责就是要“坚持潜心问道和关注社会相统一”。好教师社会素养的生成之道，当重构师范生的课程培养和实践教育体系，增加广泛的社会学课程和内容，引领学生习得社会学的理论和方法，融合教育理论，密切关注传统、国家、民族以及人类未来等问题，从一个广大、包容的视野出发理解现代社会的运行规律，并由此加深对教育的理解。同时，辅之以广泛的社会实践教育，不再是从学校里来到学校里去，而是引导学生利用教育学的知识深入社会实践，学会把社会问题加以教育学化的阐释。尤其要关注社会中弱势人群存在的问题，关注教育公平和社会公正，把教育的伦理法治加诸社会实践，以促进社会向真善美的方向持续发展。在这一过程之中，使得专业技能与职业操守相结合、社会担当与健全人格相统一，把现代社会素养润化于师者的品格之中。师范大学在学期中所开展的教育教学实践、在假期里所开展的社会调查实践以及师范生平时自发开展的社区公益活动就是润化其社会素养的有力载体。

（四）培固国际素养，开辟全球视野

基于计算机技术发展与创新的现代世界是一个互联网和物联网的世界，人们之间的工作、学习和生活之间的联系日益密切。在习近平总书记的倡导下，全球社会正在向人类命运共同体的方向协同发展，国际意识成为现代人的普遍意识，全球价值也成为现代人行为的重要取向。现代教育需要积极回应这一社会发展的普遍趋势，有效促进国际意识的形成和传播，以推动人类命运共同体的建设和发展。因此，集聚全球教育资源，在教育实践中加强国际文化交流，经由文化的相互理解和尊重搭建人类文明互通的友谊之桥，培养既能承担中华民族复兴大任又能服务国际社会的现代人已然成为现代中国教育的伟大使命。为了承担起这一新的历史使命，新时代的师范教育首先需要从顶层设计层面全面建设有利于师范生国际素养养成的教育教学体系，开辟师范生的全球视野，形成国际化实践精神和实践能力。具体而言，需要在以下几个方面着手加以推进和实施。在专业建设上，建设包含国际文化资源的学科专业体系，强化外语及文化的学习；在教育主体方面，开展师生国际互换交流学习，实施学分互换认证制度；在实践实习环节，开辟国际实践实习路径，建构各种国际化的师范生教育平台，增加国际社会的理解和认同。

新时代教师教育拥有了新的地位：教师是教育发展的第一资源，是国家富强、民族复兴、人民幸福的基石。当然，新时代教师教育也面临着新的矛盾，即如何引领基础教育，如何让最优秀的学生从事教师教育；新时代教师教育还面临着新的任务，即师范院校要回归师范性、师范专业要回归专业性、师范学生要回归职业性。只要我们全面贯彻落实习近平总书记关于教育的重要论述，从人才的培养目标、教育理念、教学制度、培养模式、评价机制等方面系统地识读教师教育，不断"锤炼学科素养、打造专业本领；陶冶教育素养、激扬教育情怀；润化社会素养、增强使命担当；培固国际素养、开辟全球视野"，师范大学就能肩负起时代赋予自己的伟大使命，好教师就会源源不断地涌现出来，教育家辈出的时代必将早日到来。

第三节　高水平示范性师范大学的主要特征*

本节对师范大学的教育取向、师范大学的高水平追求、师范大学的示范要求、师范大学的发展方向四个方面所具有的特征进行初步讨论，以期达成高水平示范性师范大学的应有取向及特征的基本共识。

---

* 本节主要内容曾发表于《教育研究》2021 年第 2 期，题为"高水平示范性师范大学的主要特征"。

一　师范大学的教育取向

师范大学作为大学的一个类型，具有与普通大学既联系又区别的自身定位。首先，不同来源的视野特征。“大学”一语从 University 翻译而来，其词根 Universus 之“普遍”“整个”“世界”“宇宙”等本义，赋予它超时空取向和普遍性诉求。大学的宗教出身，使它忽视利害和世俗而热衷于探求流动变化的物象世界里面的抽象道理，发现万物背后的逻各斯（Logos）。这一内在精神气质向外释放，必然生成世界性、全球性和国际性的人类视野和愿景：大学，虽然诞生于具体的地域国家，但它必须以世界性方式存在。师范大学作为大学的一个类型，源于国家培养师资力量的需要，必然体现出以国家为疆域的地方性、区域性。所以师范大学虽然同样以世界性方式存在，但却要整合其地方性、区域性而形成开放性视野。

其次，不同取向的求知特征。大学之所以被视为象牙塔，就是因为她的天生气质和视野决定其求知与中学根本不同。一是探求“第一原理”：大学不是引导学生“从最新的观察着手然后回到第一原理，而是从第一原理着手，到所有那些我们认为对了解这些原理是有意义的最新观察”①。二是将知识转化为力量：大学的理想是如何有效地“把一个孩子的知识转变为成人的力量”②。由此，大学首先必须以探索和创造知识为使命；其次必须将探索、创造得来的知识有个性地传递给学生，使之有创意地运用知识。师范大学同样接受如上求知目标的激励，但在目标内容方面却体现出自身诉求。师范大学要诉求客观的普遍知识，却更侧重于创造和传播人性知识，包括人的身心、情感成长和人的智商、心商、情商所激发的知识，所以，师范大学以探求和发现人性真理为要务。

再次，不同要求的目标特征。普通大学探求客观真理的人本目的，是培养文化知识人：或科学文化知识人，或政治文化知识人，或艺术文化知识人，或经济文化知识人。为此，普通大学必须向学生传授如何运用、探索、创造客观知识的艺术。与此不同，师范大学必须在培养文化人的基础上，培养文化教育人，即培养从事文化教育的人。为此，师范大学必须向学生传授如何传播、理解和运用（主客观）知识的艺术。

---

① ［德］菲利普·弗兰克：《科学的哲学》，许良英译，上海人民出版社 1985 年版，第 6 页。

② ［英］怀特海：《教育的目的》，徐汝舟译，生活·读书·新知三联书店 2002 年版，第 49 页。

最后，不同文化取向的民族特征。大学虽然是以世界性方式存在的，但因其诞生于地域国家而获得国家性。这要求大学在面向世界，走向国际社会肩负起人类使命的同时，担当起培养国家人格和国家视野的重任。师范大学在肩负起培养国家人格和国家视野责任的同时，更要担当起弘扬返本开新的民族性格和民族气质的责任，培养学生图强自新的民族精神和民族能力。师范大学的这一民族责任，源于大学本身是扎根民族文化土壤的学术机构。习近平总书记强调："我们要认真吸收世界上先进的办学治学经验，更要遵循教育规律，扎根中国大地办大学。"① "一个民族的公共教育的特性表现得越明显，它就越能自由地向其他民族借鉴自己所需要的一切。"② 一个民族的公共教育的基础部分是师范教育，由师范教育创建起来的教育体系，才是"由本民族自己创造并且建立在民族性基础上的教育体系"，这样的教育体系才"具有巨大的教育力量"③。

所以，民族性成为植根于师范教育之中的核心质素。在当今时代，尽管世界各民族国家之间的交往日益密切和频繁，人类各文明之间的交流日益增强，弘扬民族性格和民族气质，培养图强自新的民族精神和民族能力，仍然是师范大学的根本任务。

二　师范大学的高水平追求

师范大学的自身特殊性集中体现在"师范"二字上："師"之甲骨文为[甲骨文字形]，其本义为"朿"，甲骨文学家解"师，所止也"，意为以文化教人知止。其后，司马迁提出"师表"概念，强调以文教人知止之"师"必要体现出表率性。所以《法言》中定义"师者，人之模范也"。"范"字本义为草名，因其字形"艸、氾两范式叠加"而获得"榜样""典范"之引申义。"师范"一词始见于"君学成师范，缙绅归慕"（《后汉书·赵壹列传》），意为学而成己为世人典范。以培养师资为己任的师范教育，不只使人具备"传道、授业、解惑"的本事，更应该在行为上成为"世人之模范"，由此要求师范大学必须是高水平的和示范的。

---

① 习近平：《在北京大学师生座谈会上的讲话》，《人民日报》2018 年 5 月 3 日第 2 版。

② ［俄］乌申斯基：《乌申斯基教育文选》，郑文樾编选，张佩珍等译，人民教育出版社 2013 年版，第 66 页。

③ ［俄］乌申斯基：《乌申斯基教育文选》，郑文樾编选，张佩珍等译，第 81 页。

师范大学的高水平，是指师范大学必须培养学生“学必自高”。这源于“登高必自远”的文化传统和教育传统：教人原本是攀登人性高峰的事业，故而要求以教人为事业的学生必须具备学问大、认知高远、视野广阔，专业基础深厚且通识能力强，唯有如此，才可成为“学之楷模”。

一是“学之楷模”要求师范大学必须实施全人教育。

全人思想的最初倡导者是柏拉图（Plato），其后经过中世纪宗教教育的发酵，又经近代路德（M. Luther）和加尔文（J. Calin）等人的倡导，构成启蒙时代教育的基本理念。康德（I. Kant）的《教育学讲义》、裴斯泰洛齐（J. H. Pestalozzi）的《关于人类发展自然进程的探索》、歌德（J. W. Goethe）的“教育区”、施莱尔马赫（F. D. E. Schleiermacher）的《教育学讲义》、赫尔巴特（J. F. Herbart）的《普通教育学》、福禄培尔（F. W. A. Fröbel）的《人的教育》、席勒（E. Schiele）的《审美教育书简》等都以不同方式阐述全人教育。

“全人教育”之“全人”的基本含义有三：其一是具有“至为善通、至为平凡”胸襟的人；其二是具有“健全人格”的人；其三是具有“完善性格”和“独立个性”的人。综合此三者，就是主动性的人，即主动作为、主动担当、主动前进。因为“主动性就是从人的精神中产生真、善、美的思想。作为追求生活的总目标，这是客观的教育原理。因为主动认识是针对真，主动感情是针对美，主动意志是针对善而言的，所以要主动奋力前进”①。主动性的自我要求就是自我教育。从根本上讲，“人的教养不能靠别人传授，人必须进行自我修养。一切苦修也绝不是文化修养，教育是通过人的主动性来实现的”②。“教育就是人自我培养，或受别人的培养。教师的注意力首先是发展人的主动性，人受教育后会变成自身的主人，变成生活中的进修者，受教育会给人增加伟大的力量，增强活力和全面发展个性，受教育会增强人的智力和体力。教育的最大的注意力（主观原理）是培养主动性”③。

二是“学之楷模”要求师范大学必须实施“文化”教育，这是师范大学在“教什么”方面的根本要求。

---

① ［德］第斯多惠：《德国教师培养指南》，袁一安译，人民教育出版社 2018 年版，第 22 页。
② ［德］第斯多惠：《德国教师培养指南》，袁一安译，人民教育出版社 2018 年版，第 21 页。
③ ［德］第斯多惠：《德国教师培养指南》，袁一安译，人民教育出版社 2018 年版，第 22 页。

普通大学，无论是综合性大学还是专科大学，都是以学科知识来培养人；与此不同，师范大学必须运用“文化”来塑造人。“文化”的英法文 culture 和德文 kulture 均源于拉丁文 cultura，意为对土地的开垦、耕作和培育：

> 即将硬土刨松软，将下层阴土翻到上面来使之得到上天赐予的温暖，除去石头瓦块、树根、竹根及草根，使作物得以发育生长。我们在人的心灵上也不能不进行耕耘，使顽固的心软化，对冷酷的心赋以神佛般的暖意，也要除去心中的石头瓦块、树根、竹根和草根。说起心中蔓生着的那些杂草，那就是怨恨、嫉妒、怪僻、贪欲、阴险、谗言、不平、不满、惰情、放纵、利己……贫乏、盗窃、阴谋、懒汉、饕餮者、娇气、虚荣……尤其是无情的吝啬鬼。清除这一切，使自己成为纯洁之人的途径，就是人的修养；这样的人，就是有教养的人，就是文化人。①

用文化来塑造人，一是指耕耘天赋“相近”但因利欲熏染而“相远”的人性，去除人性的“杂草”和“污秽”，使之纯洁、有教养、文明；二是指耕耘天于赋人的智商、情商、心商，使之勃发生机、自我化育、勇往直前。

师范大学用文化来培育人，就是以文化为工具来做如上两方面的耕耘，使学生具有从教所必须具备的广博学问、真诚道德、艺术修养、宗教般虔信、强健的身体和富裕的生活。“人类文化有六个方面，即学问、道德、艺术、宗教、身体、生活等。学问的理想是真，道德的理想是善，艺术的理想是美，宗教的理想是圣，身体的理想是健，生活的理想是富。教育的理想就是创造真、善、美、圣、健、富六种价值。”② 唯此六者聚于一身，才构成师范教育的艺术。

三　师范大学的示范要求

师范大学高水平教育必须从两个方面将学生培养成世之表率和楷模。

---

① ［日］小原国芳：《教育论著选》（下），刘剑乔等译，人民教育出版社 1993 年版，第 4—5 页。

② ［日］小原国芳：《教育论著选》（下），刘剑乔等译，人民教育出版社 1993 年版，第 4 页。

一是模范性[①]。一方面，师范大学的模范特征体现在将学生培养成为热爱知识、崇尚学问、敬畏真理和凡事讲道理的表率，并具备在未来的从教生涯中引导人热爱知识、崇尚学问、敬畏真理的精神品质和凡事讲道理的能力。另一方面，将学生培养成为学习的表率，首先是引导学生成为主动学习、会学习、终身学习的表率；其次是培养学生成为未来从教生涯中善于指导、激励学生主动学习、会学习和终身学习的导师。

二是引领性。师范大学高水平引领社会从三个层面展开。其一，从母语性、民族性、历史性和文化性四个方面引领国民基础教育。其二，从职前教育、继续教育和岗前培养等方面引领中小学教师以及普通大学、职业技术学校教师如何成为师者。其三，通过校风学风师德和培养学生走向职业作为和生活德性的践行等方面来引领世风世德、学风学德和职风职德。

师范大学高水平引领社会的主要方式有四。一是师范大学必须秉承并弘扬大学探求真理的品质和追求自由的精神。莱辛（G. E. Lessing）说："如果让我一手捉住真理，另一只手追求真理，任我选择，我一心舍前者而取后者。"[②] 高水平的师范教育就是通过传授学问、播种德性来培养学生探索、弘扬人性真理，引领人们学会自由，理性生活。二是"教师必须是'全人'……必须有'灵魂优先'的信念"[③]。高水平的师范大学必须成为"灵魂优先"信念的引领者。三是高水平的师范大学培养所有从教者学会以尽心尽性的方式生活在孩子中间，生活在学生中间，点亮学生创意性学习和创富生活的心灯。四是从本质上讲，教育就是"一切财产，为了他人，而不是为了自己"，高水平的师范教育必须引导学生将此作为走向教育生涯的职业理想和使命，以普遍性的精神来净化物、指导物欲，使人巍然站立成为人。

四　师范大学的发展方向

师范大学的高水平和示范性，既是其区别于普通大学的内在规定性，

---

① 原文为"示范性"，鉴于本段论述示范性，故将示范性体现在"模范性"和"引领性"两个方面。

② ［德］第斯多惠：《德国教师培养指南》，袁一安译，人民教育出版社 2018 年版，第 35 页。

③ ［日］小原国芳：《教育论著选》（下），刘剑乔等译，人民教育出版社 1993 年版，第 339 页。

也是时代发展使然。

一是人类性。当今世界正敞开着百年未有之大变局。习近平总书记提出构建“人类命运共同体”的应对方策，得到在世界上大流行的新冠疫情的有效验证：新冠疫情的成功防控既取决于所有国家所有人的自觉行动，又取决于全球科学家的联合医学技术攻关。对新冠疫情认识的过程本身也是教育的过程，它体现了教育的人类性。在这一过程中，人既是教师也是学生，结成了师生认知的命运共同体；并且，其被迫开启的在线学习的全球教育模式，深刻地改变了当代教育观念。

尤其是师范教育，在此之前主要停留在服务民族国家的意识层面。今天，面向未来的师范教育，其高水平发展需要吸收当代人类的认识成果，重估一切教育的价值和使命，全面构建服务人类命运共同体意识的新型师范教育。这就要求在未来师者的培养实践中引导其从关注个体命运到关注群体命运再到关注人类命运，不仅要培养其家国情怀，还要培养其人类情怀和地球情怀。正是这发展态势推动着高水平示范性的师范教育学，必将成为真正意义上的人类显学。

二是全球性。与人类精神存在的命运共同体相对应，作为人类物质存在空间的地球也变成了真正的“地球村”。互联网和物联网的全球化扩展，使得建立在地域基础之上的民族国家的边界正在日益受到网络社会的冲击和挑战，地域边界在日渐削弱和模糊，固化的地域将不再是唯一的界限，开放的和动态生成的心灵、认知、思想、情感疆界将变得越来越重要。

这种变化态势既是教育的结果，也是正在改变的世界进程将教育变成全球化存在的新力量。这要求师范大学的高水平发展和示范性努力必须积极应对这一趋势，以构建一种面向未来和创造未来的世界教育学。这种面向未来和创造未来的世界教育学必须着眼于全球伦理实践，着眼于“地球村”的安全存在和共同繁荣，从德智体美劳诸方面全面打造新的课程教学体系。所以，这种建设和引领未来的世界教育学也是一种全球化的教育学，它的目标和使命是树立教育作为全球共同利益的新观念，整合人类已有的一切思想、知识、智慧和技术等优秀文化资源，培养具有全球视野、天下情怀和全球伦理实践能力的新型师资，服务人类“共生存在文明”①

---

① 唐代兴：《后世界风险社会的共生存在文明构建论》，《深圳大学学报》2020 年第 2 期。

这一共同福祉。

三是综合化。当代世界巨变不仅推动着师范大学的高水平发展获得人类性和全球性的取向，而且推动着师范大学高水平发展必须走向更新的综合，从而获得谋求全面发展的大综合特征。师范大学高水平发展的综合化，首先体现为它必须克服“今日大陆多数综合大学都明显可见学风和教育思路上‘术’压倒‘学’的倾向”① 和改变“技能”扭曲“师道”的状况，恢复师范之“道”统摄师范之“术”；其次体现为追求办学定位、学科发展、专业建设和人才培养的综合化。

第四节　学科建设是高水平示范性师范大学的基石*

2022 年 4 月，教育部联合八部门发布了《新时代基础教育强师计划》（简称“强师计划”），同时开始实施“师范教育协同提质计划”。这些政策的出台与实施，意在推进教师教育振兴发展，努力造就新时代高素质专业化创新型的基础教育教师队伍，为加快实现基础教育现代化提供强有力的师资保障。2021 年教育事业统计数据显示，中国有各级各类学校专任教师 1844 万人，其中基础教育教师 1586 万人（含特殊教育），占专任教师总数的 86%。尽管中国现行的国家教师资格考试制度，打通了非师范院校毕业生进入基础教育教师队伍的通道，但基础教育教师培养的主渠道依然是高等师范教育，因而建设高质量的师范教育是提高基础教育质量的肯綮。

一　师范教育学科建设是课程与课程体系建设的基础

人类知识的不断丰富，促成了知识分类，学科即是人类知识进化和分类的结果，学科发展的水平体现了人类知识发展的水平。今天的高等教育是按照现代学科分类进行建设的，承担着知识传承和创新的重任。科学研究和人才培养是高等教育学科建设的两项重要内容，科学研究为人类创造

① 罗志田：《以平常心见证历史时刻》，《北京大学学报》2003 年第 3 期。

* 本节主要内容曾发表于《学习时报》2022 年 9 月 9 日“文化教育版”，题为“学科建设是实现师范教育高质量发展的基石”。

新知，人才培养则为创造新知提供源源不断的动力。课程育人是高等教育人才培养的主要方式，高质量的高等教育需要高质量的课程。而课程建设的关键是课程知识的建构，高等教育的课程建设与基础教育不同，它的课程知识体系建设在兼顾基础性的同时，更看重前沿性和创新性，这决定了其课程及课程体系的建设必须以学科建设为基础。

同样，高质量的师范教育课程及课程体系应以相关学科建设为基础。从教师专业知识建构的角度来看，中小学教师要胜任相关课程的教学任务，至少需要相关课程所属母体学科和教育学、心理学等方面的知识。前者帮助教师解决教学中“教什么”的问题，在师范生教育课程体系中体现为母体学科课程；后者帮助师范生掌握教育学、心理学和学科课程与教学论等相关知识和技能，解决未来教学中“怎么教”的问题，体现为教师教育课程。这样的知识结构需求决定了师范教育学科建设应由母体学科和教师教育学科共同构成。

出于历史的原因，目前师范教育相关母体学科建设相对成熟。长期以来师范大学的母体学科与综合性大学在同一建设轨道上，学科建设相对成熟，水平相对较高，为建设优质的课程奠定了良好基础。师范生的学科知识建构不应窄化为基础教育相关课程内容，而应坚守该学科应有的宽广性和超越性。在给师范生奠定扎实的母体学科知识的同时，也为其未来提供了更宽广的发展空间和选择空间。

相对而言，教师教育学科建设不尽如人意。至今教育学一级学科下没有正式设立“教师教育”二级学科。由于教师教育不是独立的一级学科，教育学一级学科下也无教师教育二级学科，因此事实上在师范教育专业建设中教师教育学科缺席。本应为师范专业最重要学科的教师教育学科建设，至今缺乏统一的学科建设标准，这导致各师范大学的教师教育学科建设成为自主行为，各自摸着石头过河。在缺乏统一标准和系统的学科建设规划下，教师教育的理论研究、实践研究相对滞后，教育学科的人才队伍（包括学科教学论教师）建设在各师范大学普遍滞后，教师教育课程及课程体系建设也相对滞后。这样的学科建设状况，不利于实现师范教育的高质量发展。当前要提高师范专业水平，建设一流的师范专业，亟须加强教师教育学科建设，在国家层面明确确立教师教育的学科地位，并制定学科建设标准，为教师教育课程及课程体系的建设奠定扎实的学理基础。

二　优质课程及课程体系建设是一流师范专业建设的核心

在任何学校的教育改革中，课程都是关键，高等院校也是如此。近几年来中国出台了一系列措施加强高校本科课程建设，从国家精品课程、国家精品资源共享课程到国家一流课程，打造了一系列的国家级“金课”，各地也打造了一大批各类省级“金课”，极大地促进了高校的专业建设。高水平师范大学建设，高水平师范育人体系建设的关键也在课程，优质的课程体系是高水平师范教育的保障。“强师计划”提出“坚持质量为重”，要求师范院校通过课程教学内容、教学方法手段、教育实践环节等方面的改革，提高师范生培养质量。可见，优质课程及课程体系建设是一流师范专业建设的核心。

师范教育课程除通识课程外，专业课程主要由母体学科课程和教师教育课程构成。由于母体学科相对成熟，母体学科课程体系也相对成熟，亟须加强充分体现“师范性”的教师教育课程及课程体系建设。教师教育课程体系可从“懂教育、会教育、善教育”三个层面进行建构。第一个层面是“懂教育”类课程，这类课程应包括教育基本理论、课程与教学论、教育史、教育经典论著导读、教育心理学、发展心理学、教育政策法规等，帮助师范生掌握教书育人的基本理论和基本规律，懂得教育是什么，好的教育是怎样的。第二个层面是“会教育”类课程，这类课程指向教学技能与能力的培养，比如教师基本功、各学科的教材分析及教学设计、班级管理、心理辅导、课程开发、现代教育应用、教育研究方法、教师职业自我规划等课程，帮助师范生形成教育教学的基本能力，这是成为一名合格教师的必备课程模块。第三个层面是“善教育”课程，主要指实践教育。“善教育”既是课程模块也是培养目标，所谓“善教育”即指不仅具备教育情怀和基本的教学能力，同时也能较好地从事教育教学工作。要达到“善教育”的目标，单靠理论学习和基本技能训练很难实现。师范教育有很强的实践性，师范教育必须加强实践教育体系的建设。“善教育”的课程，不仅仅是课程内容的建设，还涉及实习学校标准建设、双导师队伍建设、系统化全程化的见习实习研习方案设计等等。

三　一流师范专业是高水平示范性师范大学的标志

师范教育是中国近现代以来中等教育及高等教育的重要组成部分，一百多年的历史积淀给我们留下了丰富的思想和实践遗产。近年来时时能听见赞美1949年以后中国设立的中等师范学校的声音，这里面固然有“中师人”对青春、对过往的怀念与追忆，更重要的原因是当年的中师以培养小学教师为己任，人才培养目标非常明确，所有课程均围绕培养优秀的小学教师而努力，均是举全校之力建设这唯一的专业，为中国培养了一大批优秀的小学教师。但这种学校即专业、专业由课程支撑的模式，缺乏学科建设的支持，已不能适应当代高等师范院校的专业建设和基础教育对教师的要求。

随着社会对人才需求的变化和高等教育的发展，中国以专门化为特点的中等师范学校已经成为历史，原本就带有一定综合色彩的高等师范院校则更加综合化。时至今日，一所师范大学拥有的专业动辄几十上百个，师范专业已成为高等师范院校众多专业之一，正是这其中“之一”的专业为中国的中小学培养着各门课程的教师。问题不在于师范院校专业设置多与少，而是如何建好这其中“之一”的师范专业，一流的师范专业建设应当是高水平师范大学的重要标志。

教育大计，教师为本。师范教育与基础教育原本就是一个命运共同体，高质量师范教育是高质量基础教育的保障，基础教育又反哺师范教育的发展。一流的师范专业应按照国家建设创新人才培养机制的要求，打开思路，开放办学，与基础教育学校共同建设教师教育协同创新实验区，建立职前职后一体化的教师教育共同体，让职前师范生在真实的教学情景中学习。这样才能实现“强师计划”的目标，构建一个以师范院校为主体，以优质中小学为实践基地的开放、协同、联动的现代教师教育体系，这样才能真正实现师范教育的高质量发展，为基础教育培养高水平的教师。

第五节　四川师范大学的创新实践及成效

【案例一】四川师范大学对标竞进促发展，比学赶超提质效*

四川师范大学深入开展“对标竞进、争创一流”活动，以“对标竞进促发展，比学赶超提质效”为思路主线，以浙江师范大学为主要对标高

* 该案例来源于四川省教育工委教育厅“对标竞进、争创一流”活动专刊第46期。

校，立足学校实际，聚焦问题症结，坚持问题导向、目标导向，全力推动学科建设、专业建设、人才培养、学生竞赛等各方面的快速发展，取得良好的成效。现将相关做法转发各普通高校，请认真学习借鉴。

自“对标竞进、争创一流”活动开展以来，四川师范大学认真学习领会活动精神，成立“对标竞进、争创一流”活动工作领导小组，以浙江师范大学作为主要对标高校，坚持问题导向、目标导向，全面查找差距，深入剖析原因，持续推动内涵式发展，在学科建设、专业建设、人才培养、学科竞赛等方面拿出诸多真招实招，取得良好的成效。

（一）学科建设：坚持统筹推进，实现重点突破

学校以“发展导向、目标导向、问题导向”为学科建设工作思路，聚焦症结查找，聚能对症施策，聚力重点突破。坚持以理顺机制为重点，进一步理顺人文社科处、科学技术处等内设部门关系，成立发展规划与学科建设处，出台“校领导联系督导申博学科”“学科建设专项项目建设”“学科建设核心发展指标”等一系列管理办法。坚持以增强内功为主线，邀请专家做政策讲解、进行业务培训，召开校内学科建设推进会，试点开展学科建设定特色、定方向、定团队、定平台、定目标、定考核的“六定”学科建设机制改革，编制《学科评估工作手册》，创立内部刊物《高教改革与发展动态》，不断强化学校整体学科意识和学科思维。坚持以过程管理为核心，详细制定任务分工清单，明确各项步骤实施的时间节点，增强提交学科评估、学位点申报所需各类基础材料和数据的及时性和准确性。在国务院学位委员会正式公布的增列博士、硕士学位授权点名单中，学校心理学、化学、中国史、物理学4个学科获批一级学科博士学位授权点，体育教育训练学二级学科硕士点升级为体育学一级学科硕士点，农业硕士学位（专业学位）授予获批。博士点增列数量在全国师范院校中排第2名，在四川省高校列第1名。学校现有一级学科博士学位授权点7个，与浙江师范大学数量差距显著缩小。近期，学校工程学、化学两个学科相继突破，已与浙江师范大学新增数据一致。

（二）人才培养：着眼增能提质，谋划战略布局

学校以“清家底、明差距、知不足”为主题，由党委书记、校长分别带队，于2022年11月集中开展十余场覆盖全校各学院（部门）的人才培养质量和“三全育人”成效调研工作。调研会以对标浙江师范大学为主

线，以查找问题、分析原因为重点，进行了广泛深入的讨论和研讨。12 月 14—16 日，学校组织全体校领导、校级督导、中层干部、教师代表 400 余人，召开为期三天的人才培养大会。大会邀请谢和平院士作学术报告，对深化高等教育改革进行经验介绍和系统阐释；校领导分别作主旨报告，针对学校人才培养工作全面总结成绩、剖析问题、厘清思路、提出举措；发布《本科生人才培养管理办法》《研究生教育管理办法》等四份文件，组织六个讨论小组展开多场研究；举行人才培养表彰大会，颁发“教书育人终身成就奖”“教书育人杰出贡献奖”等五项个人和集体奖项，表彰先进典型，树立示范标杆。人才培养大会立足新阶段、贯彻新理念、构建新格局，坚守立德树人根本，坚持“学生中心、教师主体”理念，坚定内涵式高质量发展道路，创新“五维一体”人才培养体系。大会在全面总结历史经验，系统勾画未来道路的基础上，为学校实现全面增强人才培养能力，全面提高人才培养质量，努力为培养担当民族复兴大任的时代新人的宏伟目标奠定坚实基础。

（三）学生竞赛：围绕素质能力，提升竞赛水平

学校高度重视学生学科竞赛工作，通过强化顶层设计、加强制度建设、成立学科竞赛中心、打造教师团队、加大经费投入、强化激励考核等多项举措，引导师生积极参与学科竞赛活动，形成各个部门齐抓共管、全体师生积极参与的良好氛围。“对标竞进”活动开展以来，学校在中国国际“互联网 +”创新创业大赛、“挑战杯”大学生课外学术科技作品竞赛等重要赛事中屡获国家级奖项，获奖项数及获奖总数均位居全国同类高校前列。学校在全国普通高校大学生竞赛排行榜中的排名，从 2018 年的 300 余名，上升至 2020 年的 80 名，在全国师范院校中的排名从 20 名上升至第 4 名，紧追浙江师范大学。在近期举行的 2021 年全国大学生数学建模竞赛中，学校获全国一等奖 6 项，二等奖 5 项，获奖数量居全国高校第一位。①

对标竞进，首位在“标”，落脚在“进”，方法在“比学”，目的在“赶超”，方式在“争创”，效果在“一流”。四川师范大学将继续以“对标竞进、争创一流”活动为引领，深入践行“24356”办学治校体系，奋力推进“三步走”发展战略，全面实施“九大工程”，持续推进“五维一

① 在中国高教学会发布的 2021 年度学科竞赛排行榜中，四川师范大学列 53 位。

体”人才培养体系，不断强化教师教育特色和优势，争取在体现学校办学质量、办学水平和办学地位的关键指标上早日进入全国省属师范大学前列，努力把学校建设成为特色鲜明的高水平综合性师范大学。

【案例二】四川师范大学服务乡村振兴战略的实践创新

（一）大学服务乡村振兴战略的创新平台

1. 成立“新农村建设学院”

2017 年 5 月，在四川师范大学的倡议下，四川师范大学、成都中医药大学、四川理工学院（今四川轻化工大学）三校组建 C3 联盟，并联合部分市、县（区）地方人民政府共建四川新农村建设学院，进一步发挥高校在全方位服务“精准扶贫”和“脱贫攻坚”战中的作用。南充仪陇县、绵阳北川县、广元苍溪县和达州的达川区为首选区域。

仪陇县是朱德和张思德的故乡，是国家集中连片扶贫开发工作重点县。仪陇县贫困人口占南充市总人口的十分之一，在脱贫摘帽攻坚战中具有“布局一子带活全盘”的战略地位。此为四川省第一所四川新农村建设学院设立在仪陇的重要原因。2017 年 7 月 10 日，四川新农村建设学院（仪陇）挂牌仪式在仪陇举行。仪陇县委副书记任萍说：“成立四川新农村建设学院是深入贯彻落实中央关于精准扶贫的战略部署和省第十一次党代会精神的重要举措，也是四川师范大学、成都中医药大学、四川理工学院情系农村、关心农村的善行之举。”南充市委副书记古正举表示：“四川新农村建设学院是新时期乡村教育的一次创举，是新时期脱贫攻坚战的特色打法。南充市贫困面宽量大程度深，有 4 个国家扶贫重点县、5 个革命老区县。一定要利用好四川新农村建设学院这个平台，打赢脱贫摘帽攻坚战。”

北川县是全国唯一的羌族自治县，是“5・12”特大地震极重灾区、少数民族地区、革命老区、连片特困地区和边远山区“五区合一”的贫困县。2016 年北川完成脱贫摘帽 18 个村、1672 户，4962 名贫困人口减贫，贫困发生率降至 5.3%，脱贫攻坚取得阶段性成效。2017 年 7 月 12 日，四川新农村建设学院（北川）挂牌仪式在北川举行，北川羌族自治县县委副书记文峰表示，四川新农村建设学院（北川）的挂牌成立是北川县脱贫攻坚战役中的一件大事、一件喜事。当前，北川县正处于脱贫摘帽的关键期，应充分利用好四川新农村建设学院（北川）这个平台，依托三大高校智力优势，增强全县教育师资力量、提高中小学办学水平；提高医疗卫生队伍水平，改善农民的医疗健康条件；提高农民的综合素质，促进农业产业发展，增收致富，为北川县脱贫攻坚、实现贫困县摘帽提供更强大的有生力量。

苍溪县是国家扶贫开发工作重点县和秦巴山区连片扶贫工作重点县。目前仍有 170 个贫困村、4.5 万贫困人口，贫困面大、贫困程度深仍是苍溪最大的县情。苍溪县长杨祖斌表示："我们迫切地希望各大高校、社会各界人士积极发挥在基础教育、医疗卫生、工业建筑等方面的专业优势，为我县脱贫奔康大计注入强大活力。"近年来，苍溪县坚持"人才第一"战略，始终视人才为最宝贵资源，深入开展县校合作，先后与省内外 30 所高校及科研机构签订了战略合作协议，助推脱贫攻坚工作取得阶段性成效。2017 年 7 月 14 日，四川新农村建设学院（苍溪）挂牌仪式在苍溪县举行，将为苍溪县把脉三次产业发展瓶颈，为推进苍溪县脱贫奔康提供难得的机遇，开启智力扶贫的新篇章。广元市人大常委会主任苟英明表示，广元市地处秦巴山区连片贫困带，贫困面大、贫困人口多、贫困程度深等区域经济特征非常明显，脱贫攻坚任务异常艰巨。随着四川新农村建设学院（苍溪）的挂牌、帮扶项目的实施、县校合作战略的持续深化，必将汇聚扶贫开发、加快发展新动力，开启苍溪县域人才资源开发新局面。

达川区是百万人口大区、省级贫困区和革命老区。近年来，在省市各级的关心支持下，达川区坚持以脱贫攻坚为统揽，聚焦"两不愁、三保障""四个好"工作目标，全面打好产业扶贫、基础扶贫、政策扶贫攻坚战，累计脱贫 4.65 万人，退出贫困村 25 个，贫困发生率下降至 5.5%，取得了脱贫攻坚的阶段性胜利。但是，达川区广大基层专业人才匮乏和扶贫干部业务水平不高，成为当前一大难题，极大地制约了脱贫攻坚工作的开展。2017 年 7 月 17 日，四川新农村建设学院（达川）挂牌仪式在达川区举行。达州市委常委、达川区委书记许国斌说："四川新农村建设学院专为脱贫攻坚一线培养人才、培训专业，必将成为高校优势教育资源助力脱贫攻坚的成功典范，必将在脱贫奔康事业中发挥重大促进作用。"

随后笔者对这一行动的意义进行了总结和提炼，以"大学要为实施乡村振兴战略服务"为题发表于《人民日报》2017 年 11 月 1 日第 7 版，进一步阐释成立新农村建设学院的宗旨。该文指出：

> 促进社会全面发展是现代大学的重要职责和使命，社会实践与大学发展相互促进是现代社会发展的重要特征。国内国际的实践表明，大学的专业发展和学科建设要紧紧围绕本国、本地区经济社会发展实际需要。国家和地方发展需要什么样的人才和技术，大学就应侧重发展、建设这样的学科、培养这样的人才，并紧紧围绕经济社会发展的实际问题进行科学研究。
>
> 大学更好服务乡村振兴战略，需要合适的载体、有力的抓手。为此，四川师范大学和兄弟院校、地方政府在四川省南充市仪陇县联合共建新农村建设学院，努力使之成为推进农村全面建成小康社会的一种新型教育组织形式。新农村建设学院立足农村，着眼于城乡统筹发展，协同地方政府和企事业单位，瞄准社会主义新农村建设和乡村振兴精准发力，着力实施五大教育。一是对农民实施人文艺术教育，提升其自我发展的精神驱动力。消极的人生态度是贫穷的重要根源。从陶冶人文精神入手，激发农民脱贫致富的意愿，是从根本上消除贫困的必要举措。二是对乡村干部实施乡村治理综合能力教育，提升其推动乡村振兴的领导力。现代乡村治理不只是对农民的常规管理和对农村秩序的常规维护，还包括民主决策、创造愿景、引领致富、开拓市场和进行自然、人文环境建设等诸多维度。新农村建设学院要从这些方面入手，为实施乡村振兴战略培养合格人才。三是对农村青年实施技术技能教育，提升其可持续致富能力。广泛开展调查研究，对农村青年进行针对性强的实用技术技能培训，为新农村建设培养技术技能人才。四是对乡村中小学校长实施素质能力教育，提升其办学治校能力。乡村中小学校是播撒知识种子的重要园地，也是农民的希望所在。新农村建设学院要大力培养乡村中小学校长，帮助他们办好农民满意的教育。五是对农村居民广泛开展卫生健康教育，促进农民关注身心健康、美化生活环境，努力创造属于自己的幸福生活。经由这五种教育，为把乡村建设成为产业兴旺、生态宜居、乡风文明、治理有效、生活富裕的幸福家园贡献力量，助力实现乡村振兴。

此模式后简称为“五大教育提升五大能力。”

自 2018 年开展脱贫攻坚战以来，四川师范大学在精准扶贫甘孜州理塘县、凉山州普格县帮扶实践中，在原有 C3 校际联盟基础上，又联合四川广播电视大学（现四川开放大学）、四川艺术职业学院组成 C5 校际联盟，在理塘县、普格县分别挂牌成立新农村建设学院，并将这种帮扶模式在其他贫困地区推广。截至目前，四川师范大学先后联合地方人民政府共建 14 个四川乡村振兴学院（原名四川新农村建设学院），分别为四川乡村振兴学院仪陇分院、北川分院、苍溪分院、达川分院、普格分院、理塘分院、恩阳分院、巴中分院、凉山分院、绵竹分院、遂宁分院、岳池分院、南部分院、江油分院，积极拓宽教育扶贫途径，搭建乡村振兴平台，推动脱贫攻坚与乡村振兴有效衔接，并系统实施“五大教育”提升“五大能力”，为促进乡村振兴、推进农业农村现代化贡献智慧和力量。

近年来，四川乡村振兴学院为全省各地培训了 4000 余名乡村中小学校长、幼儿园园长、乡村骨干教师、乡村管理干部等乡村本土人才；组织专家团队编辑出版了 10 部“脱贫攻坚、乡村振兴”系列读本和专著，固化科研实践成果；强化智力支撑，先后成立了“中国乡村振兴研究院”和“晏阳初研究所”两大科研机构，打造高层次乡村振兴研究学术机构，为四川乃至全国全面实施乡村振兴提供了有力的学术支撑和智力供给。2021 年 12 月，根据国家相关政策要求，对 14 个乡村振兴分院的组织架构和职能职责进行了规范和调整，统一变更为“四川师范大学乡村振兴学院实习实训基地”。

2021 年，在四川省教育厅的大力支持下，四川师范大学与遂宁市人民政府联合举办四川师范大学乡村振兴学院（遂宁校区），推动乡村振兴学院实体化办学，围绕乡村振兴“五大目标”，培养高素质应用型乡村振兴专门人才，努力把乡村振兴学院建成一所具有鲜明特色的高水平教学型学院，为建立健全高质量乡村振兴人才培养体系提供样点。四川师范大学乡村振兴学院（遂宁校区）总规划占地约 1040 亩，计划招生规模 10000 人以上，拟于 2023 年 9 月实现第一批师生入驻。四川师范大学乡村振兴学院（遂宁校区）下设现代乡村师范分院、现代乡村产业分院、现代乡村治理分院、现代乡村康养分院、现代乡村文旅分院五个分院，精准建设乡村振兴需求的相关专业，采取“订单式”因地制宜、分类培养各类乡村应用型人才。遂宁校区作为四川师范大学乡村振兴学院的“母体”，将配齐乡村振兴“五大教育”的师资队伍，建立丰富完善的课程体系，有效推进乡村振兴学院总部与各分院之间资源共享、互通有无，与 14 个乡村振兴学院实习实训基地联动，在同等学力申硕、教育培训资源开发与合作、乡村振兴人才实训基地建设等方面开展宽领域、深层次的合作，形成乡村振兴人才职前职后培养相互支撑、相辅相成、相得益彰的良性循环，为乡村振兴培养更多留得住、用得上、懂技术、会经营、善管理的高素质实用型人才。

2. 成立晏阳初研究所

晏阳初的平民教育和乡村建设思想为在新时代开展教育脱贫和乡村振兴提供了宝贵经验，我们要学习和继承他扎根农村，深入开展乡村建设实践的奉献精神和崇高品德。近年来，为响应党提出的乡村振兴战略号召，四川师范大学在传承创新晏阳初平民教育和乡村建设思想的基础上，将大学的社会服务职能、学科发展优势与乡村振兴战略有机结合起来，为促进乡村振兴、推进农业农村现代化贡献了四川师范大学的智慧和力量。2020 年 10 月 21 日，四川师范大学举行纪念晏阳初诞辰 130 周年座谈会暨四川师范大学晏阳初研究所揭牌仪式，就是为了进一步继承和发扬晏阳初教育思想，同时也是学校贯彻落实习近平总书记关于乡村振兴战略的重要论述、丰富中国特色乡村建设理论体系、坚定走中国特色乡村振兴之路的又一项新的重大举措。笔者在此次揭牌仪式上指出，晏阳初的平民教育和乡村建设理论，在新时期巩固九年义务教育成果、提高劳动者素质、促进乡村振兴中仍有显著的历史意义和现实意义。长期以来，四川师范大学坚持不断传承、发扬、创新晏阳初平民教育与乡村建设思想。在新时代，四川师范大学主动响应中央和四川省委打赢脱贫攻坚战、实施乡村振兴战略的号召，传承创新平民教育家晏阳初的方法，牵头和成都中医药大学、四川理工学院、四川广播电视大学、四川艺术职业学院联合组建“C5 联盟”，与地方政府联合共建四川新农村建设学院，拓宽教育扶贫途径，搭建乡村振兴平台，推动脱贫攻坚与乡村振兴有效衔接，系统实施“五大教育”，提升“五大能力”，为促进乡村振兴、推进农业农村现代化贡献四川师范大学的智慧和力量。

3. 成立中国乡村振兴研究院

自党中央提出乡村振兴战略以来，中央农办、农业农村部于 2019 年 3

月12日成立了乡村振兴专家咨询委员会，全国各高校积极响应党中央号召，陆续成立以乡村振兴为主题的研究机构。为深入贯彻党中央精神，落实习近平总书记提出的“实施乡村振兴战略”计划，对新时代的乡村振兴发展进行理论和实践层面的全方位研究，四川师范大学坚持和加强党的全面领导，积极响应中央号召，于2019年4月成立了“乡村振兴战略委员会”，聘请了全国“三农”问题资深专家，四川省社会科学院原副院长、中央农办、农业农村部乡村振兴专家咨询委员会委员，四川省乡村振兴战略研究智库首席专家郭晓鸣研究员为名誉主席。同时，为进一步完善研究机构，有效整合研究力量，深度开展乡村振兴相关研究，建设具有突出专业优势的思想库，在“乡村振兴战略委员会”基础上于2019年11月10日正式组建实体化校级研究机构“四川师范大学中国乡村振兴研究院”。中国乡村振兴研究院以“立足四川，服务全国、放眼全球”为导向，建设高水准、具有全国影响力的乡村发展高端智库，致力打造全国高层次乡村发展研究学术机构，开放式搭建乡村发展新理论和新实践的交流平台，培养“三农”领域高素质人才，为中国乡村振兴提供高水平的智力支持。

该研究院坚持三个导向：一是应用研究导向；二是人才汇聚导向；三是平台建设导向。该研究院履行四大职能：课题研究——高水准开展乡村发展领域的学术研究；政策咨询——高质量提供乡村发展领域的咨政服务；教育培训——高水平培养服务于乡村发展的高素质人才；学术交流——开放式建立乡村发展高层次学术交流平台。

该研究院自正式挂牌成立以来，通过有效整合研究力量，扎实推进课题研究、团队赋能、学术交流等工作，已建立起较为坚实的研究基础。一是研究能力稳步提升。团队成员近三年来累计承担研究课题三十余项，其中承担国家社会科学基金项目1项，省部级课题7项，清华大学中国农村研究院课题1项，四川省农业农村厅、成都市、雅安市、眉山市等单位委托项目近20项。出版学术专著1部，发表学术论文（C刊及以上）8篇，提出决策要参和政策建议10篇，其中获得省部级肯定性批示7篇。获得四川省哲学社会科学优秀科研成果奖一等奖2项、二等奖1项，成都市哲学社会科学优秀科研成果奖一等奖1项。二是社会服务能力同步增强。为农业农村部、四川省农业农村厅、成都市、雅安市、眉山市等涉农部门提供决策咨询，委托承担课题14项。三是社会影响力显著提升。围绕乡村振兴战略实施与农民合作社发展举办高水平学术论坛两场，有效增强研究院在全国乡村振兴研究领域的影响力。

（二）深入基层调研，开展乡村励志教育

1. 深入贫困地区基层进行实地调研

“纸上得来终觉浅，绝知此事要躬行。”只有加强基层调研，面对面地听取困难群众和基层干部的心声，才能了解当地贫困群众的现实需要和对学校开展扶贫工作的期待。同时，通过调研能够准确地掌握各地政策的落实情况，有利于学校与当地政府的沟通对接，制定更加合理有效的攻坚战“战术”。学校四川新农村建设学院工作组在各地参加四川新农村建设学院挂牌活动期间，都要冒酷暑，进农村，察实情，扎实开展调研工作。

根据当地扶贫工作的实际需要（提升农民素质、养成好习惯、形成好风气等方面），2017 年暑期学校结合学科和专业特点，共组建教育扶贫综合社会实践团队 261 支（其中本科生团队 148 支，研究生团队 113 支）、校级团队 5 支、院级重点团队 39 支、专项团队 217 支，有 2000 余名学生参与其中。先后在仪陇县开展“兴川之师启智仪陇”大学生暑期社会实践活动；赴理塘县、普格县进行暑期脱贫攻坚暗访调研工作；“尚美童行、筑梦天府”携手理塘县、组织普格县少年儿童共计 25 人参加暑期夏令营活动；深入武胜县开展普法教育、文明素质养成教育、关爱留守儿童、开展社会研究调查等一系列活动。

在仪陇县，笔者先后到日兴镇黎明村考察食用菌种植基地、黎明村曙光梁考察柑橘园基地、赛金镇潮水坝村考察汉盛集团柑橘产业园核心示范区。四川新农村建设学院领导小组副组长、原副校长唐志成率队前往仪陇县新政镇安溪潮村，对村党群服务中心、脱贫奔康蔬菜产业园、脱贫奔康蛋鸡产业园、柑橘产业园进行实地考察。在北川县宝林村，工作组深入贫困户家中进行访问调研，并送上慰问品。在走访贫困户时，工作组成员和贫困户“拉家常”，询问他们种了几亩地、家里有什么人、主要经济来源是什么、有什么困难等等。

2. 开办各类扶智文化培训

扶贫先扶智，根本在教育。教育扶贫的核心内容之一，便是加强乡村教师队伍建设，培训出真正能够开阔学生视野，锻炼学生勇气和胆识的乡村教师。作为四川省办学历史最为悠久的师范类院校，学校坚守师范院校的使命和担当，充分发挥教师教育优势，倾力开展教育扶贫活动。自2016年以来，学校围绕“精准扶智普格”“智力帮扶苍溪”“助力高原藏区”等主题，在民族地区、革命老区和贫困山区开展了大量以智力帮扶为重点的对口扶贫工作：在凉山州普格县实施教育扶贫项目4项，通过学校扶贫专项和国培计划专项，培训中小学教师、校长2204人次；在广元市苍溪县组织开展“苍溪县基础教育改革与心理健康教育”专题培训，对全县普通高中、初中各学校学科教师、班主任、德育课教师进行培训，累计培训近800人；在甘孜州理塘县，学校对该县30余名中小学校长和40余名中小学骨干教师开展专题讲座。此外，学校承担了大量“国培”“省培”“区培”项目，2016—2018年，学校连续承担西藏自治区“国培计划”和“区培计划”中小学教师、校长和教育管理人员培训项目21项，培训748人；2016年11月，学校承担中国工商银行精准扶贫项目——“烛光计划”乡村教师培训，对来自通江、南江、万源、金阳、德格县5个革命老区和民族地区县（市）的420名乡村教师进行为期5天的教师专业技能专项培训；2018年，按照省人才办、省教育厅和省人社厅的安排，学校对凉山州普格、雷波、布拖3个深度贫困县的4450名中小学教师进行中小学教师素质能力提升培训，对凉山州普格县、甘孜州理塘县、石渠县、泸定县共计370人开展“一村一幼”辅导员能力提升培训。

同时，学校组织专家、在校生深入贫困村召开“坝坝会”，宣传“乡村振兴战略”和党的“三农”政策；开展农村中学生励志教育，帮助农村高考学生解决学习困难；为贫困初中生建立学习生涯档案、制订学习计划、跟踪学习情况。举办农民夜校，传授大棚种植技术等农业生产技能；开展现代农业技能培训13期，培训400余人次；组建“同心专家精准扶贫服务团”，组织专家赴扶贫地区，为当地发展红色旅游、探索传统农业向现代化农业升级以及加强生态保护、开展土地资源整理等提供人才和技术保障。

除此之外，为帮助理塘县老乡脱贫致富，学校引资50万元启动了藏香猪、藏鸡专业合作社，通过“公司+合作社+农户”的方式，让贫困户参与养殖，提供就业岗位，延长产业链条，并进行了产业扶贫培训。商品有了，对外销售又成了难题，为拓宽产品销售渠道，学校投资公司注册了“美好·江达”的商标，目前正在打造现代化的网络销售平台，他们的目标是把理塘县的民族特产通过互联网的形式进行包装宣传，最终使藏系产品有个好的销售途径。四川师范大学服务队在结束对康定市产业扶贫培训后，直接奔赴康定营官村开展“藏家乐”民居旅游接待管理服务、经营能力和公民素质提升等培训。在培训期间，学校的指导老师告诉当地藏民，在装修时要保留原始的风貌，对独具特色的房屋结构和传统古老生活用具不要进行破坏性开发，因为这才是吸引游客的关键。

3. 开设教育扶贫系列讲座

由笔者带头，由马克思主义学院院长陈驰、经济与管理学院李荣教授、历史文化与旅游学院曹丹博士组成的教育扶贫小组为四区县的乡村干部及农民夜校教师进一步深入开展“助力精准扶贫、振兴乡村发展”教育扶贫系列培训。此次系列培训旨在深入解读民族复兴中国梦的内涵与目标，着重强调法治思维与方式的重点要求，深刻阐述乡村振兴与人才培养的内在联系，全面规划乡村振兴的发展远景。此次教育扶贫培训活动极大地鼓舞了干部群众和参训师生，令人感到新风扑面，精神振奋。

笔者在2017年暑期的培训班开班仪式上指出：

> 在这个迅猛发展的时代背景下，大家要把握时代特征，肩负时代使命，履行时代责任。当今时代具有“经济全球化”“政治多极化”“文化多元化”“科技信息化”等重要特征，提出乡村振兴战略是为实现伟大复兴中国梦，解决社会主要矛盾的必由之路。“中国要强，农业必须强；中国要美，农村必须美；中国要富，农民必须富。”四川师范大学肩负起“引领区域教师教育、促进经济社会发展、服务国家重大需求、传承创新中华文明”四大使命。为更好服务乡村振兴战略，助推全面建成小康社会，四川师范大学和兄弟院校、地方政府在四川省四个贫困区县联合共建新农村建设学院，努力培养拥有方位意识、求是精神、为民情怀及精准举措的“四有”人才。新农村建设学院立足农村，着眼于城乡统筹发展，瞄准社会主义新农村建设和乡村振兴精准发力，着力实施五大教育，提升五大能力。经由这五种教育，为把乡村建设成为产业兴旺、生态宜居、乡风文明、治理有效、

生活富裕的幸福家园贡献力量，助力实现乡村振兴。

（三）开展文艺下乡，提升人文精神

1. 进行室外互动表演

为认真贯彻乡村振兴战略，发挥高校优势，助推脱贫攻坚，加强贫困地区思想文化阵地建设，丰富群众文化生活，2018 年 1 月 21—30 日，由四川师范大学校领导和音乐学院、舞蹈学院、服装学院、体育学院、影视传媒学院、美术学院、大学生艺术团学生、行政人员组成的“助力精准扶贫、振兴乡村发展送文化艺术下乡演出直通车”从成都出发，远赴达州市达川区、广元市苍溪县、南充市仪陇县、绵阳市北川羌族自治县，为四县的百姓群众送上一份来自四川师范大学的文化与艺术饕餮盛宴。此次“送文化艺术下乡”巡演全程达 1000 多公里，历时 10 天，参与人员共计 200 余位。

在期待已久的文艺演出开始前，四川师范大学的师生和达川区本土的书法家们一同给当地群众写春联送祝福，进行室外文艺互动，现场为乡亲们展示版画、剪纸和素描等创作。其中来自美术学院的杨俊挥毫泼墨，将自己亲手写的一副副对联送给了当地群众，据其粗略估计，现场共写了 80 多副春联送给当地群众。他欣喜地说，这是他人生中第一次参加“送文化艺术下乡”活动，能在现场将自己所学所感传递给在座的父老乡亲，看到他们满足的笑脸，听到他们恳切的夸赞，实在是倍感荣幸。72 岁的冉奇珍老人挤进人群连要了两副春联，她笑呵呵地说道：“这春联写得好，要带回老家去贴上！”在绵阳市北川羌族自治县安昌镇金龟村文化广场，73 岁的张淑慧看完节目后说：“看到有大学生来我们村办这样的演出，表演得太好了，太开心了。”导演组总导演，男高音歌唱家、四川师范大学音乐学院时任院长黄金中感慨道，经历舞台实践，感到越是基层的地方越是需要音乐等文化滋养，大家深切理解了报效国家，服务社会的价值所在。

2. 举办室内联欢晚会

“我们的文化艺术下乡就是以基层干部和老百姓喜闻乐见的形式宣传党和国家的好政策，让他们在精神上感受到鼓舞。这样的活动我们还要举办，要让更多农民的人文精神得以提升，让更多贫困地区的人们得到知识的充实和精神的鼓励。”“小康路上一个都不能掉队。”“让贫困人口和贫困地区同全国一道进入全面小康社会。”牢记总书记的嘱托，四川师范大学师生担当使命，在扶贫报国之路上坚定前行。

四川师范大学送文化艺术下乡在达川区、苍溪县、仪陇县、北川羌族自治县隆重举行。晚会分为“万众齐心大美四川”“民族风情红色记忆”“精准扶贫振兴乡村”“继往开来携手共进”四个篇章。整场晚会主题鲜明、恢弘大气、精彩绝伦。既有四川师范大学带来的精品力作，又有各地精心准备的本土节目，为观众呈现出一场视听盛宴。

在演出结束后，不少观众对节目赞赏纷纷。“这是我第一次看大学生表演节目，他们很有活力，很有朝气，节目也独具创意，希望以后这样的机会越来越多。”前来观看演出的何大永说道。副校长高中伟说：在2018年新春佳节到来之际举行这场盛大的晚会是一件为民的大好事、大实事、大善事。苍溪县素有“川北城翼”之雅称，近年来四川师范大学助力扶贫的各地经济发展稳定向好，脱贫攻坚成效显著，坚韧沉着地勾画出各地发展的精彩画卷，彰显了稳中求进、进中求好的责任担当。祝愿四川师范大学与各地能携手在脱贫致富的道路上不忘初心，牢记使命，攻坚克难，共迎美好明天。

（四）发挥师范优势，创新扶贫之路

1. 培养优秀乡村师资

作为四川省举办本科师范教育最早、师范类院校中办学历史最为悠久的大学，四川师范大学既坚持立足自身提升人才培养质量，更着眼长远、坚守使命，努力以教师教育改革支撑和引领四川基础教育改革发展。据不完全统计，四川省县以上的教育局长20%出自四川师范大学，县以上的中小学骨干教师30%是四川师范大学培养的学生。早在2011年，学校就启动了省级卓越教师培养体制改革试点项目。四川师范大学入选全国31所“推进实施卓越中学教师培养”高校。目前，学校卓越教师培养涵盖了幼儿园、小学、中学、特教、职教五个领域，所有的师范专业均纳入了国家和省级卓越教师培养计划实施范围，成为四川省名副其实的教师教育改革排头兵和卓越教师培养先行者。

为了补足四川省农村和民族地区中小学教育的师资短板，自2013年起，学校开始在师范类国家级特色专业和省级特色专业实施公费师范生培养，以优质教育资源为农村、民族地区培养高素质师资，目前已扩展到15个专业，一批又一批的公费师范生给乡村学校输入了新鲜血液。2009年四

川师范大学成立教师培训学院，专门从事省内外中小学教师继续教育工作，是四川省唯一一个具有集中培训和远程培训双资质的培训机构，每年承担国培、省培、委托培训等中小学（幼儿园）教师、校长（园长）培训项目百余项，项目覆盖四川、北京、广州、云南、西藏、重庆等十余个地区，迄今为止共组织培训中小学教师 67 万人次，在四川中小学教师队伍建设中处于重要地位、承担着重要使命。四川师范大学聚焦对口帮扶地区教师队伍建设，对乡村中小学校校长、教师实施教育素质能力培训，提升其办学治校和教育教学能力，引领他们办好农民满意的教育。

2. 派遣学生顶岗支教

笔者在给顶岗实习学生的一封信中写道："希望你们通过这次顶岗支教厚植教育情怀、坚定教育信念、追寻教育梦想，在脱贫奔小康的实践中为自己代言、为师大学子塑形，师大为你们感到自豪和骄傲!"四川师范大学在教育扶贫领域深耕不辍已有十八载。四川师范大学研究生支教团是四川省内最早深入贫困一线开展教育扶贫的团队。自 2002 年起，四川师范大学研究生支教团项目已连续向四川省阿坝州茂县、乐山市峨边县、凉山州普格县派遣共计 123 名研究生志愿者参与当地支教与扶贫工作，为当地教育事业发展注入了新的活力，缓解了当地师资力量紧缺的现状。近 20 年来，研究生支教团志愿者教授初高中教学班级 500 余个，授课学生达 25000 余名，累计授课 40 万余节，累计授课时长达 30 万余小时。为家庭经济困难学生募集助学资金超过 100 万元。参与志愿服务 1000 余次，志愿服务时长达 20000 余小时，受益群众达 10 万余人。

"四川师大的专家教授们多次深入我们县开展精准扶贫的考察及对接工作，认真务实的态度让我们非常感动。"普格县长沙英在接受《慈善公益报》记者采访时坦言，人才是普格县教育的最大难题，希望四川师范大学利用师范院校的优势，帮助解决"引进难、留住难"的困扰。面对普格县的具体需求，四川师范大学扶贫办主任张果表示，四川师范大学拥有雄厚的师资力量，学校专门成立了同心专家团队，加强了对普格县师资队伍的培训。在采访中记者了解到，同心专家团在普格县设立工作坊，开展了 3 年教育培训，已为该县培养了 50 名骨干教师。同时，四川师范大学还成立了师大普格籍学生精准支助团，对本校普格籍的贫困学生进行针对性的培养。学校每年都会通过安排一定数量的定岗实习学生、招收培养免费师范生、培训中小学教师等方式，为凉山、甘孜、阿坝等民族地区提供师资，目前培训教师已有500多名。四川师范大学新闻中心向《慈善公益报》记者表示，学校的教育扶贫工作是与丰富多彩的实践活动相结合的，不仅是师大人走出去，也要让扶贫对象走进来，切身体验四川师范大学的教育环境和氛围。

在脱贫攻坚的支教路上，有学生经历了严重的高反和感冒迁延日久不见好转，有学生水土不服、上吐下泻、几乎虚脱，还有学生连外婆去世也咬牙坚持没有回家，无一例外，他们都没有叫苦叫累，而是兢兢业业的工作，尽心尽力将知识传递给当地的藏族学生。在各地支教的几个月时间里，学生不仅皮肤变得黝黑，意志得到磨炼，教育技能也得到了提高，学生还总结出了许多“因人制宜”的教学教育方法。

3. 完善各地造血功能

四川师范大学每年都要开展国培、省培计划，以及地方的专门培训计划，这些名额都会向深度贫困县倾斜。四川师范大学也会向缺乏教师的地区输送实习生，安排具有本科、研究生学历的学生顶岗实习，以及派出四川师范大学的老师到贫困县的中小学校挂职当副校长，这些举措在短时间之内可以解决师资缺乏的“燃眉之急”，但是只有深度贫困县自身具备了造血功能，才能够“治标更治本”。

包括四川师范大学在内的多所高校，对深度贫困县的学生读书问题给予了政策上的倾斜，为他们培养医疗、农业、教育等专业的人才，很多高校在教育主管部门的支持下为这些地方的学生单独画线、单独录取，而这些学生在学成之后，须回到家乡工作；甚至有的高校招收当地的高中毕业生，在完成两年学习之后颁发专门的文凭，这个文凭也只有在当地才被认可。这些学生回到家乡服务，还能够得到编制，相当于捧上了“金饭碗”。这样一来，当地的人才回去了、留下了，也能够稳定地为家乡做出贡献。

【案例三】四川师大助推人类命运共同体构建的实践创造

在中华民族实现伟大复兴的“中国梦”和“构建人类命运共同体”的历史进程中，中国大学更是责无旁贷，理应成为这个伟大时代的奋斗者、创新者、思想者。

（一）四川师范大学朝着推动构建人类命运共同体迈出了坚定的步伐

一是对大学在推动人类命运共同体构建进程中的使命与担当进行系统

的论述，相关文章发表在《光明日报》《中国高等教育》《探索与争鸣》《中国高教研究》以及《国家教育行政学院学报》等刊物上。

二是学校先后两次举办大学推动人类命运共同体构建的高峰论坛，并与韩国延世大学和巴基斯坦卡拉奇大学成立“SKY”联盟，弘扬人类共同的精神。

三是从理论层面研究人类命运共同体构建进程的指标体系，包括政治维度、经济维度、文化维度、安全维度和生态维度，以推动实现“人类共同的利益”，即“持久和平、普遍安全、共同繁荣、开放包容、清洁美丽”世界的实现。

四是学校组织力量，积极编撰包括《实然与应然：高等教育共同体的哲学思考》《和平与发展：高等教育共同体的愿景与目标》《民主与自由：高等教育共同体的基础与精神》《公平与正义：高等教育共同体的实践与规范》在内的通识核心课程教材，以此培育青年学生“人类共同的价值观”。

（二）理论与实践双推动：《人类命运共同体构建进程指标体系研究》的意义与价值

现对《人类命运共同体构建进程指标体系研究》一书以及新文科教材建设项目“基于人类命运共同体理念的大学通识课程建设”的构想予以阐释。

人类与万物同居于地球。人类、地球、万物生命共生存在，是为天赋命运。人类从动物走向人，随着历史的发展，结下人口繁荣和创造的硕果。前者层累性形成了人口压力；后者导致生存资源匮乏与环境生境破碎局面日益严峻。各因素的自发整合形成了民族国家在经济、财富、技术、资源分配、空间开发等方面的非平等竞争，甚至野性掠夺与全球性榨取，人、地球、万物生命之间的共生存在问题，必然上升为当代人类和平发展的瓶颈，构建人类命运共同体成为解决人类和平发展瓶颈的根本方式；展开推进人类命运共同体构建进程的指标体系研究，构成加快人类命运共同体构建进程的重要推进方法。以此审视我们所著的《人类命运共同体构建进程指标体系研究》（以下简称《指标体系研究》）则彰显出特别的理论和实践价值。

《指标体系研究》一书以习近平总书记的“人类命运共同体”思想为指导，坚持“全面性原则”“科学性原则”“可比性原则”“可操作性原则”，围绕当代人类发展进程中的政治、经济、文化、安全、生态五个维度建构人类命运共同体构建进程指标体系。

世界各民族国家之间，人类与地球及生存于其上的万物生命之间，原本就是命运与共、共生存在的，因为人类自身繁衍发展以及繁衍发展的不平衡，才导致了人类、地球、万物生命之间命运与共的共生机制的破坏，共生链条的损裂。这种破坏和损裂集中表现在两个方面：一是存在安全系数的急剧下降；二是地球生境整体破碎。导致人类安全系数日趋下降和地球生境整体破碎的整体性力量有三：一是工业社会从古典方式向现代工业社会和后现代工业社会展开，形成“无限度的扩张”和“有组织的不负责任”（乌尔里希·贝克语）的发展模式，无限地追求经济高增长，既造成全球性资源匮乏，又推动全球气候失律、极端化和地球生境整体破碎，这种保持经济持续高增长的刚性冲动得到最大限度释放的便捷方式，就是政治的全面参与和军事力量的护卫，由此形成大国沙文主义、政治霸权、科技垄断、军备竞赛等畸形的人类政治生态，推动恶性竞争的全球经济生态呈现出更加畸形发展。而护卫和强化人类政治生态和经济生态朝更为畸形方向展开的整体性力量，却是资本主义化的文化和文化主义化的资本。因而，改变人类内部分裂和人类与自然对抗的二元分裂状态，恢复人类各民族国家之间、人类与地球、人类与地球生命之间命运与共的共生存在方式，必须从经济、政治、文化三个方面入手，重建存在安全，重建存在生境。这是人类命运共同体建构进程指标体系设计之所以要围绕“政治、经济、文化、安全、生态”五个维度展开的根本考虑。

党和国家领导人提出“人类命运共同体”，并带头推进人类命运共同体的构建进程，就是要解决来自政治、经济、文化以及科技、军事等方面的无理竞争和无序竞争，推进人类文明互鉴、和平与发展。设计评价人类命运共同体构建进程指标体系，其基本任务就是推进人类命运共同体构建进程的良序展开。为此，其指标体系的设计既要具有客观性、科学性，也要具有提纲挈领的统摄性，更要具有可操作的普遍激励性和引导性。因而，推进人类命运共同体构建的指标体系研究要满足如此方面的基本要求，并实实在在地产生如此方面的功能，其设计必须同时考虑：第一，实实在在地释放促进人类追求和平发展、共生存在的统摄性引导和激励功能；第二，突出体系设计的诸领域要体现出个性特征，符合自身领域的要求，并能起到有效推进自身领域“命运与共、共生发展”建构进程；第三，体系设计的诸领域与领域之间通过指标体系的评价而生发互为推进的机制，释放互为推进的功能。

《指标体系研究》从整体上体现了如上要求。首先，《指标体系研究》将政治、经济、文化、安全、生态五个领域纳入指标体系设计中，使之构成指标体系的五维要素，即政治、经济、文化、安全、生态五项指标，能够提纲挈领地展现人类命运与共、共生存在的方方面面。其次，在《指标体系研究》中，政治、经济、文化、安全、生态每个维度的指标体系设计均呈现出自身领域的特征，并可起到客观评价本领域积极推进人类命运共同体构建进程的作用，比如指标体系设计所要考虑的核心内容是其构建“原则”和宏观“框架”，因为此二者最能体现“领域特征”和“可操作”程度。以其中的“政治”和“文化”为例，在《指标体系研究》中对这两个维度的“原则”和“框架”设计，就分别体现了各自的领域特征。就“政治”一维而言，其设计指标体系的“原则”分别是“科学性”“系统性”“可操作性”“动态性”四项，其总体“框架”却是“和平—合作”；但对“文化”一维的指标体系设计，所形成的“原则”和“框架”，却分别是“文化自信”和“包容互鉴”两个方面的内容。关于“政治”与“文化”两个指标体系设计的“原则”和“框架”内容之体现之所以如此不同，是因为“政治”与“文化”的自身特性使然。最后，《指标体系研究》对“政治、经济、文化、安全、生态”五维在原则、框架和具体指标的设计上，既体现出各自的个性特征，又体现出互为呼应、相互协调、共同推进的功能。比如，安全，相对自然和环境生态而言，是指人类安全；相对民族国家而言，是指政治、经济、文化安全。因而安全既与政治密切关联，也与生态“存亡与共”。就前者而言，《指标体系研究》在设计其“原则”时，既考虑“安全”在“政治”维度上的共性，又突出其“量化指向”和“多元综合”两个原则；而在“框架”设计上，“安全”则是将“政治”维度的“和平—合作”具体化为“公道”“正义”“共同”“综合”“可持续”等六个宏观（即一级）框架指标。就后者而论，《指标体系研究》设计了“生态”的“人化自然”和“天人合一”原则的理论指导和思想基础，却同为马克思、恩格斯的人类共同体思想和党的二十大精神和关于构建人类使命共同体的重要论述；其“生态”的指标“框架”设计恰恰又对应“安全”之自然一维，设计“自然资源保护度”“生态环境治理度”和“生态制度完备度”三项，而此三项又恰恰照应“安全”指标“框架”之“公道”“正义”“共同”“可持续”等，这些内容恰恰是人类与自然存在安全、人类与环境生态安全的具体化要求。

推进人类命运共同体建构进程的指标体系设计，重在发挥其规范推进和激励引导功能。为此，其指标体系设计非常讲究可操作的普遍性。但可操作的普遍性却来源于所设计的指标体系本身具备两个因素：一是可规范的普遍性；二是可激励引导的普遍性。所设计的指标体系要具有这两个可普遍操作的功能，必须有其普遍的思想基础和原理的支撑。由此看来，其指标体系的设计研究必须体现思想与方法的高度统一，理论与应用的有机结合。以此看《指标体系研究》之所以具有很强的操作特性和普遍实施的规范指导激励功能，就是因为它将思想与方法、理论与应用有机统一起来，形成一个既呈现开放的广纳性又形成自我优化的体系。这个体系由研究的“目的与意义”“指导思想”“构建原则”“指标体系框架”和“指标赋权方法”五部分构成，形成从思想到方法、从理论到实践操作的有序路径。并且，《指标体系研究》的有序路径展开的重心落实在“指标体系”的构建上。在《指标体系研究》中，“政治、经济、文化、安全、生态”五个维度的指标体系，又分别由一级指标（宏观“框架”）、二级指标（宏观“观测点”）、三级指标和指标赋权方法四部分构成由宏观到微观的可操作体系。

值得一提的是，《指标体系研究》为检验所设计的这套指标体系的可操作性和普遍化应用程度，在其体系研究成果后面附录一个运用本“指标体系”进行评价分析的案例，即选择澳大利亚、加拿大、中国、印度、印度尼西亚、日本、南非、美国八个国家进行“安全”指标分析，以证明《指标体系研究》可适用的广泛性，对有序推进人类命运共同体构建进程能够起到积极的推进作用。这种推进作用不仅在操作层面得到展开，也在理论层面得到了解释。

第十六章
民办高校与艺术院校的治理研究

第一节　独立学院的建设与管理*

独立学院产生的背景主要有两个：一个是中国高等教育已迈入大众化的轨道，而现有的高等教育资源又满足不了这急切而迅猛的需要；另一个是高等教育市场化是当今各国高等教育的基本发展趋势之一和必然选择。在这一背景下，一些普通高等学校纷纷举办了大量的"国有民办二级学院"。总体来说，这种类型学院的举办对缓解高等教育供给严重不足的压力起到了积极作用，但也因"体制不顺、产权不明、法人混合、政策依据不明"等原因而出现了不少纠纷。2003 年 4 月，教育部印发了《关于规范并加强普通高校以新的机制和模式试办独立学院管理的若干意见》（以下简称《若干意见》），确定了"积极发展，规范管理，改革创新"的总原则，并对独立学院的审批环节、教育教学质量监督与评估、专业设置、产权结构、毕业证书颁发等方面做出了明确而具体的规定。

毋庸置疑，作为新生事物，独立学院的发展也会有一个逐步完善和成熟的过程，它在办学过程中必然会出现一些问题和矛盾。本章就独立学院建设过程中的一些基础性问题进行探讨，旨在与同行交流。

一　独立学院的几种类型

第一种类型是"广义的独立学院"，即著名大学与地方政府合作。这

* 本节主要内容曾发表于《国家教育行政学院学报》2005 年第 2 期，题为"浅论独立学院的建设与管理"。

一类型的独立学院主要建设在经济发达而高等教育水平相对落后的地区，地方政府无偿提供土地以及部分或全部建校资金，著名大学提供品牌和全部管理。如北京大学、清华大学及哈尔滨工业大学与深圳市合作创办的深圳大学城，中山大学与珠海市合作创办的中山大学珠海校区，均属这种类型的独立学院。第二种类型是教学质量较高的本科院校与企业合作。这种类型的学院主要建设在经济比较发达的地区，一些有眼光的实业家从发达国家的发展轨迹中看到，教育尤其是高等教育可以成为产业。而且，兴办教育对企业自身的发展也会起到积极的推动作用，因此他们办教育的积极性很高。第三种类型是教学质量较高的本科院校与个人合作。

二　如何建设和管理独立学院

（一）管理干部队伍建设是独立学院发展的基础

独立学院干部队伍建设的难度高于普通内设二级学院干部队伍的建设。实践证明，如果一个独立学院或纯民办高等学校的干部队伍建设得好，这个办学机构就能实现健康的可持续发展，否则将使办学机构蒙受巨大损失。因此，《若干意见》规定独立学院的院长要由举办方（即普通高等学校）向董事会推荐，获得通过后再履行聘任手续。现在许多独立学院的院长都是由举办方任命的，这从组织上保证了学院不至于发生因管理方与投资方意见不合甚至发生冲突后一走了之的现象，这从理论上也体现了举办方对独立学院的高度重视。对一名国家在职干部而言，其业绩不仅与待遇挂钩，还会对其发展前途产生直接影响，因此这样选派的院长在中国现行体制下一般均会全力以赴地投身学院的建设与发展之中。独立学院实行的是董事会领导下的院长负责制，副院长的提名权应该属于院长，聘任权属于董事会。由于独立学院是一所普通高等学校，拥有较为齐全的系科，因而有自己独立的教学教育管理系统和一定数量的中层管理人员，这些管理人员的聘任权应该属于院长。在选聘这些管理干部时，可以充分发挥新机制的优势，可以遴选一部分因年龄原因被“一刀切”下来而又未到退休年龄的处级干部。在聘任这些干部时，有的可签订长期（达 10 年）合同，有的可签订中期（5 年）合同，大部分干部为 3 年或两年的短期合同。在任期内，学院每年要对其工作业绩进行严格的考核，充分体现“优胜劣汰”的原则。

（二）教育教学质量是独立学院的生命线

1. 建设一支高素质的师资队伍是提高独立学院教育教学质量的关键

任何一所大学的品质均体现在师资队伍的水平上。由于拥有相当数量的兼职教师，独立学院的教师队伍一般来说具有相当的脆弱性。如何平衡专、兼职教师的比例并在不增大办学成本的条件下使教学工作健康开展，是独立学院院长首先要思考的问题。我们认为，独立学院教师需求的总量可以按师生比 1∶20 计算，专职教师（指学院为其办理了各种保险，在外没有任何兼职的员工）的数量应达到所需教师总数的 1/3—1/2。因为独立学院的学费被分成了三块：大约有 20% 上缴校本部；有 30% 用于投资者收回办学成本或继续投入教学设施；最多有一半的学费被用于教育教学活动。如果专职教师数量大于 1/2，学院是难以正常运行的。

在实际工作中我们深深体会到，独立学院的办学机制对吸纳人才具有双重性。一方面，灵活的机制可以吸引一些能力较强，具有市场意识而在原单位无施展空间的优秀人才。另一方面，实行聘用制，使一些优秀的专业人才望而却步。具有博士学位或具有博士后研究资历的专业人才仍然是各高校争夺的对象，传统“在编干部”的观念一时还改变不了。而要像实力雄厚的民营企业一样提供相当丰厚的薪金，对新建立的独立学院而言又不现实。因此，建设高水平的专职教师队伍是独立学院的一项长期而艰巨的任务。

在建立稳定的教师队伍方面，下列思路可供借鉴。独立学院可以积极向校本部建议：对一些高学历和高职称的教师，其人事关系可以放在校本部，占用正式编制，但其工资及福利待遇与学院其他聘任教师一样全部由独立学院承担。独立学院是国家的普通本科院校，必须有一定数量的高水平教师加盟，才能使学生看到成长的希望。不然，那种本科生教本科生、学生 1—4 年级都是由相同的教师上课或者全部由退休教师上课的局面必然会伤害学生的权益。

一般而言，独立学院的兼职教师教学经验丰富，学院支付的报酬低于承担相同任务的专职教师。而且，由于他们往往以原单位的工作为重，在兼职期间很难做到尽心、尽职、尽责，也为教学管理带来了新的问题。严把兼职教师的选拔、聘用关是我们实践中的一条成功经验。独立学院与兼职教师之间必须签订正式协议，明确规定彼此的责、权、利。不然，上课时间上的随意性太大会给教学管理带来极大的难度。同时，独立学院对教职工（无论专职还是兼职）要给予更多的人文关怀，使他们能心系学院、心系学生，让他们产生对教学科研的偏爱。一个大学是否有一批教师有偏爱教学和科研的情怀，是其能否持久发展的关键因素，而独立学院的学生需要他们的老师付出较多的关爱。

2. 确立适合独立学院的教学模式是独立学院创特色、树品牌的基本措施

独立学院不能照搬校本部相应专业的教学计划和授课模式，必须体现“贴近学生，实现因材施教的原则；贴近社会，树立为社会服务的观念；贴近市场，培养具有市场竞争力的新人”这一宗旨。独立学院的招生在各省市基本上都采取了单独批次的政策。以四川省为例，自 2003 年开始就将独立学院招生归入了本科第三批次和专科第二批次，分数线低于普通类 30 分以上。所录取学生的平均成绩比校本部低 80 分以上。面对这样的学生群体，在教学计划的制订上必须有特色。在课程设置上，基础主干课程与校本部的相应专业应一致，在选修课方面可以增加较多的应用型课；在教学方式上应追求多样化，力求贴近社会、深入企业；在教学组织上，对学生实行分类要求。同专业同年级学生从大二开始，可以按是否愿意报考研究生来对学生实行分类教学。

3. 教学质量的监控是提高独立学院教育教学质量十分必要的环节

教学质量的评定关系到能否有效调动广大专、兼职教师的积极性，能否对学生的学习状况做出客观估计。独立学院应成立教学指导委员会，对教学计划、课程的教学大纲和日常教学过程中所出现的重大问题进行专题研讨。在评价教师的教学科研水平时，要把专家评价、学生评价和自我评价结合起来。教师的综合考评成绩与其奖励、续聘与否挂钩。每学期举办一次优质课竞赛，让院外专家对青年教师的教学进行具体指导，这对青年教师尽快成长十分有益。

（三）营造良好的学术氛围和学习环境是独立学院尽快从草创期走向成熟期的重要手段

毋庸置疑，独立学院的生源质量与校本部相差很大，说明独立学院有相当一部分学生的学习积极性不高、学习基础较差、学习习惯不好。如何培育这部分学生的学习积极性是独立学院面临的又一个难题。

众所周知，一个良好习惯的养成需经过“强制、认同和内化”三个阶

段。在大一，应固定教室，对学生提出“四认真”的教育，即“认真上课、认真自习、认真作业、认真掌握学习方法”（其核心是自学能力的培养，包括怎样充分利用各种信息和寻求老师的指导等）。要求专职辅导员做到“三到位”，即“自习到位、课堂到位和寝室到位”。一般来说，通过一年的努力，可以使大部分学生养成良好的学习习惯。

独立学院学术氛围的营造十分重要。可以开设系列学术讲座，比如开设“现代科技发展概论”系列学术讲座，聘请具有博士学位或具有教授职称的专家介绍有关学科的发展历史和前沿问题。还可以开设“奋斗者的足迹”系列讲座，聘请各个领域通过艰苦奋斗取得相当成就的社会名流做演讲，从而增强他们克服学习困难的信心。还可以开设“人文艺术系列”讲座，弥补新兴学院人文积淀薄弱之不足。此外，为了实现建设一支“具有战斗力的学习性团队”的目标，独立学院除了要求员工加强学习外，还应专门开设“发展与创新论坛”，不定期地聘请知名学者为教职工开设讲座，把最新的办学理念和人才观带进学院，使独立学院的管理干部和教师能紧跟时代的脉搏。

三　几个值得讨论的问题

（一）只有办学水平高、教育资源富裕的大学才能举办独立学院

独立学院在中国是一个新生事物，具有所有新生事物的共同特征。独立学院的主要特征应是“优、独、民”。现在相当多的独立学院的举办方并不是那个地区办得最好的高校，而那些优秀高校对办独立学院又没有兴趣。对办独立学院兴趣浓厚的是那些办学经费严重短缺的普通高校。这种现象表明，在现行投资体制下，对于有市场竞争能力（体现在老百姓普遍认可）的高校，政府没有给予相应的激励机制，而那些勇于参与竞争的高校又没有那个能力（老百姓不认同）。因此大多数独立学院没有体现出“优”的特征，而且民众对“独”和“民”本身就有戒备心理。因此，作为政府来说，一定要建立相应的机制，使那些有相当知名度的大学来举办独立学院，充分发挥它们在教学和教育管理上的优势。

（二）举办独立学院的高校必须反复考察投资者有无真正投资民办高等教育的诚意和能力

目前要投资高等教育的资金并不少（包括国际资金），但真正具有教

育家意识的企业家并不多，很多人以赚钱为目的，这就必然导致投资者的短期行为。在独立学院建设过程中，有的企业根本就毫无投资教育的能力，前期建校资金通过银行贷款来解决，巨额的还款压力将导致他们多次违背当初签订的关于所收学费用于教学运行比例的协议，而举办方由于种种原因对此又不闻不问，直接导致独立学院管理方与董事会发生冲突，而最终受损害的则是独立学院。校本部应该真正对“独立学院”的教学质量负责，对独立学院专职教师数量和用于办学的经费做出强制性要求。当然，对独立学院应给予较大的办学自主权，鼓励它们从管理体制上进行创新。

（三）具备什么样素质的干部适合做独立学院的院长

独立学院与大学本身按传统机制设置的二级学院有诸多不同：一是专业较多，往往是跨几大学科门类；二是具有独立的人事权和财权。这样，院长一方面要有较高的学术地位，另一方面应熟悉高等教育尤其是高等民办教育的规律，使自己的工作思路具有前瞻性和先导性。

一要有政治家的眼光。作为新生事物，独立学院将面临许多不稳定的因素。独立学院要发展首先要稳定，稳定对独立学院而言是压倒一切的大事。社会对独立学院本身还有一个认识过程，在一些著名大学发生一件事不算什么，而同样的事件如果发生在这种办学机构就是大事甚至是致命的大事。

二要有教育家的能耐。因为独立学院的学生差异较大。如何因材施教使不同程度的学生都能学有所成是其面临的又一难题。

三要有企业家的意识。独立学院不仅有教育教学任务，还涉及如何经营的问题。独立学院常常会面临办学经费严重不足的局面，如果没有获得更多经费的能力，就会选择“办班的模式”，即本来只有高水平教师才能承担的课程往往只好选择一般的教师来完成，因为这样付出的成本较低。但是，这样会极大地损害学生的前途和家长的权益。

四要有慈善家的情怀。独立学院由于录取分数偏低而学费标准又很高，必然面临数量较大的贫困学生阶层。如何使他们的心灵在这种背景下不受到伤害，顺利地完成学业是独立学院院长必须面对的另一大难题。

（四）可以在独立学院实行“现代大学制度”

众所周知，建立现代大学制度最根本的是张扬一种深沉的、博大的、批判的、追求新知和真理的大学精神，建立以教师为本、以学术带头人为中心的管理制度，建立公开、公正、公平的学术评价和人才竞争机制，从而营造有利于创造型人才生存、发展的环境。现在普通公办大学建立现代大学制度的最大困难是办学自主权的获得和学术本位思想的树立。独立学院实行备案管理，其教学质量监控由举办者负责，投资管理由董事会负责，而内部管理主要由院长负责。如果选择了一个具有上述品质的优秀院长，那么，在这种新的教学机构里实行现代大学制度是完全可行的，同时要求董事会不干预学院的内部管理，举办者对独立学院也要少些管制。

（五）“独立学院制度”的外部性分析

举办独立学院还有一个初衷是促进中国民办高等教育的发展，使高等教育在迈向大众化的征途中真正实现投资主体的多元化。但“独立学院制度”的实施又给纯民办高等教育机构带来了极大的伤害，使纯民办的高等教育机构处在更为艰难的境地。在生源竞争上独立学院明显优越于纯民办的高等教育机构，在颁发学历证书上更是如此。有的学者称实行“独立学院制度”是对纯民办高等教育机构的“制度歧视”。我们认为，政府一定要反复强调独立学院是民办高等教育机构，以免在学生毕业时引起更多的纠纷。那些纯民办教育机构完全可以享用这一制度，使自己成为一所名牌公办大学的独立学院。实际上，日本民办高等教育机构的数量是很大的，占到整个国家高等教育机构数的70%。它在发展初期也是依附于公办大学而发展起来。我们完全可以预见，这些独立学院最终是要脱离母体而独立存在的。

第二节 民办高校当前存在的问题探析*

民办高等教育自20世纪80年代诞生（或称恢复）以来饱经风霜。在这期间，作为新生事物的民办高等教育，如同其他新生事物一样，也经历了螺旋式的上升和波浪式的前进过程。有学者认为，中国民办高等教育的发展历程可以分为四个阶段，以党的十一届三中全会召开为起点，历经邓小平南方谈话、国务院社会力量办学条例的颁布、《中华人民共和国民办

* 本节主要内容曾发表于《四川师范大学学报》（哲学社科版）2008年第2期，题为“民办高校当前存在的问题探析”。

教育促进法》的实施等重要历史事件。[①] 关于民办高校的分类，有按产权结构对民办高校进行分类的，将其划分为公共产权结构的民办高校和自有资产的民办高校[②]；也有按投资规模的起点为标准对民办高校进行分类的，将以极小资金投入、进行滚动而艰难发展的民办高校称为第一代，将国外资本和中国著名的民营企业介入民办高校称为第二代；如果以是否有资格颁发学历证书为尺度，民办高校可以分为非学历教育的民办高校和普通民办高校，前者指自考辅导性、学历文凭试点学校以及高等教育的培训机构（包括颁发国外学历文凭的国际合作办学机构），后者指民办的高等职业技术学院（专科）和民办本科院校，而民办本科院校又可以分为纯民办的本科院校和独立学院。在很长一段时间里，中国的纯民办本科院校发展速度十分缓慢，而独立学院发展迅猛。这里，我们将主要论述民办高等教育系统外部，即来自社会和政府的，以及民办高等教育系统内部，即民办高校系统自身存在的问题，对这些问题的认真分析、科学对待并加以正确处理，将有助于民办高等教育事业的进一步健康发展。

一　民办高等教育系统存在的外部问题

（一）在认识上，缺乏对民办高校地位与作用的理性思考

在对民办高等教育的认识方面目前仍有五种错误观念。第一是多余论，认为民办高校存在的必要性不大，是多余的，只要把公办学校办好就行了；第二是冲击论，认为举办民办高校冲击了公办高校，连公办高校培养出来的人就业岗位都不好找，还办什么民办高校；第三是营利论，有的人只要一说民办高校，就会觉得它们是以办学之名行赚钱之实的；第四是怀疑论，对民办高校持不信任态度，对它们的办学目的和办学能力表示怀疑；第五是过渡论，认为随着公办高校的发展，民办高校就没有必要存在了。这些认识在一定范围内的长期存在，对大力发展民办高校的决策和积极支持民办高校的政策制定极其有害，从而阻碍着民办高等教育的壮大和持续发展。[③] 这些错误认识产生的原因大致有三：一是对整个世界高等教育

---

① 高翔、吴志超、宋维清：《河南民办高等教育现状》，http：//www. hnmbjy. com。

② 张博树、王桂兰：《重建中国私立大学：理念、现实与前景》，教育科学出版社 2003 年版。

③ 中国民办高教发展战略研究课题组：《民办高等教育新发展中面临的问题》，《浙江树人大学学报》2002 年第 5 期。

的发展规律不了解，如果有了解也缺乏对当代世界高等教育发展大趋势的本质性洞察；二是受到了封闭的高度计划经济模式的束缚，认为只有“姓公”的才是好的；三是对现实的民办高校所发挥的重要作用缺乏正确认识。

（二）在政治上政府有关部门难以公平对待民办高校的师生

从民办高校的角度来看，民办高校的办学环境不容乐观，其中相当大的一个问题就是公办、民办高校之间的公平待遇问题。民办高校不仅得不到国家的投资，而且办学环境也不公平，在学生待遇（如半价火车票、助学贷款、报考公务员、毕业生就业）、教师待遇（如工作业绩的政府评奖、人才的流动、科研基金申请、教师的人事档案保管和养老保险金缴纳）、干部待遇（如民办高校的管理者能否参加组织部组织的各级领导干部的公开选拔）等方面都得不到政府政策的有力支持。而民办高校教师问题是办学中的关键问题之一，教师队伍的脆弱直接影响了民办高校质量的提高和教学秩序的稳定；而学生则是民办高校的生存基础，学生的待遇问题会影响未来高中毕业生的选择，从而动摇民办高校的存在基础。这些不公平待遇存在的原因，一是政府的认识问题，在认识上没能与时俱进，公平对待民办高校始终停留在一些官员的口头上；二是在制度安排上，政府始终对民办高校采取表面鼓励、支持，而实际上又变相限制的策略。

（三）民办高校发展的核心问题即产权界定问题一直难以明确

民办高校的产权问题，既有投资所形成的校产归属问题，也有学校办学积累资产的归属问题。产权关系说到底是一种利益关系，它常常是利益分配的依据。没有明确的产权归属就难以有持续的投资热忱和内在的投资动力。说到底产权界定工作对举办者、办学者和政府来说都是十分重要的。能否真正重视并抓好这项工作，对能否办好民办高校影响很大，同时这也是民办高校人事制度改革、后勤工作社会化过程中教职员工的剥离等所必备的基础。所以许多研究民办高等教育的学者认为，产权问题是民办高校所存在问题的核心。尽管《中华人民共和国民办教育促进法》对此已有涉及，但在实践中依然缺乏明确的解决措施。一直难以明确的原因，一是界定问题本身的复杂性；二是政府对民办高校没有足够的信心，不愿意花大力气彻底解决这个“费力不讨好的问题”。

（四）在民办高校发展的瓶颈问题即经费筹集上政府的支持难以到位

现在民办高校既要接受教育行政部门的刚性要求，又要与国内教育市场上占绝对优势的公办高校竞争，既要接受民办高校同行之间的竞争，又要接受加入WTO后国际高等教育的严峻挑战，这些竞争都需要大量的资金投入。资金问题已成为民办高校董事会和校长十分头痛的问题之一。我们知道，20世纪前半叶，制约中国私立高等教育发展的主要问题也是资金问题，该问题的长期存在导致许多优秀的私立大学最后不得不转为公办。[①] 民办高校的办学经费来源于学生学费、社会捐款、校办产业收入和地方企事业组织的拨款，其中学费所占比重最大，一般占民办高校总收入的80%以上[②]，有的甚至是总收入的全部。政府为什么不给民办高校财政支持呢？我们认为，一是因为政府本身的财力极其有限，连公办高校的投入很多都不到位；二是民办高校的产权问题没有得到彻底解决，即使政府有能力像日本和美国那样对民办高校给予部分经费支持也无法实施。

（五）民办高校办学的自主性空间相对来说越来越小

作为民办高校的举办者，他们希望能在减少干预的环境下得到更多的办学自主权。但从目前来看，教育行政部门在招生计划、招生批次、招生分数、招生区域等方面，基本上还是用计划经济年代的老办法进行管理；在专业设置、课程安排、教学计划、教学大纲等方面，还是用与公办大学相同的标准来衡量。教育行政部门一方面提倡个性，另一方面又强调高度的统一性，这种自相矛盾的管理办法使得民办高校的办学自主权受到损害，民办高校办学活力被抑制，难以形成其办学特色。实际上，民办高校除了在校级管理干部的聘任上自主权大于公办高校外，其余的自主性与公办高校已经无任何差别了。相对于改革前的公办大学，民办高校的办学自主权是较大的，“市场意识强、机制灵活”曾一度成为民办高校的优势。但随着公办高校的办学体制多元化和管理体制的转型功能完备，实力强大的公办高校适应市场的能力远远强于民办高校，公办高校从市场中获得资源的能力也远远大于民办高校。在这样的态势下，民办高校的自主性空间相对以前越来越小了。

---

① 汪明义：《西南财经大学博士后研究报告》，2006年。

② 张亚珍、夏江峰：《我国民办高校融资渠道及国际比较》，《浙江树人大学学报》2003年第1期。

二　民办高等教育系统存在的内部问题

民办高等教育在新中国的历史上是一个新生事物，因而具备了新生事物自身的共性：具有强大的生命力而又问题重重。① 如果不从客观上认识这些问题，并设法解决，那么民办高校强大的生命力也会受到极大的削弱。综观几十年来中国民办高等教育发展的历程，我们认为，民办高校内部存在下列问题。

（一）缺乏真正发展民办高等教育事业的出资人

实践表明，在众多的民办高等教育机构的出资人中，像当年创办厦门大学的陈嘉庚、创办南开大学的严修和张伯苓、创办复旦大学的马相伯和李登辉这样的真正热爱高等教育事业的出资人所占的比例太小。这些优秀的创办人本身就给社会树立了一个良好的形象：他们是真正办教育的，他们所从事的事业必然是会成功的。实践也表明具备这样胸怀和胆识的出资人所创办的民办大学就会发展得好；不具备这种素质的人所创办的民办高校发展就会很艰难，有的很快就解散了并给社会带来了极大的负面影响，使得民办高校的整体社会形象受到很大的损害。

（二）缺乏年富力强的管理层

据有关资料显示，多数民办高校的管理层是由退休干部构成的。产生这种局面的主要原因有二。一是由于体制的原因，在“官本位”依然盛行的环境里，民办高校校长的发展前途受到限制，民办高校难以吸引高等教育界的“CEO”；二是民办高校由于经费紧张的原因，没有足够的能力吸引年富力强的管理者，而退休干部的住房、保险均已由原单位解决了，出资人聘请这样的管理者成本较低；三是公办大学的管理者具有一定的人力资源，加之具有较为成熟的管理经验，在民办高校的初创期会产生积极的作用。然而作为一个新生事物，如果其管理层长期、大多数由退休人员构成，那么这样的组织注定是缺乏活力、缺乏开拓创新精神的。因为这样的管理者大多是将民办高校作为发挥余热的地方，而不是作为自己毕生事业的舞台，如此心态的管理层是很难发挥出民办高校的体制优势的。民办高校在创建初期需要在夹缝中求生存，需要在奋进中求发展，需要有超常规

① 汪明义：《落实科学发展观，大力发展民办高等教育》，张伟荣主编：《科学发展观与四川发展新跨越》，四川人民出版社 2006 年版。

的思维和治校方略来赢得社会的认可和政府的关注。因此民办高校事业发展步履维艰的重要原因之一，就是民办高校缺乏一批年富力强的既具有政治家眼光又具有教育家能耐，既具有企业家的意识又具有慈善家情怀的管理者。

（三）缺乏优秀的专职中青年骨干教师队伍

调查发现，在民办高校的教师队伍中，兼职教师占了大半以上，而在其少量的专职教师中，大多以本科生和少量的近年毕业的硕士研究生为主。大量兼职教师的存在，注定了学生从老师那里所获得的指导会大打折扣，而这些少量的专职青年教师由于阅历和水平的原因又难以担当起导师的重任。教师的素质及其在大学中的地位与发挥的作用决定了一所大学的品格。而我们的出资人往往忽略了这个基本的要素，认为只要能上上课就行了。另外，众多的民办高校没有将教师看成是事业的合作者，没有将教师看成是学校的主人，而仅仅是学校聘任的员工，没有主人翁的地位当然也就没有主人翁的意识。在这种氛围中，教师很难产生事业的归宿感和由成就感驱使所产生的使命感，临时工的心态普遍存在。这样的教师队伍又怎能在创建公民社会的事业中有所作为呢?

（四）缺乏大学的学术氛围和进行科学研究的环境

目前中国民办高校并没有真正履行科学研究的职能，在中国高等教育领域的科学研究体系中，民办高校事实上是被排除在外的，国家现行的有关科研政策也不利于民办高校的科学研究。为此，培植和增强民办高校科研职能的意识，并制定相关政策鼓励民办高校的教师从事科学研究是当务之急。

大学与其他任何形式的教育组织的区别就在于，它是带有研究性质的学校，是学者的社团，没有浓厚学术氛围的组织就不是好的大学。就目前情况来看，学术研究在大多数民办高校是没有受到关注的。这种情况一方面与上述第二、三两个缺陷密切相关，另一方面与办学经费严重短缺也有关系。没有学术研究的氛围，就难以培养出其核心组成部分“教师”和“学生”对组织的忠诚感，也很难为教师营造一个宽广的事业空间。

（五）出资人与校院长角色错位

许多民办高校历史不长，却频繁更换校院长。有的民办高校校院长的平均任职时间甚至不到一年。这主要缘于出资人的理念与校院长的办学思路不一致，出资人往往越俎代庖，致使办学者无法开展正常的教学与管理工作，更无从谈起充分发挥教育专家的主观能动性和创造性了。出现这种情况的根本原因就是出资人与管理者的职权范围划分不清，或者有明确的规定但在实际操作中又不遵守。其根源在于出资人对董事会聘任的校院长总是不信任，要是出资人除了这所学校外并无其他成功的事业，那他们对学校的直接干预就会更多。

（六）信息传递问题

从总体上看，中国民办高校之间联系甚少，信息不通，缺乏联系的纽带，处于独立操作、孤军作战、处处为营、各自为政的状况，更谈不上信息交流和资源共享了。全国还没有一个跨省的民办高等教育学术团体，而全国民办高等教育规模庞大、类别不一，组织活动也很困难。对民办高等教育的研究更是滞后，系统地研究中国民办高等教育发展的课题、文章和专著尚十分少见，中国民办高等教育研究力量还很单薄。因此，加强对民办高校制度、政策和民办高等教育的理论研究是十分必要的，建立全国性和省市的民办高校联合会也是很有意义的。

（七）民办高校系统内部的不公平性：独立学院制度的产生

民办普通高等学校大致可以分为三类：一类是纯民办的普通高等学校，这类高校发展是极其缓慢的，截至2007年5月也只有249所，其中本科学校28所；第二类是民办成人高校，其发展就更慢了，当时，只有两所；第三类独立学院，这一类发展得最快，当时已达318所之多，其中相当一部分是由以前的公办大学举办的按民营机制运行的二级学院改制而成的，也有少量的是后来成立的，如四川大学锦城学院和锦江学院。

我们知道，独立学院是具有中国特色的发展民办高等教育的一条路径。政府不仅希望公办大学对民办大学进行一段时间的扶持，而且希望民办高校能处于自己的掌握控制之中。由于独立学院一开始就举办本科教育，并且毕业生的学位证书完全由独立学院的校本部颁发，所以在短时间内独立学院制度获得了一部分家长的认可。但是，由于其自身的特殊性，也导致社会和学术界的广泛质疑。

1. 独立学院与校本部的法律关系值得质疑

从法律的角度来看，独立学院具有法人资格应该承担独立的民事责任。但在实际运行中，由于其是独立的法人，校本部对其除了宏观的指导外并无管理的权力，因为在法律地位上独立学院与校本部是平等的关系。但独立学院一旦出现质量问题、稳定问题，社会和政府又将责任归咎于校本部，认为校本部收取了独立学院的一部分经费，就理所应当承担法律责任。就独立学院而言，因为要上缴大约20%的学费给校本部，心里也感到极其委屈。

2. 独立学院投资者的回报额度不明确

由于独立学院是企业投资的，大多数企业家投资教育，并非出于全心全意、不计回报，而是要有所回报的。由于对回报的额度政府没有做出明确规定，也由于政府未建立起对独立学院的审计制度，企业家追求利益最大化的本性就会显露出来。在实际办学中，为了追求利润的最大化，独立学院就在给学生提供的教育服务上打折扣，具体表现在专任教师数量和质量均远远不达标，每学年给学生上的课时数也远远不达标。在调研中我们发现，有的独立学院在本科生的第四年和专科生的第三年就将学生全部放到社会上实习，既没有实习的方案，又不对实习过程进行指导和监管，也不对实习效果进行考核，这样的办学必然会出现严重的质量问题。

3. 独立学院的名称不规范

就当时的318所独立学院来看，现在独立学院在名称取法上大致分为三种情况。第一种是用地名或偏好，如某某大学成都学院或某某大学厚德学院等。第二种是地名或偏好再加上专业性质，例如，浙江大学宁波理工学院，说明其开设的专业基本属于理工类，但又用“宁波”二字与校本部的专业区别开来；再比如，复旦大学上海视角艺术学院，从中也能清楚地看出该学院与校本部各学院的区别。第三种是直接体现专业性质，如某某大学科学技术学院、某某大学工程学院等。相当多的独立学院名称使用规范，既反映了它与校本部的联系，又反映了与校本部的区别。第一类和第二类就属于规范的，但第三类就显得极不规范。比如，某某大学科技学院，从专业性质上看，这个学院几乎能涵盖校本部的所有专业，这必将导致校本部师生和管理干部的强烈不满。

我们知道，独立学院在不久的将来是要真正独立的，也就是要与母体校本部脱钩的，如果这些名称不规范，脱钩后的独立学院只好重新命名，那这所学校已有的品牌资源就会丢失。比如，在成都，有四川外语学院成都学院，有电子科技大学成都学院，有四川师范大学成都学院，还存在着成都市属真正独立设置的成都学院。建议教育部有关部门对第三类独立学院的名称予以纠正或尽快将这些独立学院真正独立出来。另外，有的本科院校从专业构建角度来看是综合性的，但由于受 20 世纪 50 年代院系调整的影响，其校名依然是原来的小学科名称，而所建立的独立学院由于专业较为综合而取了综合性的名称，这就显得极为不顺了，如“四川音乐学院绵阳艺术学院”。因为四川音乐学院的专业设置已远远超出音乐学的范畴，美术、舞蹈、影视、戏剧等专业早已建成并且这些新办学科的规模也远远超过了音乐，鉴于此，李岚清副总理曾在听取学院工作汇报后做出指示，要求尽快创建“四川艺术大学”。

三 独立学院制度的建立

独立学院的出现对纯民办高校的发展带来了极大的伤害。由于独立学院的特殊性，真正的民办高校在高等教育大众化的进程中又被挤到了边缘。在独立学院建立前，学生读不了公办大学，就自动选择了纯民办高校，这使民办大学的生源能得到基本保障，部分民办高校也能凭借自己的实力招收到一部分较为优秀的高中毕业生。但独立学院出现后，由于其能颁发本科毕业证书和获得校本部的学位证书，所以读不了公办大学的高中毕业生，就会首选独立学院。如果独立学院读不了，最后才会考虑纯民办高校。众所周知，纯民办高校的生存基础就是生源，独立学院的产生对纯民办高校的生存所带来的不利影响由此可见。当然，如果独立学院的办学质量明显好于纯民办高校还好说，而实际情况并非如此，独立学院能争夺较好的生源不是凭借质量，而是凭借制度设计。由于存在这些弊端，独立学院被人们广泛认为是中国高等教育大众化进程中的一个“过渡品”。

从上述分析可以看出，中国民办高等教育在多年发展历程中所面临的内部和外部环境极其艰难，而且有些病灶甚至是致命的。无论政府还是民办高等教育机构的出资人均应拿出兴办民办高等教育的足够诚意来解决所存在的问题。

四 解决问题的措施

对民办高校系统外部和内部存在的不利于民办高校发展问题的解决，均需要政府、社会和民办高校自身三个方面的共同努力。因为有的问题虽是民办高校系统内部的，但是造成这种问题的根本原因却是外部的。例如，独立学院也是民办高校，但它为什么一成立就可以招收本科生？为什么还要颁发校本部的学位证书？当然，我们知道：政府要解决高等教育大众化的压力，在拿不出更多财政经费的情况下，允许民间资本进入高等教育市场，这样政府一不出钱、二不出力，就减轻了所面临的压力，又使受教育者满意，因为受教育者拿到了带有公办大学头子的毕业证书和完全的公办大学的学位证书。但这样做确实使那些纯民办的普通高等学校受到了极大的伤害，在高等教育大众化的进程中也被边缘化了。如何解决这个问题呢？我们一直认为建立独立学院制度是政府的一个权宜之计，最终独立学院是要走向真正独立的，现行的独立学院制度是要消失的。那么，独立学院什么时候真正独立、怎样独立呢？我们认为教育行政部门对已存在的并满五年的独立学院应展开一次严格的评估，被评估为优秀的立即转为纯民办本科高校，而被评估为不优秀但符合民办专科设置条件的转为纯民办的高职高专，对那些办学质量低劣的独立学院立即取消其办学资格，将师资和学生合并到其他合格的独立学院中去。这是解决问题的根本，也是在高等教育体系中建设和谐社会的具体实践。

当然，如果为了一视同仁，也可以走另外一条路，就是将符合独立学院条件而自己又十分愿意的所有民办普通高校转为独立学院，使其享受同等的待遇。但这不符合国际高等教育发展的潮流，也不符合中国举办和发展民办高等教育的初衷。从国际上看，日本已将所有的国立大学法人化，从根本上说是将高等教育推向市场、走民营化的道路；欧洲各国也在加紧对其国立大学的变革，民营化就是变革的主要措施，目的是使其更具有竞争的活力。中国发展民办高等教育的初衷就是使高等教育适应经济社会发展的需要，在国家财力有限的情况下大量吸纳社会民间资本进入高等教育领域，因为当时我国的民营经济占整个国民经济的比重已经达到了60%以上。综上所述，独立学院独立势在必行。

关于民办高校内部和外部存在的其他问题，我们一直认为，只有建立起民办高校良好的治理结构才能彻底解决。在这个结构中有三个子结构：一个是产权结构，一个是民办高校董事会的组成结构以及董事会的职责，还有一个就是民办高校校长的素质要求、遴选方式与校长的职责。

在民办高校的产权结构中，政府应该将民办高校投资者的投入所形成的那部分产权归属投资者，由社会捐赠和政府投入所形成的产权归属国有，办学积累所形成的资产按比例进行明确的划分，分享这部分产权的应有投资者、管理者和教职工。因此，民办高校的产权结构就呈现出多元化的特征。这样，投资者才能明明白白地投入，继而保持持续的投资热情；管理者和教职工再也不是单纯的打工崽了，而是成为学校的主人；在办学的过程中，国家和社会的投入也能得到明显增值。

在董事会的构成中，我们认为必须有高等教育专家、教师代表、学生家长代表以及校友代表，因为这是由大学这类组织的构成特征所决定的；而董事会最该做的事情有两件：一是选择具有教育家素质的学者做校长；二是千方百计地募集办学经费。①

在民办高校校长的素质要求上，我们根据民办高校的特殊性和复杂性认为，他们“不仅是学者更要是教育家，更要具有创新和开拓的品质，还要对人才从内心深处真正的热爱，具有求贤若渴的情怀”，等等。②

在解决民办高校的办学质量和水平问题上，我们认为，最要紧的事情是加强对民办高校质量的评估和财务的审计，使民办高校形成一个强有力的自我约束机制，况且对民办高校或私立高校进行评估是国际惯例。那么，由谁来评估民办高校呢？鉴于中国的国情，我们认为，民办高校的评估应由政府机构担任（相反，公办高校的评估才应该由民间机构担任）。政府在此基础上每两年或每五年对民办高校或私立高校颁发一次办学许可证书，这也是当今世界各国对民办高校或私立高校实行宏观管理的有效措施之一。同时，加强财务审计是确保民办高校加大办学投入的必要措施，各级教育行政部门应该将此事放在一个重要位置来对待，因为这是使学生基本权益得到保护的核心措施，也是使民办高校保持稳定的基本前提。

我们认为，如果董事会按上述原则履职到位而不越位，校长又具有上述的良好素质，民办高校的诸多内部问题就能得到彻底解决。同样，如果政府界定了民办高校的产权问题，就能使社会上大量闲置的民间资本对民办高等教育的投入充满信心，就能使已经进入的民间资本十分安心，并能使投资者保持稳定的投资热情，民办高校的诸多外部问题也能随之得到解决。这样一来，民办高校就获得了健康并可持续发展的制度基础、政策环

---

① 汪明义：《民办高校的高层管理模式探索》，《科学中国人》2007 年第 12 期。

② 汪明义：《大学理念探析》，西南财经大学 2006 年博士后研究报告。

境和不竭动力，民办高校真正的春天就会提早到来。

第三节　把握大学组织特征，办好民办高等教育*

民办高等教育已经成为中国高等教育的重要组成部分，在中国高等教育事业中发挥着越来越重要的作用，也将为建设高等教育强国做出积极的贡献。无论公办还是民办，大学都要按照高等教育规律来办，而准确把握大学这类组织的特征尤为重要。但是，从实践层面来看，不少民办高校管理者对大学的组织特征相对较为陌生，在办学实践中，有的将大学作为企业，追求经济利益的最大化；有的将大学视为行政机关，按科层的官僚体制和机制管理大学，使官本位意识在大学盛行；有的学校实行所谓的军事化或半军事化管理，从而失去创新的必要环境，这些行为均会给大学带来伤害，更会对民办高校的人才培养造成影响。

教育具有四个基本特征，从历史角度来看，教育具有永恒性和历史性；从功能角度来看，教育具有工具性；从教育内部的结构来看，教育是复杂、开放的社会系统；从时间的角度来看，教育具有长周期性、未来性和滞后性。高等教育作为教育的子系统，其所依附的大学这类组织具有七个方面的特征，对其逐一加以对比分析，可以找出民办教育在大学相关组织特征上的缺陷和应该努力的方向。

一　产权特征——利益相关者

高校是一类典型的利益相关者组织，其关注者众多，主要的有政府、社会、学生家长、校友以及教职工。

1. 政府关注民办高校

政府在民办高校的投入上虽然不是主体，但审批是政府行为。政府同意设立，就应关注所设立学校的运行状况，希望其能够实现自己的设立目标。关注的具体途径一是通过法规文件，对民办高校进行宏观管理；二是委托中介机构对民办高校的办学情况进行评估，并将评估结果对社会公布，给社会提供对称的信息。

---

* 本节主要内容曾发表于《中国高等教育》2010 年第 8 期，题为“把握大学组织特征，办好民办高等教育”。

2. 社会关注民办高校

大学作为在经济发展和社会进步中发挥重要作用的一类特殊组织，必然会引起社会各界的广泛关注。同时，大学地位的提升很重要的一个原因也是社会各界对大学的广泛关注。社会关注的是高等教育对社会的贡献，对一个具体的大学而言，主要关注的是它的社会声誉。而关注的途径是通过各种媒体获得，包括广播、电视、报纸和期刊。正因为此，高校特别是民办高校更要处理好与各种媒体的关系。

3. 家长关注民办高校

家长是子女上学的出资人，从一定意义上讲也是民办大学的投资者。家长关注民办大学的热情应该说超过了任何一类利益相关者，因为这种关注与其子女的未来发展是联系在一起的。未来的家长关注更多的是一个民办大学的社会声誉，这将决定他们是否将孩子送到这所民办高校。现在的家长关注的是子女在这所民办高校能否健康地成长，毕业后能否顺利就业或能否为未来的职业转变奠定基础。

4. 校友关注民办高校

校友从广义上说包括两类：一类是毕业生，一类是曾经在此工作的教职工。毕业生最为关心的是母校的声誉，因为母校更加辉煌将会给这些毕业生带来无上的荣光，将使得他们的毕业文凭的含金量不断提高；对于曾经在这里工作的人来说，母校的辉煌也为他们的人生履历增添了光彩。校友对母校的关注之深、对母校爱之切，将是母校发展的不竭动力，所以高校特别是民办高校应充分重视校友资源。

5. 在校教职工关注民办高校

大学是师生的社团，大学在为学生成功奠定基础的同时，也要为教师和职工的在校发展提供平台。一个好的大学应能够将学校的发展与教职工的切身利益尤其是教师的事业发展结合起来。他们既是学校声誉的创造者，也是利益最大化的诉求者。

面对众多的利益相关者，民办高校决策者必须在诸多利益相关者之间寻求平衡，必须以社会价值为目标，必须承担应有的社会责任，在目前所面临的特殊境遇里，更要高度重视各个方面的利益相关者，对外遵从市场法则，不断宣传学校的业绩；对内遵从教育规律，紧紧抓住办学质量这一关注众多的焦点。

二 权力特征——三元权力结构

传统管理的科层结构被应用于民办大学的管理中，就体现出民办大学的行政权力，即上级对下级活动的控制与协调，这里的行政权力既包括民办大学校长所领导的行政职能部门的权力，也包括民办大学党组织系统所拥有的权力。教师在其权力范围内对学校有关事务做出决策的结构，体现出大学的学术权力，该权力的基础是自主性和个人的知识。通常所说的“教授治学”就源于对学术权力的尊重。现代的民办大学除了行政属性、学术属性外，还有产业属性。诸多民办大学除了后勤服务外，还举办了若干的科技开发中心、咨询中心，这些中心直接利用大学的科技优势和人才优势，服务于经济发展和社会进步事业。后勤服务中心也具有了很多的经营职能，从事经营活动。这些经营性的机构与市场经济紧密相连，我们把这些机构所遵从的权力规则称为“市场权力”。在民办大学管理实践中，在内部管理上，既要防止行政权力对学术事务介入太多，又要防止学术权力对行政事务的过分干涉，影响行政机构和行政人员按规章制度处理问题。我们要坚持“行政权力服务于学术权力”的理念，行政权力的绩效应体现在教师卓有成效的教学和科研、学生卓有成效的学习和成长上。我们也要坚持“市场权力服务于学术权力”的理念，市场权力的绩效应体现在“为大学获得更多的办学资源”上，为教师的教学和科研提供强大的物质基础。

三 人员特征——教师的“双重忠诚”

大学教师特别是民办大学教师的组织属性相对较弱，学科归属感较强，因为所聘用的人员首先是遵从自己的专业，然后才是民办大学这个组织。大学教师有如下一些特点：要求工作上的自主与不受监督；专业人员有“世界主义”的倾向，他们对全国范围内学科同行的忠诚有时会与他们所在组织所喜好的“地方主义”倾向相冲突；在一个组织内部“专业人员的价值标准”与“官僚主义”的种种期望之间存在尖锐的矛盾，由此会加剧专业人员与管理者之间的冲突；教师抵制或厌烦对自己工作的行政评价，在乎同行的学术评价。这些特点表明高等学校的教师都生活在一个或几个学科领域，他们中的绝大多数人几乎是倾其所能，把毕生的精力和才华都投入了为之奋斗的教学和研究的学术领域。他们往往把对本学科、本专业知识体系的深刻理解看得高于一切。因此，民办高校的管理者要充分认识到教师的双重性，为他们搭建学术发展的平台，使他们对组织的忠诚与对学科的忠诚结合起来，成为民办高校真正的主人。

四　产品特征——连带性

学生既是顾客又是产品。校友和在校学生的质量决定其对新生的吸引力，因为教育是一种通过亲身经历才能掌握其品质的产品，人们在接受教育之前不能做出准确的判断，也不能进行试验，所以人们在选择教育时会极大地参考享受过此类教育的其他人的特征。同时，教育质量与接受者的水平是联系在一起的。大学因这一特性又被称为“关联组织”。由于在校学生既有顾客属性又有产品属性，民办高校在学生管理和教育上就不能一味地把学生看成“上帝”，必须按照学校所确立的人才培养模式和标准全面培育学生；也不能忽视学生的中心地位，应做到“因材施教”，充分挖掘学生的潜能，让尽可能多的学生成才、成功。

五　管理特征——复杂性和多样性

民办大学与公办大学一样，是一个复杂的机构。首先是成员的复杂，有教师、学生、行政管理人员、教辅人员、技术支撑人员、后勤服务人员等。其次是组织结构和权力的复杂，有科层的官僚组织和非科层的学术组织。再次是权力结构的复杂，有学术权力，包括教授的个人权力、教授行会的权力（学院式权力）；有行政权力，包括党组织的权力、大学校长的权力、董事会的权力，等等。最后就是大学功能的多样性，包括人才培养、科学研究、社会服务、引领文化建设等功能。大学是知识高度密集型的组织，这就决定了大学管理的复杂性和多样性。因此，大学校长既要有政治家的眼光，还要有教育家的能耐；既要有企业家的意识，还要有慈善家的情怀。

六　技术特征——非进步性与成本最大化

民办大学自身无法通过技术的进步来降低对教师数量的需求；大学运行机制不是建立在节约成本的基础上，而是以追求卓越与提升声誉为目标。因此，有成本最大化的倾向。正是由于这个特征，民办高校的校长往往主张办学经费越多越好，常常也因此与董事会达不成一致意见。把握大学组织的这一特性，就要求民办高校的董事会各位成员与校长和教师在办学经费问题上寻求一个合理的数量和科学的管理模式。

七　文化特征——继承性和变革性相统一

大学有着宗教式的组织文化。同时，大学本身又是一个不断反思和创新的组织，只有在不断的改革和创新中才能保持永久的活力。正是因为大学的文化具有继承性与变革性相统一的特性，大学才能成为引领文化思想建设的主要阵地、引领文化事业的生力军、引领文化产业的先锋队。

大学理念就是在对大学组织特征做深刻洞察后所获得的理性认识，用大学理念引领高校科学发展已经成为高等教育界的共识。对大学这类组织的特征进行深入探讨，不仅对理解这一共识有重要作用，而且对解决民办高校所面临的问题将很有帮助。作为中国现阶段的民办高校，依然面临着很多困难，需要认真探索大学组织的特征，严格按大学组织自身的规律办事，只有根据这些特征来发展的大学才能做到基业常青。无论民办高校还是公办高校，均应站在实现中华民族伟大复兴的高度来把握大学的组织特征，这是办好一所大学的基本前提。

第四节　论艺术院校专业设置的原则*

国家对文化艺术的重视和投入今非昔比，党的十七大又宣示了中国的文化建设即将进入一个新的历史时期。新时期的建设重点应该是在过去基础上的更深层次的内涵提升，以实现中华文化可持续的发展和繁荣。要达到这一目标，最为根本的途径就是逐步实现艺术教育在全国的普及和质的提高。我们的文化部门和教育系统应该联起手来，突破思维定式，共同建立一个新的艺术教育的格局，踏踏实实地推动文化艺术教育的蓬勃发展。

中国高等艺术教育事业从中华人民共和国成立至今，已走过近60年的历程，基本形成了学科门类齐全、学科体系完备、学科水平较高的艺术

* 本节主要内容曾发表于《艺术教育》2008年第12期，题为“论艺术院校专业设置的原则”，本文是与刘立新、蒋建华合撰的。

高等教育体系。尤其是随着中国高等教育策略的调整，以及国民经济的快速增长所带来的人们对精神文化生活的高需求，在全国范围内形成了一股艺术专业办学热。据 1998 年本科专业目录调整后的不完全统计，在全国有近 298 个本科院校有艺术类专业设置，到 2001 年则达到 597 个，在 2002 年又陡增到 700 多个，至 2006 年艺术类专业设置在艺术院校和一般院校中也呈上升趋势。这其中，有些艺术院校缺乏相关办学经验和基本条件，于是问题接踵而至，首当其冲的就是专业设置问题。专业设置关系着学科体系建设乃至学校的长远发展，关系着教师队伍的组建和教学单位的设立，更关系着学生的学习与就业。因此，各艺术院校应该如何进行科学有效的专业设置是一个值得深入讨论的问题，我们从“共性与个性相结合、传统与现代相结合、理论型与技能型相结合”等视角进行讨论。

一　坚持共性与个性相结合的原则

随着中国文化艺术事业的发展，中国艺术院校的发展体现出一种综合化进程，主要表现为艺术学科内部各门类之间、艺术学科与人文学科之间、艺术学科与自然科学之间的相互影响和渗透。这种综合化进程，加之市场利益、市场需求的作用，造成了艺术院校在专业设置上追求“大”而“全”的共性。无论是对于音乐学、作曲与作曲技术理论、音乐表演、绘画、雕塑、舞蹈学、表演、录音艺术、播音与主持艺术等传统专业，还是对于艺术设计、艺术管理、工业设计等新兴专业，一些艺术院校还没来得及仔细衡量自身的办学实力，就纷纷涉足其中并恐为人后。于是，相同专业重复设置的局面便形成了。专业的雷同设置不仅会造成教学资源的浪费，加大高校人才输出和社会人才需求之间的矛盾，同时也将使各艺术院校呈现趋同化发展，失去自身的特色和比较优势。因此，在专业设置上，各艺术院校不能一味地求全、慕新、尚名、逐利，而要具体情况具体分析，既与综合化趋势保持和谐一致，又不盲从、不轻易放弃已有的办学传统和风格，在共性中保持自己的个性。

专业设置如何才能做到在共性中保持个性呢？首先，各艺术院校要对自身办学条件和办学实力有清醒认识，根据自己的所长开办相应类型、层次的专业，突出传统优势专业，并以此为龙头，带动相关专业的建设，实现专业科学化合理化配置。如四川音乐学院近十年来以具有传统优势的音乐专业为龙头，带动其他专业建设，实现了由小到大、由弱到强的转变，其发展轨迹就是个很好的例子。

四川音乐学院与其他八大音乐学院一样，在成立的几十年中，一直专注于音乐学科的发展，无论是在音乐学、音乐表演还是作曲与作曲技术理论等均奠定了坚实的基础。鉴于音乐学科与舞蹈学科、影视、戏剧表演学科的密切联系，学院首先利用自身的优势增设了舞蹈、影视、戏剧学科的本科专业。实践证明，由于有音乐学科的强力支撑，学院的舞蹈、影视、戏剧学科发展得很快很好。1998 年，由于重庆成为直辖市，四川美术学院脱离四川，省委和省政府大力支持四川音乐学院恢复美术学科，以原四川美术学院副院长为学术带头人的一批优秀的美术类专家迅速聚集成都，开始了高起点、高标准的美术高等教育，本科教育与研究生教育同时进行。由于有音乐学科、舞蹈学科和美术学科的强力支撑，学院已形成横跨文学、工学、管理三大学科门类的 17 个本科专业，100 多个专业方向的综合性高等艺术院校。目前，学院已形成成都、新都两个校区，并拥有独立设置的绵阳艺术学院的整体布局。

其一，在成都校区，以省级重点学科建设为龙头，坚持发展传统音乐各学科方向，以培养音乐表演高级人才和音乐创作精英人才为中心任务；在新都校区，以美术学科和舞蹈学科为重点，发展艺术各个门类并实现学科间的相互渗透，充分凸显综合性，实现艺术科技化，着力培养高级的应用型人才；在绵阳独立学院，按照独立艺术学院的建制，充分利用新机制和新模式的优势，发展现代实用艺术学科及专业，注重服务地方普及型人才的培养。因此，从整个专业设置上看，四川音乐学院的专业设置既具有齐、全、新的综合化特点，同时三个校区又分层设置，各有侧重，具有科学性和合理性，能在市场竞争中形成自身优势。

其二，考虑地域特色，充分发挥地域优势。20 世纪 90 年代初，联合国教科文组织召开了“面向二十一世纪教育国际研讨会”，该研讨会指出：“注重发展教育的民族特色、地方特色，是世界教育发展的大趋势。”注重教育的民族特色与地方特色，是针对全球经济一体化可能带来的文化教育模式单一化格局而提出的，是保护多元文化教育模式和保持教育个性的应对措施。高等艺术教育作为高等教育旗下的一个分支，要保持自身的个性特色，很重要的一环就是设置和发展富有民族特色和地方特色的学科专业。尤其是对于地方性艺术院校来说，结合地域特色设置专业，是突出办学特色乃至铸就学校品牌的行之有效的途径。

如中国西部地区，是少数民族及其文化艺术的集萃地，各地的歌曲、戏曲、舞蹈、剪纸、刺绣、扎染、岩画、宗教艺术等民间艺术，构成了一座丰富多彩的艺术宝库，为西部艺术院校办出西部特色提供了源源不竭的艺术资源。云南艺术学院的办学就很好地利用了地处西南地区的地域特色，以“继承传统、兼容中外、学习民间、服务社会”为办学理念，立足于云南丰富多彩的民族文化土壤，以传承民族艺术文化和培养艺术教育人才为使命，在专业设置上突出民族性的特点。如艺术设计分院开设了民族民间艺术与设计专业方向，舞蹈分院下设三个专业方向，分别是民族舞蹈编导、民族舞蹈表演和民族舞蹈教育，都定位在民族舞蹈的范围内，充分利用了地域优势资源办学。此外，该院还设有民族民间艺术研究所专职科研机构，下设音乐、美术、舞蹈、戏剧等研究室及民族民间艺术陈列馆，为专业建设提供了智力和物质保障。正因为如此，云南艺术学院在版画、油画、民族戏剧、音乐、舞蹈等专业领域，无论是在创作还是在研究上，都有着广泛而独特的影响。

其三，寻求专业的“同而不同”。在高校发展同市场接轨的今天，受市场因素作用和经济效益驱使，各艺术院校纷纷向“火爆专业”“新兴专业”看齐已成普遍之势。同时，出于艺术院校自身学科体系建设的需求，传统专业和支撑型专业的设置虽然互相雷同，却是必要的。在无法避免雷同的前提下，各艺术院校应努力结合自身特点，办出不同特色的专业。比如目前热门的艺术管理专业，据统计，全国大约有300所院校开办了此类专业（包括艺术院校和非艺术院校），如何在众多院校中使自己的专业独具特色呢？各艺术院校都以自身学科体系为基础进行艺术管理专业建设，如中央戏剧学院侧重于戏剧管理、剧目管理和演出管理，中央美术学院侧重于视觉艺术管理，中国音乐学院侧重于音乐事业管理，天津音乐学院侧重于音乐商务和音乐传媒管理，上海音乐学院侧重于音乐产业和音乐电子信息管理、音乐产品的设计以及制作与传播等，四川音乐学院侧重于音乐表演、影视表演、艺术评论、艺术经纪人、节目主持人、音乐评论人、媒体记者、音乐艺术杂志编辑等各类人才的培养。这样的专业建设具有较强的针对性，做到了“同而不同”，从某种意义上说，对避免因专业的重复设置而造成的人才重复培养有借鉴意义。

二　坚持传统性与现代性相结合的原则

艺术是一门传统而新兴的学科。中国传统的艺术学科一般包括音乐、美术、戏剧、戏曲、舞蹈、电影等门类，其下设置的专业也相对固定，如音乐学科一般包括音乐学（理论）、音乐表演（声乐、钢琴、管弦、民乐、指挥）、作曲与作曲技术理论等专业。经济社会的发展，特别是现代科技、市场经济发展需求以及多学科交叉融合发展，对艺术学科产生了巨大影响，由此带来新兴艺术门类的出现和专业设置的重大变化。艺术院校的专业设置如何才能做到传统性与现代性相结合呢？首先，要保持传统专业的基础地位，不能因为发展新兴专业而忽视传统专业的发展。传统专业是该门学科体系的基本构成单位，历经时代和社会变迁而沿袭保留至今，具有很强的艺术生命力。传统专业体现着学科的本质特点，其存在价值是毋庸置疑的。同时，艺术院校又不能固步自封地一味保持传统专业设置模式，要抓住特色与热门专业的优势，与相关学科专业相互融合，以寻找与市场经济发展需要相结合的切入点，使艺术教育与社会需要紧密联系起来，体现出专业设置的现代性元素。

其一，充分考虑市场经济发展需求。在艺术教育已从精英教育走向大众教育的今天，社会对于艺术人才的需求结构发生了变化，对专门性艺术人才（如从事艺术创作和艺术表演的人才）的需求相对有限，而对复合型艺术人才（如从事艺术策划、艺术管理、艺术传播、艺术批评的人才）的需求相对较大。这类人才既需要具备较高的艺术素质，同时也需要具备相关学科如经济学、管理学、传播学等方面精深的知识结构、理论素养和实践能力。对此，许多艺术院校已经做出及时回应，将艺术与管理联姻，开设了艺术管理专业，主要包括画廊管理、展览会策划与管理、音乐策划、剧场管理、戏剧管理、电影营销、电视节目营销、演出管理、设计艺术管理、图书市场管理、博物馆图书馆管理等专业方向，立足于培养具有良好的文化艺术素质和高品位的文化艺术鉴赏能力，掌握文化产业的经营特点和运作规律，了解国内外文化艺术发展趋势，同时具备现代管理、经济和法律的基础知识，能在文化产业、媒体以及政府机关、企事业单位等相关部门从事文化艺术管理、文化经营、文化产业业务设计、项目策划、文化经济、贸易、咨询和国际文化传播等工作的高级专门人才。

其二，在学科内部以及多学科之间寻找生长点。在学科内部寻找生长点，不仅有利于新的专业成长，而且可能赋予萎缩的专业以新的生命和活力。如中央美术学院、中央音乐学院和北京电影学院，它们原来的美术学、音乐学、电影学专业都侧重于史论方面的研究，近年来，在保持这些专业原有特色的基础上进行了拓展和延伸，增设了美术展览与策划、音乐演出与市场、电影制片与策划等侧重艺术市场的方向。这些方向的设置，给原有专业注入了现代活力，对进一步完善美术学、音乐学、电影学学科体系有积极意义。同时，各门类艺术专业之间的交融，如音乐、美术、设计等专业与文学、影视等方面的结合，生成音乐文学、摄影文学、公共艺术等独具特色的专业方向；艺术学科与其他学科的交融，如管理学、科技学、市场学、人类学、心理学、民俗学等人文学科的结合，生成艺术管理学、艺术心理学、艺术社会学等具有浓郁时代特色的专业方向。这些是目前艺术院校已经开设或者正在酝酿准备开设的专业，我们相信，伴随着市场需求的变化和多学科的进一步交叉融合，还将会有崭新的艺术专业出现。

其三，注重转化和运用科技发展的最新成果。现代科技对艺术活动的影响是全方位的、革命性的。以电子技术、计算机技术和网络技术为代表的高科技的日新月异，不仅使艺术创制、艺术传播等方面的形式与手段获得不断更新，同时也推动艺术观念、创造思维和创作理念等方面的重大变化，由此带来了新兴艺术门类和新兴专业的出现，如目前许多艺术院校都开设了多媒体设计艺术、电脑动画、数码摄影、计算机音乐等传统专业目录以外的专业。能否有敏锐的洞察力和前瞻性，及时将最新科技成果转化运用到艺术专业建设中，这是艺术院校能否在众多竞争者中脱颖而出、抢占专业发展先机的重要一环。在这方面，四川音乐学院为我们树立了一个典范。“2005 年年底，四川音乐学院成立了数字艺术系，全力打造中国西部第一个高规格的数字创业基地。”“在全国首创了‘数字空间规划与场景设计’专业方向”，其“所涉及的数字音频、数字视频的广泛应用，将触及世界一流的科学技术，并进一步激活四川音乐学院的有关专业并形成市场优势，对音乐、美术、戏剧、影视、传媒及其他学科专业形成极强的整合”①，同时还将催生新兴学

① 刘立新：《整合学科优势、突出办学特色》，《中国教育与发展》2006 年第 6 期。

科的诞生。我们可以看到，将现代高科技手段广泛应用于艺术学科建设中，已成为中国乃至世界艺术教育发展的新趋势。

三　坚持理论型专业和技能型专业相结合的原则

中国专业艺术教育历来都存在重技能训练轻理论教育的现象。艺术院校把培养人才的重心放在技能方面，因此在专业建设上重视技能型专业的建设而忽视理论型专业的建设。如美术专业建设，不论是专业美术院校还是综合性大学中的美术学院，一般都设有中国画、油画、雕塑、建筑、摄影乃至动画、艺术设计等包括较为新兴专业在内的技能型专业，并且随着社会的需求，新专业不断扩展；而对于美术学这样的理论型专业，基本上只有为数不多的专业院校在开设，还往往处于门庭冷落的尴尬境地。对于艺术院校设置理论型专业是否可有可无？理论型专业是否和技能型专业具有同等重要的地位？我们不能仅凭家长学生的青睐、市场的需求去判断，而应该站在是否有利于整个学科体系建设和是否有利于整个学校长远发展的高度来判断。历史经验告诉我们，一个缺乏理论体系的学科，其根基是不牢的，其发展后劲也就如先天贫血，在表面的兴盛同时已然供血不足了。以理论型专业为基础和指导，以技能型专业为支撑特色，协调二者互相作用和共同发展，是艺术院校专业建设应坚持的基本原则之一。

其一，理论型专业和技能型专业能相互促进，形成培养人才的合力。理论型专业注重专业所在艺术门类的基础理论和文化现象的研究，内容主要涉及该门艺术的历史发展及演变，社会功能及文化意义，审美机制和美学规律，艺术语言的构成及运作，作品的解析、批评、传播与接受等方面。理论研究是为实践服务的，理论型专业的设置和建设能促进技能型专业的发展。通过对基础理论的研究，能明晰该门艺术的形成和演变轨迹，把握其本质和发展规律，为艺术实践和创作做必需的基础铺垫；通过对艺术创作、艺术作品、艺术欣赏等现象的研究，能提高艺术创作和实践的认识高度，增强艺术创作和实践的前瞻性，更好地指导艺术创作和实践。反之，技能型专业的发展亦能推动理论研究的进一步深入。协调好两种类型专业的发展，形成合力之势，能促进艺术人才培养质量的提高。如北京舞蹈学院，其下设置了中国古典舞、中国民族民间舞、芭蕾舞、舞蹈编导、社会舞等专业，还设置了舞蹈学专业。舞蹈学专业依托学院的舞蹈专业技术与应用理论教学的优势，自身学科建设取得了较好的成果，同时还撰写了《中国舞蹈意象论》《西方现代舞蹈》《中国民族民间舞蹈文化》《现代舞蹈的身体语言》等专著和教材，为其他舞蹈专业的建设和发展提供了智力支持，也培养出了大批能够紧密联系舞蹈实际、具备良好的文化理论素养与基础研究能力的高级舞蹈人才。

其二，理论型专业的设置和建设能促进艺术院校科研的发展，从而加快艺术院校整体发展的步伐。走“产、学、研”一体化道路是中国高校目前乃至今后发展的方向。就艺术院校而言，“产”和“学”发展较为平衡，而“研”这一环节相对滞后。科研是推动大学发展的动力，也是体现办学层次和水平的重要特征。艺术院校在重新审视自我并确定高水平发展目标的时候，有一个基本的共识：务必加强科研工作。理论型专业相比技能型专业，更具有科研氛围，也更能出成果。四川美术学院张强教授在谈到美术学专业建设时说：“在不远的将来、甚至现在的某些学院，已经将整个学院‘美术学’的基本水准，联系到其整体的学术水准与学术底线的设置状况，进行一个最基本的评价。”[①] 美术学是这样，音乐学也同样如此。中央音乐学院音乐学系历来注重科研，也获取了丰硕的成果，从建系至今，出版和发表的专著、教材和论文近万部（篇），许多研究成果填补了国内外音乐学学科建设的空白，并被全国其他艺术院校所采用。同时，随着社会经济的快速发展和高等教育大众化的转型，理论型专业还是关乎艺术院校生存和发展大计的课题，如艺术院校如何担当培养高水平艺术专门人才的任务，如何适应社会经济文化艺术事业的发展，如何适应地方区域社会文化艺术事业发展的需要等，作为重点研究对象，为加快艺术院校的发展献计献策。

当然，艺术院校的专业设置应考虑的因素还有很多，尤其是具体针对某一院校而言，学校的办学指导思想、办学类型定位、办学层次定位、培养目标定位、服务面向定位将直接关涉到专业的设置问题。笔者是站在艺术院校总体角度提出自己对专业设置的几点思考的，期望能为相关的规划设计和管理人员的具体操作提供一个参考。

---

① 张强：《面向当代文化构建视觉人文体系》，http：//arts. tom. com/Archive/1008/2003/1/15 -42730. html。

第五节　高等艺术院校学科设置与学位建设的思考*

党的十七大站在时代发展的高度，提出了“推动社会主义文化大发展、大繁荣”的历史任务。高等艺术院校应站在前列，勇当排头兵，努力适应和促进社会、经济、政治、文化发展需要，既继承优良传统，又改革创新，包括艺术学科和学位建设也应与时俱进。

改革开放以来，中国的艺术教育事业得到了快速发展。据不完全统计，全国开设艺术专业的高校达到900多所，仅四川省开设艺术专业的院校就有70所之多，为中国社会主义文化事业培养了一大批高素质的艺术专门人才，对满足人民群众日益增长的高等艺术教育的旺盛需求，推动中国高等艺术教育快速步入大众化阶段起到了十分重要的作用。但在快速发展中许多问题也逐渐显现出来。特别是艺术院校的学科设置和学位点建设问题，已严重制约了高等艺术院校的发展。从学科建设的宏观层面来看，中国共计有12个学科门类，艺术学科一直处在文学学科门类里，这种设置已不能适应中国高等艺术教育快速发展的需要，也与很多国家的做法不同。从学科建设的中观层面来看，近年来独立设置的艺术院校特别是单科艺术院校在艺术学博士点建设方面与综合性大学和师范大学设置的艺术学院相比，没有明显的优势。相反，独立设置的艺术院校要获得博士学位授权的资格十分困难。从学科建设的微观层面来看，相当多的艺术院校在规模扩大的时候，其人才培养方案等制度设计没能及时调整，导致所培养的艺术类毕业生适应职业市场的能力不强。这些问题如果不能得到及时解决，将影响中国高等艺术教育事业进一步又好又快发展。本文就上述三个方面的问题做些探讨。

一　艺术学学科独立于文学学科的时机已经成熟

学科是在科学发展中不断分化与整合而形成和发展的，是科学研究发展成熟的产物，但并不是所有的研究领域最后都能发展成为学科。科学研

* 本节主要内容曾发表于《中国高等教育》2009年第6期，题为“高等艺术院核学科设置与学位建议的思考”。该文与时任四川音乐学院党委书记合撰。

究发展成熟而成为一个独立学科的标志是必须有独立的研究内容、成熟的研究方法、规范的学科体制。当时中国高校本科专业共有 11 个学科门类，除军事学外，它们是哲学、经济学、法学、教育学、文学、历史、理学、工学、农学、医学、管理学。这 11 个门类共计有 71 个一级学科，71 个一级学科下设置 249 个本科专业。

在研究生教育中，其学科门类除增加了军事学外，其他与本科是一致的。但研究生教育的一级学科数与本科的一级学科数就有差异。按 1997 年颁布的《授予博士、硕士学位和培养研究生的学科、专业目录》，中国高校一级学科由原来的 72 个增加到 80 个，除军事学除外，二级学科由原来的 654 种减少到 381 种。如果将高校本科教育与研究生教育的学科门类与一级学科情况做一对比，就会发现，艺术学处在文学门类中，无论本科教育还是研究生教育，文学门类下均设置四个一级学科，即中国语言文学、外国语言文学、新闻传播学和艺术学。在四个一级学科下设置共计 66 个本科专业，有 29 个硕士点，这使文学学科与其他人文科学如哲学、历史学相比显得格外庞大（参见表 16 – 1）。

表 16 – 1　**本科与研究生教育学科门类与一级学科数对照**　（个）

学科门类	哲学	经济学	法学	教育学	文学	历史学	理学	工学	农学	医学	管理学	总数
本科一级学科数	1	1	5	2	4	1	16	21	7	8	5	71
研究生一级学科数	1	2	4	3	4	1	12	32	8	8	5	80

面对高等艺术科学研究队伍的不断壮大、研究方向大量涌现的现实，迫切需要提高艺术学学科的地位。艺术学作为文学门类下的一个一级学科，本科教育设置 20 个专业，有音乐学、作曲与作曲技术理论、音乐表演、绘画、雕塑、美术学、艺术设计学、舞蹈学、戏剧学、动画、广播电视编导等，研究生教育设置 8 个专业，有艺术学、音乐学、美术学、艺术设计学、戏剧戏曲学、电影学、广播电视艺术学和舞蹈学。就音乐表演这个专业而言，目前独立设置的音乐院校的本科教育就开设了 40 多个专业方向，研究生教育也开设了 20 多个研究方向。艺术学科已经成为一个较为庞大的学科体系。

表 16－2　　　文学门类本科专业数与研究生学位点数分布情况　　　（个）

一级学科名称	中国语言文学	外国语言文学	新闻传播学	艺术学	总数
本科专业数	5	37	4	20	66
研究生学位点数	8	11	2	8	29

艺术学科科研也得到了国家的高度重视，科研项目的申报由文化部设立专门的机构独立受理，每年申报一次。这一方面说明了艺术学科科学研究程度的日益成熟，另一方面充分说明艺术学科在文化大发展、大繁荣时代的地位与作用得到了提高和重视。

从国际上主要国家和地区学科分类来看，艺术学科均与文学学科并列，而非从属与包含的关系。例如，美国将所有的学科分为 38 类，艺术学是独立的一类；英国分为 20 类，其创造艺术和设计也是独立的一个门类；在韩国、日本、德国、俄罗斯等均是如此。中国台湾和香港地区的情况也大致相同。

从就业角度来看，艺术学从属于文学门类不利于艺术院校毕业生的就业。由于众多的高校开设了艺术专业，每年有数万名毕业生走出校园进行职业选择，可他们的学位证书却是文学硕士或文学学士，如此庞大的求职团体拿着文学学位寻找艺术职业，引起了社会的广泛质疑。

综上所述，中国艺术学科独立地成为一个学科门类的条件已经成熟，希望引起有关部门和专家的高度重视。

二　独立设的艺术院校应该更加重视艺术科学的研究，为学位点建设奠定坚实的基础

（一）独立设的艺术院校艺术科学研究的现状分析

近年来独立设的艺术院校在艺术科学研究方面与综合性大学、师范大学和多科性大学设的艺术学院相比，没有明显的优势，这就导致独立设置的艺术院校获得博士学位授权的资格十分困难。随着扩招政策的实施，各师范院校纷纷将以前的艺术系科改为艺术学院，综合性大学和多科性大学也开始设艺术学院，在高等艺术教育界形成了这样一个布局。第一类是独立设置的单科艺术院校如中央音乐学院、中央美术学院等，这些院校的特点是设立较早，专业划分很细，其人才培养目标是“高、精、尖”。第二

类是独立设置的综合性艺术学院，共6家，如南京艺术学院、广西艺术学院等，这类院校有些是后来设的，专业基本涉及了艺术的所有门类。第三类是师范院校、综合性大学和多科性大学设置的艺术学院，这些附属的艺术学院的专业大都集中在与母体学校性质密切相关的那些艺术专业，如师范院校往往都设置了音乐学、美术学等专业，主要是培养中小学教师。理工科大学往往都设立了艺术设计学、动画等专业。近年来，第三类艺术学院在学科建设上得到了快速发展，特别是在硕士点和博士点的建设方面，取得了显著的成绩。而独立设置的艺术学院的博士点建设却明显滞后。就音乐学博士点而言，九大独立设置的音乐学院到目前为止也只有中央音乐学院、上海音乐学院和中国音乐学院成为音乐学博士点，在师范大学建立的音乐学科，只有福建师范大学、首都师范大学和哈尔滨师范大学成为音乐学的博士点。为什么会出现这种现状，除了综合性大学、师范大学和多科性大学本身就是博士授权单位的因素外，我们认为，还有一个重要的原因就是这些艺术学院凭借母体的综合性和长期重视科学研究的传统，在艺术学理论研究上取得了较大的成绩，而相当多独立设置的艺术院校由于长期重艺术的技能培养而忽视理论研究，在学科建设方面必然难以取得长足的进步。

以2007年国家社会科学基金艺术学项目立项情况为例。2007年，全国29个省市共有1337项课题申报，最后批准立项的有83项。高校获得61项，其中综合性大学和多科性大学的艺术学院就获得31项，师范院校获得15项，而独立设置的艺术院校只获得15项。众所周知，该类立项课题代表着中国艺术科学研究工作的方向和水平，对于推动艺术科学理论创新体系建设、培养艺术科学人才队伍、提高艺术科学研究管理能力，进而为构建社会主义和谐社会提供良好的文化条件和精神支撑，具有十分重要的意义。因此，在高水平的艺术科学研究方面，独立设置的艺术院校没有显示出应有的强劲的研究实力。

我们知道，人才培养、科学研究和社会服务是大学的三大经典职能。科学研究的职能具有引领其他两项职能的作用，科学研究使高校培养的人才更加具有创新能力、使高校对经济的发展和社会的进步更加具有本质的推动能力。科学研究大致可以划分为三类基础研究、应用研究和开发研究。作为一个艺术院校，应体现百花齐放的原则，哪种类型的研究都应该支持和鼓励。在大学尤其要建设“充满活力”的校园，让一切创造的愿望得到尊重，让一切创造的活动得到支持，让一切创造的成果得到奖励。因为只有不断创新，一个大学才会充满永久的活力，尤其是艺术院校。

（二）艺术科学研究有利于创新型艺术人才的培养

大学的任务是要把学生或者培养成专业技术人才，或者培养成经营管理人才，或者是党政干部人才。在当今这个信息激增，知识更新周期日益缩短的时代，无论哪类人才，如果没有强烈的创新意识和创新能力，就不会有竞争能力。而创新意识和创新能力的培养主要是在受教育的大学阶段完成的，其主要途径是教师在课堂教学和实践教学中激发学生的创造潜能，点燃学生智慧的火花。

首先，艺术科学研究是造就高水平艺术院校教师的基本手段，科研成果是衡量大学教师素质的主要指标。作为一般的艺术院校的教师，科学研究无疑也是其基本任务之一，这是由大学的功能决定的。教师通过科学研究，系统地认识了本学科的发展规律，提高了本学科的理论素养，并为本学科的知识宝库建设添砖加瓦。

其次，艺术科学研究活动是培养学生创新意识的最佳教学形式，高水平的教学只有在浓郁的研究环境中才能产生。把艺术知识创新与传统艺术知识传授内在地结合起来，在知识创造的过程中培养人才，学生从一开始就不仅知道如何掌握已有的知识，而且知道如何创造新知识和新技能去探索未知的领域。在教学过程中，教师把科研与教学结合起来，使科研成为促进教学的手段；学生将学习与科研结合起来，使科研成为一种学习方式。这样的教学模式将极大地激发艺术学生的创新意识，更有利于创新艺术人才的培养。

最后，毕业生的创造能力将决定学校的社会声誉。国内外的高等教育实践表明，一所大学的影响力、知名度和辐射力的确立，是一个长期的、独具个性特色的集资、集智和集誉的过程。正因为如此，一所大学只有人才辈出，才能对这所大学在社会上的声望起到积极的作用。评价一所大学，要看这所大学培养的人才对社会甚至对整个人类观念的创新、制度的创新起过什么领先的作用。因此一所大学的相当一部分毕业生应该具备创新能力，应该具有独立从事科学研究的基本素质和能力。有了这样的素质和能力，他们在未来的生活里才能生活得更有成效，他们才能为人类的制度创新、为人类的科技发展做出贡献。因此，只有具备了较强创新能力的毕业生，他们才会在未来获得声望和成就，高校才会真正成为知识和智慧的发源地。

（三）艺术科学研究有利于艺术院校从本质上推进社会文化的大发展和大繁荣，从而更好地实现社会服务的功能

艺术院校对社会服务功能的体现主要应以其出色的科学研究成果来实现。这些服务主要包括以艺术文化生产力为手段，为社会的多元需求提供活性的、动态的、功能的和智力的“对应式”服务。

首先，大学的艺术研究为政府的文化建设提供决策服务。政府在什么时候应该出台什么样的文化建设政策，不是由政府的几个工作会议就能够解决的，决策与措施在出台之前应做周密的可行性论证，这个论证的完成者在大学从事艺术研究的教师应该主动承担这一职责，一所大学能否在这方面有所作为取决于其在哲学社会科学研究方面的水平和实力。艺术院校应向综合性大学学习，虽然不能在各个方面为政府的决策提供咨询，但至少应在文化建设方面、在艺术人才培养的政策制定方面提供强有力的理论支撑。

其次，大学的艺术研究为文化产业公司的技术创新和研发提供服务。各个文化企业要使自己在激烈的高科技国际竞争中获胜，就必须不断研发具有国际竞争能力的文化产品。然而，文化企业没有能力也没有必要小而全地建立自己的研发机构，这时就需要大学这样的综合艺术研究基地，高水平的艺术院校应该有为不同的文化企业提供研发服务的能力。正因为如此，当年一些国际著名企业在落户上海浦东前首先考察的一个要素就是在其投资地的一定范围内有无一所著名大学。在这方面大学能否服务或能否很好地服务，就取决于其在应用研究和开发研究方面的水平和能力了。

再次，艺术院校为文化企业的员工培训提供服务。企业尤其是著名的文化企业，特别要重视提升员工的业务与文化素质，因为员工素质的高低决定了一个企业竞争能力的大小。为了实现这个目标，文化企业没有必要也没有能力自己去办专门的培训机构，最好的依靠对象就是大学的艺术教育。什么样的艺术院校会受到文化企业的青睐呢？肯定不是那些只能照本宣科的艺术院校，而是那些能够为企业的员工提供最新知识和最新观念的艺术院校。因为这些员工早已具备本科以上的学历，他们需要的是观念的

碰撞、理念的提升和知识的更新。

最后，艺术院校为提升本地区公民的人文精神做贡献。这些职责的实现是通过开设高水平的讲座和举办大型的艺术展演来实现的。这样的艺术院校一定是社会认同度极高的大学，没有高水平的艺术科学研究的大学又怎能谈论社会的认同度呢？这样的演讲人如果不做深入的专题研究，他的演讲又怎能深入浅出从而受到公众的欢迎呢？如果这样的展演不具有创新的元素，又怎能在民众中产生强烈的艺术震撼呢？

综上所述，艺术科学研究既是高等艺术院校创建博士学位授权点的需要，也是艺术院校人才培养和社会服务的需要。所以高等艺术院校在重视艺术表演和艺术创作的同时，更应该高度重视艺术科学的研究工作。另外，尽管中国已经成为艺术教育的大国，但在独立设立的艺术院校中至今还没有一所成为“艺术大学”。在中国综合性大学的布局中，按一级学科命名也只缺“艺术大学”这个门类了。我们希望独立设置的艺术院校在努力奋发的同时，国家有关部门也要高度重视中国“艺术大学”的创建工作。

附　录

附录一　开学典礼和毕业典礼演讲稿（选）

为增长知识和智慧而走进来
为服务祖国和同胞而走出去

——在宜宾学院2009级开学典礼上的致辞*

同学们、老师们：

你们好！每年的新生入学报到这几天，都是我们学校盛大的节日，从校门口紫荆大道到三平台艺术大楼，从高速路客运站接待点到校园内各个学生宿舍楼，到处披红挂彩，到处人头攒动，全校师生员工都在为你们的到来而忙碌。今天，我们又在这里隆重举行2009级新生开学典礼，欢迎来自全国四面八方的新同学汇聚在我们这个年轻而美丽的校园。我想，此时此刻，在座的每一位同学，每一位老师和我一样，心情一定都很激动。在这个令人激动的美好时刻，首先，我谨代表学校党政和全校一万多名师生员工，对同学们成为宜宾学院温暖大家庭中的新成员新主人表示热烈的欢迎和衷心的祝贺！同时，我提议，也请同学们转达我们对抚育和培养你们，帮助你们实现大学梦想、指导你们走进大学校园的你们的家长和中小学老师表示衷心感谢和诚挚问候！

今天，在这个洋溢着青春热情和闪耀着憧憬光芒的开学典礼上，我想讲给同学们的太多太多。大家知道，从中世纪欧洲的博洛尼亚大学开始，每年新生入学，都要举行隆重的开学典礼，这已成为大学的一道文化风

---

* 此为2009年9月2日作者第一次在大学开学典礼上发表演讲。

景。今天，我们在这里隆重举行开学典礼，学校和各院（系）随后还安排了专业思想教育、校纪校规教育、军事训练等重要内容，接下来同学们才正式进入大学课程学习。我也特别要求各职能部门、各教学单位一定要高度重视入学教育。通过开学典礼等入学教育活动，同学们就可以逐渐清楚自己所在院（系）是怎样的一个院（系），自己这个学科专业是怎样的一个学科专业，在这个学科专业中自己将怎样进行专业课程学习，自己将如何设计和规划大学生涯，自己将如何获得更和谐更全面的发展。随着以后学习和教育的深入，同学们还会逐渐地明白在自己专业领域存在哪些知识，还有哪些未知的知识，这些已知的知识是如何被创造出来的，又是如何被应用的，这些知识对同学们的将来有什么作用。

因此，可以说，开学典礼等入学教育的深远意义已经远远超过它的形式本身，所以我希望，开学典礼能够成为同学们开始崭新的人生征程的第一份亲切祝愿，成为同学们开始大学学习独具特色的难忘一课，成为同学们大学时代值得品味的一个经典记忆。

同学们，憧憬与沸腾交融，光荣与梦想飞扬，崭新的大学生活现在开始了。此时此刻，我想起了20世纪初著名教育家蔡元培先生在就任北京大学校长的演说中说到的三件事：一曰抱定宗旨，二曰砥砺德行，三曰敬爱师友。概括地讲，就是要我们学会如何做学问，如何做人。著名教育家竺可桢博士在担任浙江大学校长期间每年都要让他的新生思考两个问题：同学们到大学来干什么？将来出去做什么？很多年以来，无论我做研究生导师还是做教育行政管理，无论我是在各种层次的学校任教还是在各种类型的大学讲学，我一直在寻求这两个问题的答案。今天，我把我的思考和领悟赠给在座的各位新同学，这也是我今天讲话的主题，这就是：为增长知识和智慧而走进来，为服务祖国和同胞而走出去。我希望这样的回答，应该并且能够成为同学们学习的宗旨，应该并且能够成为同学们人生的追求。

同学们，走进大学就是为了增长知识和智慧，为了获得成长和发展。而大学的中心使命就是培养人才，就是要使同学们的素质在有限的大学时光中获得极大的提高，这是大学区别于其他社会组织的重要特征。我们宜宾学院，有责任为同学们获取知识、增长智慧、提高素质提供优质的课程和良好的成才环境。关于我们学校的基本情况，我想大家可能已经通过我们学校的招生宣传材料、校园网络以及这两天的迎新工作这些渠道有了一定的了解，今后我还会通过专题报告、学术讲座和各种会议等多种形式跟同学们进行全面交流，在此我就不再重复了。我想要说的是：

第一，你们很幸运。在众多的竞争中你们被大学录取了，并且来到了万里长江第一城的大学、来到了李鹏总理家乡的大学：宜宾学院。作为新建本科院校，宜宾学院是一所年轻的学校，和同学们一样，因为年轻，所以朝气蓬勃；因为年轻，所以青春焕发；因为年轻，所以前景无限光明。哈佛大学第25任校长博克对他的学生说过这样一段话：学生一代接着一代，如同海水一浪接着一浪地冲击着陆地。有时是静静的，有时则带着狂风暴雨的怒吼。不论我们认为人的历史是单调的还是狂骤的，有两件事物总是新鲜的，这就是：青春和对知识的追求。大学的生命之树之所以长青，就因为大学新人层出不穷、文化创新不断，就因为每年都有像你们一样源源不断的新同学！宜宾学院因为你们而存在，因为你们而荣耀，也将因为你们而发展。目前，全校师生正在为把学校建设成为立足宜宾、服务全省、面向全国、胸怀世界，在四川省高等教育界具有重要影响、在国内有一定知名度的地方综合性大学而努力。我们期待着你们以年轻人的蓬勃朝气，以主人翁的高昂姿态，以新时代的精神品质，对校园建设倾注生机活力，为学校发展彰显青春风采。

第二，我还想说的是，我们很有缘。从今年2月13日省委组织部宣布我从成都调到宜宾学院工作开始，至今也只有半年多一点的时间。因此，你们是我作为宜宾学院校长迎来的第一批新生。我和同学们能够在宜宾学院相见—相聚—相识，这是一种缘分，更是一种神圣的追求和时代的责任把我们召唤到宜宾学院，为着一个共同的目标，我们走到一起来了，为此我感到十分荣幸。从这个意义上说，我和你们对新的生活有着共同的感受，对新的学校有着共同的关注，对美好的未来有着共同的期盼。

这几天，我在校园里看到了许多来自全国各地的新面孔、新朋友，也和一些家长和同学进行了短暂而愉快的交谈，尤其是在部分家长座谈会上我和其他同志都被家长们的纯朴和真情深深感动。从这些交谈中，我知道了家长和你们对学校的关注和信任，我知道了你们对未来的期待和需求。今天，在这个隆重的开学典礼上，我从你们闪亮的目光里，再一次感受到了渴望知识追求成长的心跳；我从你们青春飞扬的笑脸上，再一次感到了十万分的欣喜，更感到了十二万分的责任。今年 2 月，学校新班子开展工作以来，我和全体班子成员都在思考，思考学校的建设和发展，思考学生的成长和成才。如果大家留意有关我们学校的宣传报道的话，一定会了解到，我们学校开展的深入学习实践科学发展观活动取得了阶段性胜利，结出了丰硕成果，受到了上级组织的高度评价。我们在开展深入学习实践科学发展观活动中，形成了科学而全新的学校办学思想体系。在学校办学思想体系中，大家一定熟悉其中一句话：为学生成功奠定基础，为地方发展提供支撑。我们的校园网和校园主体建筑上都有这句宣传语。同学们，这，就是我们学校的办学宗旨。

为同学们成功奠定基础，这是我们的神圣责任和崇高使命。围绕这一责任和使命，我们凝练成了“一二三四”人才培养体系。

“一”就是一个培养目标：把同学们培养成为高素质的复合型应用人才。

“二”就是把握好两大关键环节：为同学们提供高水平的课程体系和营造良好的成才环境。

“三”就是培育同学们的三项素养：高度的责任心、持续的进取心、强烈的好奇心。

“四”就是发展同学们的四大基本能力：表达能力、动手能力、创新能力、和谐能力。

关于人才培养体系的核心内涵和具体内容，以后我还将通过讲座、报告和会议等形式向同学们详细阐述。为了落实学校这一人才培养体系，我们近期已经开展了许多新的工作，比如，我们确定了 7 个学科作为重点建设的学科，这些学科成为首批申报硕士学位的学科，为更高层次人才培养做好准备；比如，我们正在积极与地方政府合作筹建医学院和矿业学院，提高学校为地方提供支撑的能力；再比如，在理顺教学管理体系方面，我们新组建了教师教育学院、经济与管理学院等六个二级学院，目的是让我们的教学单位成为人才培养的主体；再比如，我们正在大量引进高水平的课程，使我们每个同学无论在哪个专业，都能接受省级、甚至国家级精品课程的学习。总之，请同学们相信，在这样的人才培养体系中，专业课程的设置将更加科学，教师教学的质量将日渐提高，图书馆的藏书会更加丰富，实验室的设备将逐步完善；著作等身、成就斐然的国内外专家学者会走进学校“科学与人文”论坛与你们面对面热烈讨论，各行各业的校友嘉宾会走上学校“奋斗者的足迹”讲台为你们讲述创业的艰难和成功的喜悦……请同学们相信，在这样良好的人才培养环境的熏陶下，你们会更好地吸纳知识和思想，更快地提升能力和素质，更多地感受快乐与荣耀。在这里，我顺便举几件上学期发生的让我们师生振奋和欣慰的事。有 120 多名毕业生考取了国内知名大学的硕士研究生；有 37 位毕业生考取了省委组织部的选调生；有 100 多位毕业生考取了各级政府的公务员；我校 2009 届毕业生的就业率超过了 90%，在全省的二本院校中位居前列。在我们的老校友中有许多已经取得了杰出的成就，例如著名企业丝丽雅的领军人冯涛于 2008 年被评为四川省的十大杰出创新人才，他就是我校数学系 1985 届的毕业生。这些成绩的取得是你们师哥师姐们勤奋努力的结果，更是我校广大教师智慧的结晶！

可以这样说，有学校办学思想体系的引领，你们的成功之路一定会更加明晰；有科学而全新的人才培养体系，你们的成才之基一定会更加坚实；有全校教职工的关爱培育，你们会渐渐具备走向成功的素质，你们的灿烂人生一定会更加熠熠生辉！

同学们，大学有责任为你们指明成才之路，奠定成功之基，同样，同学们为增长知识和智慧而走进来，也就有责任把自己历练成为社会有用之才。今天的开学典礼，是你们进入大学的第一课。作为校长，作为老师，作为你们的朋友，我想送给同学们五个关键词，与你们共勉。

第一个是学习。中华民族历来就有重教尚学的传统。“非学无以广才，非学无以明识，非学无以立德。”韦编三绝、凿壁偷光、囊萤夜读、悬梁刺股等刻苦好学的典范流传千古。大凡有所成就的人，都是热爱学习、善于学习的人。马克思在大英博物馆研读，经年累月，在书桌下留下了深深的脚印。毛主席一生好学，战争年代手不释卷，中华人民共和国成立后更是博古览今，接见外宾甚至都在书房里。知识改变命运，学习成就梦想。大学时代是学习的黄金时期，在这个时期同学们精力最充沛，时间最宽裕，思维最活跃，最有条件也最应当集中精力投入学习。学习是前进的基础，希望同学们珍惜大好年华，勤学苦读，孜孜以求，长知识、长见识、长才华，为人生成长、成才、成功打下坚实的基础。

第二个是热爱。爱因斯坦有句名言：热爱是最好的老师。《论语》也说："知之者不如好之者，好之者不如乐之者"。古往今来，无论是科学巨匠还是文坛大家，无论是政治领导还是军事要员，引领他们走向辉煌的无不是对事业的无限热爱。阿基米德是大家熟悉的古希腊杰出科学家。他对几何学的研究达到忘我的境界，住处随处可见数字和方程式，吃饭时在火盆的灰烬里画各种几何图形，洗浴时竟拿擦身用的油在身上计算难题。正是这种热爱，使他攀上了那个时代的科学巅峰。热爱点燃激情，热爱催生奋进，热爱是人生智慧不竭的源泉。我们正经历着一个伟大的时代，大学生朋友们有着施展才华抱负的广阔舞台。热爱要根植于理想信念，当代大学生成长要把民族命运、国家发展和人民福祉系于双肩，用大热爱成就大事业；热爱更意味着艰辛付出，要耐住清贫，守住寂寞，乐于奉献，勤于耕耘；热爱必能铸就辉煌，要从热爱中汲取力量，从热爱中增添信心，从热爱中成就理想。

第三个是快乐。这里我给大家讲两个抗震救灾中的真实故事。去年"5·12"汶川地震发生后，北川县幼儿园小朋友任思雨被卡在废墟里，她在黑暗中坚持了46个小时，唱起"两只老虎"的儿歌，最终获救。她说，一唱歌就不觉得痛了。北川一中几名高中女生同样被困在废墟下，身旁就是遇难的同学，他们在黑暗中相互鼓励，一起唱起了歌曲，用歌声驱走了恐惧和疼痛，用乐观支起了生命的希望。因此，快乐是生命的支点。同学们今天所处的这个时代，拥有诸多快乐元素。充满活力的青春随时都可以找到欢畅的理由，我希望你们是快乐的一代。

第四个是追求。有追求就有动力，有追求就有创造。"杂交水稻之父"袁隆平，为了培育出优质高产的杂交水稻，用6年时间，做了3000多个杂交组合，像神农尝百草一样，日复一日地在一簇簇野草堆里搜寻。凭借着这份执着与追求，最终得到了满意的杂交品种，不仅为解决中国人吃饭问题作出了卓越贡献，也为全世界粮食生产作出了重要贡献。

著名的世界级数学家陈景润，在大学期间就被"哥德巴赫猜想"的无穷魅力所吸引。大学毕业后在非常艰难的政治环境中，屈居于6平方米的小屋，借一盏昏暗的煤油灯，伏在床板上，用一支笔，耗去了几麻袋的草稿纸，攻克了世界著名数学难题"哥德巴赫猜想"中的（1+2），创造了距摘取这颗数论皇冠上的明珠（1+1）只一步之遥的辉煌。他研究数论问题的成就，至今仍在世界上遥遥领先。因此，追求是创造的动力，同学们应该拥有也必须拥有追求。

成为专家和学者是很多新生即将产生也许已经拥有的梦想，要实现这个梦想，就必须从进校开始规划，就必须把大量的课余时间用在外语和本专业课程的学习上，图书馆将是润育你们理想的摇篮，与良师益友的对话将是你们实现梦想的有力支点。成为政治家也许会成为一部分同学的梦想，要实现这个梦想也必须从进校开始进行规划，在学好本专业的同时，还要大量地涉猎政治学、法学、经济学的课程，还要阅读大量的世界名著从而开阔自己的视野和眼光；还要练习写作和演讲，精准而优美的书面表达能力、清晰而有说服力的口头表达能力是未来政治家的重要素质。成为一名教学名师也许是相当多同学的愿望，因为理论、学说，发明、创造，哪一项都离不开教师的辛劳，教师是太阳底下最光辉的职业。要实现这个愿望，就必须全方位练就一身教师的本领：就要不断地吸取先进的教育理念；就要学会清晰而简明地表达；就要养成严密的逻辑思维习惯；就要培育爱他人胜过爱自己的胸怀。也许还有的同学的愿望是成为工程师、发明家、商界大亨和管理精英等。这些都是你们美好的理想，也是你们人生的追求，没有追求，一点成功的希望也没有，我衷心祝愿你们坚守自己的追求不动摇。

第五个是历练。成才、成功是大学生朋友们的共同追求。从“可造之才”到“有用之才”，最好的办法是丰富经历、历练人生。孟子曾经说过，“天降大任于斯人也，必先苦其心志，劳其筋骨”。一个人要想在事业上有所建树，必须先经受起生活的磨炼和失败的挫折。居里夫人为了证明新元素的存在，经过了多少次的失败才从上千公斤的沥青矿残渣中提取了 0.1 克的镭盐，况且当时的实验仪器很少，屋顶漏雨，墙壁透风，条件极其恶劣，但是居里夫人毫不在乎，专心做她的实验。爱迪生发明电灯做了 1500 多次实验都没有找到适合做电灯灯丝的材料，有人嘲笑他说：“爱迪生先生，你已经失败了 1500 多次了。”爱迪生回答说：“不，我没有失败，我的成就是发现 1500 多种材料不适合做电灯的灯丝。”就是这种坚忍不拔的毅力和持续的好奇心历练了一个又一个的伟人，也诞生了世界上一个又一个的伟大发现和发明，世界因此才变得如此美好！创造永无止境，不要认为前人把事情都做完了，不要认为现在要有所发现、有所发明、有所作为就更难了。有可持续的好奇心，就能始终保持创造激情，不断追求更高目标，不断探索未知世界，不断获得创新成果。只要有远大的抱负和执着的追求，就没有什么能阻挡你们创新、创造、创业的脚步！因此，历练是成长的阶石，希望同学们把对远大理想的追求，同国家和人民的事业结合起来，不断增加自己的人生阅历，使自己成为一个能战胜各种艰难险阻的人，在不懈追求中实现自己的理想和卓越。

尊敬的老师们，亲爱的同学们：我们正生活在一个伟大的时代。这是一个机遇与挑战并存的时代，这是一个光荣与梦想齐飞的时代。科学发展、社会和谐的宏伟蓝图激荡人心，实现中华民族伟大复兴的号角已经吹响，中国特色社会主义的前景灿烂辉煌。恩格斯当年在谈到欧洲文艺复兴时说过，那是一个需要巨人并且产生了巨人的时代。我想借用这句话表述的是：这是一个呼唤成才并且能够成才的时代，这是一个追求成功并且能够成功的时代，宜宾学院是一个追求理想并且能够实现理想的大学。我相信，有学校的正确领导，有我们师生的共同努力，一定能铺就你们的成功之路，一定能让你们的梦想之花灿烂绽放，我们一定能共同谱写出无愧于伟大时代的壮丽篇章！如果有那么一天，我们当中的你荣幸地成为教学名师、专家学者、商界大亨、管理精英、政坛新秀，你还能回味某位专业老师的精彩一课，你还能记得与某位辅导员的温馨谈话，你还能想起悬挂在教学楼上“为学生成功奠定基础”的大幅标语，你还能肯定学校的某个讲座激发了你的创造热情，你甚至还能在隆重的表彰大会上自豪地说：是因为2009年的那个秋高气爽、金菊飘香的美好时节，我报考了宜宾学院！

同学们，这，将是全体教师和校长的最大欣慰和最大幸福！

谢谢大家！

仰望星空，脚踏实地，奠基精彩人生

——在四川理工学院2014级开学典礼上的演讲*

亲爱的同学们：

从你跨进校门的那一瞬间，我们今生便有缘。

在这初秋的时日，相聚黄岭，既是天意，更是我们共同的选择。从

* 此为2014年9月12日的演讲，这是作者迎接的第一届四川理工学院新生。

此，在黄岭的山间林间，便多了6000多棵风姿绰约、风度翩翩、风华正茂的新树，6000多个梦想、6000多份希望、6000多种期盼此刻在此间凝结。

这个开学典礼，既是学校为你们准备的欢迎仪式，也是你们放飞梦想、点燃希望、绽放精彩人生的奠基仪式。缘起不灭，在未来的岁月中，作为你们的校长，我和我的同事们，将为你们加油助推、点灯指路。我们深信，你们必将璀璨为黄岭上空6000多颗闪烁的星星。

理想很丰满，现实很骨感。

对于大多数新同学而言，黄岭校区与你们曾经魂牵梦绕的大学有很大的差距。这里没有北大轻舟摇曳的未名湖水，这里没有清华人文荟萃的荷塘月色，这里没有武汉大学春意盎然的樱花，这里也没有电子科大秋意弥漫的银杏——这里远离华灯闪耀的城区，这里缺少商家云集的繁荣，这里少有传诵千年的胜景。

但是，来到这里是我们的共同选择。今年6月，当我被任命为四川理工学院院长的时候，就被这个前不着村，后不着店的地方震撼了。在这里，四川理工学院走过了50年的青春岁月。

选择了黄岭，就选择了一生相依；选择了黄岭，就选择了风雨相随；选择了黄岭，就选择了九死不悔。

众所周知，四川理工学院只是一所普通二本高校，在全国排名300多位，但是，四川理工人从不为此而遗憾。我们改变不了自己的地理位置，我们可以改变学校的文化环境；我们改变不了自己不是“211”“985”的类型，我们可以改变学校的精神高度；我们改变不了四周的山山水水，我们可以填平心灵深处的坑坑洼洼——四川理工学院人只为自己努力不够而遗憾，四川理工学院人只为自己应该做而没有做好而惭愧。

四川理工学院人有足够的理由骄傲。

正如千年来人们为荒野中坐而论道的岳麓书院骄傲一样；正如近百年来人们为茅檐低小的西南联大骄傲一样。四川理工学院有属于自己的骄傲——这个学校有厚重的历史，这个学校有高远的追求，这个学校的师生过去、现在和将来都会有精彩的演绎。

这个学校见证了从最初的华东化工学院西南分院，发展成为今天的四川理工学院的全部历程；这个学校弥漫着以“勤奋求实、艰苦奋斗、无私奉献、校兴我荣”为内涵的“黄岭精神”；这个学校在50年的发展过程中，培养了一代又一代优秀的理工人。

在商界：从这里，走出了泸州老窖股份公司总裁、发酵工程专业1988届毕业生张良；走出了受到江泽民、胡锦涛总书记亲切接见的食品专业1987届毕业生、泸州老窖贵宾服务公司总经理李爱萍；走出了五粮液股份公司副总经理、发酵工程专业1987届唐圣云；走出了参与研发歼-20战机的，中航工业凯天电子公司总工程师、机械学院1997届毕业生蒲毅等。

在学界：走出了美国南伊利诺伊州州立大学终身教授、化工机械专业1980级毕业生罗朝俊博士；走出了翻译家、中国作协会员、四川大学教授、博导、四川省有突出贡献的优秀专家、国务院政府特殊津贴专家，外语系1985届毕业生曹明伦博士；走出了青春文学作家、中文系1994届毕业生饶雪漫；也走出了我们学校的副校长、腐蚀与防护专业1984届毕业生龚敏教授；走出了泸州职业技术学院校长、化工机械专业1984届毕业生贺元成教授等。

在政界：走出了全国“最美青年检察官”、化学工程与工艺专业2007届毕业生高永飞；走出了四川省妇联主席、英语专业1991届毕业生吴旭；走出了四川省政府金融办公室主任、汉语言文学专业1987届毕业生王川红；走出了自贡市政府副秘书长、材化学院1992届毕业生周耘；走出了自贡市妇联主席，2000届涉外企业管理专业毕业生万春霞；走出了巴中市纪委副书记、监察局局长，计算机专业1992届毕业生雷超；走出了自贡市经信委主任、中文系1990届毕业生张晓东；走出了自贡市科技局局长、机械学院1984届毕业生杨洪春等。

在基础教育界：走出了遂宁市高级实验中学校长、外语学院1995届毕业生罗爽；走出了自贡市22中校长、化学系1995届毕业生牟高琴；也走出了2008年感动中国十大候选人，为勇救学生牺牲生命，年仅26岁的2001级教育专业毕业生袁文婷等。

黄岭是四川理工学院的精神圣地。

黄岭，以及在黄岭的山间林间追索理想之光的你们、我们和他们，是理工学院人的骄傲，也是历代理工人母校情结的落脚点和精神寄托，在黄岭生活的每一个日日夜夜，都是四川理工学院人一生最美的回忆。

作为你们的校长，我郑重地向大家承诺，在今后的工作中，我将带领我的同事们，竭尽所能地改善黄岭校区的办学条件，尽可能为大家提供一个舒适的学习生活环境，为同学们的全面发展提供良好的后勤服务和保障。

作为你们的校长，希望同学们经过大学几年的学习生活，能成长为一名高素质应用型的复合人才，能够自信地走向社会并立足于社会；希望同学们能成长为一名具有健全人格和强健体魄的人，能够为将来更大的成功奠定坚实的基础。要实现这些目标，除了我和我的同事们将我们的所学倾囊相授以外，最根本的还需要同学们自身的不断努力。因此，作为你们的校长，我结合自己的人生阅历，向同学们提出期望，这也是学校对你们的期望。

一　把握时代特征，培养全球视野

当今世界，科技信息化、文化多元化、政治多极化、经济全球化已成为这一时代的显著特征，尤其是第二次经济全球化所导致的市场、科技、管理、人才、资本、信息无国界化，让世界的每一个角落不再封闭，都成为世界发展链上的重要一环。尤其是西方发达国家充分利用第三次工业革命的历史机遇，在相当领域内确立了自己在世界资源分配、国际产业或劳动分工中的主导地位。因此，是否能积极主动地融入世界发展的潮流中，对于一个国家能否抓住发展机遇、占据发展主动权具有决定性作用。同理，作为当代大学生，如果期望自己能在将来的社会竞争中站稳脚跟，成为一名具有一定社会影响力的人，就要求我们自己在进入大学以后，转变思维方式，拓展思想范围，理清思考方向，充分认识到当今世界的显著特点，积极主动将自身的发展情况与当今世界的时代特征进行链接。为此，学校校园网上已经给你们提供了艺术性、科学性俱佳的视听材料如《大国的崛起》《世界著名大学》等，希望你们从中受到启发，用世界的眼光看待和思考问题，从而在这一过程中培养自己的全球视野，最终成为一个具有世界眼光的人。

二　肩负历史使命，勇挑民族复兴重担

同学们，现代化建设“三步走”发展战略部署是，到21世纪中叶，人民过上比较富裕的生活，基本实现现代化，人均国民生产总值达到中等

发达国家水平；2012 年底，习总书记进一步提出了中国近代以来最伟大的梦想——“实现伟大中国梦”，即实现国家富强、民族振兴、人民幸福，从而实现中华民族的伟大复兴。

你们生逢其时，到 21 世纪中叶，恰好是你们大展宏图的时代，你们就是祖国的未来，是民族的希望，你们的所作所为将决定中国的命运。因此，作为新世纪的当代大学生，就必须树立起为时代的发展和人类的进步而献身的伟大志向，勇敢地肩负起时代赋予的历史重任，将自己的个人前途和国家的发展有机联系起来，以时代的使命为己任，把握时代的脉搏，跟上发展的潮流，迎接变革的挑战。为此，学校在校园网上为同学们提供了《复兴之路》视听材料，请同学们认真学习并进行深入的讨论，使自己在实现中华民族伟大复兴的历史洪流中，把自己锻造成为社会主义合格的公民和进步事业的积极参与者。

三　珍惜大学时光，成就一番事业

李开复在《给中国大学生的信》中说道：“大学是人生的关键阶段。这是因为，这可能是你一生中最后一次有机会系统性地接受教育。这可能是你最后一次能够全心建立你的知识基础。这可能是你最后一次可以将大段时间用于学习的人生阶段，也可能是最后一次可以拥有较高的可塑性、可以不断修正自我的成长历程，这也许是你最后一次能在相对宽容的，可以置身其中学习为人处世之道的理想环境。”

同学们经历了十多年的寒窗苦读，现在终于考上了大学，是一件值得庆贺的喜事。可是，人生没有终点，新一轮的人生竞争已经开始，同学们要想经过大学几年的学习，成为一名高素质的复合型应用人才，还需要一段艰辛的历练过程，请大家务必做好心理准备。为了把大家培养成具有“三心四能”的高素质复合型应用人才，学校将从你们这届开始，全面开展“十个一”的养成教育活动，希望你们除了在课堂和实验室外，还要通过这些活动砥砺自己的品行、丰富自己的知识、增长自己的智慧。

一是要学会思考，让自己变得更加从容。曾子云：“吾日三省吾身，为人谋而不忠乎？与朋友交而不信乎？传而不习乎？”常常反省自己，是你们每一个人需要养成的好习惯。学校要求你们，每学期在班上做一次自我剖析总结，常言道，“静坐常思己过”，自我剖析不仅要思过，还要充分认识自己的优点与长处，思考自己的发展方向与成长历程，在思考中净化自己、完善自己。这样，当你面对充满竞争与压力的时候，你就可以从容不迫，你就可以拥有自在人生。

二是要学会感恩，让自己变得更加真诚。“一枝一叶总关情”，我们来到世间，天地万物给予了我们身体与心灵丰美的滋润，我们要感谢世间的恩情，至少包括亲情与师恩、友情和爱情。学校要求你们，每学年至少给亲人写一封信、给老师或朋友写一封信。这一纸书信，就是血脉相融、情义相连、心灵相通的见证，也是你们感谢亲人的滋养、感谢老师的启迪、感谢朋友照顾的最好行动。

三是要学会学习，让自己变得更加睿智。我这里所说的学习，不是指你们过去十多年的那种学习——在幼儿园你们把天真弄丢了；在小学你们把童趣弄丢了；在中学你们把想象力弄丢了——这不是我们要的学习，我们要的学习是养成责任心、进取心和好奇心的学习。学校要求你们，常去三个地方、养成三种习惯——每天都去一次运动场，养成一种爱好体育运动的习惯；每周至少去一次图书馆，养成一种阅读经典的习惯；每月至少去一次学术报告厅，养成一种倾听名师智慧播撒的习惯。运动给你健壮的体魄，阅读给你宽阔的视野，听报告给你先进文化精髓的滋养。

四是要学会生活，让自己变得更加丰润。你们的大学时光正如一张白纸，而生活注定是一个大染缸，装满了赤橙黄绿青蓝紫，你们在大学里要将自己的人生描绘成什么样的图案，决定于你们的生活方式与生活态度。人生很长，一步很短，但是，很多时候，一步就是一生——一步就决定你一生的方向和品质。学校要求你们，积极参加四种活动，绚烂七彩人生。每学期至少参加一次慈善公益活动，让爱心与善意弥漫在你心灵的山水间；每学期至少参加一次社会实践活动，让梦想与现实与你紧密相连；在校期间至少加入一个学生社团，学会如何与不同专业的同学交流，发现自己的不足是进步的开始，发现他人的不足是创新的萌芽；在校期间至少要参加一项创新创业活动，让学术的光辉永远闪烁在你人生的天空，让科学的精神永远伴随你一生的旅程。

同学们，尽管我们老师无法提供给你们所需要的全部知识，但愿能提供给你们获取它的方法；恐怕我们老师也难以赋予你们人生的全部智慧，但愿能点燃你们智慧的火花；虽然我们老师不敢担保你们都能成才，但愿能和你们共同探讨成才之道；我们老师不能陪你们去经历未来的攀登，但愿能指给你们上山之路。

亲爱的同学们，可爱的孩子们，愿你们既能仰望星空，又能脚踏实地，让那富有青春与活力的大学岁月为你们未来精彩的人生奠定坚实的基础！

胸怀黄岭精神，肩负家国天下，在平凡人生中绽放自强不息的生命之光

——在四川理工学院2015届学生毕业典礼上的致辞*

亲爱的同学们：

今天这个毕业典礼对于你们来说，是值得终身回忆的。参加完这个典礼后，这里将由你们的学校变为你们的母校，你们也将从四川理工的学生变为四川理工的校友，这既是一次告别也是一次起航。

在过去的岁月里，你们在“厚德达理、励志勤工”的校训激励下，勤奋学习、探求新知，顺利完成学业。在此，我代表你们的全体老师，向你们表示衷心的祝贺！

在这些年中，学校留给你们的不全是美好记忆，有遗憾也有伤悲。学校没有能将所有同学安排在条件较好的汇东校区学习和生活；没有让你们这届毕业生都能怀揣一张“四川理工大学”的毕业文凭走向社会；有的老师上课还照本宣科，未能在探求新知的方法上给予务实的指导；学校给你们就业创业的帮助还不够，你们中间还有同学正在为找工作而焦虑；你们在学校办理相关事务时，有的工作人员态度还不太好，甚至有意或无意地为难你们；还有就是食堂的大妈打菜时手总是爱那么抖动，一楼的寝室总是那么的潮湿，三个校区间交流总是那样的不便，如此等等，作为校长并和我的同事们一道，向你们致以真诚的歉意！

但是，大学的真谛，不在于她有一个多么优美的环境，而在于她在时代的洪流中所持有的学术品位和文化高度。在炮火声中诞生的西南联大，聚集了一大批秉持独立人格、思想自由的著名学者，他们在茅檐低小的校

---

* 此致辞发表于2015年6月23日。

舍里，缔造了高等教育史上至今都还难以超越的神话。大学的真谛，也不在于她有一个多么响亮的名字，而在于她的校友究竟能取得什么样的成就。法国有一个学校叫“巴黎高等师范学校”，它却是一所世界顶尖级大学。

人们常说，人生有三个母亲。一个是生母，赋予了你生命，给予了你自然品格；一个是祖国，标识了你的国籍，奠定了你的民族品格；一个是母校，滋养了你的性灵，塑造了你的文化品格。

在毕业前夕，你们参与并见证了学校50周年庆典，共同重温了50年来风雨兼程、痴心不改的历史；共同见证了50年来风雨同舟、硕果累累的成绩；共同凝炼了50年来坚守的“责任、奉献、自强不息”的精神。所有这些就是四川理工学院给予你们的文化滋养。

第一，我们无法教会你幸福，但是我们已经为你撒播了幸福的种子，大学的责任就是要让你们能感受生命的美好。

这个典礼结束后，你们就成为自食其力的社会人。此时此刻，同学们都在思考：自己能从四川理工带走些什么去绽放自己的生命之光呢？修学分、拿证书只是手段，不是目的；学技艺、长本事只是方法，不是本原。龙应台先生是这样阐释学习的意义的：“我希望你将来会拥有选择的权利，选择有意义、有时间的工作，而不是被迫谋生。当你的工作在你心中有意义，你就有成就感；当你的工作给你时间，不剥夺你的生活，你就有尊严。成就感和尊严，将给你快乐。”

四川理工一直追求的，就是要让你们感受到这所大学的文化，并在这种文化的浸润中让幸福的种子生根、发芽，学会选择有意义的生活，学会体会生活的快乐，学会感受生命的美好！

第二，我们无法教会你勇敢，但是我们已经为你注入了勇敢的基因，大学的精神就是要你们承担起生命的责任。

在这个典礼结束后，你们就正式成为一个肩负责任的人。读书人在中国历史上有一个很响亮的名字，叫作“士”。何为“士”呢？大而言之，是“富贵不能淫、贫贱不能移、威武不能屈”；小而言之，就是要好好工作、永不言弃、学有所成。

曾子有云：“士不可不弘毅，任重而道远”，一言以蔽之，那就是要承担生命的责任。作为一所大学，我们昭示的黄岭精神，其核心内涵就是责任与奉献。学校特聘教授、省级院士工作站的首席科学家李小文先生，就给你们树立了一个标杆，那就叫鞠躬尽瘁、死而后已；请校友颜德岳院士担任名誉校长并给你们做学术报告，要给你们展示一面旗帜，这就叫自强不息、追求卓越；请罗朝俊校友给你们讲课，就是要给你们树立一个榜样，这就叫不忘初心、终有所成。

我们所做的这些，就是要你们懂得作为当代中国的知识分子，如何才能承担起生命的责任！

第三，我们无法保证你能成功，但是我们已经为你指明了成功的方向，大学的使命就是要你们彰显生命的光辉。

在这个典礼结束后，你们就成为一个要去建功立业的人。钱理群先生曾经批评大学在培养一批批精致的利己主义者，我真诚地希望，那不是你们。中国的读书人，追求的应该是“修身、齐家、治国、平天下”。

四川理工学院的荣光，在于一代又一代的理工学子在黄岭精神的感召下走进来，在理工气韵的丰润中走出去。正是这近二十万的校友在各条战线上的表现垒砌起了四川理工学院 50 年的辉煌。有道德的高标，汶川大地震中勇救学生牺牲生命的校友袁文婷；有建设的脊梁，建树颇丰的校友泸州老窖总裁张良；有学术的高地，重庆大学博士生导师侯长军校友；有人民的公仆，全国“最美青年检察官”高永飞校友；也有教育的先锋，成都的赖廷谦、内江的谢锋、宜宾的蔡乐才、泸州的贺元成、自贡的牟高琴，等等。这些四川理工学院的优秀校友，他们无疑能成为你们在平凡岗位上历练和坚守的标杆。不久的将来，我将在这里述说你们的成就，因为四川理工学院的使命，就是要驱使一届又一届的毕业生去彰显生命的光辉。

亲爱的同学们，在你们即将离开母校的时候，作为你们的校长并代表你们所有的老师，对你们的前路还有很多期许！

希望你们做温馨家庭的核心力量。2010 年香港文化机构评选了最受欢迎的唐诗，高居榜首的不是李白的《静夜思》、不是孟浩然的《春晓》、不是杜牧的《清明》，在这些脍炙人口的大作之前，却是孟郊的《游子吟》。同学们还记得吗？“慈母手中线，游子身上衣。临行密密缝，意恐迟迟归。谁言寸草心，报得三春晖。”还记得中央电视台那个公益短片吗？老年痴呆的父亲在宴会上把饺子悄悄揣在兜里，他什么都不记得了，但是没有忘记儿子从小喜欢吃饺子。父恩比山高，母恩比海深，正因为如此，在中国五千年文明史中，把孝顺父母长辈作为一个人安身立命的首要标准。在父母面前你们是儿女，在儿女面前你们是父母，在两人世界中你们是夫妻。因此，无论是大家还是小家，你们都是家庭中的核心成员。对父母的最大孝顺是尽可能多陪伴，对子女最好的教育是言传身教，对夫妻的最大责任是彼此忠诚。希望你们不仅是家庭的核心成员，还要成为建设温馨家庭的核心力量！

希望你们做遵纪守法的好公民。要实现“富强、民主、文明、和谐”的中国梦，要建成“自由、平等、公正、法治”的和谐社会，首先需要“爱国、敬业、诚信、友善”的好公民。好公民就要遵守规矩，从排队打饭、绿灯亮过斑马线、不随地吐痰做起；好公民就要懂得敬畏，敬畏法律、敬畏良知、敬畏万物生灵。特别需要指出的是，在这个自拍还有自拍杆的时代，好公民还要懂得对他人的责任和依赖！

希望你们成为进步事业的积极参与者。任何社会的进步都离不开卓尔不群的理想主义者。我们可以从历史长河中找到理想主义者的踪迹，他是“举世皆浊我独清、众人皆醉我独醒”的屈原，他是“先天下之忧而忧，后天下之乐而乐”的范仲淹，他是“天下兴亡，匹夫有责”的顾炎武……这样的理想主义者，既能仰望星空，又能脚踏实地，他们追求正义、坚守正义，并愿意用生命的全部力量去维护正义。尽管我们知道在这个日益浮躁的社会里，理想主义者的生存状态何其艰难，但是实现中国梦的“政治建设、经济建设、文化建设、社会建设、生态文明建设”的进步事业，既需要遵纪守法的好公民，更需要能成为“杰出的政治家、伟大的科学家、经济学家、思想家、教育家”的理想主义者。这是一个需要巨人并且能够产生巨人的时代。作为你们的校长，我真诚地希望越来越多的理工学子成为这一伟大进步事业的积极参与者，为国家、为民族、为母校、为自己和亲人，增光添彩！

亲爱的同学们、可爱的孩子们，石锣山紫荆谢了又开，石鼓山棕榈绿了又黄。

黄岭有爱，几年辛苦不寻常。

营盘多情，此情可待成追忆。

汇东日暖，直挂云帆济沧海。

今天，你们就要毕业了。一纸毕业证书，剪断了的只是一段学业脐带，却剪不断你们关于理工学院的记忆，你们身上将永远流淌着理工学院的血脉。泰戈尔说过："无论黄昏把树的影子拉得多长，它总是和根联系在一起。"理工学院就是你们的文化之根，在这片土地上，你们已经滋润了每一片绿叶，你们还会璀璨每一朵繁花，你们终将以丰硕的果实来绽放生命的光芒！

同学们，在未来的岁月里，一定有风也有雨、一定有崎岖也有坎坷，只要你们将学习作为自己的一种生活方式并逐渐成为生活习惯，就不会枉费这蓝天白云与鸟语花香，就不会辜负这繁荣社会与澎湃时代！

同学们，无论将来你们是成功，或者不太成功；是不凡，或者平凡，母校在石锣山为你们精心打造的"校友之家"都等着你们回来团聚，四川理工学院，永远是你们的精神家园！

谢谢大家！

明大学之道　做时代新人

——在四川师范大学2022级本科新生开学典礼上的致辞*

尊敬的老师们，亲爱的同学们：

大家好！

昨天，党的二十大胜利闭幕，中国共产党向全党全国各族人民，特别是向中国青年发出了以中国式现代化推动中华民族伟大复兴的动员令。在今天中午举行的中央新一届政治局常委记者见面会上，习近平总书记指出，中国式现代化是中国共产党和中国人民长期实践探索的结果，是一项伟大而又艰巨的事业，唯其艰巨，所以伟大，唯其艰巨，更显荣光。伟大的事业激励着我们踔厉奋发、勇毅前行、再创伟业。今天，我们怀着无比激动的心情，隆重集会，共同庆祝万余名新同学加入川师大家庭。在此，我谨代表全校师生员工，向你们表示衷心的祝贺和热烈的欢迎！并借此机会，向孜孜不倦培养你们的各个阶段老师，向含辛茹苦养育你们的家长，致以最诚挚的敬意和最衷心的感谢！

---

* 此致辞发表于2022年10月23日。

同学们，你们是最幸运的一代学子，也是要经受更多磨砺才可成长的一代新人。你们既要担当中华民族伟大复兴的己责，更要面对世界之变、时代之变和历史之变。从今天开始，你们要牢记的基本观念是：大学就是将自己造就成既全面适应巨变的世界又坚守己责的有为知识人才，这一基本的大学观念，应成为你们的学业指南。为此，我借开学典礼的机会与你们交流五个问题：首先是川师大是一所什么样的大学；接着我们共同探讨有关大学的三个基本问题；最后，我们共同求解如何度过大学时光这“五个变量的函数方程”。

第一个问题，四川师大是一所什么样的大学？

四川师范大学居狮山之巅、仰龙湖之灵，她既是一所博学重德、文脉厚重的大学，更是一所胸怀美好愿景和崇高使命的大学。在川师大 76 年的发展历程中，可谓名师荟萃、鸿儒云集，她拥有世界平民教育家和乡村建设家晏阳初；著名墨学家伍非百；最早运用现代科学的知识和方法实地考察和研究藏区的著名学者李安宅；我国教育心理学重要创始人之一，杰出的人民教育家刘绍禹；著名语言学及楚辞学专家汤炳正；著名的文献学专家屈守元；著名的训诂学专家刘君惠；著名的凝聚态物理学家赵敏光；著名的拓扑学专家刘旺金；著名的非线性分析专家丁协平；著名的哲学家及心理学家罗忠恕；著名的语言学家冉友侨，等等，以这些著名专家为代表的“经师”和“人师”将科学精神和人文情怀深度融合，为社会培养了30 余万名各类优秀人才，校友遍及世界各地。他们当中涌现出了一大批教育精英、学术大家、治国英才、行业翘楚。

进入新时代，四川师大全面践行“24356”办学治校体系，努力将学生培养成为具有“三心四能五结合”的高素质复合型、应用型、创新型人才。其基本内涵是：持续培育学生“高度的责任心”“持续的进取心”和“强烈的好奇心”；引导学生全面发展个性化的“表达能力”“和谐能力”“实践能力”“创新能力”；促进学生全面实现“专业技能与职业操守”“社会担当与健全人格”“科学精神与人文情怀”“创新实践与批判性思维”“历史眼光与全球视野”的有机结合。这是川师大办学治校的价值取向，也是立德树人的目标追求，更是你们求学问道的出发点和落脚点。希望你们在这里传承“重德、博学、务实、尚美”的校训，弘扬“励志笃行、止于至善”的校风；践行“求真循理、慎思知明”的学风，把自己锻造成为有远见和情怀、有责任和担当、有作为和成就的一代新人。

第二个问题，中国现代大学从哪儿发源？

要言之，中国现代大学是19世纪后期逐渐建立起来的，它主要有两个来源：一是源于中国千余年的书院传统；二是通过西学东渐充分吸收借鉴西方现代大学经验而创办的新式大学。就古典书院而言，影响十分深远的有四大书院：应天书院、岳麓书院、嵩阳书院、白鹿洞书院。研究发现，我国古典书院在人类高等教育的历史上留下了宝贵的教育文化遗产。书院所履行的“文明传承、教育启蒙、社会批判、学术研究”四大职能，以及书院所坚守的“实事求是的治学精神、学术大师治校的基本制度、德育为先的人才培养原则、教学与研究相结合的教学模式”四大理念，远超同时代的西方大学。

西方的大学产生于欧洲中世纪后期。University一词源自拉丁文universitas magistrorum et Scholarium，它的大致意思是指由寻找世间万物背后的规律作为使命的教师和学生组成的实体性组织。在高等教育学界，1080年诞生于意大利的博洛尼亚大学成为人类大学之母，诞生于1150年的巴黎大学成为西欧大学之母，诞生于1810年的德国洪堡大学成为人类现代大学之母。我国早期培育起来的现代大学以诞生于1895年的天津中西学堂、1896年的交通大学、1897年的浙江大学和1898年的北京大学为典型代表。

毛泽东同志于1921年8月创立的“湖南自修大学”和1937年7月在根据地创立的陕北公学成为我党探索中国特色社会主义大学之道的早期实践。

第三个问题，大学是做什么的？

无论是西方大学还是我们自己创立的大学，其存在的理由都是把想象力丰富、好奇心强烈的年轻人和有智慧、有经验的长者联合在一起，对学术展开充满想象力的探索，从而在知识和生命热情之间架起桥梁。基于此基本观念，大学在漫长的发展进程中自为地赋予了三大意义：

首先，大学被誉为人类的知识之轮：提供思想和观念、科学和技术、人才和组织，引发文艺革命、思想革命、科技革命和组织革命，解决社会难题，扩展人类心灵，为人类存在立心。

其次，大学被誉为人类的价值之源：澄明人类存在的共同价值，显示人类命运共存的指标，照亮人类向自由人联合体前进的道路。

最后，大学被誉为人类的友谊之桥：消除世界文化间的冲突和隔阂，寻求人类文化互解的最大公约数，破译人类和解的文化核心秘密。

综上所述，大学的首要职责是探求和创造知识，然后运用创造的知识来激励学生求知并引导学生践履所知，这就是使求知者通道、明理、共生。美国哲学家诺齐克在《哲学说明》一书中谈到“什么是知识”时说：“知识就是知道。”所谓“知道”就是拥有追踪真理的信念，即探求人、事物、世界的存在之道。因为它蕴含着普遍之理，所以，它是真理，而真理则呈现出共同价值。大学将探求得来的真理予以概念化呈现，就是知识；大学以知识为媒介，以共同价值为准则引导民族、国家之间文化的交流和文明的互鉴，这就是知识对人类和平的桥梁功能的发挥。

第四个问题，大学之道在何处？

大学是世界的，同时也是地域的；大学是人类的，更是民族的和国家的。就前者言，大学必须有世界观野，并扎根人类文明的土壤之中；就后者论，大学必须具备民族情感和国家情操，并扎根于民族国家的文化土壤之中。所以，世界文明和民族文化共同形塑了大学之道。具体地讲，大学的人类之道和世界之道，就是超地域、超国度、超种族的全人类共享的“和平与发展”“公平与正义”“民主与自由”的共同价值；大学的民族之道和国家之道，就是习近平总书记多次谈到的《礼记·大学》之经典：“大学之道，在明明德，在亲民，在止于至善。”

接下来，我们具体阐释四川师大应如何践行此大学之道：

首先，大学之道，在明明德。

这就是说大学应培养学生“明德成人”。这涉及“明什么德”和“如何明德”：就前者言，就是要旗帜鲜明地弘扬社会主义道德和中华民族传统美德。就后者言，就是以“明”的方式“明德”。所以，进入大学，要学会“明明德”，这需要先理解“明”和“德”字。

首先看“德”字，它最初写作“悳”，《说文》一书释之为“外得于人，内得于己”。意为只有自己心直才可得到他人之心。“悳”字写作“德”后，更明确地表达出其“保有心直方能得其众人的承认和拥戴”之意。

其次看“明”字。在“明明德”中，第一个“明”是使动词，指

“使之……明”“使之……彰显”。第二个“明”是修饰“德”而构成“明德”。由于德本源于心直，所以“明德”是直心敞开的空灵、无蔽、明丽的德性状态。

简要地讲，明明德，就是要清扫被天赋的气禀所拘、后天习染所成的人欲所蔽的直心，使之重新释放、敞亮明丽的德性光辉。

“大学之道，在明明德”是说青年人进入大学，应通过求知辨识反省自己，应自为地清扫后天积习所累的污垢，即克服气禀的缺陷、抑止欲望的膨胀，恢复天赋的真心，敞开本然的人性，从而获得善性、仁心，具备良知良能，这就是明明德。

从根本上讲，明明德，既是修习中华传统美德的基本路径，也是践履社会主义道德的根本方式，因为德之于个体的修炼，必从知德与行德两个方面展开：知德，就是通过学习、阅读、思考、理解、反省性认识去修养德性，建构品质，纯正人格；行德，就是对修养形成的德性的实操，即在日常生活、工作、学习以及与人交流交往的行为中做到有德。

其次，大学之道，在亲民。

“亲民”中的“亲”字，历代有各种注解，但朱熹所注影响最大。他将“亲”定义为“新”，“亲民”即日新其民。被称为清华大学永远的校长的梅贻琦先生就采用了这一注解，使千年古训幡然回新，充满“五四”学人的文化精神和理想。“在新民”对受教育者即大学生而言，应学会认识自己，觉解蕴含于己身的原本善性，修养仁爱，使己日新；对教育者即作为大学而言，传承文明、启迪智慧，培养一代又一代能适应时代发展并引领时代发展的新人构成了大学的职责使命。因此，你们进入大学，在大学这个精神家园里，不仅要广泛吸纳人类的知识、思想、真理和智慧，更应该学会自我抉发心智的潜能、将自己培养成有文化、有德操、有责任、有担当的“大人”。简而言之，你们上大学，既要感受生命的美好、肩负生命的责任，更要彰显生命的光辉，真正成为民族复兴大任的担当者和人类进步事业的积极参与者。

最后，大学之道，在止于至善。

理解“止于至善”的关键是明白“止”和“至善”之义。

“止”相对人的行为论，既指停止、中止，更包含人的行为“达到……而不越其界”之意。所以，“止于至善”之“止”，一是指行为合于事理；

二是指合于事理的行为也要合其度。合起来，“止”者，指人的行为适于事理而合其度。

“至善”之“至”，做达到、极、最等讲。“至善”即纯粹的、完美的、最高的善。人间之善自有其三种等级类型：第一种是一般的善，也是人人必行的普遍的善，它表述为“利己不损人”或“利己也利人”的道德；第二种是高级的善，它是社会倡导的善，表述为“无私奉献”或“自我牺牲”的美德；第三种是至善，表述为圣人之善，亦称至善，属于圣德。简言之，至善，就是无任何私心杂念地把自己奉献给世界而达到的最高境界的善。

“止于至善”之成为大学之道，是指人一旦进入大学，就应该从知与行两个方面修炼成人之德（道德是区别人与动物的标志；美德是区别君子与常人的标志；圣德是区别圣人与君子的标志），从道德起步践行美德、崇尚圣德，并以“博施于人，而能济众”的至善为最高诉求，这是你们通过大学而使自己真正成为有能力、有责任、有担当的时代新人的内生动力。

第五个问题：如何求解五个变量的“函数方程”？

同学们，当了解了大学之道和大学赋予你们的职责、担当和使命后，就可以相互鼓动共同来求解大学五个变量的“函数方程”。

一要有诚挚的理想，让初心使命为思想铸魂。

在党的二十大报告中，习近平总书记寄语广大青年“要坚定不移听党话、跟党走，怀抱梦想又脚踏实地，敢想敢为又善作善成，立志做有理想、敢担当、能吃苦、肯奋斗的新时代好青年，让青春在全面建设社会主义现代化国家的火热实践中绽放绚丽之花”。古往今来，一切伟大成就的取得，一切历史功绩的实现，都离不开远大志向的指引。中国龙芯之母黄令仪，不顾84岁高龄也要坚持在一线奋战，最终成功研发出属于我们自己的“中国芯片”，为国家省下了上万亿的资金。她说，这一生最大的心愿，就是抹掉祖国身上的耻辱。当你们从中学跨入大学，拥有了更加广阔的施展空间和无限美好的前景，不要急于做“有用”与“无用”的选择，也不要局限于眼前利益的得失，要更多地放眼长远的价值与成长，要以强国之名立志，胸怀大格局、拥有大境界、成就大智慧，站在新的、更高的历史起点上，更加自觉地将“小我”融入“大我”，在红色根脉、英雄事迹中厚植家国情怀，在课程学习、创新实践中增长报国才干，在社会实践、参与国家战略中坚定人民立场，不断强化为中国特色社会主义共同理想而奋斗的信念和信心，让青春理想闪烁出耀眼光芒。

二要有明确的目标，让宏远蓝图为未来领航。

古人讲“取法乎下，得乎其下；取法乎中，得乎其下；取法乎上，得乎其中；取法上上，得乎其上”。这个“法”，就是目标定位；取法，就是选择定位未来人生。大学期间是青年人成长最关键的时期，有无明确的目标和有什么水准的目标，不但决定了我们大学生活将怎样度过，而且决定了我们未来的基本走向。大学毕业后，你们将站在人生选择的第一个十字路口。如果现在没有明确的目标，不仅未来将茫然失措，大学生活也会浑浑噩噩。我相信，当你们刚进入大学的时候，一定对自己的人生发展设置了目标和规划，那么请同学们坚定入学的梦想，站稳出发的原点，用恒定的信仰和不屈的意志，让自己宛如上紧弦的发条和拉满弓的箭，去激发出意想不到的意志和力量，展示一个具有更高境界、更大格局、更丰富情怀的自己。

三要有可行的计划，让深谋远虑为志向储能。

大学与中学的根本不同，在于她既是接受教育的场所，更是自我教育的圣地。自我教育是人类教育的最高形式，在大学校园里，老师成为你张帆远行的导航者，他们将引导你们从专业出发四通八达翱翔于汇聚古往今来人类科学、知识、思想、创造和想象力的浩瀚学海，自我鼓动，自我激励、自我改进、自我发展、自我提升、自我探求和积累创造的智慧。

大学学习与中学学习的最大不同在于学习的自主性更强，最大的一致性在于学习没有任何捷径可走，唯有勤奋。但勤奋不是蛮干，而要有可行的计划。缺乏可行的计划，理想和目标必然化为空中楼阁。因此，从来到师大的第一天起，我们就要对大学生活有一个正确的认识和科学的规划！同学们要有学业规划、职业规划、生活规划和人生规划，要形成习惯并不断完善自己的规划，把制订计划渗透到学习生活的方方面面，不断审视自己在计划实施过程中的执行情况，为自己一步步迈向成功打下坚实的基础。

四要有踏实的行动，让实干笃行为梦想筑路。

常言道：“言之易，行之难。”我知道不少人都是“行动困难户”，为此，川师大为你们的大学生活开出了“秘制良方”——“十个一”养成教育实践，即一个总结、两封书信、三个场地、四项活动。“一个总结”，是每位学生每学期都要进行总结，通过总结得失，不断增长智慧、培养能力和提升思维。“两封书信”，是每学期给自己的亲人和老师写信，通过“见字如面”的方式，懂得感恩、传递情感、解惑释疑。“三个场地”，即图书馆、报告厅、运动场，图书馆是蕴藏古今智慧的知识殿堂，人类的文明和智慧，很多时候是从书籍中获取的，读书使人更有悟性和灵性，也使你更具魅力。报告厅是领悟大师思想的修炼道场，许多最新的学术思想和学科前沿的问题第一时间来源于学术交流中智慧的碰撞；体育场是激活生命动力的绝佳之地，锻炼不仅能使你强身健体，更能激发你的多巴胺和血清素，让你深切地感受到生命的美好。以这三个场地为代表的大学期间最核心的学习生活方式将决定你未来人生的格局和境界。“四项活动”，即社团活动、学科竞赛活动、社会实践活动和社会公益活动，通过积极参与这些活动，能让你们深入基层、了解社会、认识世界、增长见识，引导你们成为专业技能与职业操守、社会担当与健全人格、人文情怀与科学精神、创新实践与批判性思维、历史眼光和全球视野有机结合的时代新人。

五要有坚韧的毅力，让艰难险阻为人生奠基。

英国作家狄更斯说过：“顽强的毅力可以征服世界上任何一座高峰。”古往今来，凡是能爬上人生顶峰之人，无不拥有坚韧的毅力，所谓“古之立大事者，不惟有超世之才，亦必有坚忍不拔之志”。你们的优秀学姐经管学院“凳子姑娘”黄欢，虽因车祸失去了双腿，但凭借超乎常人的毅力和锲而不舍的精神，她坚持学习，重燃希望，不仅成功保研，还成为《人民日报》点赞的“网红榜样”。坚韧的品质不是与生俱来的，不弃微末、不舍寸功，有滴水穿石的坚持和耐心，才能培养韧性。她的感人事迹告诉我们，要想成就一番事业，唯有多锤炼、多摔打，能吃苦、肯拼搏，脚踏实地、一步一个脚印前行。从个人成长的角度来看，要想达到思有所悟、谋有所据、做有所成的水准，就要保持一事未了、寝食难安的状态，专注聚焦、持之以恒。美好的理想不会自动实现，胜利属于真正坚毅的人，成功属于不懈奋斗的人。

北宋大哲学家张载说，学问之方须“先立其大体”，是说人在求学的起步之际应先给自己明确一个总体框架，才会有道可循。四川师范大学的这个大体就是由“理想、目标、计划、行动、毅力”五个变量构成的多元函数方程。这个函数方程把你们美好的大学时光构建起属于你们并将决定你们未来视野、格局和情怀的美丽蓝图。理想，是你将蓝图变为现实的“北斗”；目标，是你将蓝图变为现实的指南；计划，是你将蓝图变为现实的规范；行动，是你将蓝图变为现实的阶梯；毅力，是你将蓝图变为现实的引擎。

同学们，让我们共同努力，在川师大这座精神家园里，全面践行中国特色的社会主义大学之道，以真理为依据，以至善为准则，以美生为目标，不断开阔视野、提升认知、形成思想、探究方法，以此训练自己的知性智慧；真诚地敬畏生命、关心社会、感恩他者、回馈生活，以此自我积累人性资产。德国哲学家雅斯贝尔斯说：“大学应始终贯穿这一思想观念，即大学生应是独立自主把握自己命运的人。他们有选择地听课，聆听不同的看法、事实和建议，为的是自己将来去检验和决定。真正的大学生能主动地替自己订下学习目标、善于开动脑筋，并知道工作意味着什么……这是一种精神上的升华，每一个人都可以感受到自己被召唤成为最伟大的人。”我坚信，你们每一个人，都可在践行大学之道的任何时刻、任何地方的努力中“感受自己被召唤成为最伟大的人”的快乐和幸福！

格物致知，诚意正心，彰显生命的光辉

——在四川师范大学2022级研究生开学典礼上的致辞*

尊敬的老师们，亲爱的同学们：

大家上午好！

昨天，党的二十大胜利闭幕，习近平总书记在大会上对中国青年寄予了深切希望，发出了推进民族复兴的伟大动员令，激励着我们踔厉奋发、勇毅前行、再创伟业。今天，我们在这里隆重举行四川师范大学2022级研究生开学典礼，请允许我代表四川师范大学全体师生，向来自五湖四海的你们致以最热烈的欢迎和诚挚的祝贺！

风云跌宕、机遇难得。在经历考研史上最“卷”、巴蜀大地史上最

---

* 此致辞发表于2022年10月23日。

“热”、天府疫情史上最“凶”的重重磨砺后，我们最终如期相遇。我坚信，在熬过漫长考研过程中的各种挑战和磨炼而走来的你们，一定会更加珍惜此一继续求学深造的机会。为此，借开学典礼之机，我想与你们交流四个问题。

第一个问题：大学应是一类什么样的组织？

这是一个本科阶段思考过的问题，今天为何要重提？这是因为你们从本科生向硕士生，或从硕士生向博士生方向前行，不仅是学业身份的转变，更是学术品格和生活德性的陶冶更新，学术视野更高远，思维方式更多元，学识基础更厚实，专业能力更得整体提升。所以，对“大学应是一类什么组织”这一旧问题的新思考，就应该在更高阶梯上展开，只有深度认识了大学，才可能在大学这所精神家园里更为系统地再获新知，更达新高。

概括地讲，大学是一种特殊的社会组织，其特殊性源于社会赋予它的基本定位：第一，大学是探索的世界方式，它肩负探索人类共生存在、构建共同价值体系、促进共同发展和共建文明的世界责任；第二，大学是生产的社会组织，它承担探索真理、创造思想、发展科学、生产知识和建构方法的人类使命；第三，大学是培养的时代平台，它必须担当起运用探索创造出来的知识、思想、真理、信仰的成果来培养新生代，使之成为“有教养的文明人”、高素养的社会公民和高创造力的社会劳动者的基本任务；第四，大学是存续传统的历史方法，它通过“生产”和“培养”的双重方式来推动民族文明再造和人类文明互通。

如上四个方面，首先定位了大学的性质：大学既是人间最善美的事业，也必须成为人类文明前行的灯塔，更应该是人类精神和智慧的家园。其次规定了大学的职责：一是必须“把年轻人和老年人联合在一起，对学术展开充满想象力的探索，从而在知识和生命热情之间架起桥梁”；二是基于“世界的未来掌握在那些对于自然和人类社会的解释能够比他们的前辈更进一步的人手里。大学最重要的职责，就在于发现这些人，爱护这些人，并培养他们最大限度地服务于自己事业的能力”。

第二个问题：研究生的使命和责任是什么？

研究生，顾名思义，是研究学问的学生。研究生为何要以研究学问为己责和天职呢？首先，研究生教育是任何时代、任何国家的精英教育，正如国学大师王国维先生在《国学丛刊》序中所指出那样，这样的教育是“使人成为完全之人物”的教育。其次，他说，学问乃“一国之名誉与光辉”，这是因为“学问之所以为古今、中西所崇敬者，实由于此。凡生民之先觉，政治教育之指导，利用厚生之渊源，胥由此出”。由此性质和职责的双重规定，研究生尤其是博士研究生应以生命投入的方式，既沉静地博览以奠定“判天地之美，析万物之理，察古人之全”（《庄子·天下》）的学业基石，更应面向世界学术，开阔其视野，了解其前沿，校准其方向，自我凝练，积极投入探索社会发展、国家重大战略需求的方向和能力。

从人类大学发展史观而言，任何一所世界著名大学都是在服务自己国家的发展中成长起来的，大学因服务国家战略而兴，国家因大学支撑而强。最典型的范例莫过于近代研究生教育的发祥地德国柏林大学，它从1810年创立之日始就明确“富强德国”的职责和使命，并为此确立起“让新人的成长与新知识的诞生同步”的人才培养理念，教师将研究作为一种教学模式、学生将研究作为一种学习方式，为“科学而生活”成为大学新的理想。它的成功在世界高等教育史上具有里程碑式的意义。著名哲学家费希特、黑格尔和谢林先后出任该校校长，他们为这所大学注入了学术文化的基因；伟大的革命导师卡尔·马克思、弗·恩格斯均是其杰出校友，卡尔·马克思在此完成了他的博士论文《德谟克利特的自然哲学和伊壁鸠鲁的自然哲学的差别》，为他后来成为一代哲学家和伟大的社会学家奠定了坚实基础；亚历山大·洪堡在该校完成其后成为德国地理学的奠基之作《宇宙学》；约翰纳斯·米勒在该校完成的名著《生物学手册》被后世列为医学院学生的经典教材；古斯塔夫·马克努斯在该校建立了德国第一个物理实验室。除此之外，为柏林大学在很短时间里成为著名大学做出杰出贡献的还有：能量守恒与转化定律奠基人之一的赫尔曼·亥姆霍兹，电磁波与光电同一性的发现者海因里希·赫兹，光速的测定者阿尔贝特·迈克尔逊，量子理论的创立者马克斯·普朗克以及相对论创始人阿尔贝特·爱因斯坦等。

柏林大学研究性教育不断取得的重大原创性研究成果，为全世界大学的研究生教育树立了光辉典范，它的成功充分证明：求知欲旺盛、精力充沛、想象力丰富和好奇心强烈的年轻人与经验丰富、充满智慧的导师在一起开展富有生命力的学术探讨，构成研究性教育的核心内涵，即研究生与导师在一起以客观事实和经典理论为依据、以平等自由方式展开讨论甚至争论，对已成定论的内容给予理性的怀疑，对未知的问题开展多元思考，对形成的结论进行多视角的检验，对取得的成功相互鼓励并宽容地接受失败等，既是研究生的研究性学术生活的核心内容，更是研究生自励其研究性成长的基本方式和必为过程。

第三个问题：川师大是如何培养研究生的？

大学的使命总是“不待扬鞭”鼓文明向前的潮头。

研究生的责任，必须“自奋其蹄”，做时代发展的先行者。

当今世界一流大学无不以此将研究生教育作为其核心竞争力的重要组成部分，通过培养出一批又一批对国家乃至人类思想文化科技做出重大贡献的优秀、杰出甚至领军人才，推动国家和人类社会发展进步。而中华民族的当代复兴，更是迫切需要高水平的研究生教育。习近平总书记在党的二十大报告中强调，必须坚持科技是第一生产力、人才是第一资源、创新是第一动力，深入实施科教兴国战略、人才强国战略、创新驱动发展战略，开辟发展新领域新赛道，不断塑造发展新动能新优势。这最为实际地构成了四川师范大学研究生教育的时代使命和社会责任。

四川师范大学是国内首批硕士授权和第十批博士授权单位，其较长的研究生教育的经历不仅积累起丰富的发展经验，而且培养的杰出人才辈出：四川师范大学，1979 年被批准为硕士学位授权点单位，2006 年被批准为博士学位授权点单位。时至今日，学校有博士研究生导师 150 余人，硕士研究生导师 1100 余人，涵盖 2 个博士后流动站、7 个博士学位授权一级学科、26 个硕士学位授权一级学科、14 个硕士专业学位授权类别，形成了完整的博士、硕士研究生培养体系和师资队伍体系。三十余年来，川师累计为社会培养博士、硕士研究生 20000 余人，其中涌现出了一大批教育精英、学术大家、治国英才、行业翘楚。同学们，学校强大的办学实力和先进的办学理念将全方位引领你们将自己塑造成为“三心、四能、五结合”的高素质的创新型人才；全面提升你们的“责任心、进取心、好奇心”；高水准地提高你们的“表运能力、和谐能力、动手能力、创新能力”，并以高远的方式和开放的姿态培养你们“专业技能与职业操守结合、社会担当与健全人格结合、科学精神与人文情怀结合、创新精神与批判性思维结合、历史眼光与全球视野结合”的核心素养，引导你们成为民族复兴大任的担当者和人类进步事业的积极参与者。你们将从师大出发，读懂自己、读懂国家、读懂时代，读懂文化和文明，读懂过去和未来，读懂自励与坚守。

第四个问题：研究生如何实现自己的初心和梦想?

2014 年 5 月 4 日，习近平总书记在北京大学师生座谈会上指出：中国古代历来讲格物致知、诚意正心、修身齐家、治国平天下。这句话出自儒家经典《大学》。《大学》主要阐述了大学人生修为的八个台阶。治国平天下，是《大学》培养人如何成为社会人的基本使命和能力目标；修身齐家，是《大学》培养人怎样成为家庭人的基本责任和能力要求；格物、致知、诚意、正心此四者，是《大学》培养人如何成为一个真正人的基本进路和方法。这种将社会与家庭、公民与成人的价值要求融为一体的深刻思想，体现了中华优秀传统文化血脉深处的文化基因，也展示了社会主义性质的本质特征。既符合大学之人类、世界和全球视野，更是构建人类命运共同体理念、赢得世界广泛认同的价值基础。所以理应成为研究生实现初心梦想的价值遵循。

借此机会，与大家分享如何“格物致知，诚意正心”以彰显生命的光辉。

著名华裔诺贝尔物理学奖获得者丁肇中教授在他的一篇文章——《应有格物致知精神》中谈到，一个人教育的出发点就是“格物”和“致知”，在科学研究中要通过探察物体而得到知识，不要盲目地接受过去认为的真理，也不能等待“学术权威”的指示，对事物客观的探索才是寻求真理的唯一途径。所以，在丁肇中教授的科学生涯中，格物致知就是在躬行践履中研究真理。但在中国先哲看来，以格物致知的方式探求真理，还只是最初一步，需要在此基础上诚意和正心，用至善去纯化本心，以至诚去坚守本心，用内生于心底的光辉照亮生命，才可践履从个人到家庭再至社会以及人类的责任。我们从科学研究层面谈格物致知、诚意正心，就是希望大家学贵力行，行贵体悟，行而致知，知而促行，自我培育修齐品格，自我成就经世致用之才。

首先，要实践创新，笃行不怠，格物方能致知。

从本科生教育到研究生教育，最关键的转变是从以“传授已知、更新旧知”为主转向以“开掘新知、探索未知”为主，是为了使自己能够更好地认识世界，以具备参与更好地改变环境、建设美好未来的探索创新能力。在20世纪五六十年代，疟疾是一种严重危害人类生命健康的世界性流行病，并对原有药物产生抗药性。为此，39岁的屠呦呦毅然接受国家疟疾防治项目研究任务，从中医研究开始了征服疟疾的艰难历程。此后，屠呦呦翻阅古籍，寻找方药，拜访名医，用两年多的时间收集了2000多个药方，汇集了640余种治疗疟疾的中药单秘验方，最终筛选出了200余个重要提取物。但这对疟原虫抑制率最高的也只有40%。屠呦呦坚持不懈，最终在中国古代东晋文献中找到了青蒿治疗的有效记载。为了实现化学物质到药物的转变，屠呦呦团队在中草药青蒿的提取实验进行到第191次时终于发现了青蒿素，最终成功挽救了全世界数百万人的生命。尽管屠呦呦已经获得诺贝尔奖，但她却说“虽然发现青蒿素快半个世纪了，但其深层机制还需要继续研究”。她的成功告诉我们：真理不会停留在表面，只有亲身实践、不断探索才能真正发现事物的本质并揭示其根本规律。行百里者半九十，科学研究越是艰难，越是紧要，就越要以坚定不移的理想信念，以咬定青山不放松的坚持不断开拓，不断实践，不断创新，才能成为对自然和人类社会的认识比你们的前辈更进一步的人。

其次，要坚守初心，矢志报国，诚意方能正心。

初心乃志业的本心。行志业者，初心纯正，方能行稳致远。学术初心，既是探索真理的纯正追求，也是科学报国之坚定信念的源泉。我国著名科学家钱学森，在交大求学期间，就树立了科学救国、振兴中华的远大理想，将个人抱负和国家命运紧密相连。钱老笃定学成必归的信念赴美留学，其学成后冲破重重阻碍义无反顾地投身于新中国建设事业的生动案例，诠释了老一辈科学家自始至终永葆学术初心的高尚情怀和优秀品质，体现了一个科学家彰显生命光辉的最佳方式就是让自己一生追求与国家发展、社会需要和人民期盼同向同行。在潜心问道时要有“自古圣贤尽贫贱，何况我辈孤且直”“不戚戚于贫贱，不汲汲于富贵”的学人境界，这也是诚意的内涵；在关注社会时要有“系天下苍生、谋人类大同”的人文情怀，这更是正心的价值追求。只有这样，才能真正实现“潜心问道与关注社会相统一”。

最后，要勇攀高峰，造福人类，弘毅方可致远。

科学技术研究的本质、宗旨与价值，在于造福人类，它贯穿于科学技术发展始终，成为科技事业发展的浓厚底色，支撑并推动着科技进步与发展。科学技术也只有造福人类，才能永葆生机活力。我国杂交水稻之父袁隆平一生不懈追求科学真理的事迹，更是永恒的典范。1966 年，不到 33 岁的袁隆平发表拉开水稻杂交育种序幕的论文《水稻的雄性不孕性》，这在当时是一篇跨越世界水稻育种研究“禁区”的论文，因打破了遗传学经典理论及国际普遍观点而震惊世界。其后在近 60 年的研究生涯中，袁隆平专注于杂交水稻研究，用一生的心血让中国杂交水稻成为世界第一。袁隆平的成功，不仅确保中国人的饭碗牢牢端在自己手中，而且造福了全世界人民。国际水稻研究所所长斯瓦米纳森博士高度评价说：“我们把袁隆平先生称为杂交水稻之父，因为他的成就不仅是中国的骄傲，也是世界的骄傲，他的成就给人类带来了福音。”在晚年的自述中，袁隆平多次提到：“科学探索无止境，在这条漫长而又艰辛的路上，我一直有两个梦，一个是禾下乘凉梦，一个是杂交水稻覆盖全球梦。”袁隆平的科学贡献真正践行了科学的最高境界就是造福全人类。今天，我希望作为青年知识分子的你们，像袁隆平一样有坚定不移的科学精神、勇于攀登的坚韧毅力，一往无前、不断攻克人类前行道路上的技术壁垒、科学难题，为构建人类命运共同体提供坚强的科技支撑。

同学们，你所站立的地方，正是你的中国。你怎么样，中国便怎么样。你是什么，中国便是什么。在国家比以往任何时候都更接近实现民族复兴伟大梦想，但却又面临艰难险阻之时，我们中国人，尤其是你们这样的当代中国青年，也比以往任何时候都更加需要用信仰、思想和知识去铸就践履初心和梦想的智慧和能力！

同学们：

期待你们，在本己的学术躬耕中，格物致知不止！

期待你们，在应为的发展征程中，诚意正心不息！

期待你们，在无限可能的未来中，源源不断地绽放生命创造的光辉！

谢谢大家！

附录二

大学就职演讲（选）

在宜宾学院就职典礼上的发言*

尊敬的省委组织部、省委教育工委和宜宾市委领导，尊敬的各位老领导，亲爱的同志们：

首先，我十分感谢省委、省委组织部和省委教育工委对宜宾学院的重视。部务委员建锋同志和教育工委志军书记以及组织部三处天利同志和教育工委审计处建中同志在百忙中专门抽时间参加今天的见面会。剑锋同志和志军同志对我校的班子建设提出了明确的要求，充分体现了省委、省委组织部和省委教育工委对我校工作的关心、支持和重视。刚才市委常委组织部部长姜华同志代表宜宾市委市政府做了热情洋溢的讲话，充分体现了市委和市政府对我校的重大支持和高度重视，也展示了宜宾的发展将为学校的发展提供更大的空间。永坤书记和元松院长发表了激动人心的讲话，给学校未来的发展注入了强大的精神动力。屈川同志作为新一届领导班子的班长，为学院的未来发展绘制了美好的蓝图。在这之前，尊平部长和王川副部长与我谈话，提出了要求，希望我能够将在高等教育学方面所取得的研究成果与学校的实际结合起来，在党委集体领导下，开创学校工作新局面。做一个学院院长是我多年的梦想，办好一所大学是我人生的最高追求。因此，我十分感激组织的信任，是组织给了我去实现梦想的机会；我十分感激我求学时所有恩师的教导，是他们给了我做人和做事的准则；我

---

* 此致辞发表于 2009 年 2 月 13 日。

十分感激我工作过的所有单位的领导，是这些领导为我奠定了将来工作的基础。我特别要感谢永坤书记和元松院长以及历届班子为我们奠定的坚实基础、所创造的和谐工作氛围。现在根据刚才各位领导的讲话精神，围绕"发展"这个关键词谈三点看法。有不妥之处，请大家批评。

一　把握时代特征、抓住发展新机遇

当今世界，在和平与发展的主题下呈现出两个显著的特征，第一个是经济的全球化；第二个就是知识成为一种重要的生产要素。我们知道，知识经济最突出的现象是信息技术广泛应用，知识经济发展的根本是人才，创新是知识经济的灵魂。这两个特征的交互作用导致高等教育大众化和国际化的进程加快；导致高等教育的两个基本元素即知识和人才在全球范围内流动速度的大大加快；导致高等教育获得了从来也没有像今天这样重要的角色：大学被称为人类进步的导航仪、政府决策的思想库、经济发展和社会进步的助推器和科技革命的动力站。当今中国，已经把建设创新型国家、建设人力资源强国作为实现中华民族伟大复兴的前提。要建设创新型国家和人力资源强国，就必须首先建设高等教育强国。今天，中国的高等教育已经全面迈入了大众化的轨道，也融入了高等教育国际化的大潮中。截至 2008 年 4 月，中国高校各类学生达到 2700 万人，高等教育的毛入学率达到 23%，普通高等学校达到 1908 所，其中普通本科院校为 740 所。在 740 所普通本科院校中，新建本科院校就有 208 所，宜宾学院就是 1/208。中国在校大学生规模已经超过美国，位居世界第一。规模巨大，功能复杂的现代中国高等教育，如果没有一个清醒的价值目标、高扬的价值理想，其现实的发展就有可能丧失意义和迷失方向，甚至沦为没有灵魂、见物不见人的"高等教育工厂"。所以中国政府高度重视高等教育发展的水平和质量。如果说"211 工程"和"985 工程"均与我们无缘的话，那 2007 年初开始实施的"高等教育质量工程"就是全体本科院校大家族的共同工程。

宜宾学院在 30 多年的发展历程中、在历届校领导的带领下通过全体教职员工的努力已经打下了较为坚实的基础，形成了优良的并独具魅力的传统。三校的有机整合、专科升为综合性本科院校、顺利通过教育部的本科水平评估等成就，在宜宾学院的发展史上均具有里程碑的意义。我们今

天的责任是既要继承和守护，又要发扬和光大，更要开拓和创新。因此，我们要强化定数、把握变数、找准参数，在高等教育大众化和国际化的大好形势下，抓住“知识和人才在全球范围内快速流动”为我们发展所提供的各种新机遇，抓住地方快速发展为我们提供的新机会，乘势而上。

二　履行院长职责、探索发展新思路

我深知，担任宜宾学院院长这一职务，使命光荣、责任重大，我一定忠诚地履行高等教育法所赋予的职责，在校党委的领导下，恪尽职守、勤勉工作，竭诚为学校和广大教职工服务，并利用自己先后在六所大学求学时所感受到的教育理念、先后在四所大学工作时所获得的管理经验，为宜宾学院的进一步发展贡献自己的绵薄之力。按照教育部反复提出的“大学的校院长应是社会主义的政治家和教育家”的要求，承担起以下三大责任。

1. 以先进的大学理念为指导、深刻洞察社会经济发展趋势，结合学校的实际，传承和发展学校的办学理念，并成为办学理念忠实的推动者。国内外优秀大学的发展经验告诉我们，只有尊重大学理念的办学者，才能在实践中产生属于本校的治校方略；只有拥有“大学理念”的大学，才会拥有不断前行的力量。

2. 营造出能产生学者、引进学者并能使这些学者一心向学、为实现确定的办学理念而努力奋斗的制度环境和人文氛围。在这样的制度环境中，一切创新的源泉就能充分涌现，创新的愿望就能得到充分的尊重，创新的才能就能得到充分的发挥，创新的活动就能得到充分的支持，创新的成果就能得到应有的奖励；在这样的环境中，用心想事、用心谋事和用心干事的教职工就会得到应有的尊敬和重视；在这样的环境中，教师就能为增长学生的知识而旁征博引、为传播人类的文化而身体力行；在这样的环境中每个人的潜能就能浮现出来，学校的办学视野就会呈现立体伸张。

3. 广泛而深刻地吸纳各种社会办学资源，充实办学经费、改善办学条件，从而增强办学活力。从今天起，我将与同志们一道，进入院长角色、忠于院长角色，在实践中不断探索和把握办好大学的四个要素即“理念引领、人才支撑、经济基础、制度保障”间的张力与合力；在实践中时刻铭记地方区域大学的目标是根植社会、追求特色。

在此请领导相信我，请班子成员支持我，更要请学校的广大干部监督我，我会在学校党委的领导下，团结广大干部和教职工，营造出奋发向上的工作氛围，努力探索出一条在新的起点上适合于学校加快发展、又好又快发展的新思路。

三　坚持科学发展、拟定发展新举措

科学发展观的第一要义是发展，核心是以人为本，目的是全面发展，方法是统筹兼顾。落实科学发展观，要求我们在宏观方面密切关注以下五个问题。

1. 必须把学校的长远发展与教职工的个人发展结合起来，不能因为长远发展而忽视了当前突出而又急需解决的矛盾，如在同类院校中教职工收入和福利待遇偏低等。当然也不能将注意力只集中眼前而失去能使学校获得更好发展的机会，实际上只有学校声誉更响了、规模扩大了、办学层次提高了，教职工才会获得更多的更高的个人发展。

2. 必须把办好现有的二级院系与创建新的二级院系结合起来，开展与各大型企业的深度合作，在条件成熟的时候创办具有鲜明地方特色的二级学院，使“高等学校与大型企业嫁接、使知识资本与产业资本联姻”的理念得以实现。

3. 必须把同国内友好大学的深度合作和与国外大学的深度合作结合起来。既要在有关中心城市成立宜宾学院的实训基地，为我们的高年级学生提供跨高校完成毕业论文和考研复习的机会；同时，也要开展与国外大学的实质性合作，加大互派师生的力度并在条件成熟的时候成立国际教育学院。

4. 必须把扩大普通教育规模与扩大职业教育规模结合起来。在扩大学历招生规模的同时，继续教育要开展与各职业中学和中专校的合作，举办自考套读等多种形式的培训班。

5. 还必须把人才培养、科学研究与社会服务结合起来，开展与地方政府的深度合作，在条件成熟时成立“宜宾发展研究院”。以此为平台，广泛吸纳各类社会智力资源和人力资源。为举办研究生教育和更名为“宜宾大学”打下坚实的基础，为地方经济建设和社会进步提供强大的智力支持和人才保障。

落实科学发展观，要求我们在微观方面也必须处理好以下五个问题：

第一，必须把引进学术带头人与培养各级学术带头人结合起来，不能因为引进人才而忽视了在校人才的积极性，也不能只顾在校教师的情绪而失去建立川南人才高地的机会。在人才引进方面，还要将传统的人才使用理念与现代的人才使用理念结合起来，坚持“不求所在，但求所用”的更符合区域地方高校特点的人才使用理念。

第二，必须把科研工作与教学工作结合起来，不能因为重视科研工作而忽视了教学工作，也不能因为重视教学工作而把科研工作仅视为副业，因为那样的话，我们的学科建设就上不了台阶。教师要把科研与教学结合起来，使科研成为一种教学模式，学生要把学习与科研结合起来，使科研成为一种学习方式。

第三，必须把通识教育与专业教育结合起来，重视本科教育与职业教育的区别。在本科专业课程的设置中要实现这样一个目标：让学生明白自己专业领域存在哪些知识，这些知识是如何被创造出来的，又是如何被应用的，这些知识对学生自己的成长有什么作用。

第四，必须把学生的顾客属性与产品属性结合起来，不能因为学生具有顾客的属性就一味地无条件地满足学生，也不能因为学生具有产品属性就不考虑学生的合理要求，从而寻致毕业生失去个性特征。

第五，还要把在职职工与退休职工的利益结合起来，不能因为只考虑在职职工的利益而忽视了退休职工过去为学校发展所作出的贡献，退休的老领导和教职工是学校进一步发展的宝贵财富和动力源泉。

从今天开始，我将同有关同志一道，就上述10个方面的问题开展深入的调研，在此基础上逐渐拟定出一系列方案，供学校党委集体决策、供地方政府和各大型企业参考。

同志们，在未来的岁月里，在省委、省政府的关心下、在省委组织部和省教育工委的直接指导下，在宜宾市委和市政府的大力支持下，在学院党委的集体领导下，我将与班子成员一道，坚持“以科学发展观为指导，以学科建设为龙头，以人才培养为中心，以深化内部管理体制改革为动力，以广泛吸纳社会资源为抓手”的办学指导思想。不断提高人才培养的质量、科学研究的水平、社会服务的能力，为把宜宾学院建设成为立足宜宾、服务全省、面向全国、胸怀世界的一所在四川省高等教育界具有重要影响的在国内有一定知名度的地方性综合大学而贡献自己的全部智慧和心血，也愿在这个伟大的事业中，我们每个人都获得友谊、健康和成功！

谢谢大家！

在四川理工学院就职典礼上的发言*

尊敬的省委组织部、省委教育工委和自贡市委领导，尊敬的各位老领导，亲爱的同志们：

大家好！刚才晓玲部长宣布了省委和省政府对我的任职决定，感谢省委省政府和大家对我的信任，感谢组织对我在宜宾学院几年来大胆探索的肯定！在四川理工发展的关键时期，出任校长，我深知使命光荣，责任重大。我将殚精竭虑、勇于担当、不辱使命！作为新的校长，借此机会，向大家阐述我多年来追寻的大学之道，以此来鞭策自己，并与大家共勉。在当今科技信息化和文化多元化的大变革时代，高等教育的发展既有千载难逢的机遇，也面临着巨大的挑战，为此我们要强化定数、找准参数、把握变数，那就是“胸怀一个愿景、牢记两个使命、坚守三个观念、创新四个要素、实施五大战略，在此基础上推进学校的六项工作”。

胸怀一个愿景：那就是“立足自贡、根植川南、服务全省、面向全国、胸怀世界，把学校建设成为在高等教育业内具有重要影响、在社会上有相当知名度的应用型的综合性大学”。在第一个五年任期内使学校学科实力进入全国前300名、综合声誉进入全国前200名；在第二个五年任期内，使学校学科实力进入全国前200名，综合声誉进入全国前100名！全面提升学校的知名度、美誉度；全面增强教职工的成就感和幸福感；全面增强在校学生和校友的自豪感和认同感。

牢记两个使命：那就是“通过学术的传播、创新与应用，为学生成功奠定基础，为地方发展提供支撑”。为什么要这样提呢？第一是愿景使然。我们要成为“在高等教育界具有重要影响的在社会上有相当知名度的应用型的综合性大学”，既源于我们的校友在社会各个舞台上的杰出展示，因而我们必须为自己学生将来的成功奠定坚实的基础，使校友们深深感知自

* 此致辞发表于2014年6月25日。

己成功与母校给他们的良好教育密不可分；还源于我们的教师在各个舞台上的杰出展示，只有我们的教师为社会特别是为区域发展提供了坚强的支撑的时候，我们的知名度和影响力才会有更大的提升。只有校友的自豪感、认同感，教职工的成就感和幸福感增强了，才能证明我们的教育思想和办学模式对四川省高等教育界甚至全国高等教育界做出了贡献。第二是遵循高等教育的两个基本规律使然。一是遵循高等教育“促进人的全面发展”的规律，“把学生培养成为社会主义社会富有责任感的公民和进步事业的积极参与者”是当代大学的责任。二是遵循高等教育“适应经济社会发展”的规律，高等学校作为一类特殊的社会组织，从全球而言经历了“被动适应社会需要、主动满足社会需要到积极引领社会需要”三个时期。当今的高校特别是我们这所区域性的省属高校，一是要解决地方传统产业结构的调整与升级中、地方发展战略性新兴产业中所面临的各种问题，企业的难题便是师生们的课题；二是要为地方各级政府提供决策咨询，彰显思想库的责任；三是要为本地市民提供学习和再学习机会。最终为地方的发展提供思想、文化、人才和科技的支撑。

坚守三个观念：那就是“育人为本、社会担当、学术自由”。育人为本，要求学校竭尽全能，通过课程体系的构建和成才氛围的营造，让学生的潜能展现出来、个性得到张扬，为他们将来更有成效的生活奠定坚实的基础；社会担当，就是要根植地方、服务地方、最终引领地方，成为本区域道德的高地、良心的堡垒和精神的家园；学术自由指教师和青年学生在研究和学习中拥有“自由的心灵、自由的意志、自由的思考、自由的探索和自由的表达”。正如《中国青年报》今年5月2日所指出的那样，这五大自由，对任何一个人，要达至任何科学、技术、工程和艺术的高峰，都是缺一不可的。要实现“为学生成功奠定基础”的使命，就必须坚守“育人为本”和“学术自由”的大学观念理性；要实现“为地方发展提供支撑”，也必须坚守“社会担当”和“学术自由”的大学观念理性。坚守的三个观念不仅与要实现的“二维”使命密切相关，而且它是高等教育“人本论、政治论和认识论”三大哲学在实践中的必然要求。

创新四个要素：那就是“文化、理念、制度、实践”四维一体的办学模式。在大学文化上，坚守大学文化的学术属性。大力营造“崇尚学术、发扬民主、追求卓越”的校园文化，我们就是要用黄岭精神来追求学术的卓越，从而使大学文化的本质与内涵与自身的文化底蕴结合在一起。在办学理念上，坚守办学理念的先进性。“学生中心、教师主体、引领社会”是当今大学应该坚守的办学理念。为此，我们要进一步完善人才培养体系，使“学生中心”的理念能深入人心；进一步完善教师发展的制度，使“教师主体”的理念切实得到贯彻；进一步完善服务地方的体系，使“引领社会”的理念得以逐步全面实现，使学校在为市民提供再学习机会、解决行业发展难度和为各级政府提供决策咨询三个层面能做出杰出贡献。在制度建设上，坚守大学制度的现代性。创立能彰显教师个性的发展制度，特别是科学有效的职称评审制度；创立能激发学生潜能的成才制度，特别是要实施完善的学分制度，从而使“学术自由”的理念在教师层面和学生层面以制度的形式得以保障。在办学实践上，坚守制度与实践的统一性。为了贯彻“学生中心”的理念，全面实施专业核心课程制度、自由转换专业的制度和教师面对学生撰写课程实施大纲制度，全面开展学生健康成长的“十个一”活动，为学生实现学术理想搭建成长的平台，使更多的学生能够心无旁骛地探求新知、追寻梦想；为贯彻“教师主体”的理念，全面实施教师发展制度，为教师实现学术抱负搭建教学和科研的平台，使更多的教师能够心无旁骛地从事教学和研究；为管理干部搭建干事创业的平台，使更多的干部能够责无旁贷地履职尽责，让他们成为师生的贴心人和党的好干部。

“文化、理念、制度、实践”四个要素从形而上到形而下构成了一个有机的整体，任何一所大学要实现跨越式发展都必须在这四个要素的创新上着力并保持其高度的一致性，从而构建起属于自己的具有核心竞争力的办学模式，这也是一所大学使自己的内部治理体系走向现代化的核心要素。

实施五大战略：治校理政体系和能力现代化战略、人才强校战略（杰出人才的使用、培养与引进，包括柔性引进）、国际合作战略（重在引进先进的管理制度和理念，整体改造现行大学管理）、校地合作战略（共建研发中心、实训基础、职业性的学院，如在三年级学生中组建城乡建设学院等）、校校合作战略（对口支援与资源共享相结合）。这是我们实现愿景和使命的五个手段。治校方略：制度、人才、合作。

对以上五个方面，任何一位高等教育研究的专家都可以撰写成一部宏伟巨著，但要实现，就需要通过以下六个方面的工作来实施，这就是我们的职责。

推进六项工作：以人才培养为中心、以学科建设为基础、以深化内部管理体制改革为动力、以广泛吸纳社会资源为抓手、以加强基础设施与环境建设为保障、以党的建设和思想政治工作为保证。

以上是我对践行现代高等教育规律的基本认知，也是自己对办好一所大学多年来探索的凝练。在未来漫长的岁月里，我将在学校党委的领导下，忠实地履行高等教育法赋予校长的职责，按现代大学优秀校长的标准严格要求自己，主要做好以下三件事情：一是千方百计地发现人才；二是千方百计地寻找办学资源；三是建立完备有效的制度体系，使人才的潜能充分发挥出来，使有限的办学资源的效益能充分发挥出来。

同志们，近半年来彼此的等待和多年来大家以各种方式对我的了解，我承认我是一个爽快的人，茫茫人海，芸芸众生，今天能够来到龙的故乡，和大家一起共事，还真是一种缘分。但我知道，这更是一种责任。让我们彼此均以诚相待，均以身作则，在校党委的领导下，我将与建军书记和同事们一道，恪尽职守，勤勉工作，不负期望！我也承认，我还是一个彻头彻尾的理想主义者，并始终坚持认为大学校长必须是一个理想主义者，因为他不仅要给教授们描绘理想的天空，还要带领老师们给一代又一代的青年学生播撒理想的种子，同时还因为现今的大学校长更要生活在自己的理想中，他才能矢志不渝地站在这个岗位上努力奉献！

我个人的期望是，争取在退休的时候，理工师生能基本认为汪明义是一个“懂教育、重人才、负责任、少私心、有魄力”的校长，那样的话，我就基本实现了人生的最高境界，将为此感到无上的欣慰！

最后，祝福我们四川理工的明天更加美好，期盼我们理工人通过自己的智慧和汗水能够更加有尊严地工作、学习和生活！

谢谢大家！

在四川师范大学就职典礼上的发言*

尊敬的省委组织部、省委教育工委领导，尊敬的各位老领导，亲爱的

---

* 此致辞发表于 2017 年 5 月 8 日。

同志们：

今天我怀着无比激动的心情在这里发言。我用“感谢、汇报、承诺、共勉”四个关键词来表达。

第一是“感谢”。感谢省委省政府的培养、关怀和信任，感谢省委教育工委的关怀和指导，感谢四川师大全体干部师生的支持。四川师大历经七十余年的发展，是一所具有光荣传统的大学，是一所实力强大的大学，是一所锐意进取的大学，也是一所必将更有作为的大学。在这样的大学做校长，是我的荣幸！

第二是“汇报”。2006 年 2 月在川师大科研处处长岗位离开川师，去四川音乐学院做副院长，分管全校的学科建设、研究生教育和科研工作，并协管新都校区的本科教学工作。2009 年 1 月去宜宾学院做院长，2014 年 6 月去四川理工学院先做院长后转任书记。离开川师的时间加起来近 12 年。在这 12 年里，川师大在各方面均发生了深刻的变化。自己这些年，对大学是什么、大学干什么、大学怎么干等基本问题进行了较为系统的思考和实践，既积累了办学治校的经验，也获取了不少比经验更可贵的教训。我想，这些经历和积累对未来的工作大有裨益。

第三是“承诺”。对未来的工作，我在这里做一个表态，不妥之处，请大家批评指教。

一是坚决贯彻并落实党委领导下的校长负责制，在学校党委的领导下，忠实履行高等教育法赋予校长的职责，坚决维护党委的权威，坚定不移落实党委决策部署，定期向党委汇报工作。

二是做一名对党忠诚、关爱学生、热爱学校、情趣高雅、追求卓越的教职工党员；做一名懂教育、重人才、负责任、无私心、有魄力的好干部；做一位善思善为的校长。

三是坚持在办学中践行教师主体的理念，为教师实现自己的学术抱负营造环境和氛围，不断增强教职工的成就感和幸福感。

四是在教育教学中践行学生为中心的理念，使青年学生能感受到生命的美好，运用本领去肩负起生命的责任，彰显生命的光辉，不断增强在校学生和校友对母校的认同感和自豪感。

第四是“共勉”。在今后的工作中，我将在班长任重书记的领导下，与全校师生一道，抢抓国家实施“双一流”建设的机遇，抢抓服务国家

“精准扶贫、脱贫攻坚”的机遇，抢抓在全面构建中国特色高等教育思想体系和探索中国特色的办学治理模式进程中的机遇等，全面提升四川师范大学的影响力和美誉度，把川师建设成为全体在校师生和校友心中的精神家园。

参考文献

一 经典文献

中共中央马克思恩格斯列宁斯大林著作编译局：《马克思恩格斯全集》（第26卷第1册），人民出版社2016年版。

中共中央马克思恩格斯列宁斯大林著作编译局：《马克思恩格斯选集》（第1卷），人民出版社1995年版。

习近平：《习近平谈治国理政》，外文出版社2017年版。

二 中文著作

蔡元培：《蔡元培全集》，中华书局1984年版。

陈洪捷：《德国古典大学观及其对中国的影响》（修订版），北京大学出版社2006年版。

大学实现文化传承创新功能的机制研究课题组：《大学文化职能新论》，中国社会科学出版社2015年版。

丁学良：《什么是世界一流大学》，北京大学出版社2004年版。

杜小真、张宁：《德里达中国讲演录》，中央编译出版社2003年版。

费孝通：《文化的生与死》，上海人民出版社2009年版。

高占祥：《文化力》，北京大学出版社2007年版。

哈佛燕京学社：《人文学与大学理念》，凤凰出版传媒集团有限公司2007年版。

韩延明：《大学理念论纲》，人民教育出版社2004年版。

黄克剑：《论语疏解》，中国人民大学出版社2014年版。

黄英杰：《古典书院的终结及其对现代中国大学的影响》，人民出版社2017年版。

黄英杰：《我们时代的大学转型》，人民出版社 2018 年版。

李秋零：《康德著作全集》，中国人民大学出版社 2008 年版。

梁启超：《学与术》，刘梦溪：《中国现代学术经典·梁启超卷》，河北教育出版社 1996 年版。

刘述礼、黄延复：《梅贻琦教育论著选》，人民教育出版社 1993 年版。

罗久芳：《我的父亲罗家伦》，商务印书馆 2013 年版。

罗争玉：《文化事业的改革与发展》，人民出版社 2006 年版。

牟宗三：《道德的理想主义》，台湾学生书局 2000 年版。

钱颖一：《大学的改革》，中信出版社 2016 年版。

唐代兴：《大学：大人之学》，《北大讲座》编委会：《北大讲座》（第 16 辑），北京大学出版社 2007 年版。

汪明义：《大学理念与实践》，高等教育出版社 2008 年版。

汪明义：《西南财经大学博士后研究报告》，2006 年。

汪明义：《追寻大学之道，实现教育梦想》，光明日报出版社 2012 年版。

王伟廉：《高等学校课程研究导论》，广东高等教育出版社 2008 年版。

严玉萍编：《中美教师评价标准比较研究》，南京师范大学出版社 2011 年版。

杨东平：《重建大学制度》，文汇出版社 2003 年版。

叶澜：《教育概论》，人民教育出版社 1999 年版。

俞可平：《治理与善治》，社会科学文献出版社 2008 年版。

张博树、王桂兰：《重建中国私立大学：理想、现实与前景》，教育科学出版社 2003 年版。

张维迎：《大学的逻辑》，北京大学出版社 2005 年版。

中国民主同盟中央委员会、中华炎黄文化研究会：《费孝通论文化与文化自觉》，群言出版社 2005 年版。

朱国仁：《高等学校职能论》，黑龙江教育出版社 1999 年版。

竺可桢：《竺可桢全集》，上海科技教育出版社 2004 年版。

［德］彼得·贝格拉：《威廉·冯·洪堡传》，袁杰译，商务印书馆 1994 年版。

［德］菲利普·弗兰克：《科学的哲学》，许良英译，上海人民出版社 1985 年版。

[德] 卡尔·雅斯贝尔斯:《大学之理念》,邱立波译,上海世纪出版集团 2007 年版。

[德] 马丁·海德格尔:《演讲与论文集》,孙周兴译,生活·读书·新知三联书店 2005 年版。

[德] 马丁·海德格尔:《哲学论稿》,孙周兴译,商务印书馆 2014 年版。

[德] 威廉·冯·洪堡特:《论人类语言结构的差异及其对人类精神发展的影响》,姚小平译,商务印书馆 1997 年版。

[德] 乌尔里希·贝克:《世界风险社会》,吴英姿、孙淑敏译,南京大学出版社 2004 年版。

[法] 埃哈尔·费埃德伯格:《权力与规则 组织行动的动力》,张月等译,上海人民出版社 2008 年版。

[法] 埃米尔·涂尔干:《教育思想的演进》,李康译,上海人民出版社 2006 年版。

[法] 查理·路易·孟德斯鸠:《论法的精神》,张雁深译,商务印书馆 1982 年版。

[古希腊] 亚里士多德:《形而上学》,吴寿彭译,商务印书馆 1959 年版。

联合国教科文组织编:《反思教育:向"全球共同利益"的理念转变?》,联合国教科文组织总部中文科译,教育科学出版社 2015 年版。

[美] 阿尔弗雷德·诺尔司·怀特海:《思维方式》,刘放桐译,商务印书馆 2010 年版。

[美] 艾尔弗雷德·诺思·怀特海:《教育的目的》,徐汝舟译,生活·读书·新知三联书店 2002 年版。

[美] 本尼迪克特·安德森:《想象的共同体:民族主义的起源与散布》,吴叡人译,上海人民出版社 2016 年版。

[美] 伯顿·克拉克等:《高等教育新论:多学科的研究》,王承绪等编译,浙江教育出版社 2001 年版。

[美] 伯顿·克拉克:《建立创业型大学:组织上转型的路径》,王承绪译,人民教育出版社 2003 年版。

[美] 查尔斯·霍默·哈斯金斯:《大学的兴起》,王建妮译,上海人民出版社 2007 年版。

[美] 房龙:《人类的故事》,刘缘子、吴维亚、邢惕夫等译,生活·读

书·新知三联书店 1988 年版。
［美］哈瑞·刘易斯：《失去灵魂的卓越：哈佛是如何忘记教育宗旨的》，侯定凯译，华东师范大学出版社 2007 年版。
［美］亨廷顿：《文明的冲突与世界秩序的重建》，周琪译，新华出版社 1998 年版。
［美］亚伯拉罕·弗莱克斯纳：《现代大学论：英美德大学研究》，徐辉、陈晓菲译，浙江教育出版社 2001 年版。
［美］约翰·S. 布鲁贝克：《高等教育哲学》，王承绪等译，浙江教育出版社 2002 年版。
［美］詹姆斯·杜德斯达：《21 世纪的大学》，刘彤译，北京大学出版社 2005 年版。
［英］彼得·伯克：《知识社会史：从古登堡到狄德罗》，陈志宏、王婉旎译，浙江大学出版社 2016 年版。
［英］卡尔·波普尔：《猜想与反驳：科学知识的增长》，傅季重、纪树立、周昌忠等译，上海译文出版社 1986 年版。
［英］罗伯特·R. 拉斯克、詹姆斯·斯科特兰：《伟大教育家的学说》，朱镜人、单中惠译，山东教育出版社 2013 年版。
［英］罗纳德·巴尼特：《高等教育理念》，蓝劲松译，北京大学出版社 2012 年版。
［英］罗素：《西方的智慧》，马家驹、贺霖译，世界知识出版社 1992 年版。
［英］尼古拉斯·布宁：《西方哲学英汉对照辞典》，余纪元编著，人民出版社 2001 年版。
［英］托马斯·亨利·赫胥黎：《科学与教育》，单中惠、平波译，人民教育出版社 2005 年版。
［英］休谟：《休谟政治论文选》，张若衡译，商务印书馆 1993 年版。
［英］约翰·亨利·纽曼：《大学的理想》，徐辉等译，浙江教育出版社 2001 年版。

三　中文期刊论文

冯建军：《迈向人类命运共同体的价值教育》，《高等教育研究》2018 年第 1 期。

高翔、吴志超、宋维清：《河南民办高等教育的发展现状及对策研究》，《民办教育研究》2005 年第 5 期。

顾明远：《大学文化的本质是求真育人》，《教育研究》2010 年第 1 期。

郭平：《大学去行政化研究现状与当下之思》，《黑龙江高教研究》2011 年第 11 期。

郭文革：《高等教育质量控制的三个环节：教学大纲、教学活动和教学评价》，《中国高教研究》2016 年第 11 期。

郭英剑：《信息技术应用对当代教育的变革与挑战》，《高校教育管理》2016 年第 2 期。

和震：《西方大学自治理念的演进》，《学术研究》2003 年第 10 期。

胡敬：《一个数学博士心中的大学之道——访四川音乐学院副院长汪明义教授》，《科学中国人》2006 年第 10 期。

黄英杰、陈理宣：《大学人性本质的历史叙事——基于西方大学史的分析》，《重庆高教研究》2014 年第 2 期。

黄英杰：《创新文明是世界一流大学的核心特征》，《高校教育管理》2016 年第 6 期。

黄英杰：《地方本科大学在地性国际化的内涵及现实路径》，《四川理工学院学报》（社会科学版）2019 年第 4 期。

黄英杰：《古典书院的终结及其对现代中国大学的影响》，西南大学，博士学位论文，2012 年。

黄英杰：《一流本科教育的本原价值及高深知识实践共同体的构建》，《四川轻化工大学学报》（社会科学版）2020 年第 4 期。

李立国：《大学组织特性与大学竞争特点探析》，《高等教育研究》2006 年第 11 期。

李卯、何青青：《基于创新力导向的大学校本教学评价模式构建》，《现代教育管理》2014 年第 8 期。

李咏梅：《大学快速崛起的核心要素比较研究》，《四川理工学院学报》（社会科学版）2014 年第 2 期。

刘立新：《整合学科优势、突出办学特色》，《中国教育与发展》2006 年第 6 期。

刘献君：《论大学内部权力的制约机制》，《高等教育研究》2012 年第 3 期。

吕立志：《崇尚学术：中国大学文化建设内在之魂》，《高等教育研究》2011 年第 1 期。
欧小松：《教学管理要走出权力管理的误区》，《中国高教研究》2000 年第 12 期。
潘懋元：《新时代中国高等教育改革与发展：今天、明天与后天》，《高等教育研究》2020 年第 9 期。
史根林：《学校制度文化的现时缺失与建设取向》，《中国教育学刊》2007 年第 11 期。
眭依凡：《基于推进人类命运共同体构建需要的大学国际化选择》，《探索与争鸣》2019 年第 9 期。
眭依凡：《论大学的观念理性》，《高等教育研究》2013 年第 1 期。
唐代兴：《国家环境治理学的中国话语建构》，《河北学刊》2018 年第 5 期。
田建荣：《古代书院因材施教与现代高等教育个性化》，《大学教育科学》2020 年第 6 期。
田联进：《现代高等教育内生性制度逻辑比较研究》，《江苏高教》2012 年第 6 期。
汪明义：《大学的第四功能：引领文化》，《宜宾学院学报》2009 年第 3 期。
汪明义：《大学理应成为构建人类命运共同体的中流砥柱》，《探索与争鸣》2019 年第 9 期。
汪明义：《大学推动人类命运共同体构建的使命及实践方式》，《中国高教研究》2021 年第 7 期。
汪明义：《担负时代使命，创建应用型大学》，《中国高等教育》2014 年第 21 期。
汪明义：《地方高校内部治理中必须处理好的十大关系》，《中国高等教育》2013 年第 9 期。
汪明义：《地方新建院校发展之路——基于大学文化视角》，《教育研究》2013 年第 5 期。
汪明义：《对话：培养适应新时代教育高水平发展的师资》，《四川教育》2019 年第 1 期。

汪明义:《发挥大学在构建人类命运共同体中的使命与担当》,《中国高等教育》2018 年第 15 期。

汪明义:《构建中国特色的社会主义大学治理模式》,《国家教育行政学院学报》2017 年第 4 期。

汪明义:《关于加快教育理念和人才培养模式转变的探索》,《中国高等教育》2011 年第 8 期。

汪明义:《践行群众路线,确立学生中心教师主体观念》,《中国高等教育》2013 年第 20 期。

汪明义:《论大学党委书记和校长的社会主义政治家的责任和教育家的使命》,《中国高等教育》2020 年第 21 期。

汪明义:《论大学的文化本质》,《高等教育研究》2015 年第 9 期。

汪明义:《论大学教师的使命责任与基本标准》,《中国高等教育》2020 年第 21 期。

汪明义:《论大学文化的内涵与本质属性》,《中国高教研究》2014 年第 2 期。

汪明义:《论新建本科院校的发展之路——基于大学文化视角》,《教育研究》2013 年第 5 期。

汪明义:《民办高校的高层管理模式探索》,《科学中国人》2007 年第 12 期。

汪明义:《什么样的大学是好的大学》,《中国高等教育》2010 年第 23 期。

汪明义:《实施专业核心课程制度培养高素质复合型应用人才》,《中国高等教育》2012 年第 10 期。

汪明义:《重视科学研究是迅速提升一个大学品质的重要策略》,《科学中国人》2007 第 6 期。

王飞:《大学教师使命:让人成为更完整的人》,《当代教育科学》2013 年第 23 期。

王钢、蒋亦华:《当代中国大学教师标准之建构》,《教育研究与实验》2016 年第 6 期。

王松婵、林杰:《大学本科人才培养体系改革基本理念:争论、反思及超越》,《现代教育管理》2018 年第 10 期。

肖起清:《大学学术权力的边缘化及其诉求》,《辽宁教育研究》2006 年第

5 期。
谢维和：《课程与学程——普及化阶段大学教学改革之一》，《中国高教研究》2022 年第 2 期。
尹利民、穆冬梅：《权力与规则：集体行动的组织学分析框架》，《江西社会科学》2015 年第 10 期。
张亚珍、夏江峰：《我国民办高校融资渠道及国际比较》，《浙江树人大学学报》2003 年第 1 期。
张应强、黄捷扬：《培养大学生核心素养与深化高等教育评价改革》，《厦门大学学报》（哲学社会科学版）2021 年第 6 期。
赵伀平：《大学需要文化、文化需要大学》，《中国高等教育》2007 年第 4 期。
中国民办高教发展战略研究课题组：《民办高等教育新发展中面临的问题》，《浙江树人大学学报》2002 年第 5 期。
钟秉林、南晓鹏：《后疫情时代我国高等教育发展的宏观思考》，《教育研究》2021 年第 5 期。

四 英文文献

Burton, R. Clark. *Sustaining Change in Universities*. New York: Open University Press, 2004.
Burton, R. Clark. *The Higher Education System*. California: University of California Press, 1983.
Castells, M. *The Rise of the Network Society*. Oxford: Blackwell Publishing Ltd., 2000.
Ernest, L. Boyer. *Scholarship Reconsidered: Priorities of the Professoriate*. San Francisco: Jossey-Bass, 1990.
Flexner, A. *Universities: American, English, German*. Oxford: Oxford University Press, 2017.
Haskins, C. H. *The Rise of Universities*. London: Cornell University Press, 1957.
Hutchins, R. M. *The University of Utopia*. Chicago: The University of Chicago Press, 1936.
Jaspers, K. *The Idea of the University*. London: London Peter Owen Ltd., 1965.

Kohler-Koch, B., Eising, R. *The Transformation of Governance in the European Union*. London: Routledge, 1994.

Newman, J. H. C. *The Idea of a University: Defined and Illustrated*. Chicago: Loyola University Press, 1987.

Nozick, R. *Philosophical Explanations*. Cambridge: Cambridge University Press, 1981.

Van Loon, H. W. *The Story of Mankind*. New York: Live Right Publishing Corporation, 2000.

Whitehead, A. N. *Modes of Thought*. New York: The Free Press, 1968.

Whitehead, A. N. *The Aims of Education*. New York: The Free Press, 1967.

后　　记

自1981年9月开始，我一直从事数学学习、教学和研究工作，直到2005年我和自己的研究生赵国在《数学学报》（英文版）发表最后一篇论文为止。其间于1996年7月在复旦大学数学所获得博士学位后，随后在浙江大学、南开大学完成两次数学博士后研究工作。2004年我获得国家教育行政学院中青班培训的机会，在这三个月的时间里，聆听了若干场有关高等教育的高水平讲座，影响深刻的有三场：一是北京师范大学郭齐家的“中国现代大学之起源与现代化进程”；二是北京大学陈学飞教授的“西方高等教育发展的历程”；三是北京理工大学杨东平教授的“重建现代大学制度”。由于影响太深，决定将自己的学习研究逐渐转移到高等教育学领域。2004年底，我获得了在西南财经大学从事第三次博士后研究的机会，经合作导师、时任校长王裕国教授同意，将研究课题转移到高等教育管理学领域“大学理念与实践”。自2005年发表第一篇有关高等教育管理方面的研究论文，至今已有17年。2006年2月我开始走上高校的管理岗位，在近17年的高等教育管理实践中，我努力将管理工作与研究工作相结合，发表了50余篇研究论文。论文牵涉面较广，从办学体制上看，涉及公办高校和民办高校；从学校类型上看，涉及艺术院校、新建本科院校、高水平应用型大学和高水平综合性师范大学；从研究视角上看，涉及大学与大学文化、大学与大学治理、大学与大学社会服务，特别是在三所高校四个主要岗位上的办学实践，丰富充实了自己的研究视野。

对这些年的研究心得和办学实践案例进行总结，按照一定的逻辑整理成一本自选集出版，既是多位高等教育学界好友们的期许，也是自己近年来的一个心愿。

在书稿的撰写和整理过程中，四川轻化工大学的黄英杰博士、成都师范学院的郭平博士对材料的选择、篇章的布局建议良多，特别是黄英杰博士通读全稿并给予了诸多修改意见。四川师范大学文化教育高等研究院的唐代兴教授、卢德生教授对书稿的整理特别是相互间的逻辑关系也提供了研究素材和修改意见。四川师范大学党政办公室的蒋若凡博士后为大学服务乡村振兴战略的撰写提供了大量的可供参考的材料。博士生汪辉投入大量时间和精力不辞辛劳下载我发表的所有论文并进行文字和排版上的处理。本书稿还选取了我工作过的三所大学开学典礼和毕业典礼上的一部分演讲稿。这些演讲稿的完善特别是文字上的打磨也倾注了宜宾学院刘静、刘波，四川理工学院张永锋、刘丰荣，四川师范大学蒋若凡、吴越等同志的大量心血和智慧。

在此，谨向所有为此书的整理和出版提供帮助的朋友表示我最衷心的感谢！

2022 年 9 月于四川师范大学